La fonction judiciaire dans les systèmes communautaires de l'UEMOA et de la CEDEAO

Mise en pages et composition de l'ouvrage :
Charles Becker

Illustration de couverture :
Zulu Mbaye

Idrissa SOW

La fonction judiciaire dans les systèmes communautaires de l'UEMOA et de la CEDEAO

L'Harmattan
Sénégal

10 VDN, Sicap Amitié 3, Lotissement Cité Police, DAKAR

http://www.harmattansenegal.com
diffusion.harmattan@wanadoo.fr
senharmattan@gmail.com

ISBN : 978-2-343-21866-3
EAN : 9782343218663

Remerciements

Je tiens à exprimer ma profonde gratitude à :

• Monsieur Pape Omar Sakho, Président du Conseil constitutionnel ;

• Monsieur Cheikh Ahmed Tidiane Coulibaly, Premier président de la Cour suprême ;

• Monsieur Matar Diop, magistrat, conseiller à la Cour suprême, pour avoir accepté de procéder à la relecture patiente de l'ouvrage ;

• Monsieur Alioune Badara Fall, professeur à l'Université de Bordeaux qui a codirigé avec générosité la thèse dont ce livre est issu ;

• Monsieur Charles Becker, pour sa contribution de qualité aux relectures et à la préparation de cet ouvrage.

Monsieur Vieux Malang Diémé, Inspecteur principal du Trésor ;

Monsieur Mafall Fall, Magistrat, Président de la Commission OHADA du Sénégal ;

Monsieur Saliou Sow, Inspecteur de la jeunesse et des Sports ;

Monsieur Tanor Gningue, Inspecteur de la Jeunesse et des sports, pour leur amitié et leur soutien constant ;

À tous les magistrats, greffiers et autres membres du personnel de la Cour suprême pour les conseils et les encouragements.

Mes vifs remerciements à l'Ambassadeur Jean-Antoine Diouf, Responsable du Bureau national Cedeao.

J'exprime ma gratitude au CREDILA et à son directeur, Pr Patrice Badji.

Préface

par Alioune Sall

Professeur à l'Université Cheikh Anta Diop
Ancien juge à la Cour de Justice de la CEDEAO

La thèse de doctorat de M. Idrissa Sow, soutenue à l'université de Bordeaux, est venue combler une carence, celle des études consacrées au développement des juridictions internationales en Afrique. Certes, depuis plus de six années après la soutenance de cette thèse, d'autres études ont été consacrées au sujet et les réflexions produites apportent, chacune, une valeur ajoutée au débat. Mais l'ouvrage que nous propose M. Sow n'est pas seulement une œuvre pionnière, son mérite ne réside pas seulement dans son antériorité. Passé au crible des réquisits canoniques, il se révèle être une vraie « thèse », c'est-à-dire une entreprise systématique de démonstration.

Un tel pari doit idéalement trouver un fil conducteur, et il apparaît que l'auteur a saisi celui-ci à travers la notion centrale de fonction de protection, empruntée, semble-t-il à Terumi Furukawa dans une contribution aux « Mélanges Reuter ». À partir de là, les fonctions des juridictions étudiées sont synthétisées autour de l'idée de coopération et de celle de contrôle. Cette systématisation a non seulement le mérite de la concision et de la clarté, mais elle a encore la vertu de subsumer l'activité de l'ensemble des juridictions entrevues, alors pourtant que les variations observées dans leurs statuts et leurs fonctionnements respectifs défiaient toute prétention à la synthèse. Le travail de M. Sow est donc remarquable par sa clarté. À travers le recours à des concepts simples et concis, il offre d'abord une véritable systématique des voies de recours en vigueur devant les Cours de Justice de la CEDEAO et de l'UEMOA.

L'on aurait alors pu craindre que le souci d'exhaustivité l'emportât et que, sacrifiant à la nécessité d' « informer » au maximum sur des juridictions encore peu connues, le travail ne se dégradât en une sorte de vulgate du droit jurisprudentiel communautaire. Il n'en est rien fort heureusement. La théorie imprègne l'ouvrage et la fréquence des renvois doctrinaux, preuve d'un vrai travail de recherche, en atteste amplement. Il y a mieux :

la thèse révèle une personnalité scientifique, une personnalité tout court, qui se manifeste ici par une distanciation souhaitable, qui amène l'auteur à émettre réserves et appréciations critiques. Les développements consacrés à la compétence juridictionnelle en matière de droits de l'homme constituent une belle illustration de cette posture critique, l'auteur y dépasse les données du droit positif autant que celle de la jurisprudence pour se livrer à une réflexion sur les exigences d'un exercice optimal de la compétence juridictionnelle. Une telle démarche débouche sur l'analyse de systèmes de protection de droits de l'homme comparables dans le monde. De manière générale du reste, le comparatisme traverse l'ouvrage. Il ne pouvait qu'en être ainsi, s'agissant d'un choix philosophique – le pari sur le mode de régulation juridique – et d'institutions largement (peut-être trop largement) empruntées au modèle d'intégration européen.

Une certaine maturité intellectuelle se dégage ainsi du travail produit, qui conduit son auteur à ne sombrer ni dans l'adoration béate des institutions ou des travaux y afférents, ni dans une critique systématique d'autant plus tentante qu'il est question d'organismes relativement jeunes, non encore rompus aux arcanes et subtilités d'un contentieux assez différent de celui auquel ses membres ont été, la plupart du temps, accoutumés. Sans doute sa qualité de magistrat a-t-elle pu expliquer le sens de la mesure dont l'auteur a fait montre et dont les Anciens disaient, au demeurant, qu'il fait le bon juge. C'est là, peut-être, l'autre secret de la réussite de M. Sow : une alliance de la théorie et de la pratique, une expérience personnelle de son objet de recherche.

Qu'il soit nous permis, pour finir, d'ouvrir une parenthèse intimiste et d'évoquer en deux mots l'œuvre et l'homme, la gestation de l'une et la compagnie de l'autre. Ce travail est le fruit d'un engagement personnel qui a conduit son auteur à renouer avec les contraintes de recherches universitaires d'autant plus lourdes qu'elles l'éloignaient périodiquement du pays et impliquaient un mode de vie à bien des égards spartiate. C'est le résultat d'un choix personnel, d'un investissement délibéré et méritoire. Il existe des chercheurs qu'un directeur se plaît à accompagner parce qu'ils lui épargnent certaines tâches et le ramènent en quelque sorte à l'essentiel. Idrissa Sow est de ceux-là. Quant à l'homme tel que nous avons eu le privilège de le connaître, on se limitera, pour ne point blesser sa discrétion, à sobrement témoigner de la sincérité et de la rareté de ses qualités.

Abréviations

ARMP	Autorité de Régulation des Marchés publics
ARTP	Agence de régulation des télécommunications et postes
An. Af.	*Annales africaines*
BCEAO	Banque Centrale des États de l'Afrique de l'Ouest
CEA	Communauté économique africaine
CEAO	Communauté des États de l'Afrique de l'Ouest
CEDEAO	Communauté économique des États de l'Afrique de l'Ouest
CADH	Cour africaine des droits de l'homme
CEDH	Cour européenne des droits de l'homme
CENTIF	Cellule nationale de Traitement des Informations financières
CIJ	Cour internationale de Justice
CJCE	Cour de Justice des communautés européennes
CJM	Cour de Justice maghrébine
CJUE	Cour de Justice de l'Union européenne
CJ/CEDEAO	Cour de Justice de la CEDEAO
CJ/UEMOA	Cour de Justice de l'UEMOA
CPI	Cour pénale internationale
EDJA	Éditions juridiques africaines
Gaz. Pal.	*Gazette du Palais*
JORS	*Journal officiel de la République du Sénégal*
LGDJ	Librairie générale de droit et de jurisprudence
OAMCE	Organisation africaine et malgache de coopération économique
OCAM	Organisation commune africaine et malgache
OHADA	Organisation pour l'harmonisation du droit des affaires en Afrique
OMVS	Organisation pour la mise en valeur du fleuve Sénégal
RDUE	*Revue du droit de l'Union européenne*
Rép. Dalloz	*Répertoire Dalloz*
RIDC	*Revue internationale de droit comparé*
TIDM	Tribunal international du droit de la mer

TPI	Tribunal de première instance des communautés européennes
TPI	Tribunal pénal international
UA	Union africaine
UEMOA	Union économique et monétaire ouest africaine
UMA	Union du Maghreb arabe

Introduction générale

Au lendemain des indépendances, les États africains ont très vite été rattrapés par le défi du développement économique et social.

Or, les conditions dans lesquelles certains d'entre eux ont obtenu l'indépendance ne les prédisposaient guère à l'émergence dans ce domaine. En effet, la balkanisation tant décriée par la doctrine politique et économique a eu pour conséquence directe d'affaiblir les nouveaux États constitués à l'intérieur des frontières héritées de la colonisation.

La délimitation frontalière opérée par les anciennes puissances coloniales présentait un déséquilibre manifeste, faisant que certains États se sont retrouvés avec des territoires excessivement étendus, alors que d'autres ont été confinés à l'intérieur de frontières extrêmement étroites.

Par ailleurs, l'inexistence d'un tissu industriel significatif dans les nouveaux États a été un facteur limitant pour leur économie. En effet, durant toute la période coloniale, les colonies d'Afrique ont été cantonnées dans le rôle primaire de pourvoyeur de matières premières pour la métropole. C'est ce qui explique qu'à leur accession à la souveraineté internationale, elles se sont retrouvées avec des économies essentiellement paysannes, sans aucune composante industrielle digne de ce nom.

Selon le professeur P.-F. Gonidec « la fragilité de la base économique des États africains tient essentiellement au fait qu'en dépit des aspects économiques des idéologies nationalistes, la décolonisation politique ne s'est pas accompagnée d'une décolonisation économique » [1].

Face à cette situation, les élites africaines ont très vite pris conscience de la nécessité de mettre en œuvre des stratégies collectives pour faire face aux nombreux défis auxquels les États africains étaient confrontés dans tous les secteurs stratégiques, à savoir l'éducation, la santé, l'agriculture, l'industrie, les télécommunications, etc.

La mutualisation des politiques et des stratégies de développement était donc devenue un impératif incontournable, étant donné qu'aucun pays pris isolément n'était capable d'assurer son émergence économique.

Il était donc acquis dans le contexte postcolonial que les nouveaux États africains étaient condamnés à s'unir pour survivre. Toutefois, il a fallu s'accorder sur les formes de regroupement les plus adaptées aux

---

[1] P.-F Gonidec, *Relations internationales africaines*, Paris, LGDJ « Bibliothèque africaine et malgache », 1996.

différents projets d'intégration ou de coopération proposés par les uns et les autres.

En effet, durant la période sus-indiquée, le mouvement intégrationniste s'est divisé en deux camps porteurs chacun d'une vision différente du concept d'unité africaine.

D'une part, il y a eu le courant dit « *continentaliste* » qui était en faveur d'une union totale et immédiate de tous les États africains pour constituer un rempart contre le néocolonialisme et d'autre part le courant dit « *sous-régionaliste* » favorable à un projet d'intégration contenue dans des organisations plus modestes.

La première conception, défendue principalement par le leader politique Ghanéen Kwame Nkrumah, s'appuyait sur une vision maximaliste de l'intégration africaine, fondée sur la constitution d'une entité politique et économique unique constituée autour de tous les États nouvellement indépendants.

Déjà en 1953, le sixième Congrès panafricain, réuni à Accra, en Gold Coast (actuel Ghana), avait recommandé la création d'un Congrès national ouest-africain ayant pour but de favoriser l'unité des pays anglophones et francophones d'Afrique occidentale. Cette initiative devait constituer une première étape préparatoire en attendant la fédération de tous les États une fois le processus de décolonisation achevé.

Cette dynamique sera maintenue et revitalisée après l'accession des premiers États africains à la souveraineté internationale. La première conférence intergouvernementale des États indépendants d'Afrique qui a réuni en 1958 à Accra, le Maroc, la Tunisie et le Ghana avait insisté sur la nécessité de la création d'un marché commun Africain, après avoir rappelé l'option résolue de ce groupe d'États en faveur de l'unité du continent.

Lors de la Conférence constitutive de l'Organisation de l'Unité africaine tenue à Addis-Abeba en mai 1963, le docteur Nkrumah remit sur la table sa proposition d'une union totale et immédiate du continent avec l'établissement d'un gouvernement panafricain appuyé sur un marché commun adossé sur une monnaie unique [1].

Cette proposition ambitieuse, a été jugée irréaliste par les tenants du courant opposé qui ont appelé à la prudence dans la démarche pour éviter d'aller tout droit vers l'échec.

Les défenseurs de cette position avaient soutenu à l'appui de leur argumentaire que les solidarités qui les unissaient à l'époque n'étaient pas assez fortes pour qu'ils puissent tout de suite aller dans le sens préconisé par le docteur Nkrumah.

---

[1] E. K. KOUASSI, *Organisations internationales africaines*, Paris, Berger-Levrault, 1987.

Ils avaient également avancé que la diversité culturelle et démographique ainsi que la répartition inégale des ressources naturelles sur le continent constituaient autant de facteurs qui pouvaient générer des conflits entre eux.

À ces éléments, s'ajoutait le passé colonial des États qui n'était pas partout le même, ce qui justifiait l'existence de systèmes d'administration totalement différents, selon qu'il s'agissait de pays anglophones, francophones ou lusophones.

Sur la base de ces considérations, les États dits modérés proposèrent un modèle d'intégration qui partirait de la mise en place de regroupements régionaux comme étapes préalable à la réalisation de l'unité du continent.

Il s'est agi pour eux, d'adopter une démarche par séquence qui s'est d'ailleurs avérée beaucoup plus réaliste, compte tenu du fait que la plupart de ces États venaient d'accéder à l'indépendance après différentes péripéties et n'étaient pas, par conséquent, suffisamment préparés pour tout de suite tenter l'aventure d'un fédéralisme politique en acceptant de consentir des abandons de souveraineté nécessaires à la réalisation de ce projet commun.

L'opposition entre ces deux approches de l'unité africaine s'est traduite concrètement par la création de plusieurs organisations à vocation politique ou économique ainsi que de nombreuses institutions spécialisées dans les domaines techniques.

1. Historique de l'évolution des organisations internationales africaines

La tendance des États africains à mettre en place des organisations sous-régionales traduit une prise de conscience partagée de ce que l'atteinte de leurs objectifs de développement ne peut être effective dans la division.

Cette idée recoupe l'opinion du professeur Virally pour qui, « [la] création d'une organisation internationale n'est jamais un acte gratuit. Elle est le résultat d'un processus social spontané et irrésistible. Elle est toujours due à la décision réfléchie d'un certain nombre de gouvernants, convaincus que l'organisation amenée à l'existence par leur volonté est le meilleur instrument dont ils peuvent disposer pour atteindre certains objectifs qu'ils jugent désirables et inaccessibles (ou plus ou moins difficilement atteignables) par les moyens de l'action individuelle, même renforcée par toutes les ressources de la diplomatie pure » [1].

[1] *L'organisation mondiale*, Paris, A. Colin, 1972.

L'existence de sensibilités différentes autour du projet de l'unité africaine a quelque peu influencé le choix des formes d'organisations internationales créées sur le continent. Il y avait donc un choix à faire entre une organisation de coopération et une organisation d'intégration.

L'examen de la structure des institutions interétatiques créées après les indépendances a révélé que le critère le plus déterminant sur la base duquel les États se sont retrouvés au sein de différentes organisations d'intégration ou de coopération est assurément la relation avec l'ancienne puissance coloniale.

C'est précisément sur cette base qu'un groupe d'États restés sous le giron de la France, ancienne métropole, malgré l'effectivité de leur indépendance politique acquise après un long processus de décolonisation, s'est retrouvé au sein d'un groupe dit de Brazzaville, créé en décembre 1961, suite à la décision de ses membres de laisser l'OUA prendre en charge les questions politiques.

Parallèlement, va se constituer en réplique un groupe d'États dit de Casablanca ayant très tôt affiché sa détermination à réaliser l'unité africaine au moyen d'une démarche politique fondée sur la rupture totale avec les anciennes puissances coloniales. Les États membres de ce groupe avaient clairement manifesté leur ambition de lutter contre le néocolonialisme sous toutes ses formes.

L'organisation créée sur la base de cette profession de foi par la Charte de Casablanca du 7 janvier 1961 réunissait des États du Maghreb tels que l'Égypte, le Maroc, la Libye, ainsi que le groupe d'États africains du sud du Sahara favorables à la constitution immédiate d'une entité fédérale à l'échelle continentale. Il s'agissait de la Guinée, du Ghana et du Mali.

En réaction au rejet du projet unitaire, le Ghana et la Guinée, désirant avancer très rapidement vers l'union totale, se sont retrouvés dans le cadre d'une organisation qui se positionnait comme le noyau central d'un futur État fédéral africain. Ils seront par la suite rejoints par le Mali, mais cette expérience n'a pas connu le succès escompté.

Le professeur Alioune Sall dira à ce propos que « dans les années 1960, tout se passe comme si toute bonne volonté fédératrice était condamnée à abdiquer devant les pesanteurs du passé. Or, l'idée d'intégration est une idée progressiste, futuriste, évocatrice, sa liaison au passé dessert sa dynamique pionnière » [1].

Ces entités sous-régionales, longtemps considérées comme porteuses des germes de la division, donc comme des obstacles à la réalisation de l'unité africaine, vont à partir de 1963 être regardés d'un autre œil.

---

[1] Alioune SALL, *Les mutations de l'intégration des États de l'Afrique de l'Ouest*, Paris, L'Harmattan, 2007.

En effet, la Conférence des ministres des affaires étrangères, ou Conseil des MAE des États membres, réuni à Dakar du 2 au 11 août 1963, déclara dans sa résolution finale que les organisations sous-régionales étaient compatibles avec les buts et les principes de l'OUA.

Cette reconnaissance était toutefois subordonnée à la double condition d'une déclaration de compatibilité suivie du dépôt des statuts de l'organisation sous-régionale auprès du secrétariat général de l'OUA [1].

La déclaration de Dakar a donc été un tournant majeur dans la vie des organisations internationales africaines en ce sens qu'elle a permis d'atténuer l'antagonisme entre « *continentalistes* » et « *sous-régionalistes* » au sein de l'OUA.

La conception nouvelle ainsi adoptée sera précisée et réaffirmée par l'organisation politique panafricaine, lors de l'adoption du plan d'action de Lagos initié dans les années 1980. Cette initiative est apparue comme une étape importante en ce sens qu'elle a introduit un processus de renforcement de l'intégration des États par la création d'organisations sous-régionales à vocation économique structurées autour du schéma de découpage de l'Afrique en différentes zones géographiques, conformément à la résolution CM/RES.464 (XXVI) adoptée en mars 1976 par le Conseil des ministres de l'OUA, réuni à Addis-Abeba [2].

À cette occasion, les communautés économiques sous-régionales ont été invitées à se renforcer en vue de favoriser l'établissement d'un marché commun africain.

Dans la perspective de faciliter cette redynamisation souhaitée, le plan d'action a adopté un découpage de l'Afrique correspondant à la situation géographique des pays, en différentes zones, à savoir Afrique centrale, Afrique orientale, Afrique australe et Afrique du Nord.

Curieusement, la sous-région ouest-africaine n'avait pas été prise en compte dans l'énumération.

Selon le professeur Sall, il ne s'agissait point d'un oubli, mais d'une omission volontaire justifiée par le fait que la zone Afrique de l'ouest était en quelque sorte en avance sur les autres et que le plan d'action de Lagos parlait plutôt de la nécessité de créer d'autres groupements économiques dans les autres régions d'Afrique.

À partir des années 1980, le doute et la suspicion entretenus autour des organisations sous-régionales se sont donc totalement estompés pour laisser place à une nouvelle conception faisant de ces structures la rampe

---

[1] Kwame KOUASSI, *op. cit.*, p. 9.

[2] La résolution stipule la création de cinq régions géographiques avec respectivement : 16 États membres pour l'Afrique de l'Ouest, 13 pour l'Afrique de l'Est, 10 pour l'Afrique du Sud, 9 pour l'Afrique centrale et 5 pour l'Afrique du Nord.

de lancement de la nouvelle dynamique d'unité programmée au sein des instances politiques interétatiques.

C'est ainsi que la Communauté économique africaine (CEA), qui a pris le relais du Plan d'action de Lagos en 1991, va s'inscrire dans le même sillage pour encourager la création de communautés économiques sous-régionales solides devant favoriser plus tard la mise en place d'un marché commun africain.

Cette nouvelle donne dans les relations internationales africaines a eu pour conséquence première d'entraîner une mutation des organisations d'intégration ou de coopération établies sur le continent.

Ainsi, de nouvelles entités sous-régionales ont vu le jour conformément aux recommandations du Plan d'action de Lagos [1].

Au cours de leur évolution, les organisations africaines d'intégration se sont progressivement dotées de cours de justice chargées principalement d'une mission de protection des systèmes d'intégration mis en place.

2. L'évolution de la fonction judiciaire dans les organisations africaines d'intégration

L'émergence d'une justice supranationale a tardé à se réaliser dans la société internationale du fait de l'attachement des États à leurs attributs de souveraineté.

Pendant longtemps, des procédés de règlement non juridictionnel ont été privilégiés dans le cadre des relations entre les États. En effet, l'arbitrage a été, durant cette époque, la seule manifestation de la fonction juridictionnelle dans les relations internationales [2].

---

[1] C'est dans ce cadre qu'une zone d'échange préférentielle (ZEP) a été créée en 1981 entre les États de l'Afrique australe et orientale. On notera par la suite la création de la Communauté économique des États de l'Afrique centrale (CEEAC) en 1983, ainsi que de l'Union du Maghreb arabe en 1989 (UMA). La sous-région ouest-africaine n'a pas manqué de suivre le mouvement, malgré son avance dans le processus d'intégration. En effet, la CEDEAO instituée par un Traité du 28 mai 1975 a vu son texte de base révisé en profondeur en 1993.

De même, la Communauté des États de l'Afrique de l'Ouest (CEAO), longtemps caricaturée comme une association des anciennes colonies françaises d'Afrique occidentale, disparaîtra en 1994 et sera remplacée par l'Union économique et monétaire ouest-africaine (UEMOA), créée par le Traité de Dakar, conclu le 10 janvier 1994 au lendemain de la dévaluation du franc CFA.

[2] S. Bastid, *La fonction juridictionnelle dans les relations internationales*, Paris, Cours de Droit 1956-57.

Ainsi, les premières tentatives de création de juridictions internationales se sont quasiment toutes soldées par des échecs.

Déjà en 1907, à la Conférence de La Haye, la proposition des États-Unis en faveur de la création d'une Cour de Justice arbitrale a buté sur la difficile question de la composition, chaque État tenant à y être représenté.

De même, le projet de création d'une Cour des prises n'a pas connu meilleure fortune, les États n'ayant pu s'entendre sur les sources du droit qui serait appliqué par cette juridiction [1]. La même réticence des États à confier leurs différends à un organe juridictionnel supranational a également été observée au niveau des organisations interétatiques africaines [2].

L'apparition des organes juridictionnels dans les organisations africaines d'intégration se situe donc dans un passé très récent. Pendant longtemps, ces organisations ont eu recours à des procédés non juridictionnels de règlement des différends et d'interprétation des traités constitutifs.

Au niveau régional, la Charte de l'OUA, signée le 25 mai 1963 à Addis-Abeba, n'avait pas prévu la mise en place d'une cour de justice. La fonction juridictionnelle était assurée par la Commission de médiation et de conciliation créée par l'article 19 du traité.

Dans le cadre de l'Organisation commune africaine et malgache (OCAM), le traité constitutif signé le 27 juin 1966 prévoyait en son article 24 que la fonction d'interprétation de la charte de base était confiée à la conférence des chefs d'État et de gouvernement qui devait statuer à la majorité des deux tiers.

La convention annexe au traité constitutif de l'Organisation africaine et malgache de coopération économique (OAMCE) donnait quant à elle compétence à la juridiction interne la plus élevée de l'un des États membres pour trancher toute contestation portant sur l'interprétation ou l'application de la convention de base.

La tendance au recours à la procédure d'arbitrage a également eu cours dans le cadre de certaines confédérations politiques comme celle conclue le 17 décembre 1981 entre le Sénégal et la Gambie.

La Confédération créée entre ces deux États n'avait pas prévu la mise en place d'un organe judicaire. Les seuls organes énumérés par l'article 3 du pacte étaient le président et le vice-président de la confédération, le conseil des ministres ainsi que l'assemblée confédérale.

Cette lacune originelle ne sera pas comblée lors de l'adoption à Banjul, le 2 juillet 1982, du protocole relatif aux institutions de la confédération. Le pacte constitutif avait donc institué un mode de règlement des

---

[1] Joël RIDEAU, *Juridictions internationales et contrôle du respect des traités constitutifs des organisations internationales*.

[2] Doudou THIAM, *Le fédéralisme africain*, Paris, Présence Africaine.

conflits à double degré qui prévoyait la saisine préalable des institutions exécutives de la confédération et le cas échéant, le recours à l'arbitrage.

Cette option est clairement déclinée par les dispositions de l'article 15 qui énonçait que tout différend relatif à l'interprétation et à l'application du pacte serait soumis au président de la confédération qui le tranche en accord avec le vice-président et que l'un ou l'autre pouvait faute d'accord le porter à l'arbitrage [1].

Il était prévu qu'un protocole d'application viendrait déterminer les règles relatives à la composition du tribunal arbitral, au droit applicable et à la procédure.

On peut, au regard de cet alinéa, penser que ledit protocole avait pour objet d'instituer une juridiction arbitrale permanente. Mais, il s'agissait plutôt d'asseoir le cadre juridique de la mise en place du tribunal arbitral ad hoc devant statuer à chaque fois qu'un différend préalablement soumis au président et au vice-président de la confédération n'avait pu être réglé à l'amiable.

Ce procédé de règlement des conflits est également observé concernant la Communauté économique des Pays des Grands Lacs (CEPGL), créée par la Convention de Gisenyi (Rwanda) du 20 septembre 1976.

Cette organisation se fixe comme objectif d'assurer la sécurité de ses États membres, de concevoir, de définir et de favoriser la création et le développement d'activités d'intérêts communs, de promouvoir et d'intensifier les échanges commerciaux ainsi que la libre circulation des personnes et des biens.

En vue d'atteindre ces objectifs, cette communauté s'est dotée d'organes propres dont une commission d'arbitrage chargée du règlement des litiges pouvant intervenir entre ses membres.

La commission composée de quatre juges désignés par les États membres, à l'exception du président nommé par le président en exercice de la Conférence des chefs d'État et de gouvernement, était chargée d'assurer le respect du droit dans l'interprétation et l'application de la Convention. À ce titre, elle avait compétence pour statuer sur tout différend entre les États membres et ses décisions avaient force obligatoire et exécutoire en vertu de l'article 27 de la convention.

Par l'adoption d'un Protocole additionnel signé le 9 septembre 1977, la commission s'est vu conférer des attributions consultatives [2].

---

[1] Pacte Confédération Sénégambie, conclu à Dakar le 17 décembre 1981 – Protocole relatif aux institutions de la Confédération signé à Banjul le 2 juillet 1982.

[2] L'article 32 du Protocole additionnel prévoyait que désormais, « en tant qu'organe chargé d'assurer le respect du droit dans l'interprétation et l'application des textes fondamentaux de la communauté, la commission peut donner des avis

L'originalité de cet organe judiciaire sous-régional réside dans le fait que d'un point de vue matériel, il est doté de toutes les compétences et prérogatives d'une véritable cour de justice communautaire alors qu'il est formellement présenté comme une simple « commission d'arbitrage ».

S'agissant de la zone ouest-africaine, la CEAO qui succéda à l'Union douanière des États de l'Afrique de l'Ouest était quant à elle dotée d'une cour arbitrale dont l'organisation et le fonctionnement étaient régis par le protocole « J » annexé à la convention de base.

Selon ce texte, les différends entre États de la communauté relatifs à l'interprétation ou à l'application du traité et de ses protocoles annexes pouvaient être portés devant la Cour arbitrale de la communauté à l'initiative des États membres, parties au litige ou du président en exercice de la Conférence des chefs d'État.

Les sentences rendues par la cour étaient motivées et obligatoires pour les parties au litige qui étaient tenues de prendre les mesures qu'exigeait leur exécution. La cour était composée de trois membres titulaires et de quatre suppléants désignés par la Conférence des chefs d'État. Le fonctionnement des services de la cour, notamment de son greffe, était assuré par les services de la Cour suprême de l'État membre dans lequel était situé le siège du secrétariat de la communauté.

Au total, l'on remarque que les organes juridictionnels intégrés, tels qu'ils existent à l'heure actuelle, ont commencé à faire leur apparition à partir de la période de recomposition consécutive au plan d'action de Lagos.

Durant cette période on a assisté, dans les différentes zones géographiques du continent, à la mise en place de véritables organisations supranationales d'intégration.

Il a été noté que la plupart des organisations créées dans ce contexte se sont dotées de cours de justice constituées à partir du modèle communautaire européen.

C'est ainsi que des États de l'Afrique orientale et australe, à savoir le Burundi, le Malawi, l'Île Maurice, l'Ouganda, le Rwanda, la Somalie, le Swaziland, la Tanzanie, la Zambie et le Zimbabwe, ont constitué entre eux une zone d'échanges préférentiels (ZEP).

Le traité de base de cette organisation prévoyait la création d'un organe judicaire appelé Tribunal de la zone d'échanges préférentiels. Il avait pour mission d'assurer l'application ou l'interprétation convenable des dispositions de la charte constitutive. Le tribunal était également

---

consultatifs sur toute question juridique, à la demande de tout pays membre ou de toute institution ou organisme spécialisé de la communauté ».

compétent pour statuer sur tout litige qui aurait pu intervenir entre les États membres au sujet de l'application du traité.

Durant cette période, le modèle d'organisation judiciaire communautaire le plus élaboré a été certainement celui de la Communauté économique des États de l'Afrique centrale (CEEAC) créée par le Traité de Libreville conclu le 18 octobre 1983 entre le Burundi, le Cameroun, le Congo, la Guinée équatoriale, la République Centrafricaine, le Rwanda, Saô Tomé e Príncipe, le Tchad et le Zaïre.

Ce traité avait institué en son article 16, une Cour de Justice de la communauté chargée de la mission classique de veiller au respect du droit dans l'interprétation et l'application des dispositions de la norme fondamentale de l'organisation.

À ce titre, elle avait compétence pour contrôler la légalité des décisions, directives et règlements des institutions de la communauté. Elle se prononçait sur les recours pour incompétence, excès de pouvoir ou violation des formes substantielles du traité, formulés par un État membre ou par la Conférence.

La collaboration avec les juridictions internes était également assurée à travers l'aménagement d'un recours préjudiciel qui pouvait porter sur l'interprétation du traité ou sur la validité des décisions, directives et règlements pris par les institutions communautaires.

La cour était dotée d'une compétence consultative et pouvait, à ce titre, rendre des avis sur toute question juridique à la demande de la Conférence des chefs d'État et de gouvernement ou du Conseil des ministres.

Les arrêts de la cour avaient force obligatoire à l'égard de tous les organes de la communauté et des États membres.

En Afrique du Nord, la Cour de Justice maghrébine a vu le jour au sein de l'Union du Maghreb arabe (UMA) créée par le Traité de Marrakech du 17 février 1989.

Au sens de l'article 13 dudit traité, l'organe judiciaire communautaire mis en place occupe une place importante dans l'architecture institutionnelle de l'organisation sous-régionale.

En effet, elle est dotée d'une large compétence contentieuse couvrant notamment les litiges relatifs à l'interprétation et à l'application du traité et ceux liés aux accords conclus dans le cadre de l'Union.

Au niveau de la sous-région ouest-africaine, l'organisation la plus représentative est certainement la CEDEAO. Créée par le Traité de Lagos (Nigeria) du 28 mai 1975, l'organisation comportait, théoriquement, un organe judiciaire intégré dénommé Tribunal de la communauté chargé, en vertu de l'article 11, d'assurer le respect du droit et des principes d'équité dans l'interprétation des clauses du traité de base.

Il était prévu que le tribunal pouvait être saisi du règlement des différends pouvant surgir entre États membres au sujet de l'interprétation ou de l'application du traité.

En réalité ce tribunal n'a jamais vu le jour puisque les questions relatives à son organisation et à son fonctionnement avaient été confiées à la Conférence des chefs d'État et n'ont connu aucune suite.

Il a fallu attendre la révision du traité, en 1993 pour assister à la création de la Cour de Justice de la communauté.

L'Union économique et monétaire ouest africaine (UEMOA) a quant à elle été dotée d'une cour de justice dès sa création en 1994.

L'on retient de cet aperçu historique que la création de la Cour de Justice de l'UEMOA et la redynamisation de celle de la CEDEAO ont eu lieu dans un contexte marqué par un mouvement presque généralisé de mutation des organisations africaines d'intégration [1].

La sous-région ouest-africaine a vu, durant cette période, la CEDEAO et l'UEMOA se positionner en tant qu'organisations d'intégration à vocation économique [2].

---

[1] En Afrique centrale, le Traité de Ndjamena conclu le 16 mars 1994 a créé la Communauté économique et monétaire de l'Afrique centrale (CEMAC) qui a succédé à l'Union douanière des États de l'Afrique centrale (UDEAC). Elle cohabite avec la Communauté économique des États de l'Afrique centrale (CEEAC) et partage avec elle les mêmes ambitions d'intégration économique. Cette dynamique de transformation est également observée en Afrique australe et orientale. Par le Traité de Windhoek conclu le 17 août 1992, la SADC, regroupant quinze États membres, prendra le relais de la coordination pour le développement de l'Afrique Australe alors que dans la même période, la ZEP sera transformée en Marché commun de l'Afrique de l'Est et du Sud en faveur du traité de Kampala conclu le 5 novembre 1993.

[2] La CEDEAO, créée par le Traité de Lagos du 28 mai 1975, regroupe quinze États de l'Afrique de l'Ouest à savoir le Bénin, le Burkina Faso, le Cap Vert, la Côte d'Ivoire, la Gambie, le Ghana, la Guinée, la Guinée Bissau, le Liberia, le Mali, le Niger, le Nigeria, le Sénégal, la Sierra Leone et le Togo.

Elle vise à promouvoir la coopération et l'intégration entre les États membres dans la perspective d'une Union économique et monétaire.

Dans le souci d'adapter l'organisation à cet objectif d'intégration, le traité de base sera profondément révisé en juillet 1993 à Cotonou.

L'UEMOA a également été créée, autour des mêmes objectifs, par le Traité de Dakar du 10 janvier 1994 qui est venu compléter l'Union monétaire ouest-africaine (UMOA) en vigueur depuis 1973, « de manière à la transformer en Union économique et monétaire ouest-africaine ».

L'Union est à ce jour constitué des sept États francophones de l'Afrique de l'Ouest et de la Guinée Bissau qui a rejoint l'organisation grâce à la convention d'adhésion conclue le 5 mars 1997.

En effet le système d'intégration sous-régional, mis en place dans le cadre des organisations comme la CEDEAO et l'UEMOA, est bâti sur un socle constitué à partir de la juxtaposition de normes supranationales ayant vocation à pénétrer l'ordre juridique interne des États membres.

Dans ce schéma, les normes produites par l'organisation communautaire doivent nécessairement être interprétées et appliquées de la même façon dans les différents États membres.

Il est donc essentiel pour assurer la pérennité du système que les règles de droit communautaire soient correctement interprétées et effectivement appliquées. Il apparaît évident que toute défaillance constatée à ce niveau sera préjudiciable à l'objectif d'intégration poursuivi par les États, d'où l'impérieuse nécessité de protéger l'ordre juridique communautaire contre ces travers.

Partant de ce constat, la question qui nous préoccupe est de savoir comment les cours de justice exercent leurs fonctions de protection de l'ordre juridique.

Mais, puisqu'il s'agit de contribuer de façon générale à l'étude de la fonction judiciaire dans lesdites organisations, nous tenterons, au-delà de la problématique centrale sus-évoquée, d'engager la réflexion autour de plusieurs questions subsidiaires et connexes.

Dans cette optique, il sera question de soulever certaines interrogations qui permettront d'apprécier l'apport des cours de justice au processus d'intégration.

Ainsi, la question sera posée de savoir si lesdites juridictions ont permis, par leurs activités, d'asseoir un ordre juridique communautaire autonome. Ont-elles réussi à imposer la primauté et l'applicabilité directe du droit communautaire ? Sont-elles dotées de pouvoirs suffisants pour veiller au respect et à l'effectivité de l'ordre juridique communautaire ? Quels obstacles ont été identifiés comme limitant l'exercice de leur fonction de protection du système communautaire ? Quelles mesures pourraient être adoptées pour optimiser l'exercice de leur fonction ?

Pour répondre à la problématique centrale, nous tenterons de démontrer que les cours de justice sous-régionales exercent leur fonction de protection à travers, d'une part, des activités de coopération, et d'autre part des activités de contrôle.

En effet, aussi bien dans le système CEDEAO qu'au niveau de l'UEMOA, les cours de justice sont dotées de compétences non contentieuses par lesquelles elles coopèrent avec certains organes communautaires ou nationaux confrontés à des difficultés d'interprétation.

Elles disposent également de compétences contentieuses leur permettant de contrôler le respect de la légalité communautaire, mais aussi l'exécution par les États de leurs obligations vis-à-vis de la communauté.

Le Protocole additionnel n° 1 dispose à cet effet que la Cour de Justice de l'UEMOA veille au respect du droit quant à l'interprétation et à l'application du traité de l'Union.

Les mêmes attributions se retrouvent, en ce qui concerne la Cour de Justice de la CEDEAO, dans le Protocole A/P1/7/91 qui, dès le préambule, rappelle que « la Cour de Justice de la communauté a pour rôle prépondérant d'assurer le respect du droit et des principes d'équité dans l'interprétation et l'application du traité ainsi que de la responsabilité de régler tout différend qui pourra lui être soumis ... ».

Il ressort de ces prescriptions que les organes judiciaires communautaires exercent une double fonction d'interprétation du traité et de règlement du contentieux communautaire.

Partant de ce constat, on pourrait procéder à une distinction entre leurs activités de coopération dans le cadre desquelles ils officient à titre gracieux et les activités de contrôle juridictionnel correspondant aux cas où ils sont amenés à trancher un contentieux.

L'activité de coopération renvoie à la relation de collaboration que les cours de justice entretiennent avec, d'une part, les juges nationaux et d'autre part, les États membres et les organes communautaires confrontés à des difficultés d'interprétation ou d'appréciation de la légalité d'un acte.

La particularité de cette voie de droit découle du fait qu'elle n'est pas destinée au règlement d'un contentieux, mais plutôt à l'instauration de mécanismes pouvant permettre à l'organe judiciaire communautaire d'apporter un concours à des structures étatiques ou sous-régionales confrontées, dans le cadre de leur office, à des difficultés d'interprétation ou d'appréciation de légalité d'un acte communautaire.

L'objectif visé à travers cette activité de coopération est d'assurer une interprétation uniforme du droit communautaire, qui seule, pourra garantir la pérennité de l'organisation sous-régionale. Il s'avère donc nécessaire que la cohérence du système d'intégration soit suffisamment préservée. Partant de ce constat, il est permis de retenir à juste titre qu'en veillant à l'uniformité des interprétations du droit communautaire, les cours de justice s'acquittent de leur première mission : une fonction de protection en ce sens qu'elles préservent l'organisation sous-régionale contre les conséquences dommageables qui pourraient découler de l'existence d'interprétations divergentes du traité constitutif et des actes dérivés.

La seconde mission se rapporte au contrôle des organisations d'intégration. Elle consiste à veiller au respect de l'ordre juridique en s'assurant que les actes édictés par les organes communautaires sont conformes à la légalité et que les États membres s'acquittent convenablement de leurs obligations communautaires.

Il faut dire que ce double rôle de coopération et de contrôle n'est pas l'exclusivité des juridictions communautaires ouest-africaines. Dans un article publié en l'honneur du professeur Paul Reuter, Terumi Furukawa écrivait que « la Cour internationale de Justice peut être présentée comme ayant deux faces à l'égard des organisations internationales publiques appartenant à la famille des Nations Unies » [1]. Analysant ce double rôle, il est arrivé à la conclusion que la CIJ telle qu'elle fonctionne, assure à la fois un rôle de protection des intérêts généraux des organisations internationales et une fonction de contrôle du respect des règles de droit qui dirigent leur activité.

L'ensemble des activités des Cours de Justice de l'UEMOA et de la CEDEAO sera donc étudié à partir de ces deux fonctions essentielles.

On distinguera ainsi les voies de droit constituant des procédés de coopération d'une part et d'autre part les procédures tenant à la mission de contrôle juridictionnel des cours communautaires.

Le premier mécanisme de collaboration met en relation les cours de justice communautaires et les juges nationaux chargés d'appliquer le droit communautaire. Ce mécanisme dit de *renvoi préjudiciel* consiste à ouvrir au juge national la possibilité de soumettre à la cour de justice sous-régionale, les questions d'interprétation du droit communautaire qui se posent à lui à l'occasion d'une instance ouverte dans un État membre.

Dans le système UEMOA, ce mécanisme de coopération judiciaire trouve son fondement dans l'article 12 alinéa 1 du Protocole additionnel qui dispose que « la Cour de Justice statue à titre préjudiciel sur l'interprétation du traité de l'Union, sur la légalité et l'interprétation des actes pris par les organes de l'Union, sur la légalité et l'interprétation des statuts des organismes créés par un acte du conseil, quand une juridiction nationale ou une autorité à fonction juridictionnelle est appelée à en connaître à l'occasion d'un litige » [2].

Il faut signaler, concernant la CEDEAO, que la possibilité pour les juridictions nationales de saisir la Cour de Justice d'une question n'a été prévue qu'en 2005 lors de l'adoption de la réforme portant amendement du Protocole additionnel A/P1/7/91.

En effet, un article 10 a été introduit au protocole prévoyant que la cour de justice peut désormais être saisie par les juridictions nationales

---

[1] Terumi FURUKAWA, Le double rôle de la Cour internationale de Justice à l'égard des organisations internationales : protection et contrôle, in *Mélanges offerts à Paul Reuter, Le droit international : unité et diversité*, Paris, Pedone, p. 293-314.

[2] Protocole additionnel n° 1, relatif aux organes de contrôle de l'UEMOA.

ou par les parties concernées, lorsqu'elle doit statuer à titre préjudiciel sur l'interprétation du traité, des protocoles et règlements... [1].

Il apparaît clairement au regard de ces dispositions que c'est dans le but de préserver l'ordre juridique communautaire contre les risques que comporterait une interprétation divergente du droit communautaire par les juges nationaux, que cette procédure de collaboration a été instituée.

Ainsi l'option a été prise d'associer les cours de justice à l'interprétation du droit communautaire lorsqu'elle s'impose devant le juge national, mais également de leur reconnaître la compétence exclusive d'apprécier la validité d'un acte dérivé.

Attirant l'attention sur le risque que comporterait le choix de laisser aux instances nationales le soin d'interpréter à leur guise le droit communautaire, Lagrange relève, à juste titre, qu'une telle option, « n'aurait pu aboutir qu'à un fractionnement et à des contradictions de nature à détruire dans la réalité l'énorme effort d'unification réalisé dans les textes » [2].

En réalité, une liberté totale des juges nationaux dans l'application et l'interprétation conduirait à une « situation d'inégalité des justiciables en fonction de l'État où ils se trouvent » [3] et menacerait l'organisation communautaire dont la survivance en tant que système juridique autonome est conditionnée par sa capacité à assurer l'application uniforme de ses propres normes. Il faut cependant déplorer l'insuffisance de mise en œuvre de cette procédure tant au niveau de l'UEMOA que de la CEDEAO.

Il apparaît nécessaire de s'atteler à identifier les causes de ce phénomène et de réfléchir, ensuite, à des propositions de solutions allant dans le sens de promouvoir, auprès des juges nationaux, le recours à la procédure de renvoi préjudiciel.

Le second axe de coopération par lequel s'établit la fonction de protection des cours de justice vis-à-vis de l'ordre communautaire se situe au niveau de leurs attributions consultatives.

En effet, les statuts respectifs des Cours de Justice de l'UEMOA et de la CEDEAO prévoient que celles-ci peuvent, à la demande d'un organe communautaire ou d'un État membre, donner un avis juridique sur toute question qui requiert l'interprétation du traité de base et du droit dérivé.

---

[1] Article 4 du Protocole additionnel A/SP.1/01/05 portant amendement du Protocole A/P.1/7/91 relatif à la Cour de Justice de la communauté.

[2] M. LAGRANGE, « L'action préjudicielle dans le droit interne des États et en droit communautaire », *RTDE,* 1974, p. 268.

[3] Jaroslaw LOTARSKI et Joël MOLINIER, *Droit du contentieux européen*, 2ème édition, Paris, LGDJ, p. 81.

En conférant des attributions consultatives aux cours de justice, le législateur communautaire a entendu créer un cadre de collaboration entre, d'une part, les cours de justice sous régionales et d'autre part, les organes chargés d'appliquer le droit communautaire et les États membres, en vue de faire bénéficier ces derniers d'un avis juridique « authentique » à chaque fois que se pose une question d'interprétation du traité ou de ses actes dérivés.

Il s'agit là d'un dispositif supplémentaire de protection par lequel les cours de justice veillent à l'application uniforme du droit communautaire.

La mise en œuvre des attributions consultatives des cours de justice soulève des problématiques juridiques intéressantes tant d'un point de vue théorique que pratique.

En effet, reconnaître à une cour de justice la compétence de rendre un avis consultatif, peut a priori paraître incongrue, puisque qu'en général la fonction classique d'un organe juridictionnel est de trancher des différends et non de faire de la consultance juridique.

Il ne faut toutefois pas perdre de vue la spécificité des cours de justice communautaires qui, en raison de leur statut d'organe faisant partie intégrante de l'architecture institutionnelle sous-régionale, se sont vu conférer un certain nombre de missions, dont celle de servir de conseiller juridique pour leur organisation de rattachement.

L'enjeu sera donc de trouver le point d'équilibre entre le rôle de conseiller juridique et les exigences d'impartialité et d'indépendance inhérentes à la fonction juridictionnelle.

Le dynamisme des cours de justice ouest-africaines en matière consultative diffère d'une organisation à une autre. Au niveau de la CEDEAO, la jurisprudence consultative est quasi inexistante puisque la cour n'a rendu que quelques avis [1] depuis sa création. Le juge de l'UEMOA est plus sollicité en la matière, ce qui justifie l'étendue de la portée de ses avis consultatifs.

Contrairement à la Cour de Justice des Communautés européennes, qui, dans une large mesure, a développé sa doctrine à travers la pratique du recours préjudiciel, la Cour de Justice de l'UEMOA exprime la sienne à travers les avis rendus à la demande des organes communautaires.

Partant de cette observation, on peut noter que l'activité de protection du système communautaire par les cours de justice se déploie dans le cadre d'une coopération établie, d'une part, avec les juges nationaux et, d'autre part, avec les organes de la communauté et les États membres.

[1] Avis n° 001/08 du 16 juin 2008 sur le renouvellement des mandats du directeur général et de la directrice générale adjointe du GIABA.

Titre I

La coopération avec les juges nationaux : le renvoi préjudiciel

La coexistence entre normes d'origine interne et normes communautaires n'est pas sans conséquence sur l'office du juge national.

En effet, l'applicabilité directe du droit communautaire dans les États parties a entraîné de profondes mutations dans les attributions traditionnelles des organes juridictionnels nationaux. Devenu juge communautaire par la force des choses, le juge national s'est retrouvé face à l'obligation d'appliquer des normes issues du système communautaire, en écartant au besoin, le droit national en vertu du principe de primauté selon lequel « l'ordre juridique communautaire l'emporte dans son intégralité sur les ordres juridiques nationaux » [1].

Dans le contexte des organisations sous-régionales ouest-africaines, l'exercice de ces nouvelles attributions peut s'avérer complexe eu égard à la diversité des pratiques judiciaires adoptées par les États membres en fonction de leurs traditions juridiques respectives. Or, la pérennité du système communautaire est tributaire de l'interprétation et de l'application uniforme des normes sur lesquelles il repose. C'est pourquoi, le législateur communautaire, tout en respectant la souveraineté des juges nationaux dans le traitement des litiges soumis à leur appréciation, a été ferme dans sa volonté de confier aux juridictions supranationales « *un droit de regard* » sur l'interprétation du droit communautaire au niveau de chaque État partie.

Ce faisant, un mécanisme de collaboration « conciliant la légitime autorité du juge avec la nécessaire uniformité du droit communautaire » [2] a été institué pour établir un corridor de dialogue entre les cours de jus-

---

[1] Cour de Justice de l'UEMOA, avis n° 01/2003, *Recueil des textes fondamentaux de la Cour*, p. 471.

[2] R. LECOURT, *Le juge devant le Marché commun*, cité par Jacques PERTEK, *La pratique du renvoi préjudiciel en droit communautaire*, Paris, Litec, p. 19.

tice des organisations d'intégration et les juridictions internes des États membres.

Il s'agit de la procédure de renvoi préjudiciel, par laquelle le juge national, à l'occasion d'un procès, saisit volontairement ou obligatoirement, selon le cas, la Cour de Justice communautaire d'une question tenant à l'interprétation du traité ou à la validité d'un acte de droit dérivé.

Il convient pour cerner les contours de cette procédure, clef de voute des relations de coopération entre juge national et juge communautaire, d'étudier les modalités de son organisation (Chapitre I) avant de s'intéresser à sa mise en œuvre (Chapitre II).

Comme la Cour de Justice de l'UEMOA bénéficie d'une compétence d'attribution, elle détient l'exclusivité quant à la connaissance des recours ou des demandes se rapportant aux matières limitativement énumérées par le Protocole additionnel n° 1 relatif aux organes de contrôle de l'UEMOA (articles 5 à 17), l'Acte additionnel n° 10/96 portant statuts de la Cour de Justice de l'UEMOA (article 27) et le Règlement n° 01/96/CM portant Règlement de procédures de la Cour de Justice de l'UEMOA (article 15). Dès lors, les juridictions togolaises se trouvent totalement incompétentes pour connaître du litige ayant donné lieu au présent renvoi préjudiciel, dans la mesure où il oppose la BOAD à un de ses agents.

Par conséquent, la Cour de Justice de l'UEMOA est seule habilitée à connaître du litige soumis aux juridictions togolaises.

Il apparaît nettement à travers cette motivation que la Cour de Justice considère que la BOAD en tant qu'institution spécialisée, est soumise au même régime juridique que les autres organes de l'Union. Elle admet, par conséquent, que le fait que la BOAD soit un organisme créé par acte du Conseil n'a pas pour effet de la soustraire au champ de compétence du juge communautaire.

Paragraphe 2. Le renvoi préjudiciel en appréciation de légalité

L'appréciation de légalité constitue la seconde branche du mécanisme préjudiciel. Elle comporte certaines particularités qui seront présentées à travers l'examen de ses caractéristiques et de sa finalité

A. Les caractéristiques du renvoi en appréciation de légalité

Le renvoi en appréciation de légalité est la branche du mécanisme préjudiciel ouvrant au juge national la possibilité d'interroger un organe supranational sur la légalité d'un acte communautaire.

Son fondement juridique n'est pas différent de celui du renvoi en interprétation.

Toutefois, il ne porte que sur le droit communautaire dérivé et ne peut, en aucun cas, avoir pour objet de contrôler une disposition de droit originel.

Cette limitation est tout à fait logique puisque la Cour communautaire n'a pas, en principe, le pouvoir d'apprécier la validité d'une disposition du Traité ou de ses actes additionnels.

Ce principe fondamental du droit communautaire a, toutefois, connu une atténuation dans la jurisprudence de la Cour de Justice de l'UEMOA qui, dans son arrêt Eugène Yaï [1], s'est déclarée compétente pour apprécier la légalité d'un acte additionnel.

En effet, elle avait été saisie de la requête du sieur Yaï contre l'acte additionnel n° 06/04 par lequel la Conférence des chefs d'État et de gouvernement a mis fin à ses fonctions de membre de la Commission.

Contestant la recevabilité de l'action introduite, la Commission a tenté de faire valoir que la Cour, organe judicaire principal de la communauté, doit décliner sa compétence dès lors que l'article 19 du traité énonce que « le respect des actes additionnels s'impose aux organes de l'Union ainsi qu'aux autorités des États membres ».

Statuant sur l'exception soulevée, la Cour a, d'emblée, fait remarquer que l'Acte additionnel est un acte pris par la Conférence des chefs d'État et de gouvernement en vue de compléter le Traité sans toutefois le modifier. Elle a, ensuite, affirmé qu'il y a une distinction à faire entre actes additionnels à portée générale dont le contrôle échappe aux organes juridictionnels et actes additionnels individuels qui sont par contre susceptibles de recours.

Cette jurisprudence est aujourd'hui bien assise comme l'a rappelé la Cour dans l'affaire Sakho où elle a indiqué « qu'il a, du reste, été déjà jugé par la Cour de Justice de l'UEMOA que les Actes additionnels de portée individuelle, pris par la Conférence des chefs d'État et de gouvernement de l'UEMOA, et faisant grief, sont attaquables devant la Cour de céans (*Cf.* arrêts n° 3/2005 du 27 avril 2005, n° 1/2006 du 5 avril 2006 et n° 1/2008 du 30 avril 2008) » [2].

---

[1] Cour de Justice de l'UEMOA, arrêt n° 03/2005 Yaï Eugène contre Conférence des chefs d'État et de gouvernement de l'UEMOA, *Recueil des textes fondamentaux et de la jurisprudence de la Cour*, p. 551, statuant sur l'exception d'irrecevabilité soulevée par la Commission, la Cour a retenu, dans cette affaire, que les actes additionnels à portée individuelle de la conférence qui font grief sont susceptibles de faire l'objet d'un recours en annulation.

[2] CJ/UEMOA, arrêt n° 04/2017 du 18 avril 2017 Elhadji Abdou Sakho contre Conférence des chefs d'État et de gouvernement de l'UEMOA : « Considérant que les défenderesses soutiennent que la Cour de Justice est incompétente pour apprécier la légalité d'un Acte additionnel au motif que l'article 19 du Traité en fait une catégorie particulière d'actes qui s'impose aux autorités des États membres et à l'ensemble des Organes de l'Union, la Cour de Justice y compris

Considérant qu'il a, du reste, été déjà jugé par la Cour de Justice de l'UEMOA que les actes additionnels de portée individuelle, pris par la Conférence des chefs d'État et de gouvernement de l'UEMOA, et faisant grief, sont attaquables devant la Cour de céans (*Cf.* arrêts n° 3/2005 du 27 avril 2005, n° 1/2006 du 5 avril 2006 et n° 1/2008 du 30 avril 2008 ».

À l'analyse, il apparaît qu'en réalité, cette incertitude sur le régime juridique des actes additionnels n'est que la conséquence de l'imprécision notée dans la terminologie des actes pris par la Conférence des chefs d'État et de gouvernement.

En effet, au sens de l'article 19 du Traité, « la Conférence des chefs d'État et de gouvernements prend, en tant que de besoin, des actes additionnels au traité de l'Union ».

Les actes additionnels sont annexés au Traité et complètent celui-ci sans toutefois le modifier. Leur respect s'impose aux organes de l'Union ainsi qu'aux autorités des États membres.

Nous estimons que cette définition n'a pas intégré l'hypothèse où la Conférence des chefs d'État et de gouvernement, dans le cadre de ses attributions, prend des décisions à caractère individuel. C'est le cas par exemple lorsqu'elle procède à la nomination d'un membre de la Commission ou d'un juge à la Cour de Justice. Ces actes ne correspondent pas à la définition de l'article 19 pour la raison bien simple que l'acte de nomination à un emploi statutaire est sans effet sur le Traité. Par cette opération, la Conférence n'entend pas ajouter un élément complémentaire au Traité. Un tel acte ne saurait, dès lors, être considéré comme un acte additionnel au sens de la disposition précitée.

Ainsi l'article 19 du Traité devrait logiquement être modifié pour préciser que les actes adoptés par la Conférence des chefs d'État n'ayant pas pour objet de compléter ou de modifier le Traité, constituent des décisions susceptibles de recours dans les conditions prévues par le règlement de procédure de la Cour de Justice de l'UEMOA.

Par ailleurs, on peut se demander si le renvoi en appréciation de validité est différent du renvoi en appréciation de légalité.

En réalité, le renvoi en appréciation de validité tel que défini en droit judiciaire européen, correspond à tous égards, au renvoi en appréciation de légalité prévu dans les systèmes juridictionnels UEMOA et CEDEAO.

À ce propos, Abraham Zinzindohoué a soutenu que « l'appréciation de validité dans le cadre d'un recours préjudiciel est en réalité une appréciation en légalité » [1].

Il faut juste préciser que les textes relatifs aux Cours de Justice de l'UEMOA et de la CEDEAO ne font nullement référence au renvoi en appréciation de validité.

---

[1] Abraham ZINZINDOHOUE, L'autorité juridictionnelle des Cours internationales à l'égard des Cours nationales : le cas de la Cour de Justice de l'UEMOA, in Rapport du Colloque AHJUCAF sur le thème "Internationalisation du droit, internationalisation de la justice", Ottawa, juin 2010.

En effet, l'analyse de l'article 10 du Protocole A/SP.1/01/05 permet de constater que la branche appréciation de validité n'a pas été expressément prise en compte par le législateur communautaire. Toutefois, le constat de cette omission qui nous paraît purement fortuite ne doit nullement conduire à la conclusion hâtive que le renvoi préjudiciel en appréciation de validité ne saurait être accueilli par la Cour de Justice de la CEDEAO puisque le protocole ne fait aucune référence à ladite procédure.

À notre avis, le contrôle préjudiciel de validité des actes communautaires relève nécessairement des compétences implicites de la Cour de Justice de la CEDEAO au moins pour deux raisons. Le premier argument est tiré de ce que le juge national est manifestement incompétent pour apprécier la légalité d'un acte communautaire, dès lors, il est obligé de se référer à la juridiction sous régionale lorsqu'une contestation concernant la validité d'un acte relevant de l'ordre juridique de la CEDEAO est soulevée devant lui. Ensuite, il apparaît évident qu'un tel contrôle doit obligatoirement être soumis à la Cour de Justice de la CEDEAO qui, en vertu de l'article 22 du protocole de 1991, dispose de la compétence générale et exclusive de veiller au respect du droit, de l'application ou de l'interprétation des dispositions du Traité.

B. Les effets du renvoi en appréciation de légalité

Le mécanisme de renvoi en appréciation de légalité offre au juge national l'opportunité de neutraliser provisoirement un acte communautaire dont la légalité est douteuse et d'écarter celui-ci après qu'il ait été déclaré illégal.

1. La neutralisation provisoire des actes communautaires douteux

Le juge national doit saisir l'organe judiciaire communautaire en cas de doute sur la légalité d'un acte dérivé. Ce faisant, il doit indiquer les raisons pour lesquelles il considère que l'acte pourrait être entaché d'illégalité.

Dans le système européen, le juge national peut, « lorsqu'il éprouve des doutes sérieux sur la validité d'un acte d'une institution, d'un organe ou d'un organisme de l'Union sur lequel se fonde un acte interne, exceptionnellement suspendre à titre temporaire, l'application de ce dernier ou prendre toute autre mesure provisoire à son égard. Il est alors tenu de poser la question de validité à la Cour, en indiquant les raison pour lesquelles il considère que ledit acte n'est pas valide » [1].

---

[1] CJCE, Note informative sur l'introduction de procédures préjudicielles par les juridictions nationales, *JOC* 297 du 5 décembre 2009, p. 1.

Cette règle de procédure constitue une exception au principe selon lequel le juge national n'a pas le pouvoir d'annuler ou de suspendre l'application d'un acte communautaire [1]. Mais la brèche entrouverte est heureusement encadrée par l'obligation faite au juge national de saisir la Cour de Justice de l'organisation supranationale lorsqu'il entend suspendre l'application d'un acte communautaire. Cette précaution est nécessaire dans la dynamique d'application uniforme du droit communautaire dont la sauvegarde constitue une des missions essentielles des Cours de Justice des organisations sous-régionales d'intégration.

Les textes relatifs au renvoi préjudiciel devant les Cours de Justice de l'UEMOA et de la CEDEAO n'instituent pas formellement une telle procédure. Toutefois il est évident que tout juge national saisi d'une procédure dispose du pouvoir de prendre des mesures provisoires ou conservatoires. À ce titre, il peut parfaitement décider de suspendre l'application d'un acte communautaire en attendant de saisir l'organe judiciaire compétent pour statuer sur la question préjudicielle de légalité.

2. La mise à l'écart des actes communautaires illégaux

Dans le cadre du renvoi préjudiciel en appréciation de légalité, il n'est pas attendu du juge communautaire qu'il prononce l'annulation de l'acte en cause.

En la matière, la seule question posée est celle de la conformité de l'acte déféré par rapport à la légalité communautaire.

À ce niveau, le juge dispose d'un large pouvoir d'appréciation de la légalité tant interne qu'externe de l'acte querellé. En pratique il vérifie la conformité de l'acte à un ensemble de sources juridiques supranationales désigné par Armel Pécheul [2] sous le vocable de « bloc de légalité communautaire ». Il s'agit pour lui de s'assurer que la disposition objet du renvoi est en adéquation parfaite avec le droit originaire, les accords engageant la communauté, les principes généraux de droit ..., etc.

Ainsi que l'a rappelé la CJCE, dans son arrêt International Fruit [3] « la compétence de la Cour, prévue par l'article 177 CEE, de statuer sur la validité des actes pris par les institutions de la communauté, ne comporte aucune limite quant aux causes sur la base desquelles la validité de ces actes pourrait être contestée. Elle s'étend donc à l'ensemble des motifs d'invalidité susceptibles d'entacher lesdits actes ». Par application de ce principe, la légalité de l'acte objet du renvoi s'apprécie au regard de tous

---

[1] Arrêt Foto-Frost, précité.

[2] Armel PÉCHEUL, *Droit communautaire général*, Paris, Ellipses, p. 219.

[3] CJCE, 12 décembre 1972, International Fruit affaires jointes 21 à 24-72, *Recueil de jurisprudence 1972*, p. 01219.

les moyens susceptibles d'être invoqués à l'appui d'un recours en annulation. On peut, à titre d'illustration, citer les causes affectant la régularité formelle de l'acte (vice de forme, vice de procédure ...), mais aussi les moyens tirés de l'incompétence de l'auteur de l'acte, de la violation du traité, du détournement de pouvoir, etc.

Le renvoi préjudiciel en appréciation de légalité peut, par ailleurs, constituer un moyen d'écarter un acte communautaire qui, bien qu'illégal, n'a pas été attaqué, dans les délais, par la voie de l'annulation. En effet l'article 15 du Règlement UEMOA n° 1/96/CM [1] dispose que le recours en appréciation de légalité est ouvert à toute personne physique ou morale, contre tout acte d'un organe de l'Union lui faisant grief ainsi qu'aux États membres et aux organes communautaires contre les règlements, directives et décisions en précisant que ledit recours doit être formé dans le délai de deux mois, à compter de la publication de l'acte, de sa notification au requérant ou, à défaut, du jour où celui-ci en a eu connaissance.

La conséquence de l'absence de recours dans le délai prescrit est que l'acte illégal poursuit son existence dans l'ordonnancement juridique communautaire. L'aménagement du mécanisme de renvoi pourra ainsi permettre au juge national de neutraliser les effets de ces actes restés en vigueur en dépit de leur illégalité.

Au total, la décision de la cour communautaire déclarant l'acte illégal n'a pas pour effet de faire disparaître celui-ci. Il appartient donc au juge national, auteur du renvoi préjudiciel, de tirer les conséquences qui s'imposent, notamment, en procédant à leur mise en écart.

Il pourra, par voie de conséquence, statuer sur la validité de l'acte de droit interne auquel la norme écartée servait de fondement ou de mesure d'application.

[1] Règlement n° 1/96/CM portant règlement des procédures de la Cour de Justice de l'UEMOA, qui précise que, dans le système juridique UEMOA, le recours tendant à l'annulation d'un acte communautaire est décliné sous l'appellation de recours en appréciation de légalité qui ne doit pas être confondu avec le renvoi préjudiciel en appréciation de légalité.

Chapitre 2

La mise en œuvre du mécanisme de renvoi préjudiciel

La mise en œuvre du mécanisme de renvoi préjudiciel s'opère dans le cadre d'une procédure souple eu égard à son objet et à sa spécificité.

L'étude de cette procédure commande qu'il soit répondu aux questions suivantes : d'une part, quels sont les organes habilités à déclencher le mécanisme préjudiciel, et d'autre part quelles sont les conditions de mise en œuvre dudit mécanisme ? (Section I).

Il faudra par la suite s'intéresser aux effets du renvoi préjudiciel. À cette étape, il s'agira d'observer les effets produits avant et après l'intervention d'une décision de la cour communautaire saisie (Section II).

Section 1. Les conditions de mise en œuvre du renvoi préjudiciel

Il est question, à ce niveau, d'identifier les organes judiciaires étatiques habilités à procéder au renvoi (paragraphe 1) avant de nous intéresser aux conditions dans lesquelles le mécanisme est mis en œuvre (paragraphe 2).

Paragraphe 1. Les conditions liées aux organes de renvoi

L'idée de base qui fonde la mise en place du mécanisme de collaboration entre juridictions communautaires et juridictions nationales est de favoriser la sauvegarde de l'unité du droit communautaire. Le schéma de collaboration établi à cet effet, met en relation juge communautaire et juge national. Toutefois, en raison de la complexité des appareils judiciaires des États, la question de l'identification des organes habilités à saisir une cour de justice communautaire d'une question préjudicielle mérite d'être posée.

Il faut déjà partir du constat que la saisine d'une juridiction communautaire n'est pas indistinctement ouverte à tous les organes judiciaires internes des États membres.

Dans le système communautaire européen, l'identification des organes admis à coopérer avec la CJCE ne s'est pas faite sans difficulté. Cette question n'a été résolue qu'aux termes d'une évolution jurisprudentielle qui a permis à la Cour de fixer la notion de juridiction d'un État partie avec plus ou moins de précision.

Prenant certainement en compte cette expérience, le législateur communautaire UEMOA a pris l'option d'être plus clair dans la désignation des juridictions habilitées à formaliser un renvoi préjudiciel.

Le Protocole additionnel n° 1 énonce, en effet, que la Cour de Justice statue à titre préjudiciel sur la légalité et l'interprétation du droit communautaire « quand une juridiction nationale ou une autorité à fonction juridictionnelle est appelée à en connaître à l'occasion d'un litige » [1].

Cette indication a le mérite d'être plus précise que celle du traité de l'Union européenne qui, en son article 234, désigne les organes qui sont appelés à collaborer avec la cour par l'expression générique « juridiction d'un des États membres » ou celle du Protocole CEDEAO A/SP.1/7/91 [2] qui parle simplement de « juridictions nationales ».

La question s'est posée en doctrine de savoir s'il fallait laisser aux États parties la possibilité de désigner eux-mêmes leurs organes judiciaires habilités à collaborer avec la cour. Cette option ne semble pas avoir été retenue si l'on se réfère à la jurisprudence développée par le juge européen qui s'est plutôt engagée dans un processus de définition de la notion communautaire de juridiction selon des critères qu'elle a commencé à décliner à partir de son arrêt Vaassen-Göbbels [3].

Cette solution a été jugée plus conforme à l'objectif d'unification du droit communautaire en ce sens qu'elle permet d'éviter que la notion de juridiction interne habilitée à intervenir dans le mécanisme préjudiciel puisse être interprétée diversement, au gré des systèmes juridiques en vigueur dans les États parties.

Selon Gaudet, « le renvoi aux conceptions nationales aurait abouti à une différence dans le champ d'application du renvoi préjudiciel selon les États. Une définition de la juridiction différente d'un État à l'autre aurait conduit à ce que des secteurs entiers où le droit communautaire s'applique soient dans certains États totalement soustraits à l'action unificatrice de la Cour de Justice [4] ».

---

[1] Article 12, Protocole additionnel n° 1, relatif aux organes de contrôle de l'UEMOA.

[2] Article 10 f du protocole amendé A/SP1/7/91, relatif à la Cour de Justice de la CEDEAO.

[3] CJCE, Veuve Vaassen Göbbels, affaire 61/61, *Rec.* P. 00377.

[4] M. GAUDET, « La coopération judiciaire, instrument d'édification judiciaire », in *Les transformations du renvoi préjudiciel : contribution à l'étude des méca-*

Il fallait en même temps éviter qu'une conception trop large de la notion conduise à installer dans un système de coopération de type judiciaire des organismes dont le caractère juridictionnel n'apparaît pas très évident. Ce qui a fait dire à l'avocat général Ruiz-Jarabo que le fait de reconnaître à certains organismes administratifs une plénitude de compétence communautaire notamment le pouvoir d'écarter et de suspendre l'application d'une loi peut avoir des effets perturbateurs pour la coopération préjudicielle, mais également pour le système constitutionnel national [1].

Il estime, dès lors, que la notion de juridiction des États doit être déterminée par l'institution judiciaire communautaire, ce qui, de notre point de vue, paraît plus conforme à l'objectif d'unification des interprétations du droit qui gouverne le mécanisme de renvoi préjudiciel.

Partant de ces considérations l'on pourrait distinguer les organes des États parties admis à coopérer avec la juridiction sous-régionale de ceux exclus du mécanisme préjudiciel.

A. Les organes admis au mécanisme préjudiciel

Il s'agit essentiellement des organes de la structure judiciaire des États auxquels s'ajoutent les organes administratifs à caractère juridictionnel.

1. Les organes de la structure judiciaire des États parties

L'habilitation à saisir une juridiction communautaire d'une question préjudicielle en interprétation ou en appréciation de légalité est conférée en priorité aux juridictions des États membres. La notion de juridiction, à laquelle il est fait référence, intègre en principe l'ensemble des cours et tribunaux relevant du pouvoir ou de l'autorité judiciaire d'un État partie.

1.1. Les juridictions de jugement

Les organes visés sont ceux qui sont dotés de la compétence de trancher des litiges. Mais ce seul critère est insuffisant pour permettre l'identification des juridictions de jugement habilitées à intervenir dans le mécanisme préjudiciel.

Il faut en outre que la juridiction qui entend poser la question préjudicielle se situe dans le cadre d'une procédure destinée à aboutir à une décision de caractère juridictionnel.

---

nismes de l'intégration dans l'Union européenne, *op. cit.*, p. 28.

[1] Colomer RUIZ-JARABO, Conclusions sous l'arrêt De Coster, 29 novembre 2001, Affaire n° C-17/00 *Rec.*, p. I-09445.

L'étendue de ce critère fonctionnel a été rappelé par la CJCE dans son arrêt *Job Centre* où elle affirme que « ... les juridictions nationales ne sont habilitées à saisir la Cour que si un litige est pendant devant elles et si elles sont appelées à statuer dans le cadre d'une procédure destinée à aboutir à une décision de caractère juridictionnel » [1].

La restriction posée par cette jurisprudence exclut du champ d'application du renvoi préjudiciel, les instances dans lesquelles la juridiction nationale ne tranche pas un litige. C'est précisément le cas des procédures de rectification d'erreur matérielle, de demande d'interprétation d'arrêt rendu, etc. Elle incite également à s'interroger par rapport à la situation des certaines juridictions suprêmes des États qui sont dotées à la fois de compétences consultatives et de compétences contentieuses.

En effet, les hautes juridictions ouest-africaines sont généralement investies de la mission de conseiller le gouvernement dans la phase d'élaboration des projets de textes législatifs ou réglementaires [2]. Ce faisant, elles ne statuent pas dans le cadre du règlement d'un litige ; elles se situent plutôt dans une mission de conseil dans laquelle leur intervention se limite à formuler des propositions et des suggestions à l'endroit des autorités politiques requérantes.

Peut-on à partir de ce constat, retenir qu'en statuant en matière consultative, ces hautes juridictions ne sont pas dans un processus de décision à caractère juridictionnel et sont, de ce fait, exclues du mécanisme préjudiciel ?

---

[1] CJCE, arrêt du 19 octobre 1995, Job Centre, affaire C-111/92 *Rec.* 1995 P. I-03361.

[2] Article 18 de loi organique n° 2017-09 du 17 janvier 2017 abrogeant et remplaçant la loi organique n° 2008-35 du 8 août 2008 sur la Cour suprême :

La Cour suprême, réunie en assemblée générale consultative, donne au gouvernement un avis motivé sur les projets de décret soumis à son examen.

Sans pouvoir porter d'appréciation sur les fins poursuivies par le gouvernement, la Cour suprême donne un avis motivé sur la légalité des dispositions sur lesquelles elle est consultée, mais aussi, s'il y a lieu, sur la pertinence des moyens juridiques retenus pour atteindre les objectifs poursuivis, en tenant compte des contraintes inhérentes à l'action administrative.

La Cour suprême, réunie en assemblée générale consultative, donne également son avis au président de la République dans tous les cas où sa consultation est prévue par des dispositions législatives et réglementaires et chaque fois qu'elle est consultée sur des difficultés apparues en matière administrative.

Saisie par le président de l'Assemblée nationale ou par le président du Sénat après examen de la commission compétente, la Cour suprême réunie en assemblée générale consultative donne son avis sur les propositions de loi qui lui sont soumis.

Il semble qu'en réalité, même lorsqu'elles statuent en matière consultative, les cours suprêmes gardent intacte la plénitude de leur caractère juridictionnel. En effet, le seul fait, pour une cour de justice, d'agir dans un cadre non contentieux, ne saurait suffire à la placer en dehors de la sphère juridictionnelle.

Nous pensons que rien ne s'oppose à ce qu'une juridiction suprême statuant en matière consultative puisse saisir une juridiction communautaire d'un renvoi en interprétation pour obtenir un éclairage sur une question pouvant déterminer le sens de l'avis consultatif qu'elle est appelée à rendre à l'intention du gouvernement.

Cette position semble conforme à la jurisprudence de la CJCE qui a retenu, dans son arrêt Garofalo que le Consiglio di Stato (juridiction italienne), constitue une juridiction au sens de l'article 177 du traité lorsqu'il émet un avis dans le cadre d'un recours extraordinaire [1].

Le critère fonctionnel mis en avant exclut également les instances judicaires chargées des fonctions de poursuite. En effet, les parquets institués auprès des juridictions n'ont pas pour fonction de trancher des litiges. Leur rôle consiste notamment à initier des poursuites en cas d'infraction à la loi pénale et de saisir la juridiction compétente. Dès lors, par application du critère dégagé, ils ne sont pas habilités à renvoyer des questions préjudicielles dans le cadre de leur office Ce qui fait dire à J. Molinier et J. Lotarski que « le Ministère public placé auprès d'une juridiction, même s'il a, lui, organiquement un caractère juridictionnel ne peut interroger la Cour car sa mission n'est pas de trancher un litige en toute indépendance mais de le soumettre à la connaissance de la juridiction compétente, en tant que partie au procès exerçant l'action publique » [2].

1.2. Les juridictions d'instruction

La situation des juridictions d'instruction se présente avec une certaine particularité.

Bien qu'intervenant avant la phase de jugement, lesdites juridictions sont quand même admises à coopérer avec la Cour communautaire dans le cadre du mécanisme préjudiciel.

En effet, le juge européen semble, à ce niveau, opter pour une conception large de la notion de juridiction. C'est ainsi qu'il a admis sa compétence pour répondre à une question préjudicielle posée par un juge chargé des enquêtes préliminaires. Il a estimé que celui-ci « intervient dans

---

[1] CJCE, arrêt du 16 octobre 1997, Garofolo, affaires jointes C-69/96 à C-79 /96 Rec P. I-05603.

[2] Joël MOLINIER et Jaroslaw LOTARSKI, *Droit du contentieux européen*, 2e édition, LGDJ, p. 109.

l'exercice d'une fonction juridictionnelle, en sorte qu'il doit être considéré comme une juridiction d'un État membre » [1].

1.3. Les juridictions de jugement des procédures urgentes

Il convient de distinguer l'office du juge des référés de celui du juge intervenant sur pied de requêtes.

a) Le juge des référés

Le juge des référés est chargé de statuer sur les procédures urgentes qui commandent souvent la prise de mesures conservatoires. En tant que juge de l'évidence et de l'urgence, il se doit de répondre dans les plus brefs délais aux demandes qui lui sont soumises.

On peut, dès lors, se demander si cette exigence de célérité peut être conciliée avec les contraintes d'une procédure de renvoi préjudiciel dont le traitement sérieux nécessite tout de même l'observation d'un délai raisonnable.

Il est à craindre que le juge des référés ne puisse disposer d'un temps suffisant pour paralyser momentanément une procédure, envoyer une question préjudicielle et attendre la réponse avant de statuer.

C'est pourquoi la recevabilité d'un renvoi fait par un juge national opérant dans le traitement d'une procédure urgente est subordonné à l'appréciation de la possibilité dont il dispose de tirer les conséquences de l'arrêt qui sera rendu [2].

Dès lors il est admis que le juge statuant en référé peut effectivement renvoyer une question préjudicielle sous la seule réserve qu'il soit en mesure, lorsque la réponse sera donnée, d'en tirer les conséquences par la rétractation ou la modification de sa propre décision en fonction des éléments qui seront fournis par la juridiction communautaire.

b) Le juge des requêtes

Dans les cas d'urgence ou de demande évidente, le juge peut être saisi par requête formée par une seule partie. Il peut, à l'issue de cette procédure, prendre une ordonnance comportant entre autres, injonction de

---

[1] CJCE, arrêt du 16 juin 2005 affaire C-105/03 Rec 2005 P. I.05285.

[2] D'où le sens de l'attendu posé dans l'arrêt Pardini dans lequel la CJCE soutient que « les juridictions nationales ne sont habilitées à saisir la Cour que si un litige est pendant devant elles, dans le cadre duquel elles sont appelées à rendre une décision susceptible de prendre en considération l'arrêt préjudiciel, il en résulte que la Cour n'a pas compétence pour connaître du renvoi préjudiciel lorsqu'au moment où il y est procédé la procédure devant le juge dont il émane est d'ores et déjà clôturée ».

payer, de délivrer, de faire ou de ne pas faire, etc. Les décisions ainsi rendues sont communément appelées ordonnances sur pied de requête.

La particularité de cette procédure tient au fait que le juge statue au vu des arguments présentés par une seule partie. Le caractère non contradictoire de son intervention peut laisser penser qu'il se situe en dehors d'un cadre de prise de décision de nature juridictionnelle.

En réalité, l'ordonnance prise sur requête ne produit effet que lorsqu'elle aura été signifiée à la partie contre laquelle elle est dirigée. Cette dernière dispose d'un droit de contestation qui peut déboucher sur la saisine de la juridiction de jugement.

Ce recours appelé opposition ou contredit a pour effet de rendre l'ordonnance caduque et de conduire à l'ouverture d'une instance contradictoire entre les parties.

Mais, dans la phase d'instruction de la requête, le juge saisi peut déjà être confronté à une question d'interprétation ou d'appréciation de légalité d'une disposition ou d'un acte relevant du droit communautaire. Devant cette hypothèse, le fait qu'il se situe dans une séquence procédurale non contradictoire ne saurait suffire à justifier son exclusion du mécanisme préjudiciel. La prise en compte de l'objectif de préservation de l'unité d'interprétation et d'application du droit communautaire amène à penser que le pouvoir de poser une question préjudicielle doit être reconnu au juge des requêtes lorsque l'appréciation du bien-fondé de la demande à lui soumise en dépend.

Cette solution semble plus appropriée dans la mesure où en l'absence d'opposition dans le délai prévu par la loi, la décision prise sur pied de requête devient définitive et exécutoire. Par conséquent, il est nécessaire que l'organe judicaire communautaire admette la collaboration avec le juge national chargé des requêtes afin de lui apporter les éclairages pouvant lui permettre de rendre une décision conforme au droit communautaire [1].

1.4. Les juridictions constitutionnelles des États membres

La charge symbolique de la mission dévolue aux juridictions constitutionnelles fait qu'il est difficile de les traiter comme n'importe quel autre organe judicaire national. D'où l'intérêt de la problématique de l'admission de leur participation au mécanisme préjudiciel.

Dans le système UEMOA, l'examen des textes régissant le mécanisme de renvoi préjudiciel n'a pas révélé l'existence d'un régime particulier applicable aux juridictions constitutionnelles.

---

[1] La CJCE dans son arrêt *Corsica ferries Italia*, a d'ailleurs soutenu que sa saisine n'est pas subordonnée au caractère contradictoire de la procédure au cours de laquelle le juge national formule une question préjudicielle.

L'article 12 du Protocole additionnel n° 1 se borne simplement à énoncer que les juridictions nationales statuant en dernier ressort sont tenues de saisir la cour communautaire lorsqu'une question d'interprétation ou de légalité d'un acte communautaire se pose à l'occasion de l'instance pendante devant elles.

Peut-on déduire de cette énonciation que les cours constitutionnelles sont obligées, au même titre que n'importe quelle autre juridiction nationale statuant en dernier ressort, de saisir la juridiction sous-régionale compétente lorsqu'elles sont confrontées à une question d'interprétation ou de validité d'un acte communautaire ?

Il convient, pour mieux cerner la problématique posée, d'analyser les attributions des juridictions constitutionnelles pour s'assurer qu'elles peuvent effectivement être confrontées à des questions d'application ou d'interprétation du droit communautaire dans le cadre de leurs activités.

Au Sénégal, comme dans la plupart des États ouest-africains, le Conseil constitutionnel est principalement chargé du contrôle de la constitutionnalité des lois et du règlement du contentieux des élections présidentielles et législatives.

À ce titre, il se prononce sur la constitutionnalité des règlements intérieurs des assemblées, sur la constitutionnalité des lois, sur le caractère réglementaire des dispositions de forme législative, sur la constitutionnalité des lois organiques ainsi que sur les exceptions d'inconstitutionnalité soulevées devant la cour d'Appel ou la Cour suprême. Le Conseil se prononce également sur tout conflit de compétence entre l'exécutif et le législatif [1].

Peut-on envisager un renvoi préjudiciel dans le cadre d'un contrôle de constitutionnalité par voie d'exception ? Cette interrogation présente un intérêt pratique certain en ce sens qu'une question d'interprétation ou d'appréciation de légalité d'un acte communautaire peut se greffer à une question spécifique de constitutionnalité. On voit bien dans cette hypothèse que la cour constitutionnelle n'étant habilitée qu'à trancher la question de constitutionnalité pourrait éventuellement être amenée à mettre en œuvre le mécanisme préjudiciel par la saisine de la juridiction communautaire sur la question sous-jacente.

À ce niveau, le Conseil constitutionnel français a pendant longtemps développé une doctrine qui, il faut le dire, va à l'encontre de cette analyse. Il est resté fidèle à la ligne jurisprudentielle fixée depuis son arrêt IVG, en s'interdisant de participer au mécanisme préjudiciel, puisqu'il ne se reconnaît aucune compétence pour vérifier la conformité d'une loi par rapport à une norme d'origine internationale ou communautaire.

[1] Loi organique n° 2016-23 du 14 juillet 2016 relative au Conseil constitutionnel.

Il a récemment rappelé que le contrôle de la compatibilité des lois avec les engagements internationaux relève de la compétence des juridictions administratives et judiciaire et qu'en ce qui le concerne, il se préoccupe uniquement du contrôle de la conformité des dispositions législatives à la constitution [1].

Ainsi que l'explique Fabrice Picot, le Conseil constitutionnel français, « soucieux de renforcer sa légitimité et son autorité a développé une jurisprudence qui ne paraissait pas favorable aux contrôles croisés consistant à mêler des éléments issus d'ordres juridiques distincts dans le cadre du contrôle de constitutionnalité des lois » [2]. La haute juridiction reconnaît tout de même que les questions de droit communautaire qui pourraient se glisser dans les recours en inconstitutionnalité ne relèvent pas de sa compétence. Il estime en effet qu'« il n'appartient qu'au juge communautaire, saisi le cas échéant à titre préjudiciel, de contrôler le respect par une directive communautaire tant des compétences définies par les traités que des droits fondamentaux garantis par l'article 6 du Traité de l'Union européenne » [3]. Au vu de cette affirmation, on peut légitimement croire que le Conseil serait disposé le cas échéant à se soumettre aux exigences posées par la Cour de Justice de l'Union européenne en acceptant de mettre en œuvre le mécanisme préjudiciel à chaque fois que les circonstances d'une affaire en cause l'exigeront. Mais à travers la décision rendue à propos de la loi sur la confiance dans l'économie numérique, le Conseil constitutionnel tout en reconnaissant la compétence de la Cour européenne relativement au contrôle de légalité des actes communautaires, a semblé persister dans sa réticence à participer pleinement au mécanisme préjudiciel.

---

[1] Décision 2010-605 DC du 12 mai 2010 « pour mettre en œuvre le droit reconnu par l'article 61-1 de la constitution à tout justiciable de voir examiner, à sa demande, le moyen tiré de ce qu'une disposition législative méconnaît les droits et libertés que la constitution garantit, le cinquième alinéa de l'article 23-2 de l'ordonnance du 7 novembre 1958 susvisée et le deuxième alinéa de son article 23-5 précisent l'articulation entre le contrôle de conformité des lois à la constitution, qui incombe au Conseil constitutionnel et le contrôle de leur compatibilité avec les engagements internationaux ou européens de la France, qui incombe aux juridictions administratives et judiciaires. Qu'ainsi, le moyen tiré du défaut de compatibilité d'une disposition législative aux engagements internationaux ou européens de la France ne saurait être regardé comme grief d'inconstitutionnalité ».

[2] Fabrice PICOT, *Cahiers du Conseil constitutionnel* n° 18 (dossier : Constitution et Europe) Juillet 2005.

[3] Conseil constitutionnel DC n° 2004-496,10 Juin 2010, *JORF* du 22 juin 2004.

Cette attitude est nettement plus observable à travers la position qu'il a dégagée par rapport aux questions prioritaires de constitutionnalité comportant des aspects de droit communautaire. Le Conseil a estimé que le juge qui transmet une question prioritaire de constitutionnalité peut suspendre immédiatement tout éventuel effet de la loi incompatible avec le droit de l'Union européenne, assurer la préservation des droits que les justiciables tiennent des engagements internationaux et européens de la France avant d'ajouter qu'il n'y a pas d'obstacle légal à ce que le juge saisi d'un litige dans lequel est invoqué l'incompatibilité d'une loi avec le droit de l'Union européenne, fasse à tout moment ce qui est nécessaire pour empêcher que les dispositions législatives qui feraient obstacle à la pleine efficacité des normes de l'Union soient appliquées dans ce litige [1].

En somme, la juridiction constitutionnelle est sur une ligne de principe consistant à soutenir que les questions prioritaires qui lui sont destinées doivent au préalable être purgées de tous aspects contentieux qui seraient justiciables de la Cour communautaire.

La Cour de Justice de l'Union européenne a semblé s'accommoder de cette forme de collaboration, mais a quand même tenu à préciser que dans l'hypothèse où le Conseil d'État ou la Cour de cassation lui adresserait une question préjudicielle et formaliserait simultanément une question prioritaire de constitutionnalité, sa réponse devra constituer un préalable à celle de la juridiction constitutionnelle [2].

Mais après une longue période de tergiversations, le Conseil constitutionnel français a fini par poser sa première question préjudicielle suivant décision n° 2013-314 du 4 avril 2013. Il a, en effet, demandé à la Cour communautaire si les articles 27 et 28 de la décision cadre du 13 juin 2002 relative au mandat d'arrêt européen, doivent être interprétés comme s'opposant à ce que les États membres prévoient un recours contre la décision de l'autorité judiciaire statuant sur les contestations relatives à l'exécution dudit mandat.

Par arrêt préjudiciel du 30 mai 2013, la Cour de Justice de l'Union européenne a jugé que la décision-cadre dont s'agit ne fait pas obstacle à l'établissement d'une voie de recours contre la décision du juge national statuant sur un recours relatif à un mandat européen. Tirant les conséquences de cette interprétation, le Conseil a pu, à son tour, répondre à la question prioritaire de constitutionnalité qui lui avait été adressée en retenant en définitive qu' « en privant les parties de la possibilité de former

---

[1] Conseil constitutionnel, Décision n° 2010-605 du 12 mai 2010, Loi relative à l'ouverture, à la concurrence et à la régulation du secteur des jeux d'argent et de hasard en ligne.

[2] Cour de Justice de l'Union européenne, 22 juin 2010 affaire Melki.

un recours en cassation contre l'arrêt de la Chambre de l'instruction, les dispositions contestées de l'article 695-46 du Code de procédure pénale apportent une restriction injustifiée au droit d'exercer un recours juridictionnel effectif » [1].

La Cour constitutionnelle belge s'est quant à elle inscrite dans cette dynamique plusieurs années auparavant en faisant montre d'une volonté sans équivoque de participer au mécanisme préjudiciel. Cette attitude a été relevée par Marc Verdussen pour qui, « alors qu'en Europe, les juges constitutionnels accusent un très grand retard en la matière, la Cour constitutionnelle belge, depuis 1997, se révèle comme étant particulièrement encline à adresser des questions préjudicielles, en validité ou en interprétation, à la Cour de Justice de l'Union européenne » [2].

La juridiction belge a, de ce point de vue, développé une doctrine assez intéressante en ce qu'elle énonce une conception large de la palette normative du juge constitutionnel. Elle considère en effet que « lorsqu'une norme internationale conventionnelle liant la Belgique a une portée analogue à une ou plusieurs normes constitutionnelles, les garanties consacrées par la norme conventionnelle constituent un ensemble indissociable avec les garanties constitutionnelles en cause » dès lors que le demandeur se prévaut de la violation d'une norme constitutionnelle, « la Cour tient compte, dans son examen, des dispositions de droit international qui garantissent des droits ou libertés analogues » [3].

On observe également qu'aussi bien dans le système CEDEAO qu'au niveau de l'UEMOA les États membres, conformément à leurs obligations découlant des Traités de base, adoptent des lois issues de la transposition de directives communautaires. En tant que lois nationales, ces normes sont en principe susceptibles de contrôle de constitutionnalité. Dans cette hypothèse, il serait souhaitable par souci de congruence que le juge constitutionnel puisse tenir compte de l'origine communautaire de ces lois de sorte à pouvoir se référer directement au juge supranational compétent lorsque survient un problème d'interprétation ou d'appréciation de validité de la norme communautaire de référence.

Par ailleurs, les juridictions constitutionnelles peuvent être amenées à se référer directement à des normes communautaires à l'occasion du règlement d'un litige relevant de leurs compétences.

---

[1] Conseil constitutionnel (France) décision n° 2013 -314 QPC du 4 avril 2013.

[2] Marc VERDASSEN, Le dialogue entre les Cours constitutionnelles et la Cour de Justice de l'Union européenne : Vers une justice post-nationale ? IXe Congrès mondial de droit constitutionnel, Oslo, 16-20 juin 2014.

[3] C.C. Belgique, arrêt n° 136/2004 du 22 juillet 2004.

Un exemple très illustratif peut être trouvé dans le protocole CEDEAO A/SP1/12/01 sur la démocratie et la bonne gouvernance. Ce texte communautaire présente la particularité de contenir des dispositions claires et inconditionnelles susceptibles, de ce fait, d'être directement invoquées devant une juridiction constitutionnelle. En effet, l'article 1er du protocole liste un certain nombre de principes constitutionnels communs à tous les États membres, notamment :

- la séparation des pouvoirs exécutif, législatif et judiciaire ;
- la valorisation, le renforcement des parlements et la garantie de l'immunité parlementaire ;
- l'indépendance de la justice.

Il en est de même de certaines libertés publiques qui bien qu'inscrites dans la plupart des constitutions nationales ont été reprises en bonne place dans le protocole communautaire. C'est le cas s'agissant des libertés d'association, de réunion et de manifestation pacifique, de la presse, etc.

Cet instrument juridique communautaire contient également des dispositions relatives à la matière électorale dont la plus emblématique est certainement l'article 2 qui énonce qu' « aucune réforme substantielle de la loi électorale ne doit intervenir dans les six mois précédant les élections sans le consentement d'une large majorité des acteurs politiques » et prescrit que « les élections à tous les niveaux doivent avoir lieu aux dates ou périodes fixées par la Constitution ou les lois électorales ».

Il apparaît évident que la plupart des dispositions précitées pourraient valablement servir de base à la contestation d'une loi nationale devant une juridiction constitutionnelle. À cette occasion, la survenance d'une difficulté d'interprétation ou d'application du droit communautaire devrait logiquement pouvoir justifier la mise en œuvre du mécanisme préjudiciel.

En conclusion sur ce point, on retient que la question de la participation des juridictions constitutionnelles au mécanisme préjudiciel est désormais tranchée par la Cour de Justice de l'UEMOA. La juridiction communautaire a en effet considéré, par un arrêt d'interprétation rendu à la requête de la Commission, que la Cour constitutionnelle du Bénin, confrontée à une question d'interprétation du Règlement UEMOA relatif à l'exercice de la profession d'avocat, avait l'obligation de formaliser un renvoi préjudiciel [1].

---

[1] CJ/UEMOA, arrêt n° 005/2020 du 8 juillet 2020 rendu sur requête de la Commission aux fins de mise en œuvre de l'article 14 du Protocole additionnel n° 1 relatif aux organes de contrôle de l'Union.

2. Les organismes administratifs à caractère juridictionnel

Dans le système UEMOA, l'identification des organes habilités à coopérer avec la Cour pose moins de problèmes. C'est donc à partir des énonciations expresses du Protocole additionnel n° 1 en son article 12 qu'on a pu distinguer, d'une part, les organes appartenant à la structure judiciaire des États membres et d'autre part les autorités à fonction juridictionnelle.

Mais sur quel critère faut-il se fonder pour décider que, dans sa dynamique fonctionnelle, une autorité administrative reflète les caractéristiques essentielles d'une juridiction ?

Les textes communautaires UEMOA et CEDEAO ne comportent, malheureusement, aucune indication sur cette question. Il en est de même concernant la législation européenne.

Toutefois, la jurisprudence a progressivement comblé cette insuffisance en dégageant des critères qui ont permis aujourd'hui de se faire une idée assez précise des caractères d'une autorité administrative à fonction juridictionnelle.

Ce processus d'identification a réellement commencé à partir de l'arrêt Veuve Vaassen-Goëbbels par lequel, la CJCE a accepté d'examiner un renvoi formé par le Tribunal d'arbitrage de la caisse des employés des mines des Pays-Bas qui, au regard des lois de cet État partie, n'était pas considéré comme une juridiction.

Pour reconnaître le caractère juridictionnel à cette entité, la Cour s'est déterminée à partir de la réunion d'un certain nombre de critères.

Elle a ainsi considéré que cet organe est régulièrement constitué en conformité avec la loi néerlandaise, qu'il est un organisme permanent, investi d'une juridiction obligatoire à l'égard des litiges déterminés, qu'il statue en droit, suit une procédure contradictoire, que ses membres sont nommés par le ministre chargé de l'industrie minière et que son règlement est approuvé par les ministres compétents [1].

La haute juridiction communautaire ne s'est pas limitée aux critères de base dégagés depuis les années 1960. Elle a par la suite intégré le critère fondamental de l'indépendance de l'organe en question.

---

[1] L'analyse de cet attendu de principe a permis à Molinier de classer les différents critères dégagés par la cour autour des cinq points suivants :
- l'origine légale de l'organe ;
- sa permanence ;
- le caractère obligatoire de sa juridiction, ce qui signifie à la fois que le recours à l'organe est obligatoire et que ses décisions ont force obligatoire ;
- l'exercice d'une juridiction en droit, c'est-à-dire comportant l'application de la règle de droit ;
- l'application du principe du contradictoire.

Cette prise en compte paraît essentielle en ce sens que la notion d'indépendance est fortement liée à celle d'impartialité sans laquelle il serait illusoire de reconnaître le caractère juridictionnel à un organe déterminé.

Ces critères sont tellement essentiels qu'ils figurent en bonne place sur les instruments internationaux se rapportant à la protection des droits de l'homme en général.

Le Pacte international relatif aux droits civils et politiques a clairement intégré ces notions en son article 14 qui dispose que toute personne a droit à ce que sa cause soit entendue équitablement et publiquement par un tribunal compétent, indépendant et impartial [1].

Il en est de même de la Charte africaine des droits de l'homme et des peuples dont l'article 7 réaffirme le droit pour chaque individu à être jugé dans un délai raisonnable par une juridiction impartiale [2].

Au regard de l'ancienneté de ces principes, on a pu s'étonner que la CJCE ait tardé à prendre en compte les notions d'indépendance et d'impartialité dans la détermination des critères d'identification énoncés en la matière. C'est donc à partir de l'arrêt Corbiau [3] que la cour a pour la première fois invoqué le critère d'indépendance dans la détermination de la notion d'autorité administrative à caractère juridictionnel.

En effet, après avoir constaté, dans cette affaire, que le directeur des contributions directes du Grand-Duché de Luxembourg qui l'avait saisi d'une question préjudicielle à l'occasion d'un litige fiscal était placé à la tête de l'administration à l'origine de la taxation contestée, la cour en a déduit un lien organique évident faisant que ladite autorité ne pouvait être considérée comme une juridiction au sens de l'article 177 du traité.

Dans la lignée de cette jurisprudence, la CJCE franchira par la suite une autre étape consistant à rapprocher les notions d'indépendance et d'impartialité pour les intégrer ensemble en tant que critère de détermination de la notion de juridiction. Cette belle construction jurisprudentielle n'est cependant pas inédite. Elle rappelle d'ailleurs étrangement les déci-

---

[1] Pacte international relatif aux droits civils et politiques, 16 décembre 1966.

[2] Charte africaine des droits de l'homme et des peuples adoptée le 27 juin 1981 à Nairobi lors de la 18ème conférence des chefs d'État et de gouvernements de l'Organisation de l'Unité africaine (OUA).

[3] CJCE, 30 mars 1993 Corbiau affaire n° C-24 /92 « la notion de juridiction, au sens de l'article 177 du Traité, revêt un caractère communautaire et ne peut, par essence même, désigner qu'une autorité qui a la qualité de tiers par rapport à celle qui a adopté la décision faisant l'objet du recours.

Cette qualité ne peut, en raison du lien organique évident de l'intéressé avec les services qui ont établi la taxation contestée, être reconnue au directeur des services fiscaux d'un État-membre appelé à statuer sur la réclamation d'un contribuable ».

sions élaborées par la Cour européenne des droits de l'homme sous le visa de l'article 6 de la convention de sauvegarde des droits de l'homme et des libertés fondamentales [1].

Par une technique de contrôle fondée sur le concept de doute raisonnable, ladite juridiction a réussi à dégager des critères objectifs de contrôle du respect des principes d'indépendance et d'impartialité énoncés par la disposition précitée.

Le juge de l'Union européenne semble avoir adopté la même démarche en faisant référence à la notion de doute légitime. En effet, statuant sur une question préjudicielle formulée par la Prud'homie de pêche de Martigues (France), la cour a décliné sa compétence par ordonnance du 14 mai 2008 au motif qu'elle avait été saisie par un organe qui, au sens de l'article 234, ne constitue pas une juridiction.

Au soutien de sa décision d'incompétence, elle a rappelé que pour apprécier si un organisme de renvoi possède le caractère d'une « juridiction » au sens de l'article 234 CE, question qui relève uniquement du droit communautaire, elle tient compte d'un ensemble d'éléments, tels l'origine légale de l'organisme, sa permanence, le caractère obligatoire de sa juridiction, la nature contradictoire de la procédure, l'application, par l'organisme, des règles de droit ainsi que son indépendance [2].

Elle a ajouté un attendu supplémentaire sur lequel porte l'innovation consistant à allier les notions d'indépendance et d'impartialité.

La Cour a ainsi énoncé qu'en ce qui concerne plus précisément l'indépendance de l'organe de renvoi, cette exigence suppose que ledit organisme soit protégé d'interventions ou de pressions extérieures susceptibles de mettre en péril l'indépendance du jugement de ses membres quant aux litiges qui leur sont soumis. Selon le juge communautaire, de telles garanties d'indépendance et d'impartialité postulent l'existence de règles, notamment en ce qui concerne la composition de l'instance, la nomination, la durée des fonctions ainsi que les causes d'abstention, de récusation et de révocation de ses membres, qui permettent d'écarter tout doute légitime dans l'esprit des justiciables, quant à l'imperméabilité de la dite instance à l'égard d'éléments extérieurs et sa neutralité par rapport aux intérêts qui s'affrontent.

---

[1] Article 6 Convention de sauvegarde des droits de l'homme et des libertés fondamentales : « Toute personne a droit à ce que sa cause soit entendue, équitablement, publiquement et dans un délai raisonnable, par un tribunal indépendant et impartial, établi par la loi, qui décidera soit des contestations sur ses droits et obligations de caractère civil, soit du bien fondé de toute accusation en matière pénale dirigée contre elle… ».

[2] CJCE, ord. du 14-5-2008 Jonathan Pilato, affaire n° C-109/07 *Rec.* 2008 P. I. 03503.

Au vu de ces éléments, on peut retenir que les organismes administratifs peuvent effectivement participer au mécanisme préjudiciel lorsqu'ils présentent des caractéristiques conformes aux critères organiques et fonctionnels définis par la jurisprudence communautaire.

2.1. Les ordres professionnels

De nos jours, la plupart des professions dites libérales sont organisées en ordres ayant en charge la gestion administrative et disciplinaire de leur secteur d'activité. Il s'agit à travers ce type d'organisation de veiller à l'image de la profession et de policer les rapports de concurrence établis entre les membres [1].

Les décisions sont généralement prises au sein d'un organe représentatif appelé Conseil de l'Ordre qui peut siéger en formation disciplinaire pour connaître des faits qualifiés de manquement aux devoirs de la profession.

Généralement un Conseil de l'ordre remplit une double fonction administrative et juridictionnelle. Mais dans quelle mesure un Conseil d'un ordre professionnel peut-il être considéré comme un organe à caractère juridictionnel ?

Le Conseil d'État français, dans son arrêt De Bayo [2], a reconnu le caractère juridictionnel aux ordres professionnels, mais seulement dans les cas où ils sont appelés à statuer en matière disciplinaire.

La CJCE pour sa part semble adopter une conception beaucoup plus large et ne se détermine pas en fonction de la matière dans laquelle statue l'organe ordinal. Elle retient par une démarche simple qu'un tel organe peut la saisir, à titre préjudiciel, dès l'instant où la saisine est opérée dans le cadre d'une procédure destinée à aboutir à une décision de caractère juridictionnel.

C'est ainsi qu'elle a eu à rappeler qu'elle ne peut être saisie, à titre préjudiciel, que par une juridiction appelée à statuer dans le cadre d'une procédure destinée à aboutir à une décision de caractère juridictionnel et que tel n'était pas le cas lorsqu'un Conseil de l'ordre des avocats est saisi non pas d'un litige qu'il aurait légalement mission de trancher, mais d'une demande visant à obtenir une déclaration relative à un différend qui oppose un membre du barreau aux juridictions d'un autre État membre [3].

Nikolay Ivanov qui s'est intéressé à la question dans une thèse de doctorat semble approuver cette conception extensive adoptée par la cour.

---

[1] J. P, MARKUS, *Les juridictions ordinales*, Paris, LGDJ.

[2] Conseil d'État Ass. 12 décembre 1953, les Grands arrêts de la jurisprudence administrative.

[3] CJCE, ord. Borker, 18 juin 1980 Affaire n° 138/80 *Rec.* 1980, p. 01975.

Pour cet auteur, rien n'empêche que les organes professionnels soient qualifiés de juridiction s'ils tranchent un contentieux dans une matière autre que disciplinaire. Il estime que les situations contentieuses peuvent résulter des contestations d'honoraires ou des réclamations électorales et que dans ces domaines, les organes ordinaux, qu'ils statuent en premier lieu ou en appel, pourraient prétendre à la qualité de juridiction au sens de l'article 234 du traité de la communauté européenne [1].

Dans le système UEMOA, la reconnaissance du caractère juridictionnel des ordres professionnels ne doit normalement pas poser problème compte tenu de la dynamique de « communautarisation » engagée en faveur desdites structures.

En effet, désireuse de favoriser la mobilité professionnelle au sein de l'Union, l'UEMOA a adopté plusieurs directives relatives à l'exercice de certaines professions. Les textes adoptés dans ce cadre contiennent des règles de procédure applicables en matière disciplinaire devant les formations ordinales compétentes. Celles-ci peuvent donc être amenées à appliquer des règles de procédure contenues dans une directive. À ce titre, leur habilitation à collaborer avec l'organe judicaire communautaire pour solliciter l'interprétation ou l'appréciation de validité de ces textes s'imposera, assurément, sans restriction particulière. Le règlement n° 10/06/CM/ UEMOA [2] constitue une illustration parfaite de la prise en

[1] Nikolay IVANOV, Les transformations du renvoi préjudiciel : contribution à l'étude des mécanismes de l'intégration dans l'Union européenne, thèse Bordeaux 2009, p. 72.

[2] Règlement n° 10/06/CM/UEMOA relatif à la libre circulation et à l'établissement des avocats ressortissants de l'Union au sein de l'espace UEMOA.
Article 7 : *Procédures disciplinaires* - Les règles de procédure, les sanctions disciplinaires et les recours prévus dans le pays d'accueil sont applicables à l'avocat.

Lorsqu'un avocat en circulation commet un manquement aux règles de sa profession, le barreau d'accueil en dresse rapport qu'il transmet au barreau d'origine. Celui-ci décide des suites à donner audit rapport en application de ses propres règles de forme et de fond.

Toutefois, le barreau d'accueil peut prendre des mesures conservatoires. Il en informe immédiatement le barreau d'origine et la conférence des barreaux.

Lorsqu'un avocat établi à titre principal ou à titre secondaire, commet un manquement aux règles de sa profession, le barreau d'accueil peut engager contre lui une procédure disciplinaire en application de ses propres règles de forme et de fond.

La décision disciplinaire produit ses effets tant dans le barreau d'accueil et dans le barreau d'origine que dans les barreaux de l'Union dès notification de cette décision.

Les décisions prononçant les retraits d'inscription et /ou des sanctions disciplinaires doivent être motivées. Ces décisions sont susceptibles de recours conformément aux règles applicables dans le pays d'accueil.

compte à l'échelle communautaire du régime disciplinaire des avocats en situation de mobilité dans l'espace sous-régional.

Selon ce texte, lorsqu'un avocat en circulation commet un manquement aux règles de sa profession, le barreau d'accueil peut engager contre lui une procédure disciplinaire en application de ses propres règles de forme et de fond.

Dans ce cas, le règlement prévoit que la décision disciplinaire prise par l'organe communautaire produira effet tant dans le barreau d'accueil et dans le barreau d'origine que dans les barreaux des autres États membres.

La même volonté d'harmonisation du régime disciplinaire applicable a été également observée concernant les pharmaciens.

En vertu de l'article 5 de la directive n° 06/2008/CM/UEMOA [1], tout pharmacien ressortissant de l'Union, régulièrement inscrit à l'ordre national des pharmaciens d'un État membre, peut librement exercer sa profession, de façon temporaire, à titre indépendant ou salarié, dans tout autre État de l'Union.

Le texte communautaire prévoit la mise en œuvre d'une procédure spécifique lorsqu'un pharmacien établi dans un État dont il n'est pas ressortissant commet un manquement à ses devoirs professionnels.

Les ordres professionnels devant statuer en matière disciplinaire dans les cas prévus par les directives précitées, doivent être considérés comme des autorités administratives à fonction juridictionnelle, au sens de l'article 12 du Protocole additionnel n° 1 [2].

Ce caractère juridictionnel découle de l'analyse de la nature des règles de procédure applicables devant lesdites formations, il s'agit du principe du contradictoire, du respect des droits de la défense, de l'aménagement de voies de recours contre les décisions rendues, etc.

Il semble acquis, au total, que le doute n'est pas permis sur le caractère juridictionnel des ordres professionnels statuant en matière contentieuse. Par conséquent, ils sont habilités, au même titre que les juridictions nationales des États, à collaborer avec la Cour de Justice de l'UEMOA dans le cadre du mécanisme de renvoi préjudiciel.

La conférence des barreaux est immédiatement informée de toutes mesures à caractère disciplinaire demeurées sans suite. Elle enjoint dans ce cas, au barreau défaillant de statuer dans un délai qu'elle détermine. Faute de décision dans ce délai, l'autre barreau concerné devient compétent.

[1] Directive n° 06/2008/CM/UEMOA relative à la libre circulation et à l'établissement des pharmaciens ressortissants de l'Union au sein de l'espace UEMOA.

[2] Protocole additionnel n° 1 relatif aux organes de contrôle de l'UEMOA.

2.2. Les autorités administratives indépendantes

Une autorité administrative indépendante (AAI) est une institution de l'État, chargée en son nom d'assurer la régulation de secteurs considérés comme essentiels et pour lesquels le gouvernement a pris l'option de ne pas intervenir directement.

Les autorités administratives indépendantes se répartissent en deux catégories : celles chargées de la régulation des activités économiques et celles protégeant les droits des citoyens.

L'étude des autorités administratives indépendantes est justifiée dans le cadre de la présente réflexion par le fait que certaines d'entre elles sont dotées d'organes chargés de règlement de litiges et à ce titre, susceptibles de participer au mécanisme préjudiciel. C'est la raison pour laquelle il n'est pas sans intérêt de porter le regard sur deux organes de ce type, qui, aujourd'hui au Sénégal, sont les plus dynamiques en termes d'activité et de volume contentieux. Il s'agit de l'Autorité de Régulation des Télécommunications et des Postes (ARTP) et de l'Autorité de Régulation des Marchés publics (ARMP).

Créée par la loi n° 2001-15 du 27 décembre 2001 sous la forme d'un établissement public particulier, l'ARTP est devenue autorité administrative indépendante à la faveur de l'adoption de la loi n° 2011-01 du 24 février 2011 portant code des télécommunications qui a transposé en droit sénégalais la directive UEMOA n° 01/2006/CM /UEMOA relative à l'harmonisation des politiques de contrôle et de régulation dans le domaine des télécommunications.

La mise en place d'un organe délibérant appelé collège, doté entre autres d'un pouvoir de sanction et d'un pouvoir de règlement des litiges, constitue une des innovations majeures de ce texte.

L'ARMP a, quant à elle, été désignée par la loi n° 2006-16 du 30 juin 2006 modifiant la loi n° 65-61 du 19 juillet 1965 portant code des obligations de l'administration en tant qu'autorité administrative indépendante, administrée par un conseil de régulation composé de membres issus de l'administration, du secteur privé et de la société civile.

À côté du conseil de régulation, siège un comité de règlement des différends chargé de statuer sur les recours formés par les candidats et soumissionnaires et de connaître de tous faits susceptibles de constituer des irrégularités et infractions pouvant justifier le prononcé de sanctions disciplinaires.

L'examen des compétences des autorités administratives indépendantes révèle que celles-ci sont dotées de pouvoirs de recommandation, de décision, de règlementation et de sanction.

La confusion des pouvoirs constitue certainement un trait caractéristique pour ces organes, de sorte qu'il est nécessaire de faire la distinction entre les activités juridictionnelles dont l'exercice justifie l'habilitation de l'organe à collaborer avec les juridictions sous-régionales et les activités purement administratives.

Face à un organe caractérisé par un dédoublement fonctionnel, on peut avoir des difficultés à identifier ses activités juridictionnelles avec précision.

Pour y parvenir la méthode préconisée par le professeur Georges de Leval semble assez pratique et mérite, de ce fait, d'être exposée.

Selon cet auteur, la nature juridictionnelle ou non d'une décision rendue par un organe doit s'apprécier au moyen d'une méthode indiciaire impliquant la prise en compte de plusieurs critères dont aucun n'est décisif en lui-même. Ces critères sont de nature organique, matérielle et formelle [1].

Sur le plan organique, la décision doit être prise par un organe qui présente toutes les garanties d'indépendance et d'impartialité et qui ne rend compte à aucune autorité hiérarchique ni à aucune autorité de tutelle.

Au plan matériel, la décision doit vider un litige en dégageant une solution.

Par contre, le critère formel renvoie à la manière dont la décision a été prise, et dans ce cas, la nature juridictionnelle de l'organe est fondée sur l'existence d'une procédure respectant les droits de la défense et les intérêts des parties, la contradiction des débats, la motivation de l'acte et l'autorité de chose jugée qui s'y attache.

Sur la base des critères ainsi dégagés, il est possible d'analyser les règles d'organisation et de fonctionnement des deux autorités de régulation pour s'assurer du caractère juridictionnel de leurs activités.

a) L'Autorité de régulation des marchés publics (ARMP)

L'ARMP comprend deux structures différentes à savoir le conseil de régulation et le comité de règlement des différends.

Le conseil de régulation exerce une mission générale d'orientation de la politique définie par l'autorité de régulation et d'évaluation de ses activités. Il s'agit là d'une fonction purement administrative.

Par contre, le comité de règlement des différends exerce une double fonction en ce sens qu'il est compétent en matière disciplinaire et en matière de règlement des litiges.

---

[1] G. De LEVAL, *Institutions judiciaires*, 2e édition, Faculté de droit, 1993, p. 17 et 18, cité par Xavier TATON, *Les recours juridictionnels en matière de régulation*, Larcier, 2010.

Dans sa formation disciplinaire, le comité a pour mission de prononcer des sanctions sous la forme d'exclusions temporaires et de pénalités pécuniaires à l'encontre des soumissionnaires, candidats ou titulaires de marchés ou de délégations de service public, en cas de violation de la réglementation afférente en matière de passation ou d'exécution des marchés publics.

En droit sénégalais, la question relative à la nature de l'activité disciplinaire du comité a été tranchée de façon précise par le code des obligations de l'administration. En effet, l'article 32 nouveau dudit texte énonce que les sanctions prononcées par le comité de règlement des différends constituent des décisions administratives [1].

C'est la raison pour laquelle, la voie de recours aménagée contre ce type de sanction est celle du contentieux de l'annulation qui, dans le système juridique sénégalais, est exercé sous forme de recours pour excès de pouvoir formé devant la chambre administrative de la Cour suprême.

Nous pouvons, au regard de ces éléments, retenir que le comité de règlement des différends de l'ARMP dans sa formation disciplinaire ne constitue pas une juridiction au sens communautaire et n'est pas, par conséquent, habilité à saisir la Cour de Justice de l'UEMOA d'un renvoi préjudiciel lorsqu'il statue sur des faits susceptibles de justifier le prononcé de sanctions contre des soumissionnaires.

Cette position est justifiée par le fait que le rôle du comité n'est pas de trancher un litige, mais plutôt de sanctionner des cas de violation de la réglementation des marchés publics.

Cette opération correspond, à notre sens, à une mise en œuvre des pouvoirs de police économique qui relèvent des compétences de l'administration.

Par contre dans l'exercice de sa compétence relative au règlement des litiges, le comité exerce une véritable fonction juridictionnelle.

Son office consiste à ce niveau à recevoir et à trancher les réclamations portées par les candidats évincés ou non retenus dans les procédures de passation de marchés publics et de délégation de services publics.

---

[1] Loi n° 2006-16 du 3 juin 2006 modifiant la loi n° 65-61du 19 juillet 1965 portant code des obligations de l'administration.

Article 32 nouveau : Sanctions des candidats et titulaires.

L'organe compétent en matière de recours non juridictionnels, placé sous l'égide de l'autorité chargée de la régulation des marchés publics peut, par une décision administrative individuelle, prononcer à l'encontre d'un candidat ou titulaire d'un marché public, d'une délégation de service public ou d'un contrat de partenariat, l'exclusion temporaire ou définitive, des commandes publiques, à titre de sanction pour toutes fautes commises par l'intéressé lors de la passation ou de l'exécution de ces marchés ou contrats, sans préjudice des sanctions pénales éventuellement encourues ou réparations éventuellement dues.

Ce faisant, il peut être saisi de litiges portant sur la décision d'attribuer ou de ne pas attribuer le marché, sur les conditions de publications des avis, les règles relatives à la participation des candidats et aux capacités et garanties exigées, le mode de passation et la procédure de sélection retenue, la conformité des documents d'appel d'offres à la réglementation communautaire, les spécifications techniques retenues, les critères d'évaluation, etc. [1].

Il apparaît évident que le législateur communautaire a entendu soumettre ladite instance aux exigences procédurales inhérentes à la fonction juridictionnelle.

En effet, la directive n° 05/2005/CM/UEMOA [2] engage les États membres à veiller à ce que les litiges liés à l'application de la réglementation des marchés publics et des délégations de service publics soient portés devant une autorité composée de membres de l'administration, du secteur privé et de la société civile, reconnus pour leur professionnalisme, leur indépendance et leur représentativité.

Elle précise que la procédure devant ladite autorité doit respecter les principes du contradictoire et d'équité, la désignation de ses membres, la cessation de leur mandat de même que leur statut devant être fixés par une réglementation nationale leur permettant d'exercer leur fonction en toute indépendance.

Le décret n° 2011-1048 du 27 juillet 2011 portant code des marchés publics, qui transpose cette directive en droit sénégalais, prévoit en son article 88 que tout candidat à une procédure d'attribution d'un marché est habilité à saisir la personne responsable du marché d'un recours gracieux exposant les motifs de sa réclamation.

En l'absence de suite favorable à son recours gracieux, le requérant peut, en vertu de l'article 89, présenter un recours devant le comité de règlement des différends qui dispose d'un délai de sept jours ouvrables à compter de la réception du recours pour rendre une décision.

En application des articles 21 du décret n° 2007- 546 du 25 avril 2007 portant organisation et fonctionnement de l'ARMP et l'article 12 de la directive UEMOA, les décisions rendues par les autorités de recours non juridictionnel (CRD /ARMP) font l'objet d'un recours juridictionnel.

Le comité de règlement des différends statuant en matière de règlement des litiges présente tous les critères d'un organisme administratif qui rend des décisions à caractère juridictionnel. Partant de ce constant,

---

[1] Article 11 directive n° 05/2005/CM/UEMOA portant contrôle et régulation des marchés publics et des délégations de service publics dans l'Union économique et monétaire ouest-africaine.

[2] Article 12 directive n° 05/2005/CM /UEMOA précitée.

on pourrait logiquement s'attendre à ce que ses décisions puissent être attaquées par la voie du pourvoi en cassation.

Cependant, le législateur a clairement pris l'option de les considérer comme des actes administratifs attaquables par la voie du recours en annulation.

En effet, l'article 30 du code des obligations de l'administration (COA) définit l'Agence de régulation des marchés publics (ARMP) comme une autorité administrative indépendante. Dès lors, les décisions qu'elle prend dans le cadre de sa fonction de régulation sont en toute logique attaquables par la voie du recours pour excès de pouvoir.

Toutefois, l'article 12 de la directive communautaire précitée fait obligation aux États membres de mettre en place une procédure permettant que « les décisions de l'autorité de recours non juridictionnel puissent faire l'objet d'un recours à bref délai ». Cependant, le Sénégal ne s'est pas encore conformé à cette obligation. Le constat demeure que la transposition de la disposition communautaire a été réalisée sans que l'obligation d'aménager cette voie de recours à bref délai ne soit prise en compte. Ce qui fait que, dans la pratique, les recours dirigés contre les décisions rendues par le comité statuant en matière de règlement de litiges sont portés devant la chambre administrative de la Cour suprême suivant les formes et délais ordinaires prévus applicables aux recours pour excès de pouvoir, ce qui n'est pas sans conséquence sur les procédures de règlement des litiges.

Ce faisant, il peut arriver que la Cour saisie d'un recours contre une décision du CRD de l'ARMP, rende sa décision alors que le marché en cause a déjà été entièrement exécuté. Cette difficulté peut résulter de la combinaison de deux facteurs :

Le premier facteur découle de ce que le recours porté devant la Cour suprême n'est pas suspensif au sens de l'article 21 du décret n° 2007- 546 du 25 avril 2007 portant organisation et fonctionnement de l'ARMP et l'article 12 de la directive UEMOA sur le contrôle des marchés publics aux termes énonçant que le recours juridictionnel contre les décisions rendues par les autorités de recours non juridictionnel (CRD) n'ont pas d'effet suspensif ;

Le second facteur est lié aux contraintes découlant des modalités de traitement, par la Cour suprême, des recours formés contre les décisions du CRD de l'ARMP qui sont examinés suivant les formes et délais de droit commun applicables aux recours pour excès de pouvoir ;

Or, cette pratique, dont la légalité n'est pas contestée, n'est cependant pas en adéquation avec le principe de célérité qui gouverne le processus de traitement des litiges pouvant survenir durant la phase d'attribution d'un marché public.

En effet, les articles 89 et 90 portant code des marchés publics prévoient un délai de traitement des litiges en 18 jours, de la publication de l'attribution provisoire au prononcé de la décision du Comité de règlement des différends de l'ARMP. Mais au-delà de ce stade, aucun autre délai abrégé n'est prévu pour garantir la célérité dans le traitement du litige par la Cour suprême en cas de recours formé par un candidat évincé.

b) L'Autorité de régulation des télécommunications et des postes (ARTP)

L'article 123 de la loi n° 2011-01 du 24 février 2011 portant code des télécommunications, actuellement abrogée et remplacée par la loi n° 2018-28 du 12 décembre 2018 portant code des communication électroniques, avait consacré la transformation de l'ARTP en tant qu'autorité administrative indépendante, chargée de réguler les secteurs des télécommunications et des postes.

Ce texte de loi présente la particularité de transposer en droit interne à la fois une directive UEMOA et un Acte additionnel CEDEAO ayant statué concurremment sur la même matière. Il s'agit de la directive n° 01/2006/CM/UEMOA [1] et de l'Acte additionnel CEDEAO n° A/SA1/01/O7 [2].

Cette situation traduit encore une fois la réalité des risques de conflit des normes d'origine communautaire dans la région ouest-africaine, mais aussi la nécessité de procéder de façon urgente à une rationalisation du système normatif dans l'espace sous-régional.

La loi portant code des télécommunications issue de cette transposition a établi en faveur de l'organe de régulation d'une part un pouvoir de contrôle et de sanction et d'autre part un pouvoir de règlement des différends.

Il apparaît manifeste que le pouvoir de contrôle et de sanction reconnu à l'autorité de régulation relève de ses compétences purement administratives.

Par contre, la compétence établie en matière de règlement de différends laisse entrevoir un fort relent juridictionnel qui fait effectivement penser au régime juridique des autorités administratives à caractère juridictionnel.

En effet, la loi portant code des télécommunications permet à tout opérateur et à tout consommateur de saisir l'autorité de régulation de tout

---

[1] Directive n° 01/2006/CM/UEMOA relative à l'harmonisation des politiques de contrôle et de régulation du secteur des télécommunications.

[2] Acte additionnel A/SA1/01/07 relatif à l'harmonisation des politiques et du cadre réglementaire des secteurs des technologies de l'information et de la communication.

litige né à l'occasion de l'application des dispositions législatives ou réglementaires en matière de télécommunications et de postes.

Il est intéressant d'observer que dans ce cadre, la loi met à la charge de l'organe de régulation l'obligation d'adopter quasiment tous les principes fondamentaux qui gouvernent la fonction juridictionnelle.

Ainsi, il se doit d'édicter et de publier une procédure transparente et non discriminatoire de règlement des différends contenant les obligations suivantes :

- rendre ses décisions dans les délais légaux
- respecter le principe du contradictoire et les droits de la défense en mettent les parties à même de présenter leurs observations ;
- rendre des décisions dûment motivées ;
- rendre publiques ses décisions dans les conditions et sous les réserves prévues par les lois et règlements applicables.

Ces éléments rappellent à tout point de vue, les critères dégagés par le juge européen dans l'arrêt Vassens-Göbbels, pour la détermination de la notion de juridiction nationale habilitée à participer au mécanisme de renvoi préjudiciel.

On peut, sur la base des garanties procédurales prescrites par les dispositions précitées, retenir que l'organe de régulation, lorsqu'il statue en matière de règlement de différend, présente les caractéristiques organiques et fonctionnelles pouvant justifier sa participation au mécanisme préjudiciel.

D'ailleurs, s'agissant des voies de recours admises en la matière, on peut dire que le législateur national s'est maintenant conformé aux principes directeurs établis par l'Acte additionnel CEDEAO A/SA1/01/07 relatif à l'harmonisation des politiques et du cadre réglementaire du secteur des technologies de l'information et de la communication et a corrigé les errements qui figuraient dans l'ancien article 149 du code des télécommunications en ce qu'il avait établi une voie de recours spéciale devant la Cour de Justice de la CEDEAO, dont la mise en œuvre allait assurément poser problème.

En effet, l'article 17 du texte communautaire qui fixe le régime des voies de recours contre les décisions des organes de régulation a prévu à la charge de États membres l'aménagement de mécanismes de réexamen au niveau national. Ainsi, les États membres doivent prendre les dispositions nécessaires afin de garantir l'existence de mécanismes au niveau national, qui permettent à toute personne intéressée d'intenter un recours contre toute décision de l'autorité nationale de régulation devant une instance juridictionnelle indépendante.

Cette préconisation a été dûment prise en compte par le nouveau code des télécommunications électroniques en son article 223 aux termes duquel

« les décisions de l'Autorité de régulation peuvent faire l'objet de recours devant la haute juridiction administrative nonobstant un recours gracieux préalable ». Il s'agit clairement d'un recours en annulation devant la chambre administrative de la Cour suprême.

En conclusion sur ce point, l'on retient qu'en principe, rien ne s'oppose à ce que les organes de régulation puissent participer au mécanisme préjudiciel lorsqu'ils statuent en matière de règlement de différends.

B. Les organes de règlement de litiges exclus du mécanisme préjudiciel

Certains organes de règlement de litiges du fait de particularités liées à leur nature intrinsèque ou à leur fonction ne sont pas admis à collaborer avec le juge communautaire dans le cadre du mécanisme préjudiciel. On peut, à cet égard, citer le cas des juridictions arbitrales ainsi celui des entités administratives ne présentant pas suffisamment de garanties d'indépendance.

1. Les juridictions arbitrales

La pratique de la justice arbitrale est de plus en plus répandue en Afrique en raison des nombreuses appréhensions nourries par les milieux d'affaires à l'égard des juridictions nationales.

À tort ou à raison de nombreux griefs parmi lesquels les lenteurs, l'imprévisibilité, l'absence d'indépendance sont souvent articulés contre le service public de la justice. C'est la raison pour laquelle de nombreuses entités privées font le choix de confier le règlement de leurs litiges à des arbitres.

En pratique, ces instances arbitrales procèdent à des actes de jugement et peuvent être confrontées à des questions d'interprétation du droit communautaire au même titre que les organes judicaires étatiques. D'où l'intérêt de se demander si, à ces occasions, elles pourront, au même titre que les juges nationaux, établir une collaboration avec les juridictions communautaires à travers la mise en œuvre de mécanisme préjudiciel.

Au regard des critères dégagés par la jurisprudence, les juridictions arbitrales ne semblent pas remplir les conditions requises pour être admises à collaborer avec les organes judiciaires communautaires.

En effet, le caractère purement privé de l'arbitrage ne milite pas en faveur de son admission au mécanisme de coopération institué en faveur des juridictions nationales.

Il s'y ajoute que les sentences arbitrales ne sont pas toujours motivées en référence au droit applicable au litige. En effet, Il arrive que la formation arbitrale statue en amiable compositeur, conformément à la volonté des parties, en tenant compte de certains facteurs tels que l'équité, l'équilibre des obligations contractuelles, etc. [1].

Le juge communautaire UEMOA a pris position sur la question en décidant d'écarter les juridictions arbitrales du mécanisme préjudiciel. Il a affirmé, dans un avis consultatif rendu le 2 février 2000, que l'instance arbitrale constitue un mode de règlement des litiges par une justice privée parce que conçue et organisée selon le vœu des parties et qu'il échappe de ce fait, à la juridiction de la Cour.

Toutefois, elle pourrait être incidemment saisie d'un renvoi préjudiciel « si le tribunal arbitral compétent a recours aux juridictions des États membres conformément à la loi du contrat » [2].

En effet, au sens de l'article 25 de l'acte uniforme relatif au droit de l'arbitrage, la sentence arbitrale n'est pas susceptible d'opposition, d'appel ni de pourvoi, elle peut cependant faire l'objet d'un recours en annulation porté devant le juge national.

Au regard de l'opinion formulée par l'organe judiciaire de l'UEMOA dans l'avis précité, tout porte à croire qu'à l'occasion de l'examen de ce recours, le juge national est parfaitement recevable à soumettre au juge communautaire toute question d'interprétation ou d'appréciation de légalité révélée à l'occasion de l'examen du recours formé contre la sentence.

Au demeurant, l'admission du juge arbitre à la procédure préjudicielle devrait en toute logique être envisagée et admise dans certaines procédures particulières. Pour étayer ce point de vue, un exemple illustratif peut être trouvé dans le système communautaire de l'UEMOA. En effet, en application des préconisations de l'article 21 de son Protocole additionnel n° 2 relatif aux politiques sectorielles, l'Union s'est dotée d'un projet de code communautaire des investissements qui, lorsqu'il sera en vigueur, pourrait être invoqué comme droit applicable dans des procédures arbitrales sur des litiges éventuels entre États et investisseurs. Ces cas de figure sont même prévus par l'article 3 de l'Acte uniforme

---

[1] Prenant en compte tous ces éléments, la CJCE a, dans son arrêt Nordsee, apporté un jugement net sur la question en affirmant sans ambages qu'une instance arbitrale ne saurait être qualifiée de juridiction d'un État. Elle fait remarquer au soutien de son argumentaire « qu'il y a aucune obligation, ni en droit ni en fait, pour les parties contractantes de confier leurs différends à l'arbitrage et que les autorités publiques de l'État membre concerné ne sont ni impliquées dans le choix de la voie de l'arbitrage, ni appelées à intervenir d'office dans le déroulement de la procédure devant l'arbitre ».

[2] Cour de Justice de l'UEMOA, avis n° 01/2000 du 2 février 2000 portant sur le projet de code communautaire des investissements, *Recueil des textes fondamentaux et de la jurisprudence de la Cour*, p. 230.

OHADA sur le droit de l'arbitrage qui prévoit que l'arbitrage peut être fondé sur un instrument relatif aux investissements notamment un code des investissements ou un traité bilatéral ou multilatéral relatif aux investissements.

Selon une étude menée par la CNUCED, « en droit contemporain de l'investissement, l'arbitrage international s'est imposé comme la voie royale permettant aux investisseurs étrangers de faire aboutir leurs réclamations, à l'égard d'un État hôte, nées d'un différend relatif aux investissements »[1].

Dès lors, il semble tout à fait justifié, lorsqu'un différend soumis à l'arbitrage est fondé sur un instrument juridique d'origine communautaire, que les difficultés d'interprétation ou d'application de cet acte puissent être directement soumises au juge communautaire par le biais d'un renvoi préjudiciel. Par ce procédé, l'unité d'interprétation et d'application pourra être assurée dans les procédures arbitrales de règlement des différends même dans les cas où l'affaire n'aura pas été soumise au juge national suite à un recours en annulation.

2. Les organes susceptibles de recevoir des instructions de l'État

Les organes administratifs chargés du règlement de certains types de contentieux ne sont pas considérés comme des juridictions au sens communautaire du terme. C'est le cas lorsque lesdits organes sont susceptibles, en vertu de leur statut, de recevoir des instructions de l'État. Il s'agit là d'un corollaire du critère d'impartialité qui exige qu'un organe censé exécuter une fonction juridictionnelle soit exempt de tout élément susceptible de faire naître un doute raisonnable dans la tête des justiciables.

Il est donc nécessaire que l'organisme concerné présente des garanties d'impartialité et d'indépendance suffisantes, mais également qu'il soit tiers par rapport à la décision sous-jacente au litige ayant donné lieu au renvoi préjudiciel. C'est pourquoi, toutes les fois où la CJCE a été saisie par un organisme administratif, elle s'est évertuée à contrôler ses liens avec l'exécutif de façon à s'assurer qu'elle n'est pas en situation de recevoir des instructions ou de subir des influences de la part des autorités exécutives. L'arrêt Corbiau en est une illustration parfaite, la Cour ayant décidé que le directeur des contributions directes et des accises du Grand-Duché de Luxembourg ne présentait pas des garanties d'indépendance suffisantes pour être considéré comme juridiction.

---

[1] Étude de la CNUCED sur les politiques d'investissement international au service du développement, Nations Unies, Genève, 2010.

Elle a exercé le même contrôle sur les *Tribunales économico-administrativos* de l'État espagnol pour aboutir au constat que lesdits organes bénéficient d'une garantie de séparation fonctionnelle avec les services de l'administration fiscale chargés de la gestion, du recouvrement et qu'ils peuvent donc statuer sur les réclamations introduites par les usagers sans recevoir aucune instruction.

Ce modèle de séparation des fonctions dont l'objectif est de garantir l'indépendance des organismes administratifs chargés de trancher des litiges a été adopté par l'UEMOA en ce qui concerne le règlement des différends liés à l'application des règles de transparence dans les marchés publics.

La directive n° 05/2005/CM/UEMOA [1] engage les États membres à mettre en œuvre des procédures et mécanismes ayant pour effet de garantir la séparation entre les fonctions de contrôle des marchés publics et les fonctions de régulation.

Paragraphe 2. Les conditions tirées du litige principal

L'objectif premier du mécanisme de renvoi préjudiciel est de créer les conditions d'une application uniforme du droit communautaire par les juridictions des États parties. À travers ce cadre de coopération, les cours de justice sous-régionales se mettent à la disposition des juridictions internes pour leur apporter les réponses qu'elles estiment nécessaires à la résolution des litiges dont elles sont saisies.

À ce niveau, l'initiative de saisir la juridiction communautaire appartient exclusivement au juge national sans qu'il soit possible de le contraindre par une action des parties ou par décision d'une juridiction supérieure. Il s'agit donc d'un pouvoir souverain qui échappe à tout contrôle sauf dans les cas où le juge se trouve en situation de renvoi obligatoire.

Selon Denys Simon, la formation de jugement peut certes être invitée à surseoir à statuer et à saisir la Cour soit par les parties au litige principal, soit par le Ministère public. Mais elle n'est jamais tenue de déférer à cette demande. Il estime en effet, que le juge national dispose de la faculté la plus étendue de saisir la Cour de Justice à titre préjudiciel, faculté dont aucune procédure de droit interne ne peut valablement le priver [2].

---

[1] Directive n° 05/2005/CM/UEMOA portant contrôle et régulation des marchés publics et des délégations de service public dans l'Union économique et monétaire ouest africaine.

Article 3 : Du principe de la séparation des fonctions de contrôle et de régulation.

« Les États membres s'engagent à mettre en œuvre des procédures et mécanismes garantissant la séparation et l'indépendance des fonctions de contrôle et de régulation des marchés publics et des délégations de service public ».

[2] Denis SIMON, *Le système juridique communautaire*, 3e édition, Paris, PUF.

A. Nature des questions susceptibles de renvoi

Même si aucun formalisme particulier n'est prévu relativement à l'opération de renvoi, des conditions de fond ont néanmoins été dégagées par la législation communautaire et par la jurisprudence.

Ces conditions sont, d'une part, liées au litige principal et d'autre part, à la situation de la juridiction de renvoi.

1. Une question en lien direct avec le litige principal pendant

Pendant longtemps, le juge communautaire s'est abstenu d'exercer un quelconque contrôle sur la pertinence des questions posées par le juge national auteur du renvoi. Cette position était fondée sur l'idée qu'on se situe dans un cadre de simple coopération et que de ce fait, le juge national devant répondre seul de la décision à intervenir, détient la pleine maîtrise de l'appréciation de la pertinence des questions renvoyées devant la Cour communautaire. Celle-ci se limitait donc à exécuter strictement sa mission consistant à veiller à ce que le droit communautaire soit correctement interprété par la juridiction nationale saisie [1].

La doctrine développée sous ce rapport est adossée à l'idée que les considérations qui ont pu guider une juridiction nationale dans le choix de ses questions ainsi que la pertinence qu'elle entend leur attribuer, dans le cadre d'un litige soumis à son jugement, restent soustraites à l'appréciation de la juridiction communautaire statuant à titre préjudiciel [2]. Cette position traduit toute la mesure de la réserve que le juge communautaire se doit d'observer par rapport d'une part à l'opportunité de la décision prise par le juge national de recourir au renvoi préjudiciel et d'autre part aux éléments constitutifs du litige porté à l'appréciation de ce dernier.

Cette attitude de retenue à l'égard du litige principal ne semble pas avoir été strictement observée par la Cour de Justice de l'UEMOA dans une affaire où elle a eu à statuer sur une question préjudicielle renvoyée

---

[1] Cette position de principe a été plus d'une fois soutenue par la CJCE qui a estimé qu'il ne lui appartenait pas de se prononcer sur l'opportunité de la demande de décision préjudicielle. Que dans ce cadre, il incombe au juge national, qui est seul à avoir une connaissance directe des faits de l'affaire comme aussi des arguments mis en avant par les parties et qui devra assumer la responsabilité de la décision judiciaire à intervenir, d'apprécier, en pleine connaissance de cause, la pertinence des questions de droit soulevées par le litige dont il se trouve ainsi saisi et la nécessité d'une décision préjudicielle pour être en mesure de rendre son jugement.

[2] CJCE, 5 février 1963, Van Gend & Loos.

par une juridiction sénégalaise[1]. Ce qui a d'ailleurs suscité la critique du professeur Sall qui, dans son commentaire consacré à ladite décision, a soutenu que la cour a, dans cette affaire, cédé « à la tentation de reposer les arguments des parties puisque sur la dizaine de pages dans laquelle elle déploie un raisonnement, cinq sont consacrées à la présentation des arguments relatifs au litige principal... Or dans la mesure où le renvoi préjudiciel consiste en une question, il est nécessaire que la décision subséquente consiste seulement en une réponse à la question posée... ».

Selon l'auteur, une juridiction saisie à titre préjudiciel n'a pas de pouvoir d'évocation de l'affaire [2].

On note cependant que de plus en plus le juge communautaire à tendance à s'intéresser à la pertinence des questions qui lui sont posées par les juridictions nationales en procédant notamment à l'appréciation de leur l'impact éventuel sur le litige principal. Ce faisant, elle a commencé à écarter des questions qu'elle estimait sans rapport avec l'objet de l'affaire portée devant le juge national. Ainsi, la cour a cru devoir se déclarer incompétente pour donner suite à un renvoi préjudiciel, au motif que les questions posées étaient sans rapport avec l'objet de la procédure principale et ne répondaient donc pas à un besoin objectif pour la solution du litige [3].

Dans la même dynamique, le juge européen a estimé ne pas devoir répondre à une question préjudicielle se rapportant à l'interprétation ou à l'appréciation de validité d'un acte communautaire lorsque celui-ci n'est pas applicable au litige pendant devant la juridiction de renvoi [4].

On peut s'interroger sur le fondement de l'évolution ainsi notée dans l'appréciation des conditions de recevabilité du renvoi préjudiciel.

Il semble en effet que c'est la nécessité de contenir les effets du succès du mécanisme préjudiciel qui a conduit le juge européen à exiger des conditions plus restrictives afin de réguler le flux sans cesse croissant des questions envoyées par les juridictions nationales. Il s'agit donc d'une stratégie de filtrage qui n'est pas mauvaise en soi puisqu'elle permet de

---

[1] CJ/UEMOA, arrêt n° 02/2005 du 12 janvier 2005 Compagnie Air France c/ syndicat des agents de voyage et de tourisme du Sénégal.

[2] Alioune SALL, *La justice de l'intégration, réflexions sur les institutions judiciaires de la CEDEAO et de l'UEMOA*, Dakar, éditions du CREDILA, p. 223.

[3] CJCE, arrêt du 17 mai 1994, Corsica Ferries Italia SRL, affaire n° C-18/93, *Rec.*1994, p. I-01783.

[4] En application de ce principe la CJCE s'est déclarée incompétente pour répondre à une question préjudicielle posée par un juge commissaire, chargé des opérations de liquidation d'une société au motif que les questions posées se rapportent à des règles et principes du droit communautaire dont il n'a pas à faire application dans le cadre de la procédure de liquidation.

recentrer l'office du juge communautaire sur les questions en rapport direct avec l'objet du litige principal soumis au juge national.

Mais dans le contexte sous-régional ouest-africain, cette solution ne saurait être judicieuse en ce sens que les Cours de Justice de l'UEMOA et de la CEDEAO sont loin d'atteindre ce niveau de sollicitation pouvant justifier l'adoption de conditions de recevabilité restrictives concernant le mécanisme de renvoi préjudiciel.

Au contraire, ces juridictions gagneraient plutôt à déployer des stratégies attractives visant à inciter les juges nationaux à s'approprier ce mécanisme.

2. L'exigence d'une question découlant d'un litige né et actuel

Le renvoi préjudiciel vise précisément à impliquer une juridiction communautaire dans l'interprétation ou le contrôle de validité d'un acte communautaire ayant vocation à s'appliquer dans une affaire pendante devant le juge national.

Il s'agit d'un mécanisme dont l'objectif principal est d'assurer une harmonisation des applications du droit communautaire par les juridictions des États membres et ne se conçoit pas, de ce fait, en dehors du cadre d'un litige principal né et actuel. Cette exigence est largement justifiée dans la mesure où il n'est pas attendu du juge communautaire un avis consultatif sur une difficulté potentielle d'interprétation ou d'application, mais plutôt qu'il apportât une réponse claire à une question réelle, tirée d'une situation juridique née et actuelle.

Le critère de l'existence d'un litige réel permet ainsi de distinguer les procédures de consultations juridiques des procédures préjudicielles. L'intérêt de la distinction tient à la détermination de la force obligatoire qui s'attache aux décisions rendues par la Cour selon qu'elle donne un avis consultatif ou qu'elle réponde à une question posée au cours d'un procès pendant devant une juridiction nationale.

Le juge communautaire devra s'abstenir de répondre à des questions préjudicielles posées en dehors du cadre d'un litige réel pendant devant une juridiction nationale pour ne pas donner l'impression de formuler des opinions consultatives sur des questions générales ou hypothétiques.

Il est vrai que l'exigence d'un litige réel n'est pas inscrite sur les règlements de procédure des cours de justice de l'UEMOA et de la CEDEAO, comme condition de recevabilité d'un renvoi, il serait toutefois logique d'intégrer cette restriction de sorte à établir une ligne de démarcation nette entre les procédures consultatives et les procédures préjudicielles.

B. La prise en compte du niveau de l'instance de renvoi

Le Protocole additionnel n° 1 de l'UEMOA relatif aux organes de contrôle de l'Union qui consacre l'instauration d'un mécanisme de collaboration juridictionnelle à travers le renvoi préjudiciel, prévoit en son article 12 alinéa *in fine* que les juridictions nationales statuant en dernier ressort sont tenues, lorsqu'elles rencontrent des difficultés d'interprétation ou d'application du droit communautaire, de saisir obligatoirement la Cour de Justice non sans préciser que ladite saisine est seulement facultative lorsque la difficulté survient devant les autres juridictions nationales ou les autorités à fonction juridictionnelle.

Cette disposition a aménagé deux régimes de collaboration différente en fonction de la situation de la juridiction devant laquelle se pose une question d'interprétation ou d'appréciation de validité d'un acte communautaire.

Ainsi les juridictions nationales dont les décisions sont insusceptibles de recours sont obligées de surseoir à statuer et de saisir la Cour de Justice de l'UEMOA de toute question d'interprétation ou d'appréciation de validité qui se poserait à leur niveau.

Par contre, ladite saisine est simplement optionnelle pour toutes les autres juridictions nationales [1].

Cette approche est pertinente au regard de l'objectif qui est d'assurer l'unité de l'ordre juridique communautaire en ce sens qu'elle fait obstacle à ce que les décisions rendues par les juridictions internes ne soient fondées sur des interprétations erronées du droit communautaire.

Or, on considère généralement que la justice ne s'est pas encore prononcée tant qu'elle ne s'est pas définitivement prononcée. Par conséquent, le risque de divergence d'interprétation ou d'application du droit communautaire se présente avec plus d'acuité devant les juridictions statuant en dernier ressort. C'est précisément pour cette raison que le législateur communautaire a pris l'option d'instaurer à ce niveau un régime de collaboration obligatoire permettant aux juridictions communautaires d'exercer au mieux leur fonction de préservation de l'unité de l'ordre juridique sous-régional.

Denys Simon estime dans son ouvrage consacré au système juridique communautaire que l'option en faveur de ce régime fondé sur la dualité, relève d'un compromis. Il soutient que « la fonction inhérente au méca-

[1] Ce système, inspiré du modèle européen, présente l'avantage de permettre à la Cour communautaire de veiller à l'application uniforme du droit communautaire au niveau des juridictions nationales dont les décisions sont devenues définitives.

nisme du renvoi préjudiciel, à savoir la garantie de l'uniformité de l'application juridictionnelle du droit communautaire aurait pu être conçue comme imposant le caractère obligatoire du renvoi dès lors que l'interprétation ou l'appréciation de validité du droit communautaire était nécessaire à la solution du litige. Mais une telle option aurait incontestablement eu pour effet d'encombrer le prétoire de la Cour et d'allonger indûment la durée des procédures nationales ; en revanche, la reconnaissance d'un caractère purement facultatif au renvoi risquerait de porter gravement atteinte à l'exigence d'unité du droit communautaire » [1].

C'est pourquoi, selon lui, les auteurs des traités ont retenu un compromis fondé sur une distinction entre les juridictions dont les décisions sont susceptibles de recours juridictionnels de droit interne, pour lesquelles le renvoi est facultatif et les juridictions statuant en dernier ressort qui sont tenues de saisir la Cour de Justice.

Il y a lieu de relever que cette distinction est totalement absente du Protocole A/SP.1/01/05 portant amendement au Protocole A/P.1/7/91 relatif à la Cour de Justice de la CEDEAO.

L'article 10 de ce texte mentionne simplement que les juridictions nationales peuvent décider d'elles-mêmes, ou à la demande d'une des parties au différend, de saisir la Cour d'un renvoi préjudiciel portant sur l'interprétation du Traité, des protocoles et règlements.

Se fondant sur cette disposition, on peut affirmer que le régime de renvoi obligatoire n'existe, malheureusement, pas dans le système CEDEAO.

1. Le renvoi par les juridictions statuant en dernier ressort

Il convient de déterminer l'étendue et de fixer les limites de l'obligation de renvoi instaurée par le Protocole additionnel UEMOA n° 1.

a) Étendue du régime de renvoi obligatoire

Le régime de renvoi préjudiciel obligatoire fixé par le législateur communautaire s'applique aux juridictions dont les décisions sont insusceptibles de recours. Le texte de référence ne vise pas à proprement parler que les juridictions suprêmes. L'obligation s'applique dès l'instant où les décisions rendues par la juridiction concernée n'admettent aucune voie de recours en droit interne.

Mais faut-il entendre par obligation de renvoi que les juridictions concernées doivent surseoir à statuer à chaque fois qu'une question d'interprétation ou d'appréciation de validité est soulevée devant elles par

---

[1] Denis SIMON, *Le système juridique communautaire*, *op. cit.*, p. 676.

une partie au procès ? Peut-on valablement considérer que du fait de l'obligation qui leur est faite de saisir la Cour communautaire, lesdites juridictions sont privées de tout pouvoir d'apprécier l'opportunité d'opérer un renvoi préjudiciel ?

Il faut dire que le concept d'obligation qui s'est invité dans un mécanisme présenté, à la base, comme un simple cadre de coopération, est à l'origine de ces interrogations sur l'étendue de la marge de manœuvre du juge national statuant en dernier ressort.

Un début de réponse à ces questions pourrait être déduit du principe dégagé par le Conseil d'État français qui, dans son arrêt Cohn-Bendit, a revisité la théorie de l'acte clair initialement élaborée dans le cadre des procédures établies entre le ministère des Affaires étrangères et les juridictions internes à propos de l'interprétation des traités internationaux, pour dire que le renvoi préjudiciel ne pouvait être obligatoire dans l'absolu et qu'il n'était même pas nécessaire lorsque le sens du droit communautaire apparaissait avec évidence.

Cette position, qui a pu apparaître comme une menace contre l'unité de l'ordre juridique communautaire, n'a pas manqué de susciter des réactions parfois courroucées de certains auteurs, spécialistes du droit de l'intégration.

C'est dans un tel contexte que la CJCE a pris clairement position par un arrêt de principe pour d'une part, réaffirmer avec fermeté la nécessité de préserver l'unité d'interprétation du droit communautaire et d'autre part, tempérer les contraintes du régime de collaboration obligatoire.

L'arrêt CILFIT [1] rendu en cette occasion a, de fort belle manière, répondu à toutes les questions soulevées autour de la problématique de l'étendue de l'obligation de renvoi imposée aux juridictions nationales statuant en dernier ressort.

La cour s'est d'abord expliquée sur les raisons justifiant l'instauration d'un régime de collaboration imposée.

Elle affirme sur ce point que, l'obligation pesant sur les juridictions nationales dont les décisions ne sont pas susceptibles d'un recours juridictionnel de droit interne s'inscrit dans le cadre de la coopération instituée en vue d'assurer la bonne application et l'interprétation uniforme du droit communautaire dans l'ensemble des États membres, entre les juridictions nationales, en leur qualité de juges chargés de l'application du droit communautaire et la Cour de Justice. Que cette obligation vise plus particulièrement à éviter que s'établissent des divergences de jurisprudence à l'intérieur de la communauté sur des questions de droit communautaire.

---

[1] CJCE, arrêt du 6 octobre 1982 SRL CILFIT, affaire n° 283/81, *Rec*. 1982., p. 03415.

La Cour de Justice de l'UEMOA a abondé dans le même sens à travers le premier arrêt d'interprétation qu'elle a rendu en application de l'article 14 du Protocole additionnel n° 1 relatif aux organes de contrôle de l'Union [1]. Elle a, dans cette affaire, considéré que la Cour constitutionnelle du Bénin qui était saisie d'un recours soulevant des problèmes d'interprétation de certaines dispositions du Règlement n° 5/CM/ UEMOA relatif à l'exercice de la profession d'avocat, « avait l'obligation d'opérer le renvoi préjudiciel ». Elle explique que « cette obligation résultant des dispositions de l'article 12 du Protocole additionnel n°1 a simplement pour objet de procurer une interprétation devant servir de base à des applications homogènes du droit communautaire par les juridictions nationales ainsi intégrées dans un processus de coopération ».

Le mécanisme de renvoi préjudiciel ne constitue pas une voie de recours ouverte aux parties, mais plutôt un dialogue entre juges.

Dès lors, il ne suffit point qu'une partie soutienne que le litige pose une question d'interprétation du droit communautaire pour que la juridiction saisie soit immédiatement tenue de surseoir à statuer.

En réalité, les juridictions dont les décisions sont insusceptibles de recours jouissent du même pouvoir d'appréciation que toutes autres juridictions nationales en ce qui concerne le point de savoir si, dans le litige dont elles sont saisies, une interprétation du droit communautaire est nécessaire pour leur permettre de rendre une décision.

Ainsi, l'obligation de renvoi ne s'impose que pour autant que la juridiction nationale concernée a apprécié la pertinence de la question d'interprétation soulevée devant elle et a abouti à la conclusion qu'une réponse sur ce point pourrait avoir une influence sur la solution du litige.

La Cour suprême du Sénégal s'est inscrite dans cette logique, dans son arrêt *Société Fortesa* [2], où elle a refusé de renvoyer une question préjudicielle, comme l'y invitait l'agent judiciaire de l'État, qui estimait que les dispositions de l'article 06 du Règlement n°02/CM/UEMOA du 23 mai 2002 justifiaient la saisine de la Cour de Justice de l'UEMOA.

La Cour suprême est restée ferme sur son refus en expliquant au soutien de sa position que le litige dont elle était saisie ne portait pas sur le contentieux de la concurrence réglé par les textes communautaires invoqués par l'agent judiciaire et a décidé, par conséquent, qu'il n'y avait pas lieu à renvoi à la Cour de Justice de l'UEMOA.

---

[1] Cour de Justice UEMOA, arrêt n° 005/2020 du 22 janvier 2020, requête de la Commission c/ l'arrêt n° 19-287 du 22 août 2019 de la Cour constitutionnelle du Bénin.

[2] Cour suprême, arrêt n° 20 du 11 avril 2013, Fortesa International c/ État du Sénégal

b) Les limites de l'obligation de renvoi

Le régime de coopération obligatoire imposé aux juridictions nationales statuant en dernier ressort ne s'applique pas de façon générale et absolue. Il comporte des atténuations dégagées par la jurisprudence en vue de favoriser une collaboration responsable entre juridictions des États membres et juridictions communautaires. Analysant l'attitude de la CJCE sur ce point, le professeur Lenaerts a jugé que la confiance démontrée par la Cour de Justice à l'égard des juridictions suprêmes des États membres ne peut que fortifier les bonnes relations entre les centres juridictionnels nationaux et communautaires. Selon lui, l'atténuation de la rigueur du régime de renvoi obligatoire procure au juge national le sentiment d'être plus estimé par la Cour de Justice dans son aptitude à délimiter lui-même le champ de l'interprétation réservée en dernier analyse à la Cour de Justice et celui de l'application qui fait l'objet de sa propre compétence [1].

Ainsi, il a relevé qu'il ne devrait pas y avoir lieu à renvoi obligatoire lorsque la question soulevée devant le juge national est « matériellement identique à une question ayant déjà fait l'objet d'une décision à titre préjudiciel dans une espèce analogue » [2].

La deuxième cause limitant l'obligation de renvoi se rapporte à la mise en œuvre de la théorie de l'acte clair. En effet, la prise en compte de la réaction hostile de certaines juridictions nationales suprêmes a amené la CJCE à évoluer dans sa conception de l'obligation de renvoi.

Elle a ainsi admis à travers son arrêt CILFIT que lorsque l'application correcte du droit communautaire s'impose avec une évidence telle qu'elle ne laisse aucun doute sur la manière de résoudre la question posée, le juge national peut lui-même satisfaire au besoin d'interprétation sans être obligé de saisir la Cour communautaire.

Il faut cependant faire observer que l'application de cette théorie peut présenter des risques de perturbation de l'unité d'interprétation du droit communautaire.

Nous pensons qu'il est permis de douter de l'adaptabilité de cette théorie au contexte ouest-africain d'intégration. En effet, le reflexe communautaire n'a pas encore suffisamment pénétré l'office du juge national

---

[1] K. LENAERT, cité par Olivier DUBOS, *op. cit.*, p. 95.

[2] CJCE arrêt du 27 mars 1963 Da Costa, affaires jointes 28 à 30/62, *Rec.*, p. 00061.

[2] Il s'agit là d'une application de l'autorité de chose interprétée qui s'attachent aux arrêts rendus par les cours de justice communautaire sur renvoi préjudiciel. Nous reviendrons sur ce point dans la partie réservée aux effets de la décision préjudicielle.

au point d'envisager pour lui la possibilité d'interpréter en dernier ressort le droit communautaire.

Pour cette raison, il serait judicieux, pour le juge communautaire UEMOA, d'insister davantage sur l'impérieuse nécessité, pour les juridictions nationales statuant en dernier ressort, de formaliser une procédure de renvoi à chaque fois que se pose une question d'interprétation ou de légalité d'un acte communautaire.

Cette position semble être conforme à la doctrine de la cour telle que indiquée dans l'affaire Traoré Thierry Michel où elle a précisé que, « en application de l'article 12 du Protocole additionnel n° 1 relatif aux organes de contrôle de l'UEMOA, la Cour de cassation du Burkina Faso, juridiction statuant en dernier ressort, avait l'obligation de saisir la juridiction communautaire, lorsqu'un problème d'interprétation du Traité de l'Union, de la légalité et d'interprétation d'un acte pris par les organes de l'Union, lui est soumis » [1].

La même démarche devrait être initiée par le législateur CEDEAO pour instituer une obligation de renvoi concernant les juridictions des États membres statuant en dernier ressort, lorsqu'elles sont confrontées à un problème d'interprétation ou d'appréciation de légalité d'un acte communautaire. La mise en œuvre de cette démarche pourrait avoir un effet consolidant sur l'œuvre d'édification d'un ordre juridique autonome dans les organisations sous-régionales concernées.

La crainte de voir apparaître des divergences d'interprétation justifie que l'application de la théorie de l'acte clair ait été soumise à des conditions particulièrement restrictives.

Le juge communautaire européen a dans cette optique rappelé qu'une juridiction dont les décisions ne sont pas susceptibles d'un recours juridictionnel de droit interne est tenue, lorsqu'une question de droit communautaire se pose devant elle, de déférer à son obligation de saisine, à moins qu'elle n'ait constaté que l'application correcte du droit communautaire s'impose avec une telle évidence qu'elle ne laisse place à aucun doute raisonnable ; l'existence d'une telle éventualité doit être évaluée en fonction des caractéristiques propres au droit communautaire, des difficultés que présente son interprétation et du risque de divergence de jurisprudence à l'intérieur de la communauté.

Il s'est agi pour la cour de prendre toutes les précautions nécessaires afin d'éviter que l'application de la théorie de l'acte clair ne soit la porte ouverte à des dérives pouvant entamer l'unité d'interprétation et d'appli-

[1] CJ/UEMOA arrêt préjudiciel n° 11RP003.20 du 30 avril 2014 Thierry Michel c/ Syb Lewa Dieudonné

cation du droit communautaire. Ce qui a fait dire à Jacques Perteck [1] que la Cour met à la charge du juge national un devoir d'interprétation avisée.

Il faut préciser que la mise en œuvre de ladite théorie ne doit en aucun cas donner au juge national l'occasion de se prononcer sur la validité d'un acte communautaire. Cette prérogative relève exclusivement de la compétence de la juridiction communautaire même lorsque celle-ci a eu à invalider un acte similaire dans une précédente affaire.

La Cour a rappelé cette position de principe en affirmant de façon catégorique, dans l'affaire Gaston Schul [2] que les juridictions nationales ne sont pas compétentes pour constater elles-mêmes l'invalidité des actes des institutions communautaires.

Elle a expliqué que cette solution est imposée, en premier lieu, par l'exigence d'uniformité du droit supranational et que cette exigence est particulièrement impérieuse lorsque la validité d'un acte communautaire est en cause car des divergences d'interprétation en la matière seraient susceptibles de compromettre l'unité même de l'ordre juridique communautaire et de porter atteinte à l'exigence fondamentale de sécurité juridique.

Cette prohibition, nous le verrons, est posée même lorsque le juge national se trouve en situation de renvoi facultatif.

2. Le renvoi par les juridictions d'instance

Au sens du Protocole additionnel relatif aux organes de contrôle de l'UEMOA, le régime de renvoi obligatoire s'applique uniquement aux juridictions des États membres statuant en dernier ressort.

Le renvoi est en principe, facultatif pour les juridictions dont les décisions sont susceptibles de recours. Toutefois, ce caractère facultatif, qui accorde au juge national une certaine liberté d'appréciation, est atténué par des mesures visant à préserver l'unité d'interprétation et d'application du droit communautaire.

a) Le principe du renvoi facultatif

Au sens de l'article 12 du Protocole additionnel n° 1 en son alinéa *in fine*, les juridictions nationales ne statuant pas en dernier ressort ne sont pas obligées de surseoir à statuer pour saisir la Cour de Justice de l'UEMOA lorsqu'une question d'interprétation ou d'appréciation de légalité d'un acte communautaire se pose à l'occasion d'un litige pendant devant elles.

---

[1] Jacques PERTECK, *La pratique du renvoi préjudiciel en droit communautaire*, Paris, Litec, p. 48.

[2] CJCE, arrêt Gaston Schul, 6 décembre 2005, affaire C-461/03, *Rec.* 2005, p. I-10513.

En effet, le juge national confronté à l'une des questions précitées, dispose de la liberté de procéder lui-même à l'interprétation de l'acte en cause.

Cette solution est justifiée par le fait que les décisions rendues par ces juridictions peuvent être remises en cause et que, par conséquent, les interprétations erronées pourront toujours, le cas échéant, être réformées par une juridiction de rang supérieur.

La reconnaissance du caractère facultatif du renvoi préjudiciel devant ces organes traduit une certaine volonté d'impliquer les juridictions nationales dans la mise en œuvre du droit communautaire.

Le juge national, considéré comme le juge communautaire de droit commun, se voit ainsi confier la mission de donner plein effet aux normes communautaires en procédant directement à leur interprétation et à leur application [1].

Cet aspect positif ne doit toutefois pas occulter le risque de voir des interprétations erronées, faites par des juridictions nationales dites inférieures, s'imposer dans un État membre. En effet, les voies de recours ouvertes contre ces décisions, ne sont pas toujours exercées par les plaideurs. Faute de recours, ces décisions, revêtues de l'autorité de chose jugée, s'imposeraient quelle que soit la valeur de l'interprétation retenue par la juridiction nationale.

Dès lors, des atténuations ont été apportées au principe du renvoi facultatif afin de prévenir de telles situations.

b) Les atténuations du principe de renvoi facultatif

Le principe du renvoi facultatif admis pour les juridictions nationales ne statuant pas en dernier ressort n'est pas absolu. Il comporte dans sa mise en œuvre des atténuations dont l'objectif est de prévenir au mieux les risques de divergence d'interprétation.

Il convient de faire remarquer avant d'évoquer le contenu des atténuations énoncées dans la jurisprudence communautaire, que dans le système UEMOA, la Cour de Justice dispose du pouvoir de suppléer aux manquements qui résulteraient d'interprétations erronées faites par les juridictions nationales.

Cette compétence est conférée par l'article 14 du Protocole additionnel n° 1 qui dispose que « si, à la requête de la Commission, la Cour de Justice constate que dans un État membre, le fonctionnement insuffisant de la procédure de recours préjudiciel permet la mise en œuvre

[1] Cette approche est intéressante pour autant qu'elle permet au juge national de s'approprier le droit communautaire et de l'intégrer comme faisant corps avec les normes de droit national dont l'interprétation et l'application lui incombent.

d'interprétations erronées du traité de l'Union, des actes pris par les organes de l'Union ou des statuts des organismes créés par un acte du Conseil, elle notifie à la juridiction supérieure de l'État membre un arrêt établissant les interprétations exactes » [1]. Il est précisé que ces interprétations s'imposent à toutes les autorités administratives et juridictionnelles dans l'État concerné.

L'application effective de ce mécanisme original, qui n'existe pas encore en droit européen, pourrait constituer une stratégie efficace pour rattraper les erreurs d'interprétations commises par les juridictions internes des États parties.

La Cour de justice de l'UEMAO, saisi par la Commission, a rendu sa première décision d'interprétation sur le fondement de l'article 14 du protocole additionnel n°1 [2]. Elle a considéré dans cette affaire que l'interprétation faite par la Cour constitutionnelle du Benin « du sens et de la portée » des dispositions de l'article 35 du Règlement UEMOA relatif à l'exercice de la profession d'avocat, est manifestement erronée. Elle a, à la suite de ce constat, fourni des indications précises sur l'interprétation qu'il considère conforme au contenu du texte communautaire en cause.

L'observation des évolutions du contentieux communautaire a permis de constater que le juge s'est évertué à atténuer le caractère facultatif du renvoi préjudiciel devant les juridictions inférieures.

Ainsi, dans son arrêt Foto-Frost, la CJCE a affirmé que « les juridictions nationales, que leurs décisions soient ou non susceptibles d'un recours juridictionnel de droit interne, ne sont pas compétentes pour constater elles-mêmes l'invalidité des actes des institutions communautaires ».

Cette solution est justifiée, selon la Cour, par l'exigence d'assurer l'unité d'application du droit communautaire en évitant que des divergences dans l'appréciation de la validité des actes dérivés puisse compromettre l'ordre juridique communautaire.

Il convient par ailleurs de signaler qu'en vertu des dispositions des articles 15 du règlement UEMOA n° 1/96/CM [3] et 12 *in fine* du Protocole

---

[1] Article 14, Protocole additionnel UEMOA n° 1, relatif aux organes de contrôle de l'Union.

[2] CJ /UEMOA , arrêt n°005/2020 du 8 juillet 2020 , inédit .

[3] « Lorsqu'un problème d'interprétation du Traité de l'Union, de la légalité et d'interprétation des actes pris par les organes de l'Union, de la légalité et d'interprétation des statuts des organismes créés par un acte du Conseil, se pose devant une juridiction nationale dont les décisions sont susceptibles de recours, cette juridiction peut, si elle l'estime nécessaire, poser des questions préjudicielles à la Cour.

Lorsqu'une question de même nature est soulevée devant une juridiction naadditionnel n° 1, les juridictions nationales dont les décisions sont susceptibles de recours en droit interne, peuvent de façon incidente, à l'occasion du procès, apprécier et rejeter des moyens d'illégalité que les parties invoquent devant elles, sans être obligées de renvoyer la question devant la Cour.

Peut-on, dès lors, considérer que ces juridictions disposent du pouvoir de prononcer l'illégalité d'un acte communautaire ?

La réponse à cette question est assurément négative puisque pour des raisons tirées de l'exigence de préservation de l'unité de l'ordre juridique communautaire, les juridictions nationales ne pourront sous aucun prétexte procéder derechef à l'invalidation d'un acte édicté par un organe communautaire. En effet, il est impératif dans un schéma d'intégration juridique que les actes communautaires aient la même effectivité dans tous les États membres. Il, est par conséquent, nécessaire pour atteindre ce niveau d'harmonisation que le pouvoir de prononcer l'illégalité d'un acte communautaire soit exclusivement conféré à la juridiction communautaire.

Section 2. Les effets de l'arrêt préjudiciel

L'arrêt rendu sur renvoi préjudiciel produit, de façon générale, un effet obligatoire qui se décline en termes d'autorité de chose jugée et un effet rétroactif qui peut cependant comporter une limitation dans le temps compte tenu de la nécessité de préserver la stabilité de certaines situations juridiques nées antérieurement.

Paragraphe 1. L'effet obligatoire de l'arrêt préjudiciel

Considérant que la procédure de renvoi préjudiciel a pour fonction d'assurer une certaine harmonie dans l'interprétation et l'application du droit communautaire, c'est en toute logique qu'il a été admis que l'arrêt rendu par l'organe judicaire communautaire s'impose aussi bien au juge qui a provoqué la question qu'à toute autre juridiction qui serait saisie d'une question similaire

Toutefois, l'autorité de chose jugée, corollaire de l'effet obligatoire de l'arrêt préjudiciel, n'a pas la même portée selon qu'il s'agit d'un arrêt d'interprétation ou d'un arrêt en appréciation de validité.

---

tionale statuant en dernier ressort, celle-ci est obligée de saisir la Cour… ».

A. L'autorité des arrêts préjudiciels d'interprétation

Si dans le droit européen « les traités ne contiennent aucune disposition sur les effets des arrêts préjudiciels » [1], tel n'est pas le cas s'agissant du droit UEMOA où l'effet obligatoire desdits arrêts est clairement énoncé par le Protocole additionnel n° 1 qui dispose, en son article 13, que « les interprétations formulées par la Cour de Justice dans le cadre de la procédure de recours préjudiciel s'imposent à toutes les autorités administratives et juridictionnelles dans l'ensemble des États membres ».

Il découle de cette disposition que l'effet obligatoire de l'arrêt d'interprétation n'est pas limité à l'instance au cours de laquelle la question préjudicielle a été posée.

1. L'autorité à l'égard de la juridiction de renvoi

L'interprétation formulée par la Cour de Justice communautaire s'impose à l'organe judicaire national ayant procédé au renvoi. En effet, le caractère obligatoire de l'arrêt préjudiciel s'attache à tous les éléments de la réponse fournie par la cour, de sorte que le juge national, auteur de la question, ne dispose pas de la liberté d'appréciation pour juger de l'opportunité de s'y conformer ou de passer outre. Il est, de ce fait, tenu de prendre strictement en considération le sens de la disposition concernée, tel qu'il ressort de l'interprétation donnée par l'organe judicaire communautaire.

Colette Mégret soutient sur ce point qu' « en droit, à ce jour, le juge national qui a saisi la Cour d'un renvoi préjudiciel doit appliquer l'arrêt dans tous ses éléments » [2]. Selon elle, l'obligation faite au juge national de se conformer entièrement à l'interprétation de la cour de renvoi, est la meilleure garantie de l'application uniforme du droit communautaire. On peut d'ailleurs se demander ce qui serait advenu de l'unité de ce droit si le juge national pouvait choisir d'ignorer certaines dispositions de l'arrêt d'interprétation.

Marc-Olivier Pâris a également proposé une justification du caractère obligatoire des décisions préjudicielles en faisant observer que « l'effet contraignant de l'interprétation résulte simplement du fait que cette dernière est incorporée dans les dispositions et principes du droit commu-

---

[1] Armel PÉCHEUL, *Droit communautaire général*, Paris, Ellipses édition, 2002, p. 220.

[2] Colette MÉGRET, « La portée juridique et les effets de droit de la déclaration d'invalidité d'un acte communautaire prononcée par la CJCE dans le cadre de la procédure instituée par l'article 177 CEE », in *Mélanges offerts à Pierre-Henri Teitgen*, Paris, Pedone, 1984.

nautaire auxquels elle se rapporte et qui doivent être respectés par toutes les juridictions des États membres » [1].Il est donc acquis que, du fait du caractère obligatoire de l'arrêt préjudiciel, le juge national qui en est destinataire ne pourra ni contester l'interprétation qu'il comporte, ni refuser d'en faire application dans le cadre du litige pendant devant lui. Mais, ce caractère contraignant ne signifie nullement que la décision portant interprétation est, dans l'absolu, définitive et irréversible.

L'organe judiciaire national, auteur de la question, peut toujours la soumettre à nouveau à la cour avec d'autres éléments d'appréciation lorsqu'il se heurte à des difficultés de compréhension ou lorsqu'il souhaite conduire la haute juridiction à évoluer dans son interprétation [2].

En théorie, rien ne s'oppose à l'application de ce principe devant la Cour de Justice de l'UEMOA puisque le Protocole additionnel ne comporte aucune interdiction de réitérer en matière préjudicielle. Pourvu seulement que la juridiction de renvoi qui entend saisir à nouveau la Cour de Justice expose clairement les raisons pour lesquelles elle estime qu'un réexamen de la question est nécessaire.

2. L'autorité à l'égard des autres juridictions des États membres

Au sens de l'article 13 du Protocole additionnel n° 1 sur les organes de contrôle de l'UEMOA, l'arrêt d'interprétation rendu par la Cour, dans le cadre de la procédure de renvoi préjudiciel produit également effet à l'égard des autres juridictions [3].

L'autorité de chose jugée qui en découle s'impose, en vertu de la disposition précitée, à toutes les autres juridictions des États membres ainsi qu'à toute autorité administrative.

---

[1] Marc-Olivier PÂRIS, Le renvoi préjudiciel en interprétation, lien entre le juge national et le juge communautaire.

[2] Par une ordonnance rendue le 5 mars 1986, la CJCE a systématisé les différentes situations pouvant conduire le juge national à solliciter une nouvelle interprétation. Elle a, en effet, énoncé que « l'autorité dont est revêtu un arrêt rendu en matière préjudicielle ne fait pas obstacle à ce que le juge national, destinataire de ce arrêt puisse estimer nécessaire de saisir à nouveau la Cour avant de trancher le litige au principal. Un tel recours peut être justifié lorsque le juge national se heurte à des difficultés de compréhension ou d'application de l'arrêt, lorsqu'il se pose à la Cour une nouvelle question de droit, ou encore lorsqu'il lui soumet de nouveaux éléments d'appréciation susceptibles de conduire la cour à répondre différemment à une question déjà posée ».

[3] « Les interprétations formulées par la Cour de Justice dans le cadre de la procédure de recours préjudiciel s'imposent à toutes les autorités administratives et juridictionnelles dans l'ensemble des États membres. L'inobservation de ces interprétations peut donner lieu à un recours en manquement ».

Le caractère multilatéral du mécanisme préjudiciel, traduit la volonté des États membres de l'organisation sous-régionale d'asseoir l'unité du droit communautaire par l'uniformisation des interprétations dont il fait l'objet.

Toutefois, la procédure d'instruction des demandes en interprétation formulées par les juridictions nationales gagnerait à être adaptée au caractère multilatéral du renvoi préjudiciel. Puisqu'il est énoncé que l'arrêt préjudiciel rendu par la cour produit effet obligatoire à l'égard de toutes les autorités administratives et organes juridictionnels dans l'ensemble des États membres, il serait intéressant que ces derniers puissent être informés de toute décision rendue en la matière et que l'opportunité d'intervenir dans le débat leur soit offerte.

Cette préoccupation a été prise en compte dans le règlement n° 1/96/CM portant règlement des procédures de la Cour de Justice de l'UEMOA qui énonce en son article 86 qu'en matière de renvoi préjudiciel « les décisions des juridictions nationales sont communiquées aux États membres dans la version originale ».

Les modalités pratiques de la communication sont fixées par l'article 27 du règlement administratif de la Cour qui énonce en son alinéa premier que « la décision de renvoi est notifiée aux parties en litiges devant le juge national, aux États, à la Commission et le cas échéant aux organes spécialisés de l'Union et au Conseil des ministres si ce dernier est l'auteur de l'acte visé par le demandeur ».

À cet égard, il est précisé que « l'Union, ses organes ainsi que les États membres constituent des parties privilégiées qui sont dispensées de justifier l'intérêt à agir et sont saisis pour observation dans toutes les procédures ayant objet l'interprétation ou l'appréciation de la légalité des États membres ».

Sauf dérogation accordée sur leur demande, les organes précités disposent d'un délai de deux mois pour soumettre leurs observations à la Cour. Ces observations peuvent être présentées par écrit ou oralement à l'audience par un représentant habilité à cet effet.

Il faut souligner que dans la pratique, la Cour de Justice de l'UEMOA permet effectivement aux États membres et aux organes de l'Union de présenter des observations sur les questions préjudicielles dont elle est saisie.

À ce titre, le Burkina Faso, le Togo et la BCEAO ont fait parvenir des observations à la Cour lors de l'examen du recours préjudiciel introduit par la cour d'Appel de Lomé dans l'affaire Traoré Lassina contre la BOAD [1].

---

[1] CJ/UEMOA arrêt préjudiciel n° 13 RP002.53 du 30 avril 2014, Traoré Lassina c/ La BOAD.

Ce procédé, semble assez intéressant en ce sens qu'il permet à la fois d'approfondir l'étude des questions juridiques soulevées et de marquer davantage le caractère multilatéral du mécanisme préjudiciel par l'implication effective de tous les États membres dans l'instruction des affaires soumises à la Cour.

La notification de l'arrêt préjudiciel à tous les États membres mérite également d'être envisagée.

Par ailleurs, le législateur communautaire a pris l'option à travers l'article 14 du Protocole additionnel n° 1, d'annihiler les risques d'interprétations erronées qui pourraient découler de l'inertie des juridictions lorsque celles-ci s'abstiennent de renvoyer des questions préjudicielles, en instaurant une procédure d'interprétation d'office sur la seule saisine de la Commission [1]. Au sens de ce texte, « si à la requête de la Commission, la Cour de Justice constate que dans un État membre, le fonctionnement insuffisant de la procédure de recours préjudiciel permet la mise en œuvre d'interprétations erronées du traité de l'Union, des actes pris par les organes de l'Union ou des statuts des organismes créés par un acte du Conseil, elle notifie à la juridiction supérieure de l'État membre un arrêt établissant les interprétations exactes. Ces interprétations s'imposent à toutes les autorités administratives et juridictionnelles dans l'État concerné ».

Cependant, la mise en œuvre de cette disposition spécifique au système UEMOA ne sera pas aisée vu l'absence de mécanisme de contrôle pouvant permettre à la Commission d'être informée de l'existence d'interprétation erronée au niveau d'une juridiction nationale.

B. L'autorité des arrêts préjudiciels en appréciation de légalité

Le texte communautaire UEMOA relatif à l'autorité des arrêts préjudiciels présente une certaine imprécision en ce qui concerne la branche appréciation de légalité.

Aussi convient-il, dans un premier temps, de déterminer l'étendue du caractère obligatoire des arrêts rendus en cette matière avant de s'appesantir sur leur portée.

1. L'étendue du caractère obligatoire des arrêts préjudiciels en appréciation de légalité

Aux termes de l'article 12 du Protocole additionnel n° 1, la Cour de Justice de l'UEMOA, saisie à titre préjudiciel par une juridiction nationale, statue sur la légalité des actes pris par les organes communautaires.

[1] Article 14 Protocole additionnel n° 1 sur les organes de contrôle de l'Union.

Ce mécanisme qui existe en droit européen sous l'appellation de renvoi en appréciation de validité, offre au juge national l'opportunité de saisir la Cour de Justice de l'Union pour contrôler la légalité d'un acte communautaire, s'il estime qu'une décision sur ce point est nécessaire à la solution du litige dont il est saisi.

La question de l'autorité des arrêts préjudiciels présente un intérêt pratique certain dans la mesure où une lecture empirique de l'article 13 du protocole précité peut laisser croire que la force obligatoire conférée par ledit texte ne s'applique qu'à la branche interprétation du mécanisme. En effet, le texte se borne à énoncer que « les interprétations formulées par la Cour de Justice dans le cadre du recours préjudiciel s'imposent à toutes les autorités administratives et juridictionnelles… », sans faire expressément mention de la branche appréciation de légalité.

Il faut toutefois se garder d'en tirer la conclusion, hâtive, que les décisions rendues sur renvoi en appréciation de légalité sont dépourvues d'effet obligatoire et que le juge national peut, par conséquent, s'abstenir de s'y conformer. Une telle interprétation n'a aucun sens au regard de la fonction principale du renvoi préjudiciel qui est d'assurer l'application uniforme du droit communautaire dans tous les États parties de l'organisation d'intégration.

Il semble plus indiqué d'avoir une interprétation large de cette disposition qui fait référence « aux interprétations faites par la Cour dans le cadre du renvoi préjudiciel ». Or, la procédure visée est composée de deux branches à savoir le renvoi en interprétation et le renvoi en appréciation de légalité. En réalité, dans les deux cas, la cour est obligée de procéder à une interprétation soit pour restituer le sens authentique d'un texte communautaire, soit pour se prononcer sur la légalité d'un acte, ce qui pourrait renvoyer à la deuxième branche.

Dès lors, nous estimons que le terme interprétation se rapporte à l'ensemble de la procédure préjudicielle et ne doit, par conséquent, pas être considéré dans un sens restrictif.

Il apparaît ainsi que l'omission de la branche appréciation de légalité, procède d'une maladresse de rédaction de l'article 13 dont la modification pourrait être envisagée afin d'éviter d'entretenir une confusion préjudiciable à l'unité des interprétations du droit communautaire dans l'espace UEMOA [1].

---

[1] L'arrêt préjudiciel en appréciation de légalité est revêtu de la même autorité que celle attachée à l'arrêt préjudiciel d'interprétation. Quel que soit la branche dans laquelle elle a été rendue, l'arrêt préjudiciel s'impose avec la même autorité vis-à-vis de l'auteur de la question, mais aussi de tous les organes juridictionnels des États membres.

Certains auteurs, évoquant la portée de l'arrêt préjudiciel en appréciation de validité, qui est le pendant de l'arrêt préjudiciel d'appréciation de légalité en droit UEMOA, estiment qu'il bénéficie d'une autorité absolue, donc plus marquée que celle de l'arrêt d'interprétation.

Julie Kaprielan soutient qu'en la matière, « étant donné qu'il s'agit de déterminer si un acte de l'Union est applicable ou non, l'intervention de la Cour est beaucoup plus importante et l'autonomie procédurale du juge national encore plus encadrée » [1].

C'est dire donc que le doute n'est pas permis sur l'effet obligatoire des arrêts préjudiciels en appréciation de légalité. Par un arrêt de principe, rendu dans l'affaire *International Chemical Corporation*, la CJCE affirmé avec force le caractère absolu de l'autorité desdits arrêts et a, par la même occasion, donné des indications précises sur leur portée.

Elle retient, en effet, que « l'arrêt constatant l'invalidité d'un acte d'une institution, en particulier d'un règlement du Conseil ou de la Commission, bien qu'il ne soit adressé directement qu'au juge qui a saisi la Cour, constitue une raison suffisante pour tout autre juge de considérer cet acte comme valide pour les besoins d'une décision qu'il doit rendre » [2].

2. La portée des arrêts préjudiciels en appréciation de légalité

Analysant la portée de l'arrêt préjudiciel en appréciation de validité, Michel Villemont soutient qu'en la matière, « l'acte déclaré valide devra primer le droit national, tandis qu'un acte déclaré invalide verra ses effets suspendus et devra être abrogé ou retiré par l'autorité émettrice » [3].

Cette présentation ne diffère pas de celle qui pourrait être faite concernant les arrêts préjudiciels en appréciation de légalité rendus par la Cour de Justice de l'UEMOA. En effet, lorsque la Cour, saisie sur renvoi, estime qu'un acte communautaire satisfait à toutes les conditions de légalité, la décision rendue s'impose à l'auteur de la question qui doit l'appliquer comme tel en écartant au besoin toute disposition interne contraire. Il est en de même à l'égard de toute autre juridiction d'un État membre, appelée à faire application du même acte.

---

[1] Julie KAPRIELAN, « Le renvoi préjudiciel en droit de l'Union : un mécanisme assurant la protection juridictionnelle effective des individus », in *Jurisdoctoria* n° 6, 2011.

[2] CJCE, 13 mai 1981, SPA International Chemical Corporation, *Rec.* 1981, p. 01191.

[3] Michel VILLEMONT, « Le renvoi préjudiciel n'est-il qu'un mécanisme de collaboration entre juridictions ? » in *Réseau Mon juriste, actualité juridique*, www.monjuriste.com.

De même, l'acte jugé illégal par la cour est rendu inapplicable non seulement à l'instance au cours de laquelle le renvoi a été effectué, mais également à tous les litiges du même objet pouvant survenir ultérieurement.

Toutefois, l'acte en cause reste dans l'ordonnancement juridique aussi longtemps qu'il n'aura pas été expressément abrogé par l'autorité compétente.

C'est précisément à ce niveau que se situe la différence entre le recours direct en appréciation de légalité, prévu par l'article 8 du Protocole additionnel n° 1 [1] et le recours préjudiciel en appréciation de légalité visé à l'article 12 du même texte.

La procédure prévue par l'article 8 du protocole a pour objet d'entendre la Cour prononcer l'annulation d'un acte pris par un organe de l'Union. Ce recours doit, à peine d'irrecevabilité, être formé dans un délai de deux mois à compter de la publication de l'acte ou de sa notification à l'intéressé.

Par contre, le recours préjudiciel vise uniquement à amener la Cour à se prononcer sur une question de légalité, d'un acte communautaire, soulevé à l'occasion d'un litige pendant devant une juridiction nationale. La finalité de ce recours n'est pas de conduire la juridiction sous-régionale à prononcer une décision d'annulation, mais plutôt de dire si l'acte satisfait ou non aux conditions de légalité. Ce recours n'est enfermé dans aucun délai et peut, dans une certaine mesure, permettre de neutraliser un acte illégal qui n'aura pas été attaqué par la voie du recours direct en appréciation de légalité.

Paragraphe 2. Les effets des arrêts préjudiciels dans le temps

Lorsqu'une Cour communautaire est saisie d'un renvoi préjudiciel, elle apprécie la légalité de l'acte déféré ou procède à son interprétation telle qu'elle aurait dû être faite depuis son entrée en vigueur. C'est la raison pour laquelle, il est admis, qu'en la matière, les arrêts rendus par les cours de justice produisent effets rétroactifs et peuvent, de ce fait,

---

[1] Sur le recours formé par un État membre, par le Conseil ou par la Commission, la Cour de Justice apprécie la légalité des règlements, directives et décisions.

Le recours en appréciation de la légalité est ouvert, en outre, à toute personne physique ou morale, contre tout acte d'un organe de l'Union lui faisant grief.

Les recours prévus au présent article doivent être formés dans un délai de deux mois à compter de la publication de l'acte, de sa notification au requérant, ou, à défaut, du jour où celui-ci en a eu connaissance.

Une amende en folle action peut être prononcée par la Cour à l'encontre de toute personne de droit privé, physique ou morale, en cas de recours manifestement abusif ou dilatoire.

avoir des incidences sur des situations juridiques nées antérieurement. Dès lors, tenant compte de l'impératif de préservation des droits acquis de bonne foi, il est apparu nécessaire dans certaines circonstances de limiter leurs effets dans le temps.

A. Le principe de l'effet rétroactif des arrêts préjudiciels

En principe, les arrêts préjudiciels rendus tant en interprétation qu'en appréciation de légalité, ont vocation à produire effets à compter de l'entrée en vigueur de l'acte en cause.

1. L'effet rétroactif de l'arrêt préjudiciel en interprétation

Le principe de l'effet rétroactif des arrêts d'interprétation repose sur l'idée qu'en la matière, il est demandé à la Cour de Justice d'indiquer le sens et la portée d'un acte communautaire. Ce faisant, la haute juridiction, qui dispose du monopôle de l'interprétation authentique, livre à l'intention du juge national auteur du renvoi, le sens d'une disposition communautaire tel qu'il aurait dû être compris depuis son entrée en vigueur. Par conséquent, la disposition interprétée doit être appliquée par le juge national même à des rapports juridiques nés et constitués avant l'arrêt statuant sur la demande d'interprétation [1].

L'arrêt rendu par la Cour communautaire revêt donc un caractère objectif et dépasse le cadre du litige ayant donné lieu à la question préjudicielle. Ainsi, l'interprétation retenue par la juridiction de renvoi pourra être appliquée même à des situations juridiques nées antérieurement.

2. L'effet rétroactif de l'arrêt préjudiciel en appréciation de légalité

L'arrêt préjudiciel en appréciation de légalité produit les mêmes effets dans le temps que celui rendu en matière d'interprétation.

En effet, dans le souci d'assurer l'application uniforme du droit communautaire, l'option a été prise de considérer que l'effet juridique d'un arrêt préjudiciel en appréciation de validité qui correspond, en droit UEMOA, à

---

[1] CJCE, 25 mars 2005, Bidar, arrêt n° C-209/03 : l'interprétation que la Cour donne d'une disposition de droit communautaire se limite à éclairer et à préciser la signification et la portée de celle-ci, telle qu'elle aurait dû être comprise et appliquée depuis le moment de son entrée en vigueur.

Il en résulte que la disposition ainsi interprétée peut et doit être appliquée par le juge même à des rapports juridiques nés et constitués avant l'arrêt statuant sur la demande d'interprétation.

l'appréciation de légalité, s'applique rétroactivement à tous les rapports juridiques nés et constitués sous l'empire de la règle déclarée invalide.

L'arrêt préjudiciel sur une question de validité, produit dans le temps les mêmes effets qu'une décision d'annulation dont la particularité est de s'appliquer aux situations juridiques créées sur le fondement de l'acte annulé tant dans le passé que pour l'avenir.

Dans le système UEMOA, l'arrêt préjudiciel en appréciation de légalité, visé à l'article 12 du Protocole additionnel n° 1 produit les mêmes effets dans le temps qu'un arrêt rendu lors d'une instance en appréciation de légalité par voie d'action.

Dans les deux cas, l'acte déclaré illégal est anéanti en même temps que tout acte auquel il aurait servi de fondement juridique, pour créer des effets de droit tant pour le passé que pour l'avenir. Cette option qui n'est justifiée autrement que par la nécessité d'uniformiser l'application du droit communautaire pourrait sous certaines hypothèses porter atteinte à la stabilité des situations juridiques nées antérieurement. C'est pourquoi, il est apparu nécessaire d'envisager la possibilité de limiter sous certaines conditions, l'effet rétroactif attaché à l'arrêt préjudiciel.

B. La limitation des effets dans le temps des arrêts préjudiciels

Il conviendra d'abord de s'appesantir sur le fondement de cette limitation avant d'en préciser la portée.

1. Le fondement de la limitation

Il est acquis à l'épreuve de la pratique que l'application rigoureuse du principe de rétroactivité des arrêts préjudiciels peut produire dans une certaine mesure un effet perturbateur sur l'ordre public communautaire. Il suffit pour s'en convaincre d'imager les conséquences découlant de la situation d'un particulier de bonne foi, obligé de perdre tout le bénéfice de ses droits acquis sur la base d'un acte communautaire dont la légalité a été par la suite remise en cause. C'est donc pour parer aux effets potentiellement perturbateurs de l'annulation des actes communautaires que des solutions jurisprudentielles conciliant l'impératif d'unification du droit communautaire à l'exigence de sécurité juridique ont été adoptées.

Le juge européen a intégré cette préoccupation à travers l'énoncé d'un régime d'exception au principe de l'effet rétroactif des décisions préjudicielles dans une affaire dite Defrenne [1]. En effet, appelée à rendre une décision sur l'interprétation de l'article 119 du traité CEE, le juge a

[1] CJCE, 8 avril 1976, Defrenne, affaire n° 43/75.

invoqué des considérations impérieuses de sécurité juridique, tenant à l'ensemble des intérêts en jeu, tant publics que privés, pour décider que l'effet direct attaché à la disposition interprétée ne pouvait servir de fondement à la satisfaction de revendications relatives à des périodes de rémunération antérieures à la date de l'arrêt.

S'il est vrai que la technique de limitation des effets temporels des arrêts préjudiciels dans la branche interprétation, n'est fondée sur aucune disposition du traité, force est de reconnaître que sa mise en œuvre a permis à la cour de contenir les conséquences indésirables qui pourraient découler d'une application inconsidérée du principe de l'effet rétroactif des arrêts préjudiciels.

Concernant la branche appréciation de validité, le juge communautaire européen s'est référé aux dispositions textuelles régissant le recours direct en annulation, pour fonder son pouvoir de limitation de l'effet temporel de ses décisions. Il a raisonné par analogie pour appliquer à la matière préjudicielle des principes ayant vocation à régir la procédure d'appréciation de validité par voie d'action. Cette méthode d'interprétation a été appliquée dans l'arrêt Société coopérative Providence de la Champagne où la Cour, statuant à titre préjudiciel, a invoqué des dispositions applicables au recours en annulation pour justifier la mesure de limitation des effets de l'arrêt rendu. Elle a, pour ce faire, relevé que « si le traité n'établit pas expressément les conséquences qui découlent d'une déclaration d'invalidité dans le cadre d'un recours préjudiciel, les articles 174 et 176 comportent des règles précises en ce qui concerne les effets de l'annulation d'un règlement dans le cadre d'un recours direct » et en a déduit que l'application par analogie de cette disposition s'impose pour les même motifs de sécurité juridique.

Par la suite, la cour a fait évoluer sa jurisprudence, abandonnant progressivement le principe de l'interprétation analogique pour adopter la théorie de la cohérence juridique dans le cadre plus général du contrôle de légalité communautaire, pour justifier son pouvoir de modulation.

Le professeur Labayle [1] estime, à ce niveau, que le juge communautaire a fini par reléguer au second plan son argument relatif à l' « analogie » pour retenir une autre interprétation de sa compétence, basée sur la nécessaire cohérence entre le renvoi préjudiciel et le recours en annulation [2].

---

[1] Henry LABAYLE, « La Cour de Justice des Communautés européennes et la modulation des effets de sa jurisprudence : autres lieux ou autres mœurs ? », *RFDA*, 2004, p. 663.

[2] C'est tout le sens du principe que la CJCE a entendu affirmer, dans l'arrêt Roquette Frères SA, en faisant observer que si un arrêt de la Cour constatant à

Il faut dire que l'impératif de sécurité juridique, qui justifie les pouvoirs de modulation reconnus au juge communautaire, est dûment pris en compte dans le cadre du recours direct en appréciation légalité devant la Cour de Justice de l'UEMOA. En effet, l'article 10 du Protocole additionnel n° 1 dispose que « l'organe de l'Union dont émane l'acte annulé est tenu de prendre les mesures que comporte l'exécution de l'arrêt de la Cour de Justice. Celle-ci a la faculté d'indiquer les effets des actes annulés qui doivent être considérés comme définitifs ». À partir d'une interprétation de ce texte, la Cour de Justice a pu, dans l'affaire Eugène Yaï, neutraliser les effets de l'annulation d'un acte pris par la Conférence des chefs d'État et de gouvernement mettant fin aux fonctions d'un commissaire. Elle a estimé dans cette affaire, qu'il était nécessaire d'éviter que l'annulation de la décision révoquant le commissaire Yaï puisse atteindre les actes pris par son successeur, qui entre temps avait pris fonction. Elle a ainsi décidé de faire courir les effets de l'annulation à compter du prononcé de l'arrêt afin de « préserver les intérêts de l'Union par rapport aux actes déjà posés ».

A priori, rien ne s'oppose à ce que le juge communautaire UEMOA, à l'instar de son homologue européen, prenne l'initiative d'intégrer la matière du renvoi préjudiciel dans le champ d'application du pouvoir de modulation que lui confère la disposition précitée.

Une telle extension pourrait parfaitement être justifiée par l'impératif de sécurité juridique, même s'il ne faut pas perdre de vue qu'il n'a pas été tout à fait facile de faire admettre, aux juges nationaux, que la juridiction communautaire européenne, saisie seulement d'une question préjudicielle, puisse se permettre de moduler les effets de leurs propres décisions.

2. La portée du pouvoir de limitation

Une vive contestation a été élevée contre le pouvoir de modulation dont s'est prévalu le juge communautaire pour modifier l'effet dans le temps des arrêts préjudiciels. Il a donc fallu repréciser la portée de cette technique juridique prétorienne par la formulation de mesures restrictives destinées à fixer un point d'équilibre entre, d'une part, le devoir de tenir compte des intérêts des tiers de bonne foi et, d'autre part, la nécessité d'assurer l'effectivité des décisions rendues par la Cour de Justice.

---

titre préjudiciel l'invalidité d'un acte communautaire a, en principe, un effet rétroactif, à l'instar d'un arrêt d'annulation, la Cour dispose toutefois de la faculté de limiter dans le temps les effets d'une telle constatation. Pour elle, cette possibilité est justifiée par l'interprétation de l'article 174 du traité au regard de la nécessaire cohérence entre le renvoi préjudiciel et le recours en annulation, qui constituent deux modalités du contrôle de légalité organisé par le traité.

Le pouvoir de modulation dont se prévaut la Cour de Justice n'a pas été facilement accepté par la doctrine et par les juridictions internes des États. En effet, il n'est pas aisé de faire admettre l'idée qu'une juridiction communautaire, uniquement saisie d'une question préjudicielle, puisse se prévaloir du pouvoir de moduler les effets, dans le temps, de sa décision, au point de déterminer l'étendue des droits auxquels pourront prétendre les parties au procès pendant devant un juge national. Ce pouvoir exorbitant du juge communautaire a pu être considéré comme une immixtion intempestive dans les compétences et prérogatives des juridictions nationales. Évoquant cette question, Colette Mégret [1] a relaté la motivation d'un juge national qui, pour justifier son refus de s'incliner devant un arrêt de la CJCE comportant une disposition de limitation d'effet, a fait valoir « qu'il n'avait posé à la Cour que la question préjudicielle de la validité du règlement en cause et que c'est à lui, juge de pleine juridiction, qu'il appartient de déterminer la portée dans l'ordre interne, de l'invalidité constatée par la Cour ».

Abondant dans le même sens, le professeur Boulouis [2], qui a approuvé cette prise de position, estime, pour sa part, que le juge statuant à titre préjudiciel n'a de compétence que déterminée par les questions qui lui sont posées, alors que le juge, saisi sur recours direct, a la plénitude de juridiction.

La prise en compte de toutes ces critiques a amené le juge communautaire à s'inscrire dans une dynamique de recentrage de la portée de son pouvoir de limitation des effets de ses décisions préjudicielles.

Il a donc saisi l'occasion de redéfinir les contours de sa ligne jurisprudentielle sur ce point, en introduisant deux conditions supplémentaires à la mise en œuvre du pouvoir de modulation.

Le premier élément se rapporte au caractère exceptionnel de la limitation, alors que le second est relatif à la notion de bonne foi pris comme critère de détermination de l'opportunité pour la Cour de recourir ou non à une décision de modulation.

La jurisprudence communautaire retient donc, en premier lieu, que le recours à la limitation des effets d'un arrêt doit être fondé sur des considérations impérieuses de sécurité juridique s'opposant à la remise en cause de rapports juridiques qui ont épuisé leurs effets dans le passé.

---

[1] Colette MÉGRET, La portée juridique et les effets de droit de la déclaration d'invalidité d'un acte communautaire, prononcée par la Cour de Justice des Communautés européennes, in *Mélanges offerts à Pierre-Henri Teitgen*, Paris, Pedone, 1984.

[2] Jean BOULOUIS, Note sous jugement TGI de Lille en date du 29 juin 1979, *Rec. Dalloz*, Sirey, 6 janvier 1982, jurisprudence, p. 9.

Elle considère, ensuite, que la limitation d'effets ne saurait être accordée à une partie au procès, que pour autant que les relations juridiques nouées dans le passé aient été conclues de bonne foi.

La tendance actuelle de la jurisprudence communautaire est de restreindre au maximum la portée du pouvoir de modulation des arrêts préjudiciels pour éviter de perturber les données du litige soumis au juge national. Il n'est, en effet, pas souhaitable que la prise en compte des intérêts de l'organisation communautaire finisse par perturber l'objectivité d'un procès pendant devant une juridiction interne d'un État membre.

Il est tout de même heureux de constater que les juridictions communautaires ne sont pas indifférentes à ces préoccupations comme en atteste le contenu de l'attendu principal formulé par la CJCE dans l'affaire Legros [1] où il est énoncée que, dans l'exercice de la compétence d'interprétation que lui confère l'article 177 du traité, ce n'est qu'à titre exceptionnel, et uniquement dans l'arrêt même qui statue sur l'interprétation sollicitée, que la Cour peut, par application d'un principe général de sécurité juridique inhérent à l'ordre juridique communautaire, être amenée à limiter la possibilité pour tout intéressé d'invoquer, en vue de remettre en cause des relations juridiques établies de bonne foi, une disposition qu'elle a interprétée.

[1] CJCE 16 juillet 1992, Legros, affaire n° C-163/90 *Rec.*, p. I.04625 « dans l'exercice de la compétence d'interprétation que lui confère l'article 177 du Traité, ce n'est qu'à titre exceptionnel et uniquement dans l'arrêt même qui statue sur l'interprétation sollicitée, que la Cour peut, par application d'un principe général de sécurité juridique communautaire, être amenée à limiter la possibilité pour tout intéressé d'invoquer, en vue de mettre en cause des relations juridiques établies de bonne foi, une disposition qu'elle a interprété. Doit, à cet égard, être pris en considération le fait que, si les conséquences pratiques de toute décision juridictionnelle doivent être pesées avec soin, on ne saurait cependant aller jusqu'à infléchir l'objectivité du droit et compromettre son application future en raison des répercussions qu'une décision de justice peut entraîner pour le passé.

Conclusion au Titre I

La faiblesse de la saisine des Cours de Justice tant de l'UEMOA que de la CEDEAO prouve que le mécanisme de coopération institué pour servir de cadre de dialogue entre juge national et juge communautaire est insuffisamment mis en œuvre.

Cette situation peut, à terme, être préjudiciable à l'ordre juridique sous-régional en raison de l'existence de risques de divergences dans l'interprétation des normes de droit communautaire.

Le dispositif de protection de l'ordre juridique par la coopération recouvre par ailleurs un second volet, mettant en relation les cours de justice, d'une part et d'autre part, les organes communautaires et les États membres.

Titre II

La coopération avec les organes communautaires : les attributions consultatives des cours de justice

Le second volet de la fonction d'unification du droit, confiée aux cours de justice sous-régionales, peut être situé au niveau de leurs attributions consultatives.

Le législateur communautaire ouest-africain, a pris l'option de mettre en place un mécanisme de collaboration, offrant aux États membres ainsi qu'aux différents démembrements des organisations d'intégration, l'opportunité de s'adresser à l'organe judiciaire supranational pour recueillir un avis sur l'interprétation du droit communautaire.

L'objectif visé ne diffère nullement de celui justifiant l'instauration du mécanisme de collaboration établi dans le cadre du renvoi préjudiciel entre juges communautaires et juridictions des États membres. Il s'agit précisément de créer un cadre pouvant permettre aux cours de justice d'exercer plus efficacement leur mission de protection de l'ordre juridique communautaire.

Il faut rappeler que cette mission essentielle trouve son fondement dans les traités constitutifs des organisations d'intégration.

Dans le système UEMOA, c'est le Protocole additionnel n° 1 qui énonce en son article premier que « la Cour de Justice veille au respect du droit quant à l'interprétation et à l'application du traité de l'Union ». Cette disposition, à tous égards identique à l'article 9 du Protocole A/P1/7/91 CEDEAO, constitue le fondement juridique de la fonction d'unification du droit reconnue aux cours de justice.

Dans l'exercice de cette fonction, les juridictions compétentes établissent un cadre de dialogue approprié avec les organes communautaires et les États membres, en vue de leur apporter l'assistance juridique nécessaire à la bonne application des traités constitutifs ainsi que du droit dérivé.

Cette coopération peut, de prime abord, paraître incongrue, concernant une juridiction dont la fonction principale est de trancher des litiges. Toutefois, cette impression s'estompe dès qu'on situe l'analyse dans le contexte d'une organisation d'intégration qui a vocation à mettre en place un ordre juridique unifié.

En réalité compte tenu de la spécificité de sa mission, une cour communautaire ne saurait fonctionner comme une juridiction nationale ordinaire.

Il en est ainsi puisqu'il lui incombe d'être au cœur du dispositif institutionnel communautaire, non seulement pour arbitrer les litiges éventuels, mais aussi pour livrer à chaque fois que de besoin, les interprétations authentiques du traité de base ainsi que de ses actes dérivés.

C'est le lieu de signaler que les attributions consultatives des cours de justice des organisations ouest-africaines d'intégration apparaissent plus étendues que celles reconnues à la Cour de Justice de l'Union européenne dont la compétence en la matière est limitée à la faculté de rendre des avis sur des questions tenant à la conformité des engagements internationaux de l'Union ou de l'un de ses membres, avec les traités de base.

Le caractère restreint de cette compétence explique que le juge européen se soit plus souvent exprimé sur des questions d'interprétation à travers sa jurisprudence préjudicielle, contrairement à son homologue ouest-africain qui s'est plutôt appuyé sur ses attributions consultatives.

Mais il faut tout de même nuancer ce propos pour préciser qu'autant l'activité consultative de la Cour de Justice de l'UEMOA se révèle par un dynamisme encourageant [1], autant celle de la CEDEAO se singularise par une léthargie inquiétante. Cette situation s'explique, dans une large mesure, par le fait que les différentes institutions de ladite organisation n'ont pas encore pris l'habitude de solliciter l'avis de la cour sur des questions d'interprétation du traité et des actes dérivés.

Au demeurant, parler des activités consultatives d'une cour communautaire exige, au préalable, que des réponses soient apportées aux questions de savoir : qui peut consulter la Cour ? à quel sujet et selon quelle procédure peut-on la saisir pour avis ? quelle est la portée des avis qu'elle rend ?

Tenant compte de la centralité de ces questions, il apparaît tout à fait convenable de voir les modalités d'organisation de la compétence consultative des cours de justice (chapitre I) avant de procéder à l'analyse de la portée des avis consultatifs rendus par lesdites juridictions (chapitre II).

---

[1] Demba SY, « L'activité de la Cour de Justice de l'UEMOA », *Nouvelles Annales Africaines*, Revue de la Faculté des sciences juridiques et politiques de l'Université Cheikh Anta Diop de Dakar, n° 1-2007, p. 231 et s.

Chapitre 1

La compétence consultative des cours de justice

L'identification des critères de compétence ainsi que l'étude de la procédure applicable en matière consultative permettent de saisir les modalités d'organisation de la compétence consultative de la cour.

Il faut par ailleurs noter que la coexistence entre attributions consultatives et compétences contentieuses n'est pas sans conséquence sur la perception que l'on pourrait avoir de l'activité des cours de justice sous-régionales, Aussi, convient-il de mettre l'accent sur les implications de cette dualité fonctionnelle.

Section 1. L'aménagement de la compétence consultative des cours de justice

Il s'agira de présenter les organes habilités à saisir la Cour d'une demande d'avis avant d'examiner les éléments pouvant faire l'objet d'une consultation.

Paragraphe 1. Les organes habilités à solliciter un avis consultatif

Il y a lieu à ce niveau de distinguer les organes de l'UEMOA de ceux de la CEDEAO.

A. Les organes de l'UEMOA

Au sens de l'article 15 du règlement n° 1/96/CM portant règlement de procédure et 27 du Protocole additionnel n° 1, la Cour de Justice peut être saisie par la Commission, le Conseil des ministres, la Conférence des chefs d'État et de gouvernement ou un État membre pour donner un avis sur toute difficulté rencontrée dans l'application ou l'interprétation des actes relevant du droit communautaire.

À la lecture de ces dispositions, on peut légitimement penser que seuls les organes expressément cités sont admis à initier une demande d'avis. Cette position restrictive ne semble toutefois pas être partagée par la Cour qui a accueilli favorablement une demande d'avis formulée par la Banque Centrale des États de l'Afrique de l'Ouest (BCEAO), malgré le fait que les institutions spécialisées de l'Union ne soient pas citées parmi les organes pouvant solliciter une telle consultation.

Examinant la recevabilité formelle de la demande d'avis formulée par la directrice des affaires juridiques de la BCEAO, sur le projet d'agrément unique pour les banques et établissements financiers exerçant sur le territoire de l'Union, la Cour statuait en ces termes :

« En l'état de la législation communautaire en matière de consultation juridique de la Cour, l'article 15, paragraphe 7, premier alinéa du règlement de procédure donne compétence à la Commission, au Conseil des ministres et aux États membres de l'Union pour saisir la Cour en consultation pour avis sur un texte au stade de projet ;aux termes de l'article 16, alinéa 4 des statuts de la Cour, cette dernière doit, en la matière, être saisie par un organe compétent ; cependant la présente demande d'avis émane du Directeur des Affaires juridiques de la BCEAO et non du représentant de l'organe de l'Union compétent pour agir en son nom dans ses rapports avec les autres organes de l'Union.

Que ces deux moyens auraient pu suffire pour décliner l'examen de la demande ... » [1].

Elle a toutefois ajouté, pour justifier la recevabilité de la demande qu'au moment de sa saisine, seul l'Acte additionnel n° 10/96 relatif à la Cour de Justice avait été publié au *Journal officiel de l'Union* et que même le règlement administratif de la juridiction était en cours d'élaboration.

À la lumière de ces constatations, on aurait pu affirmer, sans grand risque, que c'est à titre exceptionnel que la Cour a admis la recevabilité de la demande d'avis présentée par une institution spécialisée de l'Union compte tenu du fait qu'à l'époque l'ensemble des instruments juridiques organisant la compétence et le fonctionnement de la juridiction n'étaient pas encore en vigueur.

Mais poursuivant sa motivation, la Cour a estimé que « dans sa compétence consultative où elle est appelée à statuer en matière gracieuse et assure une fonction purement administrative d'assistance juridique au sein de l'Union, elle ne peut, au risque de compromettre l'efficacité de sa mission, faire montre d'une rigueur absolue dans certaines conditions de sa saisine ».

La doctrine exprimée sur ce point par la Cour suscite quand même quelques interrogations en ce sens que refuser d'examiner une demande

[1] Avis n° 003/1996 du 10 décembre 1996 relatif au projet d'agrément unique pour les banques et les établissements financiers, initié par la BCEAO.

d'avis émanant d'un organe auquel la loi communautaire n'a pas conféré le pouvoir de saisine, ne procède pas forcément d'une rigueur excessive.

Par ailleurs, à travers l'avis n° 01/96 précité, l'Assemblée générale consultative de la Cour de Justice de l'Union a exprimé toute l'importance qu'elle attache à la qualité du représentant de l'organe habilité à la saisir en consultation. En effet, dans cette affaire, la demande d'avis émanait du directeur des affaires juridiques de la BCEAO et non du représentant de l'organe compétent pour agir en son nom dans ses rapports avec les autres organes de l'Union [1].

La Cour a relevé ce manquement, mais n'a pas estimé devoir prononcer l'irrecevabilité de la requête pour ce motif. Elle a simplement fait observer, par une motivation pédagogique, que le grief soulevé aurait pu justifier qu'elle décline l'examen de la consultation sollicitée mais qu'elle a préféré adopter une posture tolérante justifiée par le caractère gracieux de sa mission consultative.

Cette question semble maintenant réglée depuis l'adoption du règlement administratif de la Cour de Justice de l'UEMOA qui prescrit clairement en son article 29 que « la Cour n'est valablement saisie pour consultation que lorsque la demande d'avis ou le projet d'acte émane de l'autorité compétente de l'organe qui en est l'auteur, pour le représenter dans les rapports avec les tiers ou de son représentant dûment habilité à cet effet » [2].

La Cour de Justice considère qu'au-delà de ces conditions posées par les textes, il faut nécessairement que l'organe qui sollicite un avis consultatif soit compètent sur les questions pour lesquelles il demande un éclairage juridique. Cette précision a été apportée dans le cadre d'une affaire instruite sur saisine du Président du Conseil régional de l'épargne publique et des marchés financiers (CREPMP) qui sollicitait un avis juridique sur les projets de textes élaborés en vue de l'opérationnalisation des sanctions pécuniaires non pénales susceptibles d'être appliquées sur le marché financier régional de l'Union. Dans sa réponse, la Cour a dégagé la position de principe selon laquelle si tout organe de l'UEMOA, de même que celui de l'UMOA, peut la saisir d'une demande d'avis, il reste que l'objet de cette demande ne doit pas excéder le champ de compétence dudit organe. Après examen des éléments de faits et de droit articulés au soutien de la demande, la Cour a estimé que les modifications envisagées dans les projets de textes soumis à son appréciation relèvent des prérogatives du Conseil des ministres et

[1] Avis n° 03/96, *op. cit.*

[2] Article 26 Règlement n° 01/2012/CJ relatif au règlement administratif de la Cour de Justice.

en a déduit que le CREPMF ne saurait, dans ces conditions, la saisir valablement pour donner un avis sur des questions qui ressortissent de la compétence d'un autre organe [1].

B. Les institutions de la CEDEAO

Concernant la Cour de Justice de la CEDEAO, l'énumération des organes habilités à coopérer avec l'organe juridictionnel en matière consultative est contenue dans l'article 10 du Protocole A/P1/7/91 qui énonce que : « la Cour peut, lorsqu'elle est saisie par la Conférence, le Conseil ou par un ou plusieurs États membres ou par le Secrétaire Exécutif et toute autre institution de la communauté, émettre à titre consultatif, un avis juridique sur des questions qui requièrent l'interprétation des dispositions du Traité ».

L'énoncé de cette disposition semble plus extensif en ce sens qu'il ne fait place à aucun doute quant à la possibilité pour les institutions spécialisées de l'organisation de saisir la Cour de Justice d'une demande d'avis.

En effet, après avoir cité les principales institutions, le législateur communautaire a pris le soin de préciser que la Cour pourra également émettre un avis sur saisine de toute autre institution de la communauté.

Dès lors, il n'y a aucun obstacle juridique à admettre que l'organe judiciaire puisse coopérer, dans le cadre de ses attributions consultatives, avec les institutions de l'organisation non expressément citées, parmi lesquelles le Parlement de la Communauté, le Conseil économique et social, le Fonds de coopération, de compensation et de développement ainsi que les commissions techniques spécialisées. Cette option qui se traduit par une extension du cadre de coopération juridique de la cour, renseigne à suffisance, sur la volonté de faire de ladite institution le conseiller juridique privilégié de toutes les composantes de l'organisation sous-régionale, ce qui cadre mieux avec l'objectif d'interprétation uniforme du droit communautaire.

Paragraphe 2. Le contenu des demandes d'avis consultatifs

Les demandes d'avis formulées par les organes communautaires et les États membres portent d'une part, sur l'interprétation du Traité et des actes dérivés et d'autre part sur un contrôle de compatibilité des engagements internationaux conclus par l'organisation d'intégration.

---

[1] CJ/UEMOA avis n° 01/2017 du 7 février 2017, Conseil Régional de l'Épargne publique et des Marchés financiers (CREPMF).

A. L'interprétation du Traité et des actes dérivés

Déterminer les critères de compétence *ratione materiae* des cours de justice en matière consultative revient à identifier les éléments sur lesquels peuvent porter leur saisine.

Les demandes d'avis se rapportent principalement à l'interprétation des normes communautaires.

Aux termes de l'article 15 du Règlement UEMOA n° 01/96/CM, la Cour peut émettre un avis sur toute difficulté rencontrée dans l'application ou l'interprétation des actes relevant du droit communautaire [1].

Elle est donc compétente pour donner un avis juridique sur toute difficulté d'application ou d'interprétation d'une norme communautaire, qu'elle soit originelle ou dérivée.

Ce critère général de compétence a d'ailleurs été systématisé par la Cour de Justice de l'UEMOA lorsqu'elle a été saisie par le président de la Commission qui sollicitait l'éclairage sur « la procédure, conforme au droit communautaire de l'UEMOA, pour mettre effectivement et légalement en œuvre les dispositions du règlement financier des organes de l'Union qui l'autorisent à opérer des délégations de pouvoir aux commissaires et aux présidents des organes » [2]. Dans sa réponse, la Cour a estimé qu'en l'absence de difficulté précise et actuelle soumise à son appréciation, elle outrepasserait sa compétence telle que prévue par l'article 15 de son règlement de procédure en essayant d'examiner la question juridique posée.

L'existence d'une difficulté réelle est donc érigée en critère essentiel de détermination de la compétence consultative.

---

[1] L'article 15 du règlement n° 1/96/CM portant règlement de procédure de la Cour de Justice de l'UEMOA énonce que : « La Cour peut émettre des avis et des recommandations sur tout projet de texte soumis par la Commission.

Le Conseil des Ministres, la Commission ou un État membre, peut recueillir l'avis de la Cour sur la compatibilité d'un accord existant, ou en voie de négociation, avec les dispositions du Traité de l'UEMOA.

Lorsqu'elle est saisie par la Commission, le Conseil des Ministres, la Conférence des chefs d'État et de gouvernement, ou un État membre de la Cour peut émettre un avis, sur toute difficulté rencontrée dans l'application ou l'interprétation des actes relevant du droit communautaire.

La question sur laquelle l'avis consultatif est demandé, est exposée à la Cour par requête écrite qui précise le point sur lequel l'avis de la Cour est demandé. Il y est joint tout document pouvant servir à élucider la question ».

[2] Avis n° 001/99 du 22 mars 1999 sur la délégation de signature du Président de la Commission.

Il apparaît, à ce niveau, que si le critère tiré d'une difficulté d'interprétation des dispositions communautaires ne pose aucun problème particulier, il en va différemment de celui tiré d'une difficulté dans l'application des dites normes.

En la matière, l'appréciation du niveau de difficulté susceptible de justifier la compétence de la cour, relève du pouvoir souverain de ladite juridiction qui procède à un examen au cas par cas.

C'est ainsi qu'elle a eu à considérer qu'un désaccord entre la Commission et le Comité des experts sur le sens exact de l'article 84 du Traité de l'UEMOA constitue une difficulté d'application et d'interprétation des actes relevant du droit communautaire [1].

Dans une autre affaire relative au renouvellement du mandat des conseillers de la Cour des comptes de l'Union au sens des dispositions du Protocole additionnel n° 1 et de l'Acte additionnel n° 10/96, la Cour de Justice a relevé que l'interprétation faite par la Commission pour la détermination de l'ordre de désignation des conseillers à la Cour des comptes, n'est confrontée à aucune autre interprétation ou avis contraire qui puisse justifier sa saisine avant d'ajouter qu' « il faut supposer donc que la Commission veut simplement connaître comment la Cour comprend et interprète ces dispositions » [2].

Malgré ce constat, laissant apparaître que la Commission n'a pas prouvé avoir rencontré une difficulté réelle dans l'interprétation des dispositions précitées, la Cour de Justice de l'UEMOA a quand même donné suite à la demande d'avis qui lui était adressée. Cette attitude peut s'expliquer par la volonté déjà exprimée de ne pas adopter « une rigueur absolue » en matière de consultation juridique.

Dans le système CEDEAO, le Protocole relatif à la Cour de Justice renseigne en son article 10 sur l'objet de la consultation.

Cette disposition prévoit que l'avis demandé à la Cour peut porter sur toute question qui requiert l'interprétation des dispositions du Traité. Il est utile de relever que cette disposition doit être interprétée largement de façon à intégrer dans son champ d'application tous les actes pris en application du Traité.

---

[1] Avis n° 02/2000 du 22 mars 1999, demande d'avis de la Commission de l'UEMOA relative à l'interprétation de l'article 84 du Traité, *Recueil des textes fondamentaux et de la jurisprudence de la Cour*, p. 237.

[2] Avis n° 02/2003, du 20 juin 2003, relatif au renouvellement du mandat des conseillers à la Cour des comptes, *Recueil des textes fondamentaux et de la jurisprudence de la Cour*, p. 479.

B. Le contrôle de compatibilité des accords internationaux avec les traités de base

Au sens de l'article 15 du Règlement de procédure n° 01/96, le Conseil des ministres de l'Union, la Commission ou tout État membre peut saisir la Cour de Justice pour solliciter son avis sur la compatibilité d'un accord international existant, ou en voie de négociation, avec les dispositions du Traité de l'UEMOA.

Il s'agit d'un recours préventif qui a pour but d'empêcher qu'un accord international engageant la communauté ou l'une de ses entités, soit ultérieurement déclarée incompatible avec le Traité en raison de son contenu ou de la procédure adoptée en vue de sa conclusion.

Eu égard à son importance, cette procédure de consultation, qui en l'état est simplement facultative, devrait être rendue obligatoire pour tout accord international pouvant engager l'Union.

Malheureusement, la Cour de Justice de l'UEMOA n'a pas encore eu l'occasion de se prononcer sur la compactibilité d'un accord international par rapport au Traité. Mais l'on peut déjà s'interroger sur les conséquences qui pourraient découler d'une éventuelle déclaration d'incompatibilité.

Au regard des textes qui fondent la compétence de la Cour en la matière, il n'est pas prévu que l'avis négatif de ladite juridiction puisse suspendre automatiquement la conclusion d'un accord.

Dans le système européen, l'article 300 du Traité sur l'Union européenne qui a conféré des compétences consultatives à la Cour, énonce que celle-ci peut être consultée par le Parlement, le Conseil, la Commission ou un État membre sur la compatibilité d'un accord envisagé avec les dispositions du Traité.

Il est précisé, sur ce point, que l'accord qui a fait l'objet d'un avis négatif ne peut entrer en vigueur que dans les conditions fixées à l'article 48 du Traité.

Se fondant sur les effets de la déclaration de non-compatibilité, Razvan Viorescu considère que la voie consultative ne constitue pas une simple saisine pour avis, mais plutôt une procédure donnant lieu à une décision obligatoire dans la mesure où, en cas d'avis négatif de la Cour, l'accord ne peut entrer en vigueur qu'après révision du Traité [1].

Cette assertion n'est toutefois pas vérifiée dans le système juridictionnel ouest-africain, en ce sens que les avis rendus par la Cour de Justice de l'UEMOA sont dépourvus de force obligatoire et ne lient ni leurs auteurs ni leurs destinataires.

---

[1] Razvan VIORESCU, « Système juridictionnel de l'Union européenne », in *Les institutions européennes*, p. 244, Miskolc University Press, 2008.

Il convient également de faire remarquer qu'aucune disposition du Protocole additionnel A/SP/.1/01/05 amendé ne confère expressément à la Cour de Justice de la CEDEAO la compétence de rendre un avis sur la compatibilité d'un accord international conclu par la communauté par rapport au Traité.

Mais cette compétence peut être déduite de l'article 10 qui habilite l'organe judicaire à se prononcer sur toute question qui requiert l'interprétation du Traité, Le contrôle de conformité étant effectué par référence à l'acte constitutif de l'organisation qui énonce en son article 84 que « les États membres peuvent conclure des accords à caractère économique, technique ou culturel avec un ou plusieurs États membres, avec des États tiers, des organisations régionales ou toute autre organisation internationale à condition que ces accords ne soient pas incompatibles avec les dispositions du traité ».

Paragraphe 3. L'instance consultative

L'instance consultative comporte la phase d'instruction et la phase d'examen de la question au fond.

A. L'instruction de la demande d'avis

La procédure consultative devant la Cour de Justice de l'UEMOA est organisée par l'article 11 du règlement administratif.

Lorsqu'elle est saisie d'une demande d'avis d'un organe de l'Union, la Cour la notifie aux autres organes pour information. Ces derniers peuvent faire des observations écrites sur la demande et même participer aux débats s'ils l'estiment utile.

Dans le cas où la demande d'avis émane d'un État membre, elle est communiquée aux mêmes fins et dans les mêmes conditions aux autres États membres de l'Union. Les observations écrites produites dans les délais fixés par le Président sont communiquées à l'auteur de la demande et aux autres auteurs d'observations.

Après enregistrement de la demande au greffe de la Cour, le Président désigne un rapporteur chargé d'instruire l'affaire et de constituer, au besoin, un dossier comprenant tout instrument juridique ou tout document de nature à éclairer la Cour. Il peut le cas échéant se faire expliquer, par l'organe ayant saisi la Cour, la portée exacte du projet d'acte ou de la demande d'avis.

Le rapporteur dispose dans le cadre de sa mission, d'importants pouvoirs d'instruction sur lesquels il s'appuie pour solliciter des organes requérants la production de tout document pouvant préciser le sens et la portée des demandes d'avis formulés ou des projets d'actes soumis à l'examen de la Cour pour observation [1].

S'il s'agit d'un projet de texte, le rapporteur peut proposer des modifications de rédaction qu'il estime nécessaires.

Devant la Cour de Justice de la CEDEAO, la procédure consultative est régie par l'article 10 du Protocole A/P1/7/91.

Cette disposition énonce que la requête aux fins d'un avis consultatif est faite par écrit. Elle contient une indication exacte des questions sur lesquelles l'avis est requis et est accompagnée de tous les documents pertinents susceptibles d'éclairer la Cour.

Elle précise que dès réception de la requête, le greffier en chef en saisit immédiatement les États membres, leur notifie le délai fixé par le Président de la Cour pour recevoir leurs observations écrites ou entendre à l'audience leurs déclarations.

Il est intéressant de noter que la procédure de demande d'avis, loin de constituer un cadre de dialogue étroit entre la Cour et l'auteur de la demande, est plutôt organisée en une instance ouverte, dans laquelle tous les États membres peuvent donner leur point de vue sur les questions de droit communautaire déférées.

Le constat est, malheureusement, établi que dans la pratique les États ne participent pas aux instances consultatives. Pourtant leur implication effective aurait permis d'élever le niveau d'instruction des affaires et d'éclairer davantage les prises de position de l'organe judiciaire par rapport aux questions posées.

B. L'examen de la demande

Dès que la phase d'instruction est terminée, le dossier est inscrit à la prochaine assemblée générale consultative. La Cour peut inviter l'organe qui l'a saisie à désigner un représentant qui assiste aux débats avec voix consultative pour apporter oralement des précisions utiles à l'examen du texte soumis.

---

[1] Le rapport établi devra, selon l'article 26 du règlement administratif, comprendre :
1°) une première partie replaçant le projet ou la demande d'avis dans son contexte juridique et, le cas échéant, factuel et notamment en expose la portée ;
2°) une deuxième partie commentée et critique avec cette précision que la critique doit être faite d'un point de vue juridique et administratif et non sur l'opportunité de la mesure prise ou à prendre. Elle doit porter essentiellement sur la conformité de l'acte soumis à l'environnement juridique de l'Union, sa cohérence interne, ou, le cas échéant, sur les difficultés techniques d'application éventuelles.

À l'audience, le rapporteur expose son rapport suivi d'un débat orienté suivant deux axes. Ainsi, dans un premier temps, une discussion générale est ouverte sur l'économie et la portée du texte soumis à l'examen de la Cour. Ensuite il est procédé à l'étude au détail de la solution lorsqu'il s'agit d'une demande d'avis, ou sur l'étude du projet de texte article par article.

Cette seconde phase du déroulement de l'instance consultative est suivie d'un vote portant sur l'ensemble des amendements proposés lorsqu'il s'agit d'un projet de texte ou sur la proposition faite par le rapporteur, s'il s'agit d'une demande d'avis.

À l'issue de l'assemblée générale consultative, le rapporteur rédige le texte définitivement adopté par la formation consultative et une note d'observation indiquant toutes les modifications suggérées.

À l'issue de ce processus, le projet de texte modifié et la note y afférente ou la note portant avis de l'assemblée générale consultative sont transmis à l'organe requérant de l'UEMOA.

Le protocole CEDEAO relatif à la Cour de Justice précise que celle-ci est régie, dans ses fonctions consultatives, par les dispositions relatives à la procédure contentieuses, lorsqu'elle estime qu'elles sont applicables [1].

Le regard porté sur l'organisation des compétences des cours de justice a permis de constater qu'en tant qu'organes dotés à la fois de compétences consultatives et de compétences contentieuses, ces juridictions constituent un rouage important du système communautaire.

Toutefois le dualisme fonctionnel qui caractérise leur office peut entraîner des conséquences qui méritent d'être appréciées.

Section 2. Les conséquences de la mise en œuvre de la compétence consultative des cours de justice

Des critiques ont été élevées relativement aux conséquences qui pourraient naître de la mise en œuvre simultanée des compétences consultatives et contentieuses des cours de justice. Les réserves exprimées à ce niveau se fondent principalement sur la crainte de voir cette situation déboucher sur une atteinte au principe d'impartialité qui doit s'appliquer à tout organe juridictionnel.

[1] Article 10. 5, Protocole A/P1/7/91 relatif à la Cour de Justice de la Communauté : « Dans l'exercice de ses fonctions consultatives, la Cour est régie par les dispositions du présent protocole relatives à la procédure contentieuse lorsque celle-ci estime qu'elles sont applicables ».

Paragraphe 1. Les conséquences théoriques

L'exposé de la problématique ainsi que l'analyse des critiques émises permettra de mieux cerner les conséquences théoriques du dédoublement fonctionnel des cours de justice sous-régionales.

A. La problématique du dédoublement fonctionnel

Les cours de justice sous-régionales exercent des activités de consultation juridique et à cet effet, fournissent des avis et recommandations à la demande de leurs organisations de rattachement.

La problématique de la coexistence entre ces différentes attributions suscite la question légitime de savoir si la fonction consultative peut être harmonieusement conciliée avec la fonction judiciaire.

L'observation de la pratique juridictionnelle, tant au niveau interne qu'au niveau international, laisse apparaître deux tendances nettement opposées.

La première s'appuie sur la particularité des juridictions communautaires pour affirmer qu'il est plus que nécessaire que la compétence consultative leur soit reconnue. Cet argument est justifié par la nécessité d'asseoir les conditions d'une contribution permanente de l'organe judiciaire au fonctionnement harmonieux de son organisation de rattachement. L'exercice de cette fonction semble être essentiel à l'équilibre des organisations ouest-africaines d'intégration et doit être assuré même en l'absence de tout contentieux.

Le constat est établi que l'octroi de compétences consultatives aux cours de justice est aujourd'hui bien établi dans la pratique internationale. À titre d'exemple, la Cour européenne des droits de l'homme possède à la fois la compétence d'adopter des arrêts obligatoires et de rendre des avis consultatifs.

La fonction consultative de cette juridiction est cependant marginale. D'ailleurs, la saisine de la Cour en la matière, n'est ouverte qu'au Conseil des ministres.

De même, la Cour de Justice de l'Union européenne dispose du pouvoir de rendre des avis sur la compatibilité des accords internationaux que l'Union envisage de conclure. La cour se prononce à la demande de la Commission, du Conseil ou d'un État membre et les avis rendus en la matière ont un caractère contraignant.

L'article 96 de la Charte des Nations Unies confère également une fonction consultative à la Cour internationale de Justice (CIJ) qui peut rendre des avis consultatifs à la demande de l'Assemblée générale, du Conseil de sécurité, ainsi que de certaines institutions spécialisées.

On peut également citer le Tribunal international du droit de la mer, la Cour de Justice de l'Union africaine, etc.

La pluralité des exemples cités prouve à suffisance qu'au niveau des organisations internationales en général, la pratique consistant à confier aux juridictions intégrées des compétences consultatives est aujourd'hui bien assise.

Marie-Clotilde Runavot, qui a publié un ouvrage sur la question, estime que « la fonction consultative des cours de justice régionales contribue au processus d'uniformisation sinon d'unification du droit dans l'ensemble conventionnel que chacune d'elle a la charge d'appliquer et de faire respecter » [1]. Il faut cependant reconnaître que cette opinion est loin de faire l'unanimité dans la doctrine.

B. La critique de la cohérence du dédoublement fonctionnel des cours de justice

La coexistence entre attribution consultative et compétence contentieuse dans la pratique des juridictions internationales est jugée incohérente par une partie de la doctrine. Les tenants de cette thèse considèrent que l'octroi de la fonction consultative est inconciliable avec la fonction judiciaire. Ils estiment que la fonction de conseiller se situe à l'extérieur de la fonction jugement et que pour cette raison, il est inconcevable qu'une juridiction, fut-elle organe intégré d'une organisation communautaire, soit ramenée au rang de conseiller juridique au service des autres organes.

Il faut dire que la CIJ a, de par sa pratique jurisprudentielle en la matière, montré qu'elle a une claire conscience de la difficulté à contenir son activité consultative dans des limites permettant de préserver sa fonction judiciaire [2].

C'est la raison pour laquelle elle prend toujours soin de statuer sur l'opportunité d'accepter de rendre un avis consultatif, chaque fois qu'elle est saisie dans ce sens. Elle explique pour justifier cette pratique, que le fait qu'elle ait une compétence consultative « ne signifie pas qu'elle soit tenue de l'exercer », et affirme que « le pouvoir discrétionnaire qui lui est

---

[1] Marie-Clotilde RUNAVOT, *La compétence consultative des juridictions internationales*, Bibliothèque de droit international et communautaire, p. 334.

[2] L'opinion dissidente rédigée par le juge Bohdan Winiarski en marge d'une demande d'avis adressée à la CIJ par l'UNESCO évoque de façon pertinente le grand problème auquel a été toujours confronté la CIJ à savoir concilier sa fonction consultative avec son caractère de cour de justice, organe judicaire et indépendant.

conféré par l'article 65 de son statut, de répondre ou non à une demande d'avis consultatif, vise à protéger l'intégrité de sa fonction judiciaire et sa nature en tant qu'organe principal de l'organisation des Nations Unies ».

Les partisans de cette thèse soutiennent qu'une cour de justice n'a pour seul et unique fonction que de trancher un différend et que c'est dans ce cadre seulement qu'elle pourra garder intactes son indépendance et son impartialité vis-à-vis des parties.

Les juridictions sous-régionales devraient également repréciser les limites de leur cadre d'intervention en matière consultative pour éviter d'être reléguées au rang de simple conseiller juridique, ce qui constituerait une atteinte au prestige attaché à la fonction d'organe judiciaire principal d'une organisation d'intégration.

Paragraphe 2. Les conséquences pratiques

Le dédoublement fonctionnel des cours de justice a entraîné sur le plan pratique certaines conséquences qu'il convient de présenter

A. L'imprécision de la délimitation des fonctions consultative et contentieuse

L'analyse des avis consultatifs rendus, notamment par la Cour de Justice de l'UEMOA, laisse apparaître une certaine imprécision dans la délimitation des compétences consultatives et contentieuses des organes judiciaires intégrés.

Pour maintenir l'équilibre de l'aménagement de leurs compétences, les cours de justice devraient, de notre point de vue, s'abstenir de rendre des avis consultatifs sur des questions faisant l'objet d'un contentieux ouvert ou imminent.

Ainsi, les demandes d'avis présentant une certaine charge contentieuse devraient tout simplement être déclarées irrecevables.

De cette façon, une ligne de démarcation nette pourra s'établir entre les deux pôles de compétence de sorte à écarter toute confusion préjudiciable à la cohérence dans l'activité des organes judiciaires des organisations d'intégration.

Cette préoccupation est d'ailleurs dûment prise en compte à l'article 11.9 du Règlement administratif de la cour de justice de l'UEMOA qui dispose que « la Cour se réserve le droit de ne pas donner suite à une demande d'avis lorsqu'elle a des raisons de craindre que son avis puisse servir de preuve ou de moyen dans une procédure dont elle est déjà saisie ou est susceptible d'être saisie.

La Cour rend, le cas échéant, une décision »[1].

L'existence de ce risque de confusion est perceptible à travers certains avis consultatifs rendus par la Cour.

C'est le cas dans une affaire soumise en 2003 par la Commission qui faisant état de divergences de vues apparues entre elle et l'un de ses cadres féminins dont l'époux est membre d'un autre organe de l'Union, avait sollicité l'interprétation d'un règlement relatif à la prise en charge des titres de transport des fonctionnaires de l'organisation.

Selon la Commission, la difficulté d'interprétation est née de ce que l'intéressée, qui avait bénéficié d'un congé administratif de trente jours en 2003, avait réclamé des titres de transport aérien pour elle-même, ainsi que pour son époux et ses enfants.

Or, le conjoint en question avait bénéficié des mêmes titres de voyages pour l'ensemble des membres de la famille concernée lors de son congé de l'année précédente alors qu'aux termes de l'article 57 du Règlement n° 01/95/CM, l'Union ne prend en charge lesdits frais qu'à raison d'un voyage aller-retour tous les deux ans pour le fonctionnaire et les personnes visées à l'article 48 du même texte.

La dame avait soutenu à l'appui de ses réclamations, qu'elle et son époux appartiennent à deux organes distincts de l'Union et que ce dernier exerce un mandat statutaire qui le place dans une situation différente de celle d'un fonctionnaire ordinaire.

Interprétant les articles 48, 55 et 57 du règlement précité, la Cour a entièrement confirmé l'interprétation avancée par la Commission[2].

L'analyse des faits de la cause révèle que dans cette affaire, la Cour a statué, en réalité, sur un contentieux lié. En effet, ce qui a été présenté par la Commission comme une difficulté d'interprétation était plutôt constitutif d'un désaccord entre un employé et son employeur sur les conditions de jouissance d'un avantage statutaire.

De ce point de vue, on peut reprocher à la Cour d'avoir préjugé sur un litige qui peut parfaitement lui revenir par la voie contentieuse.

---

[1] Article 11.9 du Règlement n° 01/2012/CJ portant règlement administratif de la Cour de Justice de l'UEMOA

[2] Cour de Justice de l'UEMOA, avis n° 003/2003 du 22 octobre 2003. La Cour a dit pour droit « qu'un membre d'organe, un fonctionnaire ou un agent du personnel non permanent de l'Union et les membres de leur famille ne peuvent bénéficier d'une prise en charge à raison d'un voyage aller-retour, à l'occasion de leurs congés payés, qu'une fois tous les deux ans et ce, quelle que soit la situation personnelle du conjoint ».

Le même grief peut être articulé contre l'avis n° 01/99 du 22 mars 1999 [1] par lequel, la Cour de Justice s'est prononcée sur le sort des actes pris en vertu d'une délégation de signature jugée irrégulière alors que lesdits actes peuvent faire l'objet d'un recours contentieux en annulation ou en appréciation de légalité.

Il y a lieu, par contre, de se féliciter de l'attitude prudente de la Cour qui a dit clairement qu'elle n'a pas l'intention de se substituer aux organes administratifs de l'Union, dans l'exercice de sa fonction consultative.

Répondant à l'interpellation de la Commission qui demandait à être éclairée sur les précautions juridiques à prendre afin de régulariser l'octroi de la délégation de signature jugée irrégulière, la Cour a énoncé que « les précautions juridiques à prendre dans le cadre de la révision projetée des textes, relèvent de la catégorie des actes préparatoires des projets relatifs à ces textes et partant, des seules compétences et expertise de l'administration de la Commission » et ajouté « qu'elle ferait acte d'ingérence en se substituant aux fonctionnaires ou aux agents qualifiés pour ce faire ».

B. Les risques d'atteinte au principe d'impartialité

La déclaration universelle des droits de l'homme énonce, en son article 10, que « toute personne a droit, en pleine égalité, à ce que sa cause soit entendue équitablement et publiquement par un tribunal indépendant et impartial, qui décidera, soit de ses droits et obligations, soit du bien fondé de toute accusation en matière pénale dirigée contre elle ».

Le droit à un procès équitable ainsi consacré se retrouve dans pratiquement dans tous les instruments internationaux de protection des droits de l'homme. On peut, à cet égard, citer le Pacte international relatif aux droits civils et politiques [2] et la Charte africaine des droits de l'homme et des peuples [3].

---

[1] Demande d'avis complémentaire du président de la Commission de l'UEMOA par rapport à l'avis n° 01/98 du 10 septembre 1998, *Recueil des textes fondamentaux et de la jurisprudence de la Cour*, p. 217.

[2] Article 14 alinéa 1 du pacte international relatif aux droits civils et politiques : « Tous sont égaux devant les tribunaux et les cours de justice. Toute personne a droit à ce que sa cause soit entendue équitablement et publiquement par un tribunal compétent, indépendant et impartial établi par la loi… ».

[3] Au sens de l'article 7 de la Charte africaine des droits de l'homme et des peuples toute personne a droit à ce que sa cause soit entendue. Ce droit implique la possibilité pour chacun d'être jugé dans un délai raisonnable par une juridiction impartiale.

Le procès équitable est une notion générale qui doit être appréciée par référence à un ensemble de critères parmi lesquels :

- le droit au juge
- le droit à une bonne justice
- le droit à l'exécution de la décision, etc.

Contrairement au concept d'indépendance qui le plus souvent fait l'objet d'une consécration textuelle, la notion d'impartialité apparaît à la fois diffuse et abstraite, d'où l'intérêt de s'appesantir sur son contenu pour mieux en saisir le sens et la portée. Selon un adage célèbre dans le *Common Law*, « il ne suffit pas que la justice soit juste, il faut encore qu'elle le paraisse ». Cette brillante réflexion suggère simplement que la notion d'impartialité se réfère, en réalité, à la perception que le justiciable peut raisonnablement avoir de la justice.

D'ailleurs, il est clairement établi à travers la doctrine judiciaire que le concept d'impartialité a été entièrement systématisé autour de la notion de « doute raisonnable ».

Ainsi, le grief d'impartialité est retenu contre une juridiction, dès l'instant où il est établi, au cours d'un procès, l'existence d'un élément susceptible de faire naître dans la tête du plaideur un doute raisonnable sur la neutralité du juge.

Le doute peut résulter soit d'une considération subjective tenant à la personne même du juge, soit d'un ou de plusieurs éléments objectifs perceptibles dans l'environnement de la cause.

Toutefois, le grief d'impartialité ne peut être retenu contre une juridiction sur la base de considérations purement subjectives. Ainsi, l'appréciation de la notion d'impartialité doit être fondée sur des constatations de faits objectivement appréciables.

Ce critère d'appréciation correspond, à tous égards, à celui retenu par la CEDH qui affirme que « le tribunal doit être objectivement impartial, c'est-à-dire offrir des garanties suffisantes pour exclure tout doute légitime. Dans le cadre de la démarche objective, il s'agit de se demander si, indépendamment de la conduite personnelle des juges, certains faits vérifiables autorisent à suspecter l'impartialité de ces derniers » [1].

Peut-on, au regard de ces critères, retenir que les Cours de Justice de l'UEMOA et de la CEDEAO présentent suffisamment de garanties d'impartialité eu égard à la dualité de leurs compétences respectives.

Il faut reconnaître que dans sa mise en œuvre le dualisme fonctionnel peut poser problème relativement à la perception qu'on peut avoir sur la neutralité objective des membres de la juridiction.

---

[1] CEDH, 6 mai 2003, Kleyn et autres c/ Pays-Bas.

En effet, le doute peut résulter de ce qu'un juge appelé en amont à donner son avis dans le cadre d'une procédure consultative, puisse connaître ultérieurement de la même affaire portée en contentieux.

Dans cette hypothèse, on peut supposer que le juge appelé à trancher le litige a pu se faire une opinion sur l'affaire pour laquelle il a déjà été consulté.

Le doute est suscité par le fait que le juge, appelé à statuer dans ces conditions, n'est pas en mesure de porter un regard neuf sur l'affaire.

Conscient de ce risque, le législateur communautaire UEMOA a effectivement anticipé sur ces difficultés en prévoyant à l'article 18 de l'Acte additionnel n° 10/96 que « les membres de la Cour ne peuvent participer au règlement d'aucune affaire dans laquelle ils sont intervenus comme agent, conseil ou avocat de l'une des parties, ou sur laquelle ils ont été appelés à se prononcer comme membre d'une juridiction, d'une commission d'enquête ou à tout autre titre ».

L'application stricte de cette disposition aurait pu constituer une garantie suffisante d'impartialité objective, mais, du fait de l'insuffisance des juges, il sera difficile de faire en sorte que ceux qui ont connu d'une affaire en assemblée générale consultative, qui regroupe tous les magistrats de la Cour, ne puissent connaître à nouveau de la même affaire en formation contentieuse.

Les textes relatifs à la Cour de Justice de la CEDEAO ne comportent aucune mention expresse allant dans le sens d'interdire qu'un juge ayant siégé dans une instance consultative puisse connaître à nouveau de la même affaire au contentieux.

Toutefois, ce vide pourrait être comblé par une application extensive de l'article 4.9 du Protocole A/P1/7/91 aux termes duquel, « lorsqu'un membre du Tribunal ne peut participer au jugement d'une affaire déterminée, il en informe le Président de la Cour qui procède à son remplacement par un autre membre de la Cour pour le règlement de cette affaire ».

A priori, tout juge qui a déjà connu précédemment d'une affaire à quelque titre que ce soit pourra, sur le fondement de cette disposition, s'abstenir de siéger à nouveau dans la même cause.

La problématique de l'impartialité structurelle des juridictions dotées de compétence consultative a fait l'objet d'un arrêt de principe rendu par la Cour européenne des droits de l'homme, dans une affaire ayant opposé une association agricole dite Procola au Grand-Duché de Luxembourg [1].

[1] CEDH, 28 septembre 1995, Procola c/ Luxembourg : « la Cour constate qu'il y a eu confusion, dans le chef de quatre conseillers d'État, de fonctions consultatives et de fonctions juridictionnelles. Dans le cadre d'une institution telle que le Conseil d'État Luxembourgeois, le seul fait que certaines personnes exercent

Mettant en cause l'impartialité du Conseil d'État du Grand-Duché, la requérante faisait valoir, à l'appui de ses prétentions, que quatre des cinq membres composant le comité du contentieux, appelé à statuer sur son recours, avaient auparavant siégé dans la formation consultative du Conseil d'État qui avait donné un avis sur le projet de règlement grand-ducal dont l'annulation était poursuivie.

Qu'au regard de l'attitude qu'ils avaient antérieurement adoptée, « les juges du comité du contentieux n'auraient pu en toute sérénité connaître de la question qui leur a été soumise » et qu'en l'occurrence, il y avait un doute sur l'impartialité tant objective que subjective de la juridiction.

Dans sa réponse, la Cour a rappelé la question juridique qui était de savoir si, en statuant dans les conditions ainsi décrites, le Conseil d'État remplissait les conditions d'impartialité requises par l'article 6 de la Convention européenne des droits de l'homme.

Ayant constaté « qu'il y a eu confusion dans le chef de quatre conseillers d'État, de fonctions consultatives et de fonctions juridictionnelles », elle en a déduit que « dans le cadre d'une institution telle que le Conseil d'État Luxembourgeois, le seul fait que certaines personnes exercent successivement, à propos des mêmes décisions, les deux types de fonctions, est de nature à mettre en cause l'impartialité structurelle de ladite institution » et a finalement retenu que la demanderesse a pu légitimement craindre que les membres du comité du contentieux ne se sentissent liés par l'avis donné précédemment et que ce simple doute, aussi peu justifié soit-il, suffit à altérer l'impartialité du tribunal en question [1].

Pour la Commission africaine des droits de l'homme et des peuples, l'impartialité de l'instance juridictionnelle peut être contestée par les parties au procès, si elles ont des motifs de douter de l'équité du juge ou de l'instance juridictionnelle sur la base de faits pouvant être prouvés. Elle considère que pour déterminer l'impartialité d'une instance juridiction-

---

successivement à propos des mêmes décisions, les deux types de fonction est de nature à mettre en cause l'impartialité structurelle de ladite institution ».

Pour ces raisons la Cour a considéré, dans cette affaire, que « Procola a pu légitimement craindre que les membres du comité du contentieux ne se sentissent liés par l'avis donné précédemment et que ce simple doute, aussi peu justifié soit-il, suffit à altérer l'impartialité du Tribunal en question ».

[1] La notion d'impartialité structurelle dégagée par la Cour nous semble intéressante d'un point de vue théorique. Mais comme l'indique la motivation de l'arrêt, le grief ne découle pas à proprement parler de la coexistence entre fonction consultatives et fonctions contentieuses. Ce qui est plutôt en cause, c'est le fait que des membres d'une juridiction dotée de ces deux pôles de compétences, puissent siéger en formation contentieuse dans une affaire pour laquelle ils ont eu à prononcer un avis consultatif.

nelle, il convient entre autres facteurs de vérifier si le juge peut avoir une opinion préconçue risquant d'influer sur la décision. La Commission retient dans son analyse que pour apprécier le caractère impartial d'instance juridictionnelle il sera tenu compte de trois facteurs pertinents à savoir :
- si le juge est en mesure de jouer un rôle essentiel dans la procédure ;
- si le juge peut avoir une opinion préconçue risquant de peser lourdement sur la décision ;
- si le juge doit statuer sur une décision qu'il a prise dans l'exercice d'une autre fonction [1].

Au regard de ces éléments, il s'avère nécessaire que les cours de justice communautaires veillent scrupuleusement à ce que l'exercice simultané de leurs compétences consultatives et contentieuses ne fasse naître un doute raisonnable quant à leur impartialité objective.

[1] Commission africaine des droits de l'Homme et des peuples, Directives et principes sur le droit à un procès équitable et l'assistance judiciaire, Union africaine, 2003.

Chapitre 2

Analyse de la jurisprudence consultative des cours de justice sous-régionales

Au niveau des organisations ouest-africaines d'intégration, l'analyse de la jurisprudence consultative des cours de justice laisse apparaître un bilan d'activité contrasté.

Le juge communautaire UEMOA a été beaucoup plus sollicité que son homologue de la CEDEAO.

La Cour de Justice de l'UEMOA a commencé à être saisie de demandes d'avis avant même que tous les actes relatifs à son organisation et son fonctionnement ne soient publiés [1]. Il a ainsi guidé les premiers pas de l'organisation vers la mise en place d'un ordre juridique intégré.

De ce point de vue, son apport à la dynamique de construction communautaire est loin d'être négligeable et mérite, de ce fait, d'être étudié.

L'analyse de la jurisprudence consultative des cours de justice a permis de constater, d'une part, l'apport considérable de ces juridictions à l'affirmation des principes de base qui gouvernent l'intégration juridique et, d'autre part, de mesurer leur implication dans l'administration des organisations communautaires.

Section 1. L'apport des cours de justice à l'affirmation des principes de base de l'intégration juridique

L'étendue de cet apport peut être appréciée à travers l'étude de la contribution des cours de justice dans la détermination du régime juridiques des normes supranationales et dans la délimitation des compétences au sein des organisations supranationales.

---

[1] La demande d'avis consultatif sur le projet d'agrément unique a été introduite par la BCEAO en 1996 avant même que le règlement de procédure de la Cour ne soit adopté.

Paragraphe 1. L'affirmation de la primauté de l'ordre juridique sous-régional

En tant que juridiction suprême de l'Union, la Cour de Justice de l'UEMOA est chargée d'assurer l'interprétation et de veiller à l'application des actes communautaires. À travers les avis rendus, elle a souvent eu l'occasion de réaffirmer la primauté des normes communautaires sur les dispositions de droit interne des États parties au Traité.

Cette activité régulatrice est d'une importance capitale dans l'œuvre de pérennisation de la construction communautaire. En effet, la coexistence des différents ordres juridiques peut entraîner des difficultés d'interprétation et d'application des normes produites par l'organisation sous-régionale.

Ainsi, sans verser dans le mimétisme juridique, le juge UEMOA s'est inspiré de l'expérience de la construction communautaire européenne pour asseoir les principes fondamentaux de l'intégration. C'est donc à travers des avis consultatifs que la Cour a affirmé le principe central de la primauté duquel découlent l'applicabilité immédiate et l'effet direct du droit communautaire.

A. La primauté du droit communautaire sur le droit national

La Cour de Justice de l'UEMOA s'est appuyée sur l'exercice de ses attributions consultatives pour, à chaque fois que de besoin, donner des indications sur la situation des normes communautaires dans l'ordonnancement juridique interne des États membres. À travers cette approche, elle a pu, à l'occasion de l'examen d'une demande d'avis, réaffirmer avec force le sens et la portée du principe de primauté qui apparaît comme la clef de voute du système communautaire.

Dans cette affaire, la Commission avait saisi la juridiction communautaire pour obtenir son avis sur une apparence de contradiction qu'elle avait relevé entre certaines dispositions de la Constitution du Mali consacrant l'instauration d'une Cour suprême unique et les préconisations de la Directive n° 02/2000/CM/UEMOA [1] qui commande la mise en place de cours des comptes autonomes dans les États membres.

---

[1] Partant du constat « qu'il n'y a pas de bonne gestion de finances publiques sans un contrôle a posteriori efficace dévolu à une juridiction financière indépendante et dotée de pouvoirs et de capacité d'investigation suffisante », la directive n° 02/2000/CM/UEMOA du 29 juin 2000 a prescrit à tous les États membres de créer des Cours des comptes autonomes au plus tard le 31 décembre 2002.

La Cour a rappelé, dans sa réponse, que le traité de l'UEMOA consacre la primauté de la législation communautaire sur celle des États membres.

Elle a ajouté que cette primauté bénéficie à toutes les normes nationales, administratives, législatives, juridictionnelles et même constitutionnelles parce que l'ordre juridique communautaire l'emporte dans son intégralité sur les ordres juridiques nationaux.

S'appuyant ainsi sur les articles 6 et 43 du Traité, elle a affirmé sans ambages qu'un État membre ne saurait valablement invoquer une disposition de droit interne, même de valeur constitutionnelle, pour se soustraire à l'application d'une norme communautaire.

Selon elle, ces États « ont le devoir de veiller à ce qu'une norme de droit national incompatible avec une norme de droit communautaire qui répond aux engagements qu'ils ont pris, ne puisse pas être valablement opposée à celle-ci » et que « le juge national en présence d'une contrariété entre le droit communautaire et une règle de droit interne, devra faire prévaloir le premier sur le second en appliquant l'un et en écartant l'autre [1] ».

Cet avis consultatif est sans aucun doute l'une des décisions phares de l'organe judiciaire de l'Union. Sa portée pédagogique est remarquable en ce sens qu'il rappelle les fondamentaux sur lesquels repose la construction de l'ordre juridique communautaire.

Le principe de primauté du droit communautaire prôné par la Cour de Justice à travers cet avis, a été théorisé au début des années 1960 par la doctrine et la jurisprudence.

Pour le juge Pescatore, la pérennité de l'ordre juridique communautaire est essentiellement tributaire de l'effectivité de sa primauté sur les systèmes juridiques nationaux. Il considère, en effet, que « l'existence même du système communautaire, en tant qu'ordre juridique unitaire, serait mise en cause dans toute la mesure où, en cas de conflit, l'ordre national et l'intérêt national pourraient s'opposer victorieusement à sa pleine réalisation » et en déduit que « toute atteinte au principe de la primauté du droit communautaire aurait pour conséquence de mettre en cause l'existence même de la communauté » [2].

Ces considérations se retrouvent dans la doctrine de la CJCE qui, déjà en 1964, soutenait, dans un considérant de principe,

---

[1] Avis n° 01/2003 du 18 mars 2003 relatif à la création d'une Cour des comptes au Mali, recueil de la jurisprudence de la Cour, 01-2004, p. 68.

[2] Pierre PESCATORE, « L'ordre juridique des communautés européennes », *Étude des sources du droit communautaire*, Presse Universitaire de Liège, 1975, p. 257.

qu'à la différence des traités internationaux ordinaires, le traité CEE a institué un ordre juridique propre intégré au système juridique des États membres et qui s'impose à leurs juridictions ;

qu'en instituant une communauté de durée illimitée, dotée d'institutions propres, de la personnalité juridique, d'une capacité de représentation internationale et plus particulièrement de pouvoirs réels issus d'une limitation de compétences ou d'un transfert d'attribution des États à la communauté, ceux-ci ont limité leurs droits souverains et ont créé ainsi un corps de droit applicable à leurs ressortissants et à eux-mêmes ;

que le droit du traité ne pourrait donc, en raison de sa nature spécifique originale, se voir judiciairement opposer un texte interne quel qu'il soit sans perdre son caractère communautaire et sans que soit mise en cause la base juridique de la communauté elle-même [1].

Le principe de primauté traduit donc l'obligation faite au juge national d'appliquer le droit communautaire dans son intégralité en faisant de sa propre autorité tout ce qui est nécessaire pour écarter une disposition interne contraire, nonobstant tout obstacle législatif, administratif ou judiciaire.

Le juge national est ainsi tenu de garantir la suprématie des règles communautaires sur les lois nationales.

Cette conception est aujourd'hui bien ancrée dans la doctrine de la Cour suprême du Sénégal qui, sur ce point, a défini une ligne jurisprudentielle claire, fondée sur la prééminence des règles communautaires.

C'est dans ce sens qu'il faut comprendre l'argumentaire pertinent développé dans une affaire où elle a écarté l'application de l'article 2 du code des marchés publics au motif que cette disposition avait permis l'instauration d'une commission des marchés auprès d'un organisme public dépourvu de la personnalité juridique, en méconnaissance des préconisations d'une directive communautaire de l'Union économique et monétaire ouest africaine (UEMOA) [2].

L'on note à travers cet exemple que la mise en œuvre du principe de primauté offre au juge national l'occasion d'exercer, de son propre chef, un contrôle diffus destiné à vérifier la conformité d'une disposition de droit interne par rapport au droit communautaire. Il importe cependant de préciser que ce pouvoir de contrôle ne peut, sous aucun prétexte, déboucher sur la mise en cause de la validité ou de la légalité d'un acte communautaire.

---

[1] CJCE, 15 juillet 1964, Costa C/Enel.

[2] Cour suprême, arrêt n° 29 du 10 mai 2012, CENTIF c/ Comité de règlement des différends de l'ARMP.

Le juge national est radicalement incompétent pour se prononcer, même à titre incident, sur la légalité d'une règle communautaire. De ce fait, il doit en tout état de cause saisir obligatoirement la juridiction supranationale compétente, lorsqu'il estime qu'il y a un doute sur la validité de la norme concernée.

Le principe de primauté auquel s'est référée la Cour de Justice de l'UEMOA constitue en réalité le fondement de l'effet direct des normes de droit communautaire ainsi qu'à leur applicabilité immédiate.

B. L'effet direct et l'applicabilité immédiate des normes communautaires

L'effet direct confère aux particuliers le pouvoir d'invoquer devant un juge l'application d'une norme communautaire et d'obtenir, au besoin dans le cadre d'un procès, la mise à l'écart de toute disposition interne incompatible avec la norme d'origine supranationale.

Dans un article publié par la société française pour le droit international, le professeur Philippe Manin confirme effectivement que le principe d'effet direct posée dans l'arrêt Simmenthal découle du principe de primauté posé dans l'arrêt Costa et affirme qu'il a fini par être admis par toutes les juridictions des États membres, y compris lorsqu'il y a contradiction entre le droit communautaire et une loi de l'État postérieure à la disposition en cause [1].

Quant à l'applicabilité immédiate, elle se rapporte au procédé d'intégration du droit communautaire dans l'ordre juridique interne.

En effet, la particularité du schéma communautaire réside dans le fait que les normes sécrétées par l'organisation supranationale n'ont pas besoin de procédure de réception en droit interne. Elles pénètrent directement dans le corpus juridique des États membres et deviennent automatiquement du droit positif.

Mais peut-on considérer que tous les actes communautaires sont d'application immédiate et bénéficient de ce fait de l'effet direct ?

À la lecture du Traité constitutif de l'UEMOA, il apparaît que l'applicabilité immédiate n'est expressément prévue que pour les règlements communautaires.

L'article 43 du texte précité dispose, en effet, que « les règlements ont une portée générale. Ils sont obligatoires dans tous les éléments et

[1] Philippe MANIN, « L'influence du droit international sur la jurisprudence communautaire », in *Droit international et droit communautaire. Perspectives actuelles*, Société Française pour le Droit international (SFDI), Colloque de Bordeaux, Paris, A. Pedone, 2000, p. 163.

sont directement applicables dans tout État membre ». Dès lors, on peut en toute logique, s'interroger sur le régime applicable aux actes communautaires autres que les règlements. Faut-il déduire de ces énonciations que lesdits actes ne sont pas immédiatement applicables et ne bénéficient donc pas, par conséquent, de l'effet direct qui fonde leur invocabilité devant le juge national.

À notre connaissance, le juge communautaire ouest-africain n'a pas encore eu l'occasion de se prononcer sur cette question. Toutefois, la position dégagée sur ce point par son homologue européen nous semble intéressante.

En effet, la CJCE est d'avis que « ...si en vertu des dispositions de l'article 189, les règlements sont directement applicables et par conséquent par leur nature susceptibles de produire des effets directs, il n'en résulte pas que d'autres catégories d'actes ne peuvent jamais produire des effets analogues ;

qu'il convient donc d'examiner dans chaque cas si la nature, l'économie et les termes de la disposition en cause sont susceptibles de produire des effets directs dans les relations entre le destinataire de l'acte et des tiers ;

(...) que l'obligation en cause est inconditionnelle et suffisamment nette et précise pour être susceptible de produire des effets directs dans les relations entre les États membres et leurs justiciables » [1].

On note à travers la doctrine exprimée par la cour une réelle volonté de sublimer la notion d'effet utile du droit communautaire.

Il semble que la cour a usé de son pouvoir d'interprétation du traité pour étendre le champ d'application de l'effet utile à tout acte communautaire qui remplirait les critères qu'elle a dégagés dans cet attendu.

En se fondant sur cette jurisprudence, on remarque que le juge communautaire considère que l'effet direct ne saurait être attaché uniquement au règlement et que par conséquent les particuliers pourront se prévaloir de tout acte communautaire devant un juge national à condition que la disposition en cause soit suffisamment nette et précise pour produire effet.

1. Les dispositions des traités constitutifs

La Cour permanente de justice internationale, saisie d'une demande d'avis consultatif sur la compétence des tribunaux de Dantzig à l'égard des réclamations pécuniaires des fonctionnaires passés au service de la Pologne, avait à l'occasion de l'examen de cette affaire, exprimé une

[1] CJCE 6 octobre 1970, Franz Grad, *Recueil jurisprudence* 1970, p. 00825.

opinion qui constitue jusqu'à nos jours une référence de base pour toute réflexion portée sur la question de l'effet direct des traités.

La Cour a relevé au soutien de son argumentation que, selon un principe de droit international bien établi, « un accord international, ne peut comme tel, créer directement des droits et des obligations pour des particuliers ».

Elle a toutefois ajouté qu'à titre exceptionnel, « on ne saurait contester que l'objet même d'un accord international, dans l'intention des parties contractantes, puisse être l'adoption par les parties, de règles déterminées, créant des droits et obligations pour des individus, et susceptibles d'être appliqués par des tribunaux nationaux » [1].

Par ce considérant, devenu célèbre en droit international, la CPJI a admis que par dérogation à la pratique bien établie, les parties contractantes peuvent valablement décider que le traité conclu entre elles produira effet envers des particuliers.

Notre propos n'est pas d'affirmer que l'effet direct reconnu aux traités constitutifs des organisations communautaires découle de cette exception.

En réalité, la CJCE qui a toujours joué un rôle précurseur dans la construction communautaire a très vite pris l'option de tracer une ligne de démarcation qui a eu pour effet de marquer une nette différence entre les traités constitutifs des organisations d'intégration et les traités classiques régis par le droit international.

Ainsi, par l'arrêt Van Gend en Loos, la Cour, à travers une démarche audacieuse, a consacré le droit pour tout particulier de se prévaloir directement, devant une juridiction nationale, des droits qu'il tient d'un traité constitutif d'une organisation d'intégration.

Elle énonce, en effet, que la communauté économique européenne constitue un nouvel ordre juridique de droit international, au profit duquel les États ont limité, bien que dans des domaines restreints, leurs droits souverains et dont les sujets sont non seulement les États membres, mais également leurs ressortissants.

Le droit communautaire, indépendant de la législation des États, de même qu'il a créé des charges dans le chef des particuliers, est destiné à engendrer des droits qui entrent dans leur patrimoine juridique [2].

L'autonomie du droit communautaire, ainsi proclamée, trouve son fondement, comme l'explique la cour, dans la spécificité de l'ordre juridique communautaire.

---

[1] CPJI, avis n° 15 du 3 mars 1928, sur la compétence des tribunaux de Dantzig, *Recueil*, série B, 1928, p. 17.

[2] Cet arrêt marque un tournant décisif dans l'évolution du processus d'intégration juridique en ce qu'il a eu le mérite d'affirmer la particularité du droit communautaire par rapport au droit international.

Au demeurant, il convient de préciser que la cour n'a pas entendu dire que compte tenu de la spécificité des traités de base, l'effet direct s'attache à toutes les dispositions qu'ils comportent. Il a fallu effectivement faire la part des choses par la détermination d'un certain nombre de critères permettant d'identifier les dispositions susceptibles d'être invoquées par les particuliers devant le juge national. De façon générale, la jurisprudence retient que pour être invocable, en vertu de la théorie de l'effet direct, les dispositions des traités constitutifs doivent « être suffisamment précises et inconditionnelles ».

Dans une affaire jugée en 2004, la Cour de Justice de la CEDEAO a, de notre point de vue, manqué une belle occasion d'exprimer une position de principe sur l'effet direct attaché à certaines dispositions du traité constitutif de l'organisation sous-régionale.

Il résulte des énonciations de l'arrêt rendu dans cette affaire que le sieur Afolabi Olajidé [1], opérateur économique nigérian, était en relation commerciale avec des partenaires béninois auprès desquels il avait passé une commande de marchandises.

À la date de livraison convenue, il s'est présenté à la frontière entre les deux pays pour procéder à la réception et a trouvé celle-ci fermée sur décision des autorités nigérianes.

Estimant que son droit à la liberté de circulation a été violé, le sieur Olajidé saisit la Cour de Justice de la communauté d'une action en réparation dirigée contre le Nigeria, son État d'origine.

L'intérêt de la procédure initiée découle de ce que le requérant avait fondé sa réclamation sur la violation d'une disposition du traité de base de l'organisation communautaire qui garantit la liberté de circulation dans l'espace CEDEAO.

L'action a, malheureusement, été déclarée irrecevable, la cour ayant estimé que, conformément aux dispositions en vigueur à l'époque, seuls les États membres pouvaient ester en justice au nom de leurs ressortissants et que le sieur Afolabi, personne physique, n'avait pas qualité à agir.

Il faut dire qu'avant la réforme de 2005, sur laquelle nous reviendrons, les citoyens de la communauté ne pouvaient agir devant la Cour de Justice que par l'organe de leur État d'origine. Cette pratique inspirée de la procédure applicable devant les juridictions internationales trouve son fondement dans la mise en œuvre du devoir de protection diplomatique des États vis-à-vis de leurs ressortissants.

Malheureusement dans l'affaire Afolabi, le requérant ne pouvait pas bénéficier de cette protection puisque l'action était dirigée contre son propre État.

[1] Cour de Justice CEDEAO, 27 avril 2004, Afolabi Olajidé, inédit.

À l'analyse, la décision d'irrecevabilité prononcée par la cour n'est pas sérieusement critiquable puisqu'elle est justifiée au regard des lois de procédure en vigueur à l'époque.

Nous regrettons simplement que la cour ait pu manquer de mettre en avant la nécessité de faire prévaloir l'effet utile du droit communautaire en faisant remarquer au requérant qu'il disposait de la possibilité de se prévaloir des dispositions du traité devant une juridiction nationale.

Cette démarche pédagogique aurait certainement permis au plaideur de mieux se pourvoir devant le juge national compétent en la matière.

Dans une autre affaire jugée en 2011 [1], des requérants de nationalité togolaise se sont prévalus du protocole CEDEAO sur la démocratie et la bonne gouvernance, entre autres instruments juridiques internationaux, pour obtenir leur rétablissement dans les fonctions de députés à l'Assemblée nationale.

Ils ont soutenu avoir été injustement déclarés déchus de leurs mandats par la Cour constitutionnelle qui s'est fondée sur des lettres de démission qu'ils ont déclaré n'avoir jamais signées.

Selon eux, la Cour constitutionnelle, en déclarant valable la notification des actes de démission qui leur sont attribués, alors qu'elle savait que leur transmission a été faite par un tiers en conflit ouvert avec eux au sein de l'UFC (leur formation politique) et qu'ils avaient contesté publiquement ces lettres, a contrevenu aux dispositions des articles 32 et 33 de son règlement intérieur, et a violé le principe de la valorisation et du renforcement des parlements prévu par les articles 1er et 33 du Protocole A/SP1/12/01 sur la démocratie et la bonne gouvernance.

Le Togo a, pour sa part, conclu à l'incompétence de la cour à connaître d'un recours dirigé contre une décision d'une juridiction interne d'un État membre.

Il a invoqué à l'appui de son argumentaire l'article 106 de sa propre constitution qui énonce que « les décisions de la Cour constitutionnelle ne sont pas susceptibles de recours. Elles s'imposent aux pouvoirs publics et à toutes les autorités civiles, militaires et juridictionnelles ».

L'exception ainsi soulevée sera rejetée par la cour qui considère que, conformément à sa jurisprudence, « la simple référence aux instruments internationaux qui constituent l'essentiel de l'ordre juridique communautaire en matière de droits de l'homme, induit sa compétence formelle ... ».

Statuant, sur le recours au fond, elle a relevé que les requérants ont été déchus de leurs mandats sans qu'ils aient été entendus par le Conseil constitutionnel. Elle a considéré que par ce manquement, l'État togolais a

---

[1] Cour de Justice de la CEDEAO, arrêt n° ECW/CCJ/APP/12/10 du 7 octobre 2011, Ameganvi Manavi Isabelle et autres c/ L'État du Togo.

violé les droits garantis respectivement par les articles 10,7 et 1/h de la Déclaration universelle des droits de l'homme, de la Charte africaine des droits de l'homme et des peuples et du Protocole additionnel sur la démocratie et la bonne gouvernance.

La cour a alloué, à titre de réparation, la somme de trois millions de francs CFA à chacun des requérants.

L'intérêt de cette décision peut être apprécié à deux niveaux.

D'abord, la cour reconnaît le droit pour tout ressortissant d'un État de se prévaloir directement d'un droit conféré par un Protocole additionnel qui constitue une disposition complémentaire au traité de base de l'organisation.

Ensuite, elle a montré, par la nature même de la condamnation prononcée, qu'il ne s'est pas agi de recevoir un recours exercé contre une décision rendue par une juridiction interne, mais plutôt de s'assurer que ladite juridiction a effectivement respecté les garanties procédurales reconnues aux citoyens par les instruments de protection des droits de l'homme [1].

Au total, on peut retenir concernant les traités, que les dispositions clés garantissant l'effectivité de l'intégration juridique ou économique bénéficient de l'effet direct.

On peut à cet égard citer, à titre d'exemple, l'article 91 du traité UEMOA qui énonce que « sous réserve des limitations justifiées par des motifs d'ordre économique, de sécurité publique et de santé publique, les ressortissants d'un État membre bénéficient sur l'ensemble du territoire de l'Union de la liberté de circulation et de résidence qui implique :
- l'abolition entre les ressortissants des États membres de toute discrimination fondée sur la nationalité, en ce qui concerne la recherche et l'exercice d'un emploi, à l'exception des emplois dans la fonction publique ;
- le droit de se déplacer et de séjourner sur le territoire de l'ensemble des États membres ;
- le droit de continuer à résider dans un État membre après y avoir exercé un emploi ».

Il apparaît évident que les droits conférés par le traité à travers cette disposition sont suffisamment précis et autonomes pour que les citoyens puissent s'en prévaloir directement devant les juridictions nationales.

---

[1] Stéphane BOLLÉ, maître de conférences en droit public, qui a publié un commentaire sous cet arrêt dans son blog dédié à la Constitution en Afrique relève qu' « en constatant notamment que les députés n'avaient jamais régulièrement exprimé leur volonté de démissionner, le juge communautaire s'interdit de lui enjoindre de se déjuger », il en déduit que « cette autolimitation, soutenable juridiquement, donne à penser que la chose constitutionnelle est et reste nationale ».

2. Les directives

Les orientations stratégiques des organes d'intégration ainsi que les critères de convergence sont le plus souvent déclinés sous forme de directives.

La directive fait partie des actes communautaires les plus usités. Elle présente la particularité de lier les États membres seulement quant aux résultats à atteindre.

En principe, la directive ne produit pas immédiatement effet dans les États membres. Son applicabilité est suspendue à sa transposition dans l'ordre interne.

Théoriquement, avant que la transposition ait lieu, la directive ne produit pas effet, sauf à l'égard de ses destinataires, à savoir les États membres.

Il en découle que les citoyens ne peuvent pas, en principe, se prévaloir d'une directive non encore transposée.

L'application de cette règle n'est toutefois pas absolue. En effet, la jurisprudence a relevé de nombreuses exceptions qui ont eu pour conséquence, sous certaines conditions, de conférer l'effet direct à la directive.

L'arrêt Van Duyn rendu par la CJCE en 1974 constitue sans doute un repère important dans la dynamique de soumettre, sous certaines conditions, les directives au régime juridique applicable aux règlements en ce qui concerne leur « invocabilité » par les particuliers devant les juridictions nationales [1]. En effet, c'est à partir de cette affaire que le juge communautaire a admis qu'un justiciable peut invoquer directement les dispositions d'une directive non transposée, à condition qu'elles soient précises et non conditionnelles.

Seulement cette possibilité ne vaut que dans les relations entre l'État destinataire et les particuliers [2]. Il s'ensuit que lesdits actes ne pourront,

---

[1] La Cour avait relevé au soutien de son argumentation qu'il « …serait incompatible avec l'effet contraignant que l'article 19 reconnaît à la directive d'exclure en principe que l'obligation qu'elle impose puisse être invoquée par des personnes concernées, particulièrement, dans le cas où les autorités communautaires aurait, par directive, obligé les États membres à adopter un comportement déterminé, l'effet utile d'un tel acte se trouverait affaibli si les justiciables étaient empêchés de la prendre en considération en tant qu'élément du droit communautaire » pour en déduire qu' « il convient d'examiner dans chaque cas, si la nature, l'économie et les termes de la disposition en cause sont susceptibles de produire des effets directs dans les relations entre les États membres et les particuliers ».

[2] « Le caractère contraignant d'une directive sur laquelle est fondée la possibilité d'invoquer celle-ci devant une juridiction nationale n'existe qu'à l'égard de tout

au cours d'une instance, servir de fondement à une demande dirigée contre un particulier.

Il faut noter que pendant le délai de transposition, les États membres sont soumis à l'obligation de créer ou maintenir les conditions d'une bonne transposition de la directive.

Ainsi, le juge communautaire s'est fondé sur l'obligation de coopération loyale qui pèse sur les États membres pour retenir que pendant le délai de transposition, les États doivent s'abstenir de prendre toute mesure susceptible de compromettre sérieusement l'atteinte du résultat prescrit par la directive.

Cette obligation qui, en réalité, découle du traité, produit directement effet dans l'ordre interne. De ce fait, rien ne s'oppose, a priori, à ce qu'un particulier justifiant d'un intérêt à agir puisse s'en prévaloir.

Le Conseil d'État français a d'ailleurs fait application de cette théorie dans son arrêt France Nature Environnement rendu en 2010 [1]. Le juge administratif rappelle dans cette affaire qu' « en vertu de l'article 192, deuxième alinéa, du Traité instituant la communauté européenne de l'énergie atomique, les États membres s'abstiennent de toutes mesures susceptibles de mettre en péril la réalisation des buts du présent traité ;

qu'en vertu de l'article 161 du même traité, les directives du Conseil de l'Union européenne lient les États membres quant au résultat à atteindre, tout en laissant aux instances nationales la compétence quant à la forme et aux moyens ;

que si, pour atteindre ce résultat à l'issue du délai qui leur est imparti dans la directive, les autorités nationales restent seules compétentes pour décider de la forme à donner à l'exécution de ces directives et fixer elles-mêmes, sous le contrôle des juridictions nationales, les moyens propres à leur faire produire leurs effets en droit interne, elles ne peuvent légalement prendre, ainsi que l'a précisé la Cour de Justice des communautés européenne, pendant le délai imparti par la directive, des mesures de nature à compromettre sérieusement la réalisation du résultat prescrit par la directive ».

La mise en œuvre de cette théorie, par le juge national, peut constituer un mécanisme efficace de contrôle des conditions de transposition des directives.

État membre destinataire. Il s'ensuit qu'une directive ne peut pas par elle-même créer d'obligations dans le chef d'un particulier et qu'une disposition d'une directive ne peut donc pas être invoquée en tant que telle à l'encontre d'une telle personne », CJCE, 26 février 1986, Marshal 152/84, *Recueil* 1989, p. 00723.

[1] Conseil d'État, 10 janvier 2001, France Nature Environnement.

Le fondement juridique de la théorie, élaborée par le juge communautaire, se retrouve dans le système UEMOA à travers l'article 7 du traité constitutif de l'organisation [1].

Cette disposition énonce clairement que les États membres apportent leur concours à la réalisation des objectifs de l'Union en adoptant toutes mesures générales ou particulières propres à assurer l'exécution des obligations découlant du traité.

Paragraphe 2. La définition des critères de répartition des compétences entre organes communautaires et États membres

La répartition des compétences entre les organisations d'intégration et les États membres n'est pas toujours clairement opérée à travers les traités constitutifs.

C'est pourquoi les cours de justice ont tenté à travers leurs avis consultatifs de dégager des critères de répartition en vue d'éviter des conflits de compétences préjudiciables à l'équilibre fonctionnel des organisations communautaires. Cependant, les critères proposés ne sont pas toujours exempts de reproches.

A. Le contenu des critères de répartition proposés

Le schéma d'intégration, en vigueur au niveau des organisations sous-régionales ouest-africaines, repose sur un abandon de souveraineté des États membres en faveur d'un organisme communautaire, chargé de mettre en œuvre des politiques sectorielles communes en vue d'atteindre un objectif commun de développement.

Toutefois, cette mutation n'entraîne pas toujours un dessaisissement des États membres qui, sous certaines conditions, continuent à agir dans les domaines de compétences transférés, concurremment avec les organes communautaires.

Il est évident que l'équilibre des organisations sous-régionales est largement tributaire d'un aménagement correct de différents pôles de compétences répartis entre les États membres et la Communauté.

Mais, on constate malheureusement que la réalisation de cette exigence d'harmonisation se heurte à l'absence de ligne de démarcation

---

[1] Article 7 Traité UEMOA « Les États membres apportent leur concours à la réalisation des objectifs de l'Union en adoptant toutes mesures générales ou particulières, propres à assurer l'exécution des obligations découlant du présent Traité. À cet effet, ils s'abstiennent de toutes mesures susceptibles de faire obstacle à l'application du présent Traité et des actes pris pour son application ».

établie par les traités constitutifs, entre les champs de compétences étatiques et communautaires.

En fait, le législateur communautaire n'a pas procédé à une distribution limpide des compétences à l'image de celle réalisée, en droit interne, entre l'État et les collectivités décentralisées.

Cette insuffisance a d'ailleurs été relevée par la Cour de Justice de l'UEMOA qui, dans son avis consultatif du 27 juin 2000, énonce que « les dispositions du Traité ne sont pas très explicites en matière de répartition des compétences entre l'Union et les États qui ont entendu transférer partie de leurs droits souverains au profit de la Communauté » [1].

L'imprécision des traités constitutifs relativement à la répartition des compétences n'est pas spécifique aux organisations communautaires ouest-africaines.

Armel Pècheul y fait référence dans son ouvrage consacré au droit des communautés européennes. Il affirme à ce propos que « la difficulté pour qui veut chercher l'étendue des compétences spécifiques des communautés est qu'il n'existe pas de titre ou de chapitre spécialement consacré à cette question dans les traités communautaires… » et en déduit « qu'il n'existe pas de définition claire et unique de la répartition des compétences entre la communauté et les États membres » [2].

Il va sans dire que ce contexte favorable aux conflits de compétences est susceptible de porter atteinte à l'unité de l'ordre juridique sous-régional.

Aussi, l'intervention de l'organe judiciaire de la communauté apparaît-elle nécessaire pour la sauvegarde de la stabilité du système.

Dans le cadre de l'UEMOA, des divergences de vue sont très tôt apparues sur des questions relatives à la délimitation des compétences, au moment du démarrage des activités de l'organisation. Mais fort heureusement, l'intervention de la Cour de Justice a permis de dissiper les nombreux malentendus qui auraient pu plomber le démarrage du processus de construction communautaire.

Ce faisant, la cour a tenté, par ses avis consultatifs, de dégager un certain nombre de critères pouvant permettre de s'accorder sur une répartition objective des compétences entre les États membres et les organes communautaires.

À ce titre l'avis rendu sur la question de la répartition des compétences entre les États membres et la communauté en matière de concurrence, nous semble assez édifiante et mérite, de ce fait, d'être évoqué.

---

[1] Cour de Justice de l'UEMOA, avis n° 3 du 27 juin 2000 relatif à l'interprétation des articles 88, 89 et 90 du traité, *Textes fondamentaux et jurisprudence de la Cour*, éditions GIRAF, Collection DTE, 2003, p. 156.

[2] Armel PECHEUL, *Droit communautaire général*, Paris, éditions Ellipses.

À l'occasion des travaux préparatoires consacrés au projet de législation communautaire en matière de concurrence, les experts des États membres et ceux de la Commission ne se sont pas entendus sur l'interprétation des dispositions du traité en ce qui concerne la coexistence des législations nationales et de la législation communautaire en matière de concurrence.

La Commission avait considéré, sur ce point, qu'aux termes des articles 88, 89 et 90 du traité, l'Union dispose d'une compétence exclusive pour légiférer dans les trois domaines couverts par le traité à savoir les ententes, les abus de position dominante et les aides d'État.

Elle estimait que les législations nationales ne pouvaient porter que sur les autres domaines de la concurrence non couverts par le traité, comme c'est le cas pour la concurrence déloyale.

Les experts des États membres soutenaient par contre que la législation communautaire doit coexister avec les législations nationales pourvu seulement que les dispositions de ces dernières soient conformes au droit supranational.

Saisie à titre consultatif, la cour a tenu, dans sa réponse, à rappeler que les organisations communautaires sont dotées d'une compétence d'attribution et qu'à ce titre elles ne sont habilitées à agir que dans les matières limitativement énumérées par le traité.

Poursuivant son argumentaire, elle a affirmé que « ces compétences d'attribution peuvent coexister avec des compétences portant sur le même objet ».

Il s'agit là du domaine des compétences concurrentes pour lesquelles les États membres continuent à « garder la main » tant que l'autorité communautaire n'est pas intervenue pour légiférer en ces matières.

Dans cette affaire, le juge UEMOA, adoptant la même prudence que son homologue européen [1], s'est contenté d'énoncer la notion de compétence concurrente tout en se gardant de la systématiser dans une définition intégrant des critères clairement identifiés.

Cette attitude traduit toute la difficulté qu'il y a à cerner avec précision la problématique de la coexistence des compétences concurrentes dans les organisations d'intégration.

La cour a, par contre, fourni des indications précises sur les critères de la compétence exclusive de l'Union. Elle a, en effet, énoncé que « l'exclusivité qui s'impose en faveur de la communauté se déduit des dispositions du traité lorsque celles-ci instituent un régime juridique propre

[1] Laurence BURGOGUE-LARSEN, « À propos de la notion de compétence partagée : du particularisme de l'analyse en droit communautaire », *Revue générale de droit international public*, Paris, A. Pedone, 2006, p. 373-390.

à la compétence attribuée, déterminent les actes juridiques utilisables à cette fin, organisent les mécanismes de l'exercice de la compétence qu'elles délimitent en définissant la matière sur laquelle elles portent et désignent les organes chargés de leur mise en œuvre ».

Estimant que ces critères sont réunis, à travers les dispositions des articles 89 et 90 du traité, la cour a conclu à la compétence exclusive de l'Union et a déclaré « qu'en conséquence, les États membres ne peuvent exercer une partie de la compétence en ce domaine de la concurrence ».

Cet avis consultatif a été critiqué par les professeurs Joseph Issa Sayegh et Michel Filiga Sawadogo qui considèrent que « la Cour de Justice n'a pas émis un avis pertinent » [1].

Ils estiment en effet que la motivation est maladroite en ce sens qu'elle se fonde exclusivement sur les articles 88, 89 et 90 du traité, et plus particulièrement sur l'article 88, pour justifier la compétence exclusive de l'Union [2].

Après analyse, ils sont parvenus à la conclusion que les dispositions visées par la cour ne permettent pas d'asseoir la compétence exclusive de l'Union en matière de concurrence.

Mais leur tentative de trouver un fondement juridique plus approprié à travers les articles 43 et 76 du Traité s'est avérée insatisfaisante puisque, comme ils l'ont eux-mêmes reconnu suite à une démonstration rigoureuse, aucune de ces dispositions ne permet d'apporter une justification irréfutable en faveur de la compétence exclusive de l'Union.

Il est à craindre que toute tentative dans ce sens n'apparaisse comme une gageure pour la raison bien simple que le Traité de l'UEMOA ne contient aucune disposition expresse permettant d'indiquer avec précision les matières dans lesquelles l'Union a une compétence exclusive et celles dans lesquelles cette compétence est partagée avec les États membres.

La juridiction sous-régionale de l'UEMOA n'a pas manqué l'occasion de préciser davantage l'énoncé de ces critères.

En effet, invitée à se prononcer sur l'étendue de la compétence de l'Union, dans le domaine des négociations et de la conclusion d'accords de promotion et de protection de l'investissement avec les pays tiers, la

---

[1] Cour de Justice de l'UEMOA, avis n° 3/2000 du 27 juin 2000, observations des professeurs Joseph Issa Sayegh et Michel Filiga Sawadogo, Ohadata-02-32.

[192] Pour ces auteurs, la démarche de la cour est erronée car « l'article 88 contient une règle de droit substantielle posant une interdiction des ententes, des abus de position dominante et des aides publiques ; l'article 89 détermine dans ces domaines, en faveur du Conseil des ministres une compétence normative qui n'est pas exclusive ; l'article 90 institue, en faveur de la Commission, un pouvoir d'application de la législation prévue par l'article 90 ».

Cour de Justice a rendu un avis élaboré autour de deux axes majeurs pouvant permettre de fixer les champs de compétences respectifs de l'Union et des États membres.

La saisine portait sur l'interprétation de l'article 84 du traité aux termes duquel l'Union conclut des accords internationaux dans le cadre de la politique commerciale commune [1].

La Commission s'appuyait sur l'avis consultatif n° 02/2000 [2] rendu par la Cour de Justice pour retenir que la mise en œuvre de cette disposition implique que les États membres ne sont plus habilités à conclure individuellement des accords commerciaux avec des États tiers et que les conventions de ce type conclues depuis le 1er janvier 2000, date d'entrée en vigueur de l'union douanière, sont, par conséquent, suspendues de plein droit et devraient être renégociées dans un cadre multilatéral.

Elle relève, toutefois, qu'aucune disposition du traité ne mentionne expressément que l'Union dispose de la même compétence exclusive en ce qui concerne la conclusion d'accords en matière de promotion et de protection des investissements.

La question suivante a été posée à la cour, compte tenu des liens indissociables qui existent entre les échanges commerciaux et la promotion des investissements, les dispositions de l'article 84, reconnaissant la compétence externe exclusive de l'Union en matière commerciale, sont-elles applicables en matière d'investissement ?

En réponse à cette interpellation, le juge communautaire a rappelé que pour mener à bien ses missions, l'Union est dotée de compétences générales et de compétences spécifiques.

Il a indiqué que les compétences générales sont localisées dans les secteurs qui touchent à l'harmonisation des législations nationales, les politiques communes et les politiques sectorielles visées par le Protocole additionnel n° II. Pour la cour, l'Union bénéficie en ces matières d'un transfert de compétences, mais précise que celles-ci sont partagées avec les États membres.

---

[1] L'article 84 du traité énonce que « l'Union conclut des accords internationaux dans le cadre de la politique commerciale commune selon les modalités suivantes :
- la Commission présente des recommandations au Conseil qui l'autorise à la majorité des deux tiers (2/3) de ses membres, à ouvrir les négociations nécessaires ;
- la Commission conduit ces négociations en consultation avec un comité désigné par le Conseil et dans le cadre des directives élaborées par celui-ci.

Les accords mentionnés à l'alinéa premier sont conclus par le Conseil à la majorité des deux tiers (2/3) de ses membres.

[2] Cour de Justice de l'UEMOA, avis n° 002/2000 du 2 février 2000 relatif à l'interprétation de l'article 84 du Traité, *Textes fondamentaux et jurisprudence de la Cour*, Éditions GIRAF, Collection DTE 2003, p. 151.

Elle explique, s'agissant de la compétence spécifique, qu'elle correspond à celle qui s'applique dans les matières où l'Union bénéficie d'un transfert de souveraineté lui permettant d'agir seul, à l'exclusion des États membres.

C'est le cas « en matière de politique monétaire, en matière de politique économique sur le marché commun, en matière de politique de concurrence et également sur les politiques sectorielles communes définies par la Conférence des chefs d'État et de gouvernement, en vertu de l'article 24 du Protocole additionnel n° II ».

Le juge communautaire a retenu, aux termes de son argumentation, qu'aucune disposition du traité ne confère à l'Union des pouvoirs pour conduire des négociations en matière d'investissement et que, dès lors, on ne peut lui reconnaître une compétence exclusive de négocier et de conclure des accords de promotion et de protection des investissements au même titre que pour les accords commerciaux de l'article 84 du traité.

Il a toutefois ajouté un élément de réponse supplémentaire qui, de notre point de vue, a quelque peu brouillé la précision de l'avis consultatif.

En effet, après avoir reconnu qu'au sens du traité, aucune compétence n'est conférée à l'Union en matière d'investissement, la cour a affirmé qu' « en attendant que ces compétences lui soient confiées par l'organe compétent, l'Union devra concéder un partage de compétences. Pour cela elle devra définir les domaines dans lesquels les États membres doivent pouvoir négocier individuellement et ceux pour lesquels la compétence revient à l'Union ».

Cette prise de position est étonnante car on se demande comment l'Union peut, valablement, concéder un partage de compétence dans une matière où aucun pouvoir d'action ne lui a été attribué par le Traité constitutif de l'organisation communautaire.

Cette question renvoie à la problématique de l'imprécision des critères de répartition des compétences qui, le plus souvent, découle d'une propension à étendre, par application des pouvoirs implicites, les compétences de l'organisation communautaire au détriment de celles des États membres.

B. L'évaluation des critères de répartition proposés

L'examen des différents avis rendus, révèle une certaine propension de la cour à étendre les compétences de l'Union en rognant celles des États.

La Cour de Justice de l'UEMOA revendique clairement cette option lorsqu'elle relève dans un avis consultatif qu' « il est évident qu'il faut pour la consolidation de l'intégration économique et la réalisation progressive d'un marché ouvert et concurrentiel dans la sous-région, accroître le rôle de l'Union et amenuiser celui des États membres » [1].

Cette pratique, devenue une réalité bien ancrée dans la jurisprudence des cours de justice communautaires, trouve son fondement dans l'application de la théorie dite des compétences implicites.

Les pouvoirs implicites, résultent par définition de l'exercice de compétences qui n'ont pas expressément été prévues par les traités. La théorie empruntée à la jurisprudence internationale [2] consiste à doter les institutions internationales de compétences non expressément attribuées, dès lors que celles-ci se révèlent indispensables à la réalisation des buts fixés par l'acte constitutif de cette institution dans le cadre de ses engagements internationaux.

Par un avis consultatif, rendu en 1977, la CJCE a fourni avec habileté une justification de l'extension des pouvoirs de la communauté qu'elle estime nécessaire à l'atteinte des objectifs communs que les États membres se sont fixés à travers les stipulations des traités constitutifs.

Elle dit pour droit que « la compétence pour prendre des engagements internationaux peut non seulement résulter d'une attribution explicite par le traité, mais également découler de manière implicite de ses dispositions.

Chaque fois que le droit communautaire a établi dans le chef des institutions de la Communauté des compétences sur le plan interne en vue de réaliser un objectif déterminé, la communauté est investie de la compétence pour prendre les engagements internationaux nécessaires à la réalisation de cet objectif même en l'absence d'une disposition expresse à cet égard » [3].

Il va sans dire que tel que présentée, la théorie des compétences implicite peut conduire l'organisation communautaire à repousser les limites de ses compétences d'attribution et se reconnaître le pouvoir d'agir allègrement dans le domaine réservé des États.

D'où la nécessité de mettre en place un mécanisme de régulation qui puisse éviter tout dérapage dans la détermination des compétences respectives de la communauté et des États.

Une redéfinition des limites s'est donc avérée nécessaire pour préserver la cohérence du système et surtout éviter de porter une atteinte quelconque à la souveraineté des États.

---

[1] Cour de Justice de l'UEMOA, avis n° 01/2007 du 19 octobre 2007, *Recueil des textes fondamentaux et de la jurisprudence de la Cour,* p. 606.

[2] Cour suprême des États-Unis, Mac Culloch c/ Maryland, 1819 ; Osborne c/ Bank of the United States.

CIJ, 11 avril 1949, Réparation des dommages subis au service des Nations Unies.

[3] CJCE, 26 avril 1977, avis n° 1/76, *Rec.*, p. 750.

C'est dans cette optique que le principe dit de subsidiarité a été introduit dans le Traité de Maastricht. La prise en compte de ce principe dans la détermination des critères de compétences devra, comme cela est soutenu par le professeur Jean Roux, « freiner l'élan des juges de Luxembourg et les inciter à une rigueur nouvelle, voire à plus de réalisme » [1].

Le professeur Van Raepenbusch abonde dans le même sens lorsqu'il affirme que « le principe de subsidiarité est la rançon de la reconnaissance des compétences communautaires, l'abandon de souveraineté ne pouvant être admis que s'il est établi qu'il est nécessaire à l'action de la communauté telle que prévue et que cette action peut être entreprise en commun de manière plus efficace ou satisfaisante que par les États membres œuvrant séparément » [2].

Cette assertion découle effectivement d'une interprétation de l'article 5 du traité qui énonce désormais que « la communauté agit dans la limite des compétences qui lui sont conférées et des objectifs qui lui sont assignés par le présent traité. Dans les domaines qui ne relèvent pas de sa compétence exclusive, la communauté n'intervient, conformément au principe de subsidiarité, que si et dans la mesure où les objectifs de l'action envisagée ne peuvent être réalisés de manière suffisante par les États membres et peuvent donc, en raison des dimensions ou des effets de l'action envisagée, être mieux réalisés au niveau communautaire… ».

En introduisant ce principe dans la norme fondamentale de l'organisation communautaire, le législateur européen a entendu recentrer les interventions de la communauté dans une sphère d'action strictement limitée à ce qui est nécessaire à la réalisation des objectifs fixés par le Traité.

Il s'est clairement agi de mettre de l'ordre en procédant à une régulation des modalités de répartition des compétences au sein de l'organisation.

Vlad Constantinesco présente la subsidiarité d'une part, comme un principe de légitimation politique et d'autre part, comme un principe opérationnel.

Selon cet auteur, la fonction de légitimation politique découle du fait que le principe de subsidiarité permet de défendre l'idée que les communautés n'ont pas vocation à opérer à leur profit une concentration des pouvoirs qui

---

[1] Jean ROUX, « Le droit des relations extérieures : La dynamique des compétences implicites en question » in *Études en l'Honneur de Jean-Claude Gautron, Les dynamiques du droit européen en début de siècle,* Paris, A. Pedone, 2004, p. 794.

[2] Sean VAN RAEPENBUSCH, *Droit institutionnel de l'Union et des Communautés européennes*, 3ème édition, Bruxelles, De Boeck Université, p. 135.

viderait de leur substance les compétences des États, ceux-ci devant être des unités lourdes de pouvoir dépositaires d'une compétence générale.

Il relie la fonction opérationnelle du principe au fait que l'action de la communauté dans les « zones de compétences partagées » n'est admise que pour autant qu'elle est jugée plus efficace pour résoudre un problème dont la nature ou la dimension appelle une solution commune [1].

Le principe de subsidiarité n'est consacré par aucune disposition du Traité UEMOA, mais son application semble être admise par l'organe judiciaire de l'Union.

En effet, la Cour de Justice de l'UEMOA, consultée sur une question de partage de compétences en matière de promotion des investissements a retenu que les États membres pourront continuer à négocier et conclure individuellement des accords dans ce domaine « tout en respectant le cadre communautaire et en s'inspirant du principe de subsidiarité qui existe en droit communautaire européen à l'article 5 du Traité de Maastricht… ».

Il est manifeste à travers ce renvoi que le juge UEMOA a entendu asseoir un critère de répartition permettant de réguler la coexistence entre les compétences nationales et communautaires.

Il est vrai que le principe de subsidiarité n'est pas encore inscrit au Traité, mais cela ne doit pas constituer un obstacle à son application par le juge communautaire, chargé de veiller à l'équilibre du système juridique largement tributaire d'une correcte répartition des compétences entre l'organisation et les États membres.

Le juge doit, normalement, être en mesure, même en cas d'absence ou d'obscurité d'un texte, d'user de son pouvoir d'interprétation pour affirmer tout principe qu'il juge utile à l'effectivité et à l'unité de l'ordre juridique sous-régional.

C'est par une cette démarche audacieuse que la CJCE s'est érigée en fer de lance de l'intégration européenne et a pu dégager les principes de base, tels que la primauté et l'effet direct, qui continuent à servir de piliers à l'organisation communautaire.

Sous ce rapport, on pouvait raisonnablement attendre du juge UEMOA qu'il fît œuvre créatrice en opérant une consécration jurisprudentielle du principe de subsidiarité qu'il pouvait déduire de l'interprétation du traité.

De notre point de vue, il n'y avait pas lieu de faire un renvoi à une disposition expresse du Traité de Maastricht alors qu'une interprétation

---

[1] Vlad CONSTANTINESCO, « Le principe de subsidiarité : un passage obligé vers l'Union européenne ? », *in L'Europe et le droit, Mélanges en hommage au professeur Jean Boulouis*, Paris, 1991, p. 35-45.

du Traité constitutif de l'UEMOA aurait pu permettre de régler le problème juridique soumis à l'appréciation de la cour.

Section 2. L'apport des cours de justice à l'administration et au fonctionnement des organisations sous-régionales

Dans l'exercice de sa fonction consultative, la Cour de Justice de l'UEMOA s'est progressivement affirmée comme « conseiller juridique » de la Commission.

À ce titre, elle s'est chargée de lui porter assistance d'une part, dans le processus d'élaboration des projets actes communautaires et d'autre part, dans le cadre de l'administration de l'organisation sous-régionale.

Paragraphe 1. L'intervention de la Cour dans la phase d'élaboration des actes communautaires

Aux termes de l'article 15 du règlement de procédure n° 01/96/CM, la Cour peut émettre des avis et recommandations sur tout projet de texte soumis par la Commission.

Cette disposition place la Cour de Justice en amont du processus d'élaboration des actes communautaires. En effet, la Commission chargée de préparer les projets de textes à adopter par le Conseil des ministres, peut la consulter aux fins de recueillir ses avis et observations.

Toutefois, cette procédure est purement facultative et l'initiative d'y recourir n'est soumise à aucune condition de fond ou de forme.

Lorsqu'elle est consultée sur un projet de texte, la cour répond par avis motivé contenant ses observations et recommandations. L'avis consultatif rendu à cet effet ne comporte aucune appréciation sur l'opportunité du projet. L'analyse porte essentiellement sur les aspects juridiques de l'acte dont l'adoption est envisagée.

À l'occasion de cette consultation, la cour vérifie la conformité du projet de texte par rapport au traité et s'il y a lieu, relève les difficultés éventuelles pouvant découler de l'existence d'instruments juridiques similaires au niveau des autres organisations sous-régionales.

Par ce procédé, l'organe judiciaire favorise la mise en œuvre effective des dispositions de l'article 14 du traité qui prescrit à la charge des États membres l'obligation de se concerter afin de prendre toutes mesures destinées à éliminer les incompatibilités ou les doubles emplois entre le droit et les compétences de l'Union d'une part, et les conventions conclues par un ou plusieurs États membres d'autre part, en particulier celles instituant des organisations économiques internationales spécialisées.

L'avis n° 001/2000 rendu le 2 février 2000 [1] illustre parfaitement la fonction de veille juridique exercée à ce niveau par la cour.

Dans cette affaire, elle a attiré l'attention de la Commission sur le fait que certaines dispositions du projet de code communautaire des investissements étaient porteuses de germes d'un conflit de compétence potentiel entre les organes de l'UEMOA et ceux de l'OHADA.

Elle a relevé que « la coexistence dans le texte de lois uniformes de l'OHADA et du droit communautaire de l'UEMOA va poser des problèmes de contrariété de décisions voire de base juridique, s'il ne s'agit de conflits de compétences entre la Cour de Justice de l'UEMOA et celle de l'OHADA ».

Pour mettre en évidence l'acuité du risque, la Cour s'est engagée dans un questionnement qui a eu pour effet de révéler les incohérences contenues dans le projet proposé par la Commission.

Selon ce texte, il était question de régler les litiges nés ou à naître de l'application du code par la voie de l'arbitrage qui, il faut le rappeler, est régi par un acte uniforme de l'OHADA. Partant de ce constat, la problématique de la coexistence avec des normes relevant des différents systèmes sous-régionaux a été posée.

La Cour s'est demandé comment l'organe judiciaire de l'OHADA pourrait statuer en tant que juridiction de cassation dans des cas d'espèce où c'est le droit communautaire qui est en cause sans se référer à la juridiction de l'UEMOA. Or, n'étant pas une juridiction nationale, il ne lui sera pas possible de procéder à un renvoi préjudiciel.

La question s'est également posée de savoir comment la Cour de Justice UEMOA pourrait englober dans le droit dérivé communautaire les actes uniformes de l'OHADA, alors que l'article 14 du Traité de ladite organisation pose le principe de la compétence exclusive de la Cour commune de justice et d'arbitrage (CCJA-OHADA) pour connaître des questions d'application et d'interprétation desdits actes.

Après examen du projet de code communautaire, la cour a, entre autres observations, relevé que « la coexistence dans le texte de lois uniformes OHADA et du droit communautaire de l'UEMOA va poser des problèmes de contrariété de décisions, voire de base juridique, s'il ne s'agit de conflit de compétence entre la Cour de Justice de l'UEMOA et de l'OHADA ... ».

À ce jour, le texte est toujours au stade de projet, mais entretemps, la CEDEAO a entrepris, à son tour, de mettre en place un nouveau code

[1] Cour de Justice de l'UEMOA, avis n° 001/2000 du 2 février 2000, relatif au projet de code communautaire des investissements.

communautaire de l'investissement et ambitionne dans ce domaine d'harmoniser les politiques dans les quinze pays membres [1].

La perspective d'un conflit de compétence se dessine tout de suite si l'on sait que les sept États composant l'UEMOA sont tous membres de la CEDEAO.

La récurrence de situations potentiellement conflictuelles entre les différentes organisations ouest-africaines d'intégration a fait dire à Mamadou Konaté que « le risque de conflit entre les différents systèmes juridiques n'est plus virtuel, il est réel eu égard à l'existence d'un domaine concurrent des divers ordres juridiques, du fait entre autres et notamment de la souplesse voire de l'imprécision avec laquelle la sphère d'intervention de chacune des organisations a été fixée » [2].

La solution au problème posé par la coexistence des organisations sous-régionales d'intégration sera certainement trouvée dans la mise en œuvre des efforts de rationalisation préconisés à différents niveaux.

Selon la Commission économique pour l'Afrique, « la rationalisation doit renforcer l'efficacité des communautés économiques régionales dont le fonctionnement est rendu inefficace en raison du chevauchement des mandats, des objectifs, des protocoles et des fonctions, ce qui donne lieu à une déperdition des efforts et à une utilisation irrationnelle des ressources limitées du continent » [3].

Mais comment y arriver ?

On peut déjà, sans grande hésitation, soutenir que la perspective de fusion des traités UEMOA et CEDEAO est envisageable, comme piste de réflexion. Le professeur Alioune Sall qui a consacré de larges développements à ce sujet, dans son ouvrage consacré aux mutations de l'intégration en Afrique de l'Ouest, soutient que cette perspective est, au fond, la fin ultime de l'entreprise de rationalisation du cadre d'intégration et affirme que les différentes propositions faites à ce sujet ont toujours en vue cette fusion des institutions poursuivant un même but et, à terme, l'instauration d'une seule organisation internationale pour réaliser l'intégration de la sous-région [4].

---

[1] Communiqué de la CEDEAO repris par Ouestaf News du 28 septembre 2010.

[2] Mamadou I. KONATÉ, « L'OHADA et les autres législations communautaires », article publié dans *Jurifis info*, revue d'information juridique du cabinet Jurifis Consult, 6ème numéro, janvier/février 2010.

[3] Rapport sur l'État de l'intégration régionale en Afrique (II) : Rationalisation des communautés économiques régionales, Commission économique pour l'Afrique Addis Abeba, 2006.

[4] Alioune SALL, *Les mutations de l'intégration des États en Afrique de l'Ouest*, *op. cit.*

Mais, force est de constater que la fusion préconisée entre les deux organisations sera difficilement réalisable en raison de l'existence d'obstacles liés à des facteurs historiques et politiques.

Paragraphe 2. La fonction d'assistance juridique à la Commission

L'impératif de respect de la légalité communautaire commande que l'activité de la Commission, en tant qu'organe exécutif de l'Union, soit fondée sur le droit.

Compte tenu de la spécificité de l'ordre juridique sous-régional et de la particularité des normes supranationales, la Commission a besoin d'une expertise juridique avérée pour faire fonctionner l'organisation suivant les règles et principes du droit communautaire.

Au niveau de l'UEMOA, la Cour de Justice a fait preuve, dans le cadre de sa fonction consultative, d'une grande disponibilité pour servir de « conseiller juridique » à la Commission.

Ainsi, elle accepte de répondre aux sollicitations de la Commission, à qui elle fournit, sous formes d'avis, des conseils et recommandations utiles à la correcte exécution de la mission qui lui est assignée.

L'activité de la juridiction sous-régionale est déterminée, à ce niveau, par l'article 15 du règlement n° 1/96/CM [1] aux termes duquel, « lorsqu'elle est saisie par la Commission, le Conseil des ministres, la Conférence des chefs d'État et de gouvernement, ou un État membre, la Cour peut émettre un avis sur toute difficulté rencontrée dans l'application ou l'interprétation des actes relevant du droit communautaire ».

Cette consultation prend souvent la forme d'une assistance juridique sur des questions relevant de la gestion administrative de l'organisation, comme en atteste l'avis n° 001/98 rendu le 10 septembre 1998.

Dans cette affaire, le président de la Commission avait conféré délégation à son directeur de cabinet pour la signature des actes, pièces et documents ainsi énumérés :

- ordres de mission relatifs aux déplacements des fonctionnaires et agents contractuels de la Commission ;
- correspondances à caractère administratif et financier à l'exception de celles adressées aux organes de l'Union et aux membres de la Commission ;
- bons de commande, fiches d'engagement de dépense, ordonnances et mandat de paiement.

[1] Règlement n° 1/96/CM portant règlement des procédures de la Cour de Justice de l'UEMOA.

Estimant avoir enregistré des réactions selon lesquelles son directeur de cabinet ne saurait valablement être délégataire de signature sur certains actes parmi ceux mentionnées dans l'énumération, il entreprit de recueillir l'avis de la Cour afin d'obtenir un éclairage juridique sur la question.

Après avoir analysé la question juridique, sous l'angle du droit administratif, la Cour de Justice aboutit à la conclusion qu'en l'état des textes communautaires aucune disposition ne permettait la mise en place d'une délégation de signature.

Souhaitant obtenir des conseils juridiques encore plus détaillés sur la question, le Président de la Commission initia à nouveau une demande d'avis complémentaire [1].

Il sollicitait l'avis de la Cour relativement au sort réservé aux actes que son directeur de cabinet a eu à prendre sur la base de la délégation de signature faite à son profit. Et, dans la perspective d'une révision ultérieure des textes régissant le fonctionnement et la gestion courants de la Commission, il a souhaité que la Cour veuille bien lui indiquer les précautions juridiques à prendre, selon le droit communautaire de l'UEMOA, pour pouvoir, dans ces domaines, consentir des délégations de pouvoir et de signature, aux membres de la Commission, à des présidents d'organes et à des fonctionnaires et agents de l'Union.

On note à travers les différentes sollicitations de la Commission, le souci constant d'obtenir de la Cour de Justice une assistance juridique dans le cadre de la mise en place des règles procédurales devant régir la gestion administrative de l'organisation communautaire.

La Cour qui pendant longtemps s'est montrée assez coopérative, n'a cependant pas manqué de faire remarquer à la Commission que la fonction judiciaire lui assigne des limites à ne pas franchir dans cette collaboration.

Elle a ainsi, relevé que « les précautions juridiques à prendre dans le cadre de la révision projetée des textes relève de la catégorie des actes préparatoires des projets relatifs à ces textes et partant, des seules compétences et expertise de l'administration de la Commission » et a soutenu, par conséquent, qu'elle « ferait acte d'ingérence en se substituant aux fonctionnaires ou agents qualifiés pour ce faire ». Elle a, quand même, consenti à apporter une réponse à la question juridique posée en précisant qu'en vertu du privilège du préalable, les actes pris sur la base d'une délégation de signature irrégulière, demeurent exécutoires tant qu'ils n'ont pas été annulés.

---

[1] Cour de Justice de l'UEMOA, avis n° 001/1999 du 22 mars 1999 complémentaire à l'avis n° 001/98 rendu le 10 septembre 1998, *Textes fondamentaux et jurisprudence de la Cour*, Éditions GIRAF, Collection DTE 2003, p. 137.

Les cours de justice apportent, par ailleurs, leur assistance aux organes exécutifs dans l'application des actes régissant le fonctionnement de l'organisation supranationale.

L'avis rendu le 20 juin 2003 par le juge communautaire UEMOA en est une parfaite illustration [1].

En effet, la Commission, confrontée à des difficultés d'application des dispositions de l'Acte additionnel n° 09/96 du 10 mai 1996 concernant le renouvellement des mandats des conseillers à la Cour des Comptes de l'Union, s'est référé à la Cour de Justice

À l'issue d'une analyse approfondie des textes applicables, la cour a pu proposer un ordre de renouvellement très objectif car fondé sur un système de rotation permettant à chaque État membre d'être représenté au moins une fois dans la composition de la juridiction des comptes.

La Cour de Justice de la CEDEAO a également eu l'occasion de prononcer un avis similaire concernant le renouvellement des mandats de direction au niveau du GIABA [2].

On note à travers ces exemples que les cours de justice participent à l'identification des critères de répartition des emplois statutaires.

Il s'agit d'une mission essentielle en ce sens que l'équité dans la répartition des emplois est forcément un facteur d'équilibre dans le fonctionnement d'une organisation interétatique.

---

[1] Cour de Justice de l'UEMOA, avis n° 002/2003 du 20 juin 2003 relatif au renouvellement du mandat des conseillers à la Cour des Comptes de l'Union.

[2] Cour de Justice CEDEAO, avis du 16 juin 2008 relatif au renouvellement des mandats du directeur et de la directrice adjoint du GIABA.

Conclusion au Titre II

La coopération qui s'est établie entre d'une part la Cour de Justice de l'UEMOA et d'autre part les organes communautaires et les États membres a révélé un dynamisme encourageant.

L'activité de la Cour en cette matière a permis d'asseoir progressivement le nouvel ordre juridique de l'organisation d'intégration.

En effet, par les différents avis consultatifs rendus, la Cour a largement contribué à la définition de critères de répartition, plus ou moins acceptables, entre les compétences des États membres et celles des organes communautaires.

Elle continue également à apporter son concours dans l'interprétation des normes communautaires, principalement, à la demande des organes de l'Union.

S'agissant de la Cour de Justice de la CEDEAO, des efforts restent à faire en vue de lui permettre de remplir pleinement sa fonction consultative.

Conclusion à la Première partie

L'atteinte de l'objectif d'unification de l'ordre juridique sous-régional a conduit le législateur communautaire à mettre en place des mécanismes de coopération par lesquels le juge communautaire apporte son assistance dans l'interprétation et l'appréciation de légalité des normes communautaires.

Dans le cadre de cette mission, l'organe judiciaire de la communauté ne tranche aucun litige ; son office consiste, sur demande d'un juge national, d'un organe intégré ou d'un État membre, à indiquer le sens et la portée d'une norme communautaire.

Il s'agit donc d'une activité de coopération justifiée par le souci d'asseoir une interprétation uniforme des règles sécrétées par l'organisation d'intégration.

L'analyse de la jurisprudence de la Cour de Justice de l'UEMOA a permis de se rendre compte qu'à travers les avis consultatifs rendus, ladite juridiction a facilité la mise en place des politiques et stratégies sectorielles communes, pour avoir participé à la définition de critères de partage de compétences entre organes communautaire et États membres, ce qui a certainement empêché la survenance de conflits récurrents en la matière.

Partant d'une interprétation des dispositions du traité de base, la Cour a également permis de mettre en exergue la primauté du droit communautaire sur le droit interne des États membres.

Il y a lieu, toutefois de regretter la mise en œuvre insuffisante du mécanisme de coopération institué en faveur du juge national à travers le renvoi préjudiciel en interprétation et appréciation de légalité.

Deuxième partie

La fonction de contrôle

S'il est établi que la cohérence de l'ordre juridique communautaire dépend dans une large mesure de l'unité du droit, il n'en demeure pas moins que sa pérennité est tributaire de la soumission de toutes les composantes au respect de la légalité.

C'est la raison pour laquelle il est apparu nécessaire, au sein des organisations ouest-africaines d'intégration, de mettre en place des organes de contrôle chargés de veiller à l'effectivité de la légalité communautaire.

L'importance de cette fonction n'a, heureusement, pas échappé aux législateurs UEMOA et CEDEAO qui ont pris l'option de mettre en place des cours de justice chargées de contrôler l'effectivité de l'application des normes communautaires.

D'ailleurs le premier Protocole additionnel pris dans le cadre de l'UEMOA a été consacré aux organes de contrôle que sont la Cour de Justice et la Cour des comptes [1].

Ce texte énonce à son article premier que « la Cour de Justice veille au respect du droit quant à l'interprétation et à l'application du Traité de l'Union ». Le Protocole A/P1/7/91 [2] de la CEDEAO abonde dans le même sens à travers son article 9 qui indique que « la Cour assure le respect du droit et des principes d'équité dans l'interprétation et l'application des dispositions du traité ».

La mise en œuvre de cette fonction de veille assignée aux cours de justice amène celles-ci à exercer leur contrôle pour, d'une part, s'assurer que les organes de l'Union fondent leurs différentes actions sur la légalité (titre I) et d'autre part, que les États membres s'acquittent convenablement de leurs obligations communautaires (titre II).

---

[1] Protocole additionnel n° 1 relatif aux organes de contrôle.

[2] Protocole relatif à la Cour de Justice de la CEDEAO.

Titre I

Le contrôle des organes communautaires

Les traités constitutifs de la CEDEAO et de l'UEMOA ont conféré aux organes juridictionnels intégrés des prérogatives de contrôle de l'action des organes et des institutions communautaires.

Il s'agit pour l'essentiel d'un contrôle de légalité qui s'exerce sur les actes pris par les organes communautaires dans le cadre de leur mission (chapitre 1) mais aussi d'un contrôle de responsabilité destiné à assurer la réparation des dommages causés par lesdits organes (chapitre 2).

Chapitre 1

Le contrôle de légalité

Le système communautaire repose sur le principe fondamental du « *Rule of Law* », c'est-à-dire de l'État de droit qui suppose que l'action des organes de l'organisation d'intégration soit, en toute circonstance, fondée sur le respect du traité de base.

Mais l'énoncé de ce seul principe ne suffit pas pour asseoir l'effectivité de la légalité communautaire, il faut en plus que des mécanismes de contrôle juridictionnel puissent être mis à la disposition des justiciables particuliers comme institutionnels, pour leur permettre de poursuivre l'annulation des actes qui seraient contraires au droit originel ou dérivé de l'organisation.

La centralité du principe de légalité dans le système communautaire a été rappelé par le juge européen qui, parlant de la Communauté économique européenne dans son arrêt Les Verts [1], a soutenu qu'elle est « une communauté de droit en ce que ni ses États membres ni ses institutions n'échappent au contrôle de la conformité de leurs actes à la charte constitutionnelle de base qu'est le traité ».

Au regard des dispositions contenues dans les traités de base des organisations ouest-africaines d'intégration, il apparaît que la mission principale dévolue aux juridictions sous-régionales est de veiller au respect de la légalité communautaire. L'exercice de cette prérogative suppose que ces juridictions soient dotées de compétences et d'outils nécessaires pour contrôler la conformité des actes édictés par les organes communautaires par rapport aux règles et principes définis par les traités constitutifs.

Ainsi, le Protocole additionnel sur la Cour de Justice de la CEDEAO a prévu la compétence de ladite juridiction pour tout différend ayant pour objet « l'appréciation de légalité des règlements, des directives, des décisions et de tous autres instruments subsidiaires » [2].

---

[1] CJCE, Parti écologiste Les Verts c/ Parlement européen, affaire n° 294/83, *Rec*. 1986, p. 01339.

[2] Article 9, Protocole additionnel A/SP.1/01/05 portant amendement au protocole relatif à la Cour de Justice de la communauté.

Dans le même sens, l'Acte additionnel UEMOA n° 10/96 a consacré les pouvoirs du juge communautaire dans le cadre de l'appréciation de la légalité des actes édictés par les organes de l'Union [1].

Un contrôle de légalité est prévu par ces dispositions principalement à travers le recours en appréciation de légalité. Il faut cependant faire remarquer qu'un procédé de contrôle par voie d'exception est prévu par l'article 11 du Protocole additionnel UEMOA n° 1 qui dispose que toute partie peut, à l'occasion d'un litige, soulever l'exception d'illégalité à l'encontre d'un acte du Conseil ou de la Commission, nonobstant l'expiration du délai de recevabilité du recours direct.

Cette procédure permet d'exercer le contrôle de légalité même après l'expiration des délais du recours en annulation. Elle est présentée comme une procédure incidente, en ce sens qu'elle n'est utilisable que dans la mesure où elle est jointe à une action principale, mais aussi subsidiaire, dès lors que sa finalité est de pallier l'impossibilité d'introduire un recours en annulation, après l'expiration du délai imparti aux parties pour agir [2].

Section 1. Les conditions d'exercice du contrôle de légalité

Le recours en appréciation de légalité tend à obtenir l'annulation d'un acte jugé contraire au droit communautaire.

Ce type d'action rappelle un peu l'esprit du recours pour excès de pouvoir connu en droit interne comme étant une procédure de contrôle de la légalité des actes des autorités exécutives.

Il s'agit là de la manifestation la plus élaborée du principe de soumission des organes communautaires à la légalité. En effet, l'appréciation de légalité est le recours par lequel les organes judiciaires intégrés exercent leur contrôle pour s'assurer que les actes posés par l'organisation sont conformes au droit.

Le juge Fofana Ouedraogo Ramata, parlant de l'étendue de ce contrôle, affirme que « dans ce cadre, la Cour peut intervenir soit comme une juridiction constitutionnelle, lorsqu'elle est appelée à contrôler la conformité des actes des organes de l'Union au Traité, soit comme une juridiction administrative, lorsqu'elle est amenée à annuler les actes pris par les organes communautaires » [3].

---

[1] Article 9, Acte additionnel n° 10/96 portant statut de la Cour de Justice de l'Union économique et monétaire ouest africaine.

[2] Joël MOLINIER et Jaroslaw LOTARSKI, *Droit du contentieux européen*, 2ème édition, Paris, LGDJ, p. 160.

[3] Ramata FOFANA OUEDRAOGO, « Conflits de juridictions », in *Les actes du colloque international d'évaluation de la jurisprudence* CCJA, *Revue de droit uniforme africain* n° 3, 4ème trimestre 2010, p. 71 et s.

L'examen des conditions d'exercice de cette voie de droit permettra de mettre en exergue son importance et sa portée.

Paragraphe 1. Les conditions liées à la qualité des requérants

Selon l'article 8 du Protocole additionnel n° 1, le recours en annulation doit être formé dans le délai de deux mois à compter de la publication de l'acte, de sa notification au requérant, ou, à défaut du jour où celui-ci en a eu connaissance.

Il y a lieu de faire observer que le protocole relatif à la Cour de Justice de la CEDEAO s'est borné à énoncer la compétence de la juridiction en matière d'appréciation de légalité sans toutefois fixer le délai dans lequel ce recours pourra être exercé.

Nous pensons qu'il s'agit là d'une omission qui sera corrigée très rapidement, parce qu'il est inconcevable, compte tenu des impératifs de sécurité juridique, que les situations nées d'un acte communautaire puissent être remises en cause à tout moment.

Il convient, à ce stade, de se poser la question suivante : qui peut saisir une juridiction communautaire d'un recours en annulation ? Cette interrogation renvoi à la classification des requérants admis à introduire valablement un recours en appréciation de légalité

A. Les requérants privilégiés

Dans le système CEDEAO, la question est réglée par l'article 10 du Protocole additionnel A/SP1/01/05 qui énonce que « peuvent saisir la Cour tout État membre, le Conseil des Ministres et la Commission pour les recours en appréciation de légalité d'une action par rapport aux textes de la communauté », mais aussi « toute personne physique ou morale pour les recours en appréciation de la légalité contre tout acte de la Communauté lui faisant grief ».

Ces dispositions vont dans le même sens que celles de l'article 8 du Protocole additionnel UEMOA n° 1 qui énonce que « sur recours formé par un État membre, par le Conseil ou par la Commission, la Cour de Justice apprécie la légalité des règlements, des directives et décisions », avant d'ajouter que ce recours « est ouvert, en outre, à toute personne physique ou morale, contre tout acte d'un organe de l'Union lui faisant grief ».

Selon le juge Mouhamadou Moctar Mbacké [1], ces dispositions laissent apparaître deux catégories de requérants devant la Cour. Il y a d'une

---

[1] Mouhamadou Moctar MBACKÉ, *La Cour de Justice de l'UEMOA*, Dakar, EDJA, Collection Droit communautaire, 1999, p. 39.

part les requérants privilégiés et d'autre part les requérants non privilégiés.

Les requérants considérés comme *privilégiés* sont ceux habilités à saisir la Cour d'un recours en annulation sans être obligés de justifier d'un intérêt à agir.

Tant au niveau de l'UEMOA que de la CEDEAO, le statut de requérant privilégié est reconnu aux États membres, à la Commission, au Conseil des ministres.

On remarque, en effet, que ni les parlements ni les institutions spécialisées ne figurent dans l'énumération.

Compte tenu du rôle important assigné à ces organes, il est difficilement admissible de les considérer comme des requérants ordinaires devant la Cour. Ainsi on comprendrait mal que le Parlement de la CEDEAO ou de l'UEMOA soit obligé de justifier d'un intérêt direct pour agir en appréciation de légalité d'un acte communautaire. En tant qu'organe politique de l'Union, le parlement est en principe intéressé au respect de la légalité communautaire autant que le Conseil des ministres ou les États membres.

Pour cette raison, le juge Mbacké a pensé que cette omission considérée comme une lacune pourra, dans la pratique, être comblée si le juge communautaire adopte une conception extensive de la notion de requérant privilégié.

Il soutient ainsi qu' « on peut concevoir une catégorie intermédiaire entre les deux précitées, constituée par les autres organes ou institutions spécialisées qui peuvent bénéficier de la qualité de requérants privilégiés par une ouverture jurisprudentielle de la Cour, faute de n'avoir pas été expressément visés par les dispositions de l'article 8 du Protocole additionnel n° 1 » [1].

La solution préconisée n'est pas très éloignée de celle retenue en droit européen après une période d'incertitude occasionnée par l'imprécision des textes. En fait, dans la version originelle du traité CEE, seuls les États membres, le Conseil et la Commission, et les particuliers, étaient admis à agir en annulation devant la Cour de Justice. Le Parlement européen n'était pas cité dans l'énumération initiale. Toutefois, fidèle à sa ligne jurisprudentielle réputée progressiste, la CJCE [2] a reconnu le droit d'agir au parlement bien avant que le traité de Maastricht ne vienne le consacrer.

La Cour de Justice de la CEDEAO, semble s'inscrire dans cette dynamique progressiste.

---

[1] Mouhamadou M. MBACKÉ, *La Cour de Justice de l'UEMOA, organisation, compétences et règles de procédure*, Dakar, EDJA, 1999, Collection « Droit communautaire africain », p. 39.

[2] CJCE, 22 mai 1990, Parlement C / Conseil.

Cette posture peut être appréciée à travers la décision rendue dans l'affaire Parlement de la CEDEAO contre le Conseil des ministres [1].

Dans cette affaire, le Parlement avait introduit un recours en annulation du règlement n° C/REG/20/01/05 par lequel le Conseil avait pris des mesures portant restructuration de l'organe parlementaire de l'organisation.

Le Parlement faisait observer au soutien de son recours que d'une part, le Conseil n'a pas le pouvoir de prendre des décisions se rapportant à l'organisation de l'institution parlementaire et d'autre part le règlement querellé n'a pas été adopté à la majorité qualifiée conformément aux articles 3 et 12.2 du traité révisé de la CEDEAO.

L'organe parlementaire avait donc fondé son argumentaire sur le fait qu'il jouit d'une indépendance et d'une autonomie qui n'admettent aucune ingérence du Conseil des ministres ou de la Commission, dans son fonctionnement.

Statuant sur le recours en appréciation de légalité fondé sur les moyens sus-évoqués, la Cour n'a nullement tenu compte du fait que de l'article 10 du protocole ne mentionnait pas le parlement dans l'énumération des institutions habilitées à introduire une action en annulation contre un acte communautaire.

Faisant fi de cette disposition, elle a estimé que la qualité d'institution de la communauté reconnue au parlement est suffisante pour justifier de son droit de saisine. Elle soutient à ce titre que « l'article 76 alinéa 2 du traité révisé doit être entendu au sens large et non restrictif en ce sens que parmi les justiciables qui peuvent s'adresser à la cour, il y a les institutions de la communauté ».

S'il est vrai que la décision de la cour sur ce point est salutaire, en ce qu'elle permet d'étendre la liste des requérants privilégiés, l'on peut tout de même être sceptique par rapport à la démarche adoptée pour y parvenir.

En effet, on peut déceler quelques faiblesses dans la motivation de la cour qui a invoqué l'article 76 du traité pour justifier le droit de saisine qu'elle a entendu reconnaître au parlement, alors que cette disposition ne traite nullement du recours en appréciation de légalité d'un acte communautaire, mais plutôt des différends relatifs à l'interprétation ou à l'application des dispositions du traité de base. En réalité, cette action, ouverte uniquement à la Conférence des chefs d'État et aux États membres, n'a pas le même objet que l'action en appréciation de légalité qui ne peut porter que sur le droit dérivé [2].

---

[1] Cour de Justice CEDEAO, affaire n° ECW/CCJ/APP/03/05, arrêt du 4 octobre 2005, Parlement C / Conseil des ministres et Secrétariat exécutif de la CEDEAO.

[2] L'article 76 du traité CEDEAO révisé fixe les modalités de règlement des différends nés de l'interprétation du traité en ces termes :

On retient, au demeurant, que la Cour de Justice de la CEDEAO a affiché une réelle volonté d'étendre le droit de saisine, en matière d'appréciation de légalité, à tous les organes et institutions spécialisées de l'institution communautaire.

Maintenant, la question est de savoir si cette pratique ne va pas à l'encontre de la volonté du législateur communautaire qui, de façon délibérée, a pris l'option de limiter les entités habilitées à exercer un recours en annulation d'un acte dérivé sans être obligé de justifier d'un intérêt particulier.

B. Les requérants non privilégiés

Dans le système UEMOA, l'article 8 du Protocole additionnel n° 1 prévoit que « le recours en appréciation de la légalité est ouvert, en outre, à toute personne physique ou morale, contre tout acte d'un organe de l'Union lui faisant grief ».

Cette disposition qui est le pendant de l'article 10 du protocole relatif à la Cour de Justice de la CEDEAO pose la problématique de l'accès des personnes physiques ou morales aux juridictions communautaires.

Dans le cadre du recours en annulation, ces derniers sont considérés comme requérants non privilégiés en ce sens qu'ils ne bénéficient d'aucun traitement de faveur et doivent obligatoirement justifier d'une atteinte à leurs droits pour que leurs actions tendant à l'annulation d'un acte communautaire puissent être reçues.

Sébastien de Gasquet [1] estime à ce propos que « le citoyen européen n'est pas le justiciable naturel devant la justice communautaire ». Selon cet auteur, cette situation s'explique par le fait que c'est le juge national qui est chargé de faire appliquer le droit communautaire, intégré au droit interne des États membres. Il en déduit que la possibilité offerte aux citoyens de saisir directement le juge communautaire est tout à fait exceptionnelle. Il considère, à juste titre, que l'interlocuteur normal du citoyen sur l'application du droit communautaire est le juge national, qui lui-même peut saisir la Cour communautaire d'un renvoi préjudiciel en interprétation ou en appréciation de validité.

« 1. Sans préjudice des dispositions du présent traité et des protocoles y afférents, tout différend au sujet de leur interprétation ou de leur application est réglé à l'amiable par un accord direct entre les parties.

2. À défaut, le différend est porté l'une des parties, par tout État membre ou par la Conférence, devant la Cour de Justice de la communauté dont la décision est exécutoire et sans appel ».

[1] Sébastien de GASQUET, « Le citoyen européen face à la justice communautaire », article publié par la Fondation Robert Schuman, *Synthèse 121*, février 2004.

Il est donc acquis que les particuliers sont admis à faire contrôler la légalité d'un acte communautaire à condition de justifier d'une atteinte directe et individuelle à leurs intérêts.

Ils ne sont autorisés à agir que contre les décisions dont ils sont destinataires et contre celles qui, bien que prises sous la forme d'un règlement ou d'une décision adressée à une autre personne, les concernent directement et individuellement.

On peut retenir qu'en la matière, les juridictions communautaires exercent un contrôle rigoureux afin de s'assurer que le requérant particulier justifie effectivement d'un grief direct et individuel.

La Cour de Justice de la CEDEAO a, sur ce point, rendu un arrêt important en ce qu'il a permis, à travers une définition qui rappelle la jurisprudence Plaumann [1], de donner un contenu à la notion de grief posée comme critère de l'intérêt à agir concernant les requérants non privilégiés.

Dans cette affaire, elle était saisie par le un citoyen communautaire de nationalité nigériane, aux fins d'annulation d'un règlement CEDEAO attribuant à la République de Guinée le poste de secrétaire général du parlement de la Communauté, jusqu'alors occupé par le Nigeria.

Au soutien de sa demande en annulation, le requérant soutenait que « le fait de limiter les candidatures aux seuls ressortissants de la Guinée constitue une injustice à son égard, qui le prive de son droit de postuler et qu'il en est de même pour les autres citoyens de la communauté » [2].

Analysant la recevabilité de l'action, la cour dira sur la question de la recevabilité « qu'il ne suffit pas pour que le recours en appréciation de la légalité contre un acte soit recevable, que ce acte affecte d'une manière quelconque le requérant ; encore faut-il qu'il existe entre l'acte litigieux et la situation du requérant une relation suffisamment directe de cause à effet » avant d'adopter mot pour mot les motifs de la CJCE qui, dans l'arrêt Plaumann, a considéré que le particulier requérant doit démontrer que le règlement attaqué le concerne « directement et individuellement ».

L'action sera finalement déclarée irrecevable, la Cour ayant estimé qu' « en tout état de cause, le règlement qui a été pris dans le cadre de la restructuration du parlement de la CEDEAO est édicté non pas dans l'intérêt des particuliers, mais dans celui de la communauté et que de ce

[1] CJCE, 15 juillet 1963 Plaumann c/ Commission affaire n° 25-62 recueil, p. 199 « les sujets autres que le destinataire d'une décision ne sauraient prétendre être concernés individuellement que si cette décision les atteint en raison de certaines qualités qui leurs sont particulières ou d'une situation de fait qui les caractérise par rapport à toute autre personne et de ce fait, les individualise d'une manière analogue à celle du destinataire ».

[2] Cour de Justice de la CEDEAO, Odafé Osérada, inédit.

fait, les requérants individuels n'ont pas intérêt à en poursuivre l'annulation ».

À ce stade d'analyse, il n'est pas sans intérêt de voir comment la question de la recevabilité du recours des personnes morales est appréciée par la Cour de Justice de la CEDEAO lorsqu'elle est saisie d'une requête en constatation de violation des droits de l'homme.

La recevabilité du recours des personnes morales en matière de violation des droits de l'homme

L'adoption du Protocole additionnel A/P.1/7/91 a consacré pour la Cour de Justice de la CEDEAO l'aménagement d'une compétence en matière de violation des droits de l'homme. Le nouvel article 10 introduit dans le Protocole de 1991 sur la Cour énonce que « toute personne victime de violations des droits de l'homme peut saisir la Cour ». Mais puisqu'on parle de droit de l'homme, la question s'est posée de savoir si les personnes morales peuvent être concernées par cette voie de droit qui de prime abord semble être aménagée pour la protection de la personne humaine prise dans son individualité.

Il faut dire à ce niveau qu'une certaine tergiversation a été notée dans les réponses apportées par la cour à travers les décisions dans lesquelles elle a eu à se prononcer sur la recevabilité de l'action des personnes morales.

Ainsi, dans les affaires Starcret Investisment contre Président de la Commission et Océan King Limited contre République du Sénégal, la Cour a déclaré irrecevables les recours introduits au nom et pour le compte de personnes morales en estimant que celles-ci ne pouvaient être victimes de violations de droits de l'homme.

Cette prise de position s'appuyait sur une interprétation restrictive de l'article 10 du Protocole de 2005 qui, dans sa version anglaise, semble ouvrir le recours en violation des droits de l'homme aux seuls individus personnes physiques.

La cour n'est toutefois pas restée sur cette ligne jurisprudentielle, elle a très vite évolué dans le sens d'une conception plus favorable à la recevabilité de l'action des personnes morales. Le revirement opéré à ce niveau traduit, pour ainsi dire, une lecture différente désormais portée par la cour sur cette question de recevabilité. En effet, il semble qu'elle se réfère désormais à la version française qui indique de façon générale que la saisine est ouverte à « toute personne » victime d'une violation des droits de l'homme [1]. On le voit bien, cette disposition n'établit a priori aucune distinction entre personnes physiques et personnes morales. La cour se fonde désormais sur cette acception pour admettre des entités morales devant son prétoire et reconnaît, de ce fait, que ces dernières peuvent, au même titre que les individus, être victimes de violations de droits de l'homme.

Toutefois, la recevabilité des recours portés par les personnes morales obéit à des conditions strictes que la cour a tenté de fixer dans sa jurisprudence.

Elle affirme à cet égard que les personnes morales ne sont recevables à agir pour leur compte que lorsqu'elles sont victimes d'une atteinte directe à leurs droits. L'application de cette doctrine peut être notée, dans l'affaire Center for Democracy and Development contre la République du Niger, où la cour a énoncé qu'elle doit être saisie par « … des personnes physiques ou morales dotées au regard de leur législation nationale, de la capacité juridique et qui, en outre, justifient de leur qualité à agir ». Elle a considéré que ces conditions n'étaient pas réunies en faveur des associations requérantes dont la demande tendait à faire dire et juger la décision prise à l'époque par l'ancien Président de la République du Niger de soumettre à référendum un projet de réforme constitutionnelle portant atteinte au droit du peuple nigérien à une gouvernance démocratique ». La requête introduite, pour ce motif, par deux associations de la société civile a été déclarée irrecevable, la juridiction communautaire ayant estimé que « les décisions prises par Monsieur Mamadou Tandjan n'ont d'effets qu'à l'égard des nationaux nigériens et éventuellement à l'égard des résidents de ce pays ; or les requérantes ne sont pas des associations de droit nigérien et ne justifient pas avoir des sections dans cet État non plus », puis en a déduit qu'aucun intérêt propre à agir n'a été établi en faveur des associations demanderesses qui ne sauraient dès lors se prévaloir des conséquences de la décision querellée.

Le principe est donc admis que les personnes morales peuvent agir en demande devant la cour dès lors qu'elles justifient que la violation alléguée porte directement atteinte à leurs intérêts. En application de ce principe, la Cour considère par exemple qu'une personne morale ne saurait agir directement comme partie au procès pour dénoncer des faits supposés attentatoires aux droits de l'homme sans justifier d'un mandat de représentation dûment délivré par les victimes [2].

---

[1] Cour de Justice de la CEDEAO 9 mai 2011, Center for Democraty and Development et Center for Defense of Human Rights and Democracy c/ Mamadou Tandja et la République du Niger.

[2] CJ/CEDEAO arrêt n° ECW/CCJ/JUD/16/16 du 17 mai 2016 Marie Molmon et 114 autres c/ République de Guinée.

Cette position de principe est parfaitement justifiée en ce sens qu'il ne peut être contesté qu'en matière de violation des droits de l'homme, l'action en justice appartient exclusivement à la victime. Dès lors, il est inadmissible qu'une entité organique qui prétend agir dans le sens des intérêts de la victime puisse se substituer à elle devant une juridiction, sans produire un mandat spécial délivré à cet effet.

Pour autant, la possibilité est ouverte pour une personne morale de se constituer à côté d'une victime en qualité d'agent, cela en application de l'article 12 du Protocole A/P1/7/91 relatif à la Cour de Justice de la Communauté duquel il résulte que « chaque partie à un différend est représentée devant la Cour par un ou plusieurs agents qu'elle désigne à cette fin ». C'est ainsi que dans l'affaire Dame Hadijatou Mani Koraou, la Cour a admis la présence de l'ONG Inter Rights aux côtés de la victime non pas en tant que partie au procès, mais plutôt en qualité d'agent.

Il faut à ce niveau faire observer qu'en général la désignation d'agent se conçoit plus adéquatement lorsqu'il s'agit de pourvoir à la représentation d'un État devant une juridiction.

Dans nos systèmes juridiques, les particuliers sont en principe représentés par des avocats, des avoués ou dans certaines situations par des mandataires. Il peut donc paraître surprenant d'admettre qu'une victime personne physique puisse désigner un agent pour la représenter.

Il faut juste comprendre que le Protocole de 1991 a été adopté à une époque où seuls les États pouvaient saisir la cour. Par conséquent la disposition visée était censée fixer les modalités de représentation des États devant la cour et ne prenait naturellement pas en compte le cas des individus personnes physiques. Vu les évolutions intervenues depuis lors, il apparaît plus que nécessaire de s'orienter vers la modification du texte de sorte à l'adapter à la situation actuelle de la cour qui, depuis la réforme de 2005, est ouverte aux individus victimes de violations de droits de l'homme.

Paragraphe 2. Les conditions tenant à l'acte

Il s'agit à ce niveau d'identifier les actes pouvant faire l'objet d'un contrôle de légalité et de déterminer les moyens invocables en vue de leur annulation.
Il convient également d'examiner la situation particulière de l'exception d'illégalité qui n'est en soi ni une voie de recours autonome ni un moyen classique d'annulation.

A. Les conditions liées à la nature de l'acte

L'identification des actes communautaires attaquables dans le cadre du contrôle de légalité peut être faite à partir d'une interprétation des critères dégagés par les traités constitutifs et les actes additionnels.

L'article 9 du Protocole additionnel A/SP.1/01/05 relatif à la Cour de Justice énonce que celle-ci est compétente pour connaître des recours en appréciation de légalité des règlements, des directives, des décisions et de tous autres instruments juridiques subsidiaires adoptés dans le cadre de la CEDEAO.

Le texte relatif à la Cour de Justice de l'UEMOA apparaît plus explicite dans l'énonciation des critères de « justiciabilité » des actes communautaires. L'article 8 du Protocole additionnel dispose, en effet, que « sur recours formé par un État membre, par le Conseil ou par la Commission, la Cour de Justice apprécie la légalité des règlements, directives et décisions » et précise en outre que ledit recours est ouvert à toute personne physique contre un acte de l'Union lui faisant grief.

Il s'infère de ces dispositions que le recours en appréciation de légalité porté par un particulier, requérant non privilégié, n'est recevable que contre un acte communautaire comportant un effet juridique à son égard.

1. Un acte d'un organe communautaire

L'exigence d'un acte communautaire vise, avant tout, à exclure du champ de compétence de la Cour les actes pris par les autorités nationales.

L'organe judiciaire communautaire n'est donc habilité sous aucun prétexte à contrôler de légalité d'un acte émanant d'une autorité administrative d'un État membre.

Cette exclusion de compétence demeure même dans l'hypothèse où l'autorité nationale a agi dans le cadre de l'exécution de la réglementation communautaire ou du contrôle de son application [1].

La Cour de Justice de l'UEMOA a, dans une affaire jugée le 27 mars 2002 [2], fait application de ce principe.

Il résulte de l'énonciation des faits de l'espèce que le sieur Moumouni Djermakoye, de nationalité nigérienne, avait introduit une requête aux fins d'entendre ordonner sa réintégration dans les fonctions de député au Comité interparlementaire de l'UEMOA.

---

[1] CJCE 7 juillet 1987, Étoile commerciale et CNTA contre Commission affaire 91/86, *Rec.*, p. 3005.

[2] Cour de Justice de l'UEMOA, Adamou Moumouni Djermakoye c/ Comité interparlementaire de l'UEMOA, 27 mars 2002, *Recueil de la jurisprudence de la Cour*, n° 01-2004, p. 5.

Il a expliqué que suite à la dissolution de l'Assemblée nationale du Niger en 1998, il a été réélu député lors des élections organisées en décembre 1999 et devait de ce fait, être reconduit automatiquement dans ses fonctions au comité interparlementaire de l'UEMOA mais que toutes les démarches entreprises à cet effet sont restées vaines.

Statuant sur le recours ainsi formé, la Cour s'est déclarée incompétente estimant que « les parlements des États membres, ont dans le cadre des compétences qu'ils tiennent de l'article 35 du Traité, seuls pouvoir de désigner des députés membres du comité interparlementaire.

Que l'organisation interne de cette désignation ne peut, dès lors, faire l'objet d'un contrôle juridictionnel de la Cour de Justice de l'UEMOA ».

Par cette décision, la Cour de Justice a décliné tout pouvoir de contrôle sur les actes pris par une autorité étatique en application du droit communautaire.

Cette prise de position confirme, encore une fois, l'assertion selon laquelle, le juge national est en réalité le juge de droit commun chargé de veiller à l'effectivité du droit communautaire dans les États parties.

Au demeurant, l'émanation communautaire de l'acte n'est pas le seul critère de « *justiciabilité* », encore faut-il qu'il soit susceptible de produire des effets juridiques.

2. Un acte faisant grief

L'article 15 du Règlement de procédure de la Cour de Justice de l'UEMOA énonce que « le recours en appréciation de légalité est dirigé contre les actes communautaires obligatoires : les règlements, les directives, ainsi que les décisions individuelles prises par le Conseil et la Commission. Ce recours est ouvert à toute personne physique ou morale, contre tout acte de l'Union faisant grief ».

Au sens du Traité, l'existence d'un grief est donc une condition de recevabilité pour tout recours en annulation formé contre un acte communautaire.

Le recours à la notion de grief comme critère de recevabilité du recours en annulation ne constitue toutefois pas une particularité du droit communautaire. Il s'agit plutôt d'un emprunt fait au droit administratif qui, d'ailleurs, a globalement inspiré le régime de contrôle de légalité communautaire.

Le constat est fait qu'il n'a pas été facile de systématiser la notion de grief autour d'une définition unanimement acceptée.

En effet, une certaine partie de la doctrine considère qu'un acte administratif est réputé faire grief lorsqu'il produit par lui-même des effets juridiques, qu'il modifie l'ordonnancement juridique et qu'il atteint les droits et obligations des administrés [1].

Une tendance beaucoup plus subjectiviste considère par contre que l'expression « d'acte faisant grief » ne désigne pas une catégorie d'acte, mais plutôt l'effet juridique d'un acte pour un particulier. Elle caractérise le rapport juridique entre l'acte et le requérant [2].

Se référant à cette différence d'approche, Alexandre Ciaudo a estimé que l'acte faisant grief apparaît finalement comme « une notion neutre sans signification établie et permanente » [3].

S'inspirant de cette controverse, la CJCE a dégagé une définition jugée satisfaisante en ce qu'elle opère une synthèse entre les deux conceptions proposées par la doctrine.

Elle considère, en effet, que sont susceptibles de recours en annulation, les mesures produisant des effets obligatoires de nature à affecter les intérêts du requérant en modifiant de façon caractérisée la situation juridique de celui-ci [4].

La mise en œuvre de cette conception se traduit par l'exclusion de son champ de compétence, des actes communautaires ne comportant pas d'effets juridiques obligatoires.

C'est le cas pour les mesures d'ordre intérieur, destinées à produire des effets uniquement dans la sphère interne de l'administration, mais également des actes préparatoires et des décisions confirmatives ou interprétatives.

Il faut noter, par contre, que la Cour de Justice de l'UEMOA n'a pas encore élaboré une doctrine confirmée sur la notion d'acte faisant grief. Elle a tout de même rendu en 2005 [5] une décision dans laquelle s'est posée une question de recevabilité liée à la nature de l'acte en cause.

Dans cette affaire, une société anonyme de droit nigérien dénommée GDEIRI SA, avait conclu avec l'État du Niger une convention de financement ayant pour objet la réalisation de logements sociaux ainsi que la fourniture d'une importante quantité de riz.

---

[1] Pour une étude détaillée de la question voir R. GORSE, *L'acte de nature à faire grief dans le recours pour excès de pouvoir*, thèse dactyl., Paris, 1951.

[2] C. SCHAEGIS, L'intérêt en droit administratif processuel, *Revue générale des procédures*, 1999.

[3] Alexandre CIAUDO, *L'irrecevabilité en contentieux administratif français*, Paris, L'Harmattan, p. 214.

[4] CJCE, 11 novembre 1981, IBM, Aff n° 60/81.

[5] Cour de Justice de l'UEMOA, 12 janvier 2005, société GDEIRI SA c/ Commission, *Recueil des textes fondamentaux et de la jurisprudence de la Cour*, p. 536.

Dans sa requête aux fins d'annulation, la société demanderesse a expliqué que depuis la conclusion de l'accord, l'État du Niger s'obstine à ne pas exécuter ses engagements, malgré de nombreuses relances.

Que pour faire valoir ses droits, elle a cru devoir saisir la Commission de l'UEMOA d'une réclamation afin d'obtenir son intervention pour qu'une solution soit trouvée.

Que par correspondance n° 3783/PJ/ en date du 11 août 2003 adressée à la requérante, la Commission a indiqué qu'elle n'est pas habilitée à intervenir dans un litige privé opposant un État membre à une société commerciale.

Estimant cette réponse insatisfaisante, la GDEIRI prit l'initiative de saisir la Cour de Justice communautaire d'un recours en annulation contre la lettre réponse à elle notifiée.

Devant la Cour, la Commission a conclu, *in limine litis*, à l'irrecevabilité du recours en faisant valoir que « sa décision n'est pas attaquable parce qu'elle ne créé pas d'effets de droit dans l'ordonnancement juridique communautaire ».

La Cour rejeta l'exception d'irrecevabilité au motif que par la correspondance de la Commission est un acte faisant grief dans la mesure où elle donne une suite définitive mais insatisfaisante à la demande d'intervention formée par la GDEIRI.

On note à travers cette motivation que la Cour s'est uniquement fondée sur l'insatisfaction du requérant pour conclure à l'existence d'un grief justifiant la recevabilité du recours en annulation.

Elle n'a donc pas jugé nécessaire de s'appesantir quant aux caractères de la décision pour s'assurer qu'il s'agit bien d'un acte susceptible de créer des effets de droit.

Est-ce à dire que le juge UEMOA a opté pour une conception purement subjective de la notion d'acte faisant grief ?

Il semble impossible, à partir d'une décision encore isolée, d'apporter une réponse catégorique à cette question.

Nous sommes toutefois d'avis que la recevabilité d'un recours en appréciation de légalité suppose nécessairement que l'acte querellé ait entraîné une modification dans la situation juridique du requérant, ce qui n'a pas été le cas dans cette affaire.

Par ailleurs, au-delà des conditions de recevabilité formelle du recours en annulation se pose la question des moyens invocables devant le juge communautaire.

B. Les conditions liées au contenu de l'acte

L'exercice du contrôle de l'acte suppose que l'existence d'une cause affectant sa légalité interne ou externe soit invoquée.

1. L'existence d'une cause affectant la légalité externe de l'acte

La légalité externe d'un acte communautaire est appréciée en fonction de l'incompétence de l'auteur de l'acte ou de la violation des règles de forme.

1.1. L'incompétence de l'auteur de l'acte

L'incompétence est présentée comme le vice le plus grave qui puisse affecter un acte. D'où son caractère d'ordre public qui justifie qu'on puisse la soulever à tous étapes de la procédure.

L'incompétence sanctionne le défaut de pouvoir de l'auteur de l'acte.

On distingue généralement trois modalités d'incompétence à savoir :

- l'incompétence *rationae loci*,
- l'incompétence *rationae temporis*,
- l'incompétence *materiae*.

Le grief d'incompétence peut être invoqué dans un sens positif ou négatif.

Il est positif lorsque l'auteur de l'acte en cause n'était pas investi du pouvoir de le prendre. C'est le cas lorsqu'un organe communautaire agit dans un domaine relevant du pouvoir réservé des États [1].

Il est négatif lorsqu'un organe s'abstient d'agir en méconnaissance de ses propres pouvoirs [2].

On retrouve dans la jurisprudence de la Cour de Justice de la CEDEAO un exemple intéressant d'une action en annulation fondée sur le grief d'incompétence [3].

En effet, par requête en date du 12 mai 2005, le Parlement de la communauté a attrait le Conseil des ministres et le Secrétariat exécutif (devenu Commission) devant la Cour de Justice aux fins d'entendre annuler le règlement C/REG/20/01/05 qui confère à l'organe exécutif de la Communauté un pouvoir de supervision sur le Parlement.

Le président du Parlement de la Communauté a soutenu, à l'appui de son recours, que l'application des principes d'indépendance et d'autonomie interdit toute ingérence du Conseil ou du Secrétariat exécutif (devenu Commission en 2006) dans le fonctionnement de l'institution parlementaire et que par conséquent, le Conseil était radicalement incompétent pour édicter le règlement querellé.

Malheureusement, la Cour n'a pas eu l'opportunité de se prononcer sur le fond. Elle a opposé une fin de non-recevoir tirée de l'article 76

---

[1] CJCE, 5 octobre 2000, Allemagne c/ Parlement et Conseil.

[2] CJCE, 4 avril 1960, Mannesmann.

[3] Cour de Justice de la CEDEAO, 4 octobre 2005, Parlement c/ Conseil des ministres et Secrétariat exécutif.

alinéa 2 du Traité qui fait obligation aux parties de tenter un règlement amiable avant d'engager une procédure judiciaire.

L'engagement du débat de fond aurait certainement permis à la Cour de prendre position sur la problématique fondamentale de la répartition des compétences entre les différents organes communautaires, mais également de dire si la règle de séparation stricte des pouvoirs qui gouverne l'aménagement institutionnel au niveau étatique peut être transposée dans les rapports interinstitutionnels au sein d'une organisation d'intégration.

1.2. Les vices de forme

Il s'agit de manquements causés par la violation d'une règle de procédure ou de présentation de l'acte attaqué.

Il importe de souligner que lesdits manquements n'affectent la validité d'un acte communautaire que dans l'hypothèse où la violation des règles de forme est suffisamment grave « pour avoir pu exercer une influence sur le contenu de l'acte ou porter atteinte aux intérêts du requérant ».

La Cour de Justice a, dans l'affaire Abdourahmane Sacko [1], fait une présentation précise du régime juridique des vices de procédure qui constituent une composante du grief de vice de forme.

Elle a relevé que le vice de procédure est en général constitué par la violation des règles relatives à l'élaboration d'un acte administratif unilatéral, celui-ci n'étant régulier que si les formalités légales prescrites ont été observées par son auteur.

Étant donné que seule la violation d'une formalité substantielle est susceptible d'entraîner la neutralisation de l'acte, la Cour a estimé nécessaire de fournir la conception qu'elle retient de cette notion.

Selon elle, la formalité est substantielle lorsqu'elle est susceptible d'influer sur la décision à intervenir en raison des garanties qu'elle est censée offrir. Il en est ainsi lorsque la formalité est prévue dans l'intérêt des administrés ou des agents. Dans ce cas, son inobservation entraîne la nullité de l'acte.

Il n'est pas sans intérêt, de se demander quels sont les cas de vices de forme les plus sanctionnés par le juge dans le cadre de son activité de contrôle de légalité des actes communautaires.

Denys Simon [2] fait observer sur cette question que le bilan de la jurisprudence permet de constater que sont systématiquement sanctionnées les violations des règles de forme, dès lors qu'elles affectent le processus

---

[1] Cour de Justice de l'UEMOA, Abdourahmane Sacko, 29 mai 1998, *Recueil des textes fondamentaux et de la jurisprudence de la Cour*, p. 116.

[2] Denys SIMON, *Le système contentieux communautaire*, 3ème édition, Paris, PUF, p. 546.

d'élaboration des actes, les garanties des droits des sujets du droit communautaire ou encore l'exigence de motivation des actes.

Il retient dans son analyse que sont considérés comme de nature à entacher l'acte d'illégalité, toutes les atteintes portées aux mécanismes de formation de la décision tels que prévus par les traités.

a) Les vices de forme affectant le processus d'élaboration d'un acte communautaire

Il faut dire que le développement de ce type de contentieux est lié à la mutation des procédures de décision dans le système communautaire européen. En fait, le parlement qui, à l'origine, était dépourvu de pouvoir législatif, a vu sa participation au processus décisionnel renforcée depuis l'entrée en vigueur du Traité de Maastricht.

Son implication à la prise de décision varie selon les matières et s'effectue à partir de plusieurs procédures qui vont de la simple consultation jusqu'à la codécision.

Par contre, au niveau des organisations ouest-africaines d'intégration, ces mécanismes apparaissent plus simples dans la mesure où les projets d'actes sont préparés par la Commission avant d'être soumis au Conseil des Ministres pour adoption.

L'UEMOA est dotée d'un comité interparlementaire qui ne joue aucun rôle actif dans le processus décisionnel. L'article 35 [1] du Traité qui fixe ses missions se borne à énoncer que le comité contribue par le dialogue et le débat, aux efforts d'intégration de l'Union.

Le parlement de la CEDEAO était également confiné dans une fonction similaire jusqu'à l'adoption en 2016 d'un Acte additionnel destiné à renforcer ses prérogatives [2]. La réforme initiée dans ce sens a eu principalement pour effet de renforcer la participation du parlement au processus d'adoption des actes communautaires.

En vertu de l'article 8 de l'Acte additionnel, le parlement intervient désormais dans le processus d'adoption desdits actes par la formulation d'avis simple ou d'avis conformes. Ce faisant, sa saisine est rendue obligatoire dans les domaines suivants :

a) le budget de la Communauté ;

b) la révision du Traité ;

---

[1] L'article 35 du Traité énonce qu' « en attendant la création d'un parlement de l'Union, il est institué un comité interparlementaire de l'Union.

Le comité contribue, par le dialogue et le débat, aux efforts d'intégration de l'Union dans les domaines couverts par le traité. Il exprime ses vues sous formes de résolutions ou de rapports ».

[2] Acte additionnel A/SA.1/12/16 du 17 décembre 2016 relatif au renforcement des prérogatives du Parlement de la CEDEAO.

c) les rapports d'audit annuel des organes et institutions de la Communauté ;

d) l'adoption ou la révision de tous les actes communautaires relatifs aux politiques économique et monétaire d'intégration de la CEDEAO à savoir : commerce, douane, libre circulation des personnes, des biens et services, coopération monétaire, industrie et mines, promotion des infrastructures.

La saisine du parlement est cependant facultative dans d'autres domaines énumérés à l'article 10 de l'Acte additionnel, à savoir :

a) les accords internationaux affectant les institutions de la Communauté ;

b) l'adhésion, la sanction, la suspension ou l'exclusion d'un État membre décidée par la Communauté ;

c) la création d'institutions telles que visée à l'article 3 du Traité ;

d) les politiques de défense, de paix et de sécurité de la Communauté.

Lorsque la procédure de décision est enfermée dans un formalisme particulier, l'inobservation des règles processuelles pourra être invoquée comme motif de nullité et entraîner, par conséquent, l'invalidation de l'acte en cause.

On peut à ce titre citer l'exemple de la formalité instituée par l'article 22 de la norme fondamentale de l'UEMOA aux termes duquel « toutes les fois que le présent traité prévoit l'adoption d'un acte juridique du Conseil sur proposition de la Commission, le Conseil ne peut faire d'amendement à cette proposition qu'en statuant à l'unanimité de ses membres ».

En application de ce texte, l'adoption d'un amendement autrement qu'à l'unanimité sera forcément considérée comme un vice substantiel de procédure justifiant l'annulation de l'acte.

b) Les vices de forme tirés du non-respect des principes directeurs du procès équitable

Les vices de forme se rapportant à la garantie des droits de la défense et du principe du contradictoire, dans les procédures disciplinaires et en matière de rupture de contrat de travail, sont plus fréquents dans la jurisprudence des cours de justice ouest-africaines.

La doctrine de la cour de justice sur ce point a été clairement exprimée dans l'affaire Sacko, précitée.

Le requérant sollicitait l'annulation de la décision par laquelle le Président de la Commission avait mis fin à ses fonctions à l'issue de la période de stage, ses prestations n'ayant pas été jugées satisfaisantes.

Il faisait valoir au soutien de ses prétentions que l'acte en cause est entaché de nullité pour n'avoir pas été précédé de la formalité obligatoire de consultation du Comité consultatif de recrutement et d'avancement.

La cour a, dans sa réponse, confirmé que l'obligation faite à l'autorité de nomination de consulter ledit comité préalablement aux décisions relevant de sa sphère d'attribution, constitue une formalité substantielle dont l'omission entraîne la nullité de l'acte concerné.

La cour de justice est restée fidèle à sa ligne jurisprudentielle lorsqu'elle a été saisie d'une requête en annulation de l'Acte additionnel par lequel la Conférence des chefs d'État et de gouvernement a procédé à la révocation d'un membre de la Commission sans que l'organe judiciaire de l'Union n'ait été consulté [1].

Elle a fait observer dans son arrêt qu'aux termes des dispositions de l'article 30 du Traité, la révocation d'un commissaire est prononcée par la Cour de Justice à la demande du Conseil pour sanctionner « la méconnaissance des devoirs liés à l'exercice des fonctions de membre de la Commission » et a martelé que « le respect de cette procédure est obligatoire même dans le cas où l'incapacité professionnelle ou physique du commissaire mis en cause est avérée ».

Malheureusement, la Conférence des chefs d'États et de gouvernement a refusé de se soumettre à la décision de la Cour qui, malgré sa pertinence, est restée lettre morte.

2. L'existence de causes d'illégalité interne de l'acte

Il s'agit principalement des causes liées à l'existence d'un détournement de pouvoir ou d'une violation du traité de base de l'organisation sous-régionale.

2.1. La violation du Traité constitutif

La violation du traité est le moyen le plus invoqué dans la pratique judiciaire communautaire.

Par ce moyen, le requérant tend à faire annuler un acte pour violation d'une norme supérieure. Il peut s'agir d'une disposition du Traité ou d'un acte dérivé, d'un principe général de droit ou d'un engagement international liant la communauté.

Le moyen tiré de la violation du traité s'apparente au grief de violation de la loi, clef de voute du contrôle de légalité en droit administratif.

L'invocation de ce moyen oblige le juge communautaire à exercer un contrôle sur les motifs de droit et sur les motifs de fait. Il procède ainsi aux vérifications nécessaires pour s'assurer que l'acte attaqué repose tant sur une saine application de la loi que sur une correcte appréciation des faits.

---

[1] Cour de Justice de l'UEMOA, 5 avril 2006, Eugène Yai c/ Conférence des Chefs d'État et Commission.

2.2. L'inexactitude des motifs de droit

À ce niveau, le contrôle du juge communautaire porte sur le fondement juridique de l'acte dont l'annulation est poursuivie. On peut ainsi dire qu'il s'agit d'un contrôle de légalité pur en ce sens que la vérification effectuée par le juge a pour objet de déceler dans l'acte une éventuelle « pathologie » découlant de la violation d'une norme supérieure de droit communautaire.

Le caractère erroné d'un motif de droit peut revêtir plusieurs formes qui toutes constituent des causes d'illégalité susceptibles d'entraîner l'annulation de l'acte en cause.

Ainsi, l'irrégularité d'un motif de droit peut résulter de l'application d'une norme communautaire à une situation qu'elle n'est pas censée régir. Dans cette hypothèse, le grief retenu traduit une méconnaissance, par l'auteur de l'acte, du champ d'application du texte sur lequel il a entendu fonder son action.

L'absence de base légale peut également constituer la cause de la défaillance du motif de droit d'un acte. Cette cause d'annulation est retenue par le juge lorsque le texte invoqué comme motif de l'acte n'existe pas, ou n'existe plus ou est illégal.

Ces cas de figure sont généralement observés lorsque l'acte attaqué a été établi sur la base d'une disposition abrogée ou non encore en vigueur. Dans cette situation l'illégalité de l'acte querellé procède surtout d'une absence de fondement juridique.

Mais, le grief le plus courant, dans le cadre du contrôle des motifs de droit, est certainement celui de l'erreur de droit. Elle intervient lorsque l'auteur de l'acte méconnaît le sens et la portée de la disposition invoquée comme fondement juridique de l'acte.

Dans ce cas, l'illégalité encourue est causée par une erreur d'interprétation de la norme dont la violation est retenue par le juge communautaire.

Il convient, par ailleurs, de relever que le refus d'application des prescriptions d'une norme supérieure doit, en principe, être retenu comme cause d'illégalité d'un acte.

Cette hypothèse est dûment prise en compte en droit européen à travers le recours en carence. Il s'agit précisément d'une procédure juridictionnelle tendant à faire sanctionner l'inaction d'un organe communautaire. Il a pour objet de faire constater l'illégalité découlant de ce qu'un organe communautaire s'est abstenu de prendre un acte ou d'adopter une mesure prévue par le Traité ou par un acte dérivé.

Curieusement, ce type de recours n'existe pas dans les systèmes juridictionnels UEMOA et CEDEAO. On peut dès lors, penser qu'au niveau de ces organisations, il n'existe pas de voie de droit destinée à faire sanctionner l'illégalité résultant du refus par un organe délibérant ou exécutif de prendre un acte prescrit par le traité.

En principe, cette perception doit rester une simple hypothèse d'école en ce sens qu'il appartient au juge communautaire de veiller en toute circonstance « au respect du droit quant à l'interprétation et à l'application du traité » [1]. Ainsi, dans le cadre de la mission qui lui est ainsi dévolue, l'organe judiciaire communautaire doit être en mesure de sanctionner toute illégalité née d'un refus par l'administration de se conformer à une obligation d'agir.

Il faut rappeler que cette technique de contrôle existe depuis bien longtemps devant les juridictions administratives internes. Sa mise en œuvre a permis, par exemple, au Conseil d'État français de sanctionner, pour excès de pouvoir, la carence de l'administration à prendre les mesures nécessaires à l'application des lois [2].

On peut donc espérer que la sagacité du juge communautaire ouest-africain permettra certainement de combler le vide occasionné par l'inexistence d'une procédure spécifique destinée à relever une illégalité procédant d'un refus d'agir.

2.3. L'inexactitude des motifs de faits

Comme tout acte administratif, l'acte communautaire attaquable par la voie du recours en annulation, est généralement construit à partir d'une articulation entre les motifs de droit et les motifs de faits.

Dans le cadre de l'exercice normal du contrôle de légalité, le juge communautaire de l'annulation dispose d'un pouvoir de vérification sur les motifs de faits en rapport avec l'acte querellé.

Cette vérification porte en principe sur l'exactitude matérielle des faits et sur leur qualification juridique.

Ce faisant, le juge contrôle dans un premier temps la réalité des faits à l'origine de l'acte, avant de s'assurer qu'ils sont de nature à justifier légalement la décision entreprise.

Ce procédé de contrôle dit normal est mis en œuvre lorsque l'administration communautaire est dans une situation de compétence liée.

Par contre, le juge portera un tout autre regard sur l'appréciation des faits lorsque l'auteur de l'acte a agi en situation de pouvoir discrétionnaire.

---

[1] Article premier, Protocole additionnel n° I relatif aux organes de contrôle de l'UEMOA.

[2] Conseil d'État, 13 juillet 1962, Kerves-Pascalis, Paris, *Dalloz*, 1963, p. 606.

Cette différenciation dans la nature du contrôle exercé a été systématisée par Francis Donnat [1] dans son ouvrage consacré au contentieux communautaire de l'annulation.

Selon cet auteur, lorsque l'acte litigieux a été adopté par une institution communautaire dans un domaine de compétence conditionné, lorsque le texte à appliquer comporte une condition légale, le juge exerce un contrôle normal ou de qualification, c'est-à-dire qu'il reprend lui-même l'appréciation juridique des faits à laquelle s'est livrée l'institution en cause afin de savoir si celle-ci les a correctement appréciés.

Il estime, par contre, que lorsque l'acte litigieux a été adopté dans un domaine de compétence dans lequel l'institution intervient dans un secteur dont la technicité implique, de sa part, des appréciations complexes, ou jouit d'une marge de manœuvre plus importante, le juge communautaire se refuse à substituer son appréciation à celle de l'institution et s'en tient à un contrôle restreint, celui de l'erreur manifeste dans l'appréciation des faits.

L'autorité communautaire dispose, dans cette hypothèse, d'un large pouvoir d'appréciation qui ne permet pas au juge d'exercer un contrôle étendu.

Mais cela ne signifie pas, pour autant, que l'exécutif communautaire est libre de porter sur les faits une appréciation inconsidérée ou totalement injustifiée. En réalité, le juge dispose d'un pouvoir de contrôle qui l'autorise à s'assurer que l'administration communautaire ne s'est pas trompée de façon grossière. Ce contrôle dit de l'erreur manifeste d'appréciation est exercé dans les cas où celle-ci dispose d'une liberté de choix assez étendue. C'est le cas par exemple lorsqu'elle procède à l'évaluation du niveau de performance de ses agents par un système de notation.

Le juge administratif français retient qu'en cette matière l'administration dispose d'un pouvoir discrétionnaire étendu qui relève uniquement du contrôle de l'erreur manifeste d'appréciation[2]. Il se refuse par conséquent à porter tout autre contrôle sur les faits, et notamment de se prononcer sur le caractère justifié ou non de la note attribuée.

Adoptant une attitude similaire, le juge UEMOA se garde, également, de porter une appréciation sur les motifs de faits à partir desquels la Commission s'est déterminée pour attribuer une note évaluative à un fonctionnaire communautaire.

C'est là tout le sens de l'arrêt rendu le 29 mai 1998 dans la cause ayant opposé le sieur Ababacar Dieng à la Commission de l'UEMOA [3].

---

[1] Francis DONNAT, *Contentieux communautaire de l'annulation*, Paris, LGDJ, 2008, Lextenso éditions.

[2] Conseil d'État, 16 février 1994, Hayot.

[3] Cour de Justice de l'UEMOA, Dieng Ababacar c/ Commission, *Recueil des textes fondamentaux et de la jurisprudence de la Cour*, p. 128.

Dans cette affaire, le requérant a exposé qu'il a été recruté à l'UEMOA en qualité de cadre supérieur, chargé de l'administration générale, par décision du 19 février 1996, et devait en principe être titularisé après une période probatoire de douze mois.

Que quelques mois après le début de ce stage, il a été nommé directeur des Affaires administratives et financières.

Qu'à l'issue de la période probatoire, le Président de la Commission a pris la décision de mettre fin à ses fonctions au motif que ses prestations ont été jugées insatisfaisantes.

N'ayant pas réussi à obtenir le retrait de cette décision suite à la procédure gracieuse initiée à cet effet, le sieur Dieng saisit la Cour de Justice de l'Union d'un recours en annulation fondé sur deux moyens.

Il estimait d'une part, qu'aucun dossier d'évaluation le concernant n'a été préparé par la Commission, alors qu'au sens du Règlement d'exécution n° 5/96/COM/UEMOA toute décision de titularisation ou de licenciement d'un stagiaire doit être fondée sur un document indiquant les notes attribuées à l'intéressé ainsi que les appréciations formulées par ses supérieurs hiérarchiques et d'autre part, que la décision contestée a été prise sans l'avis du Comité consultatif et d'avancement dont la saisine était pourtant obligatoire.

Statuant sur le recours, la cour a rejeté le premier moyen d'annulation proposé par le requérant.

Pour aboutir à cette décision, elle a commencé par énoncer, au soutien de sa motivation, qu'un dossier d'évaluation doit être complet et refléter une appréciation effective et raisonnable de l'activité professionnelle de l'intéressé, qui doit être jugé sur ses résultats ainsi que sur ses aptitudes intellectuelles et professionnelles. La cour relèvera ensuite « qu'en l'espèce, la fiche d'évaluation versée au dossier a pris en compte toute l'activité de Monsieur Dieng, notamment l'assiduité et la ponctualité, les connaissances professionnelles, le sens de l'organisation et des responsabilités, la tenue et le comportement pour lui attribuer une note de 8/20 avant de conclure qu'il n'a pas fait montre de dispositions à la hauteur des charges qui lui ont été confiées ».

On remarquera que le juge s'est borné à vérifier que la Commission a pris en compte les critères devant lui permettre de porter une appréciation raisonnable sur la manière de servir de l'agent. Elle n'a donc pris aucune position en rapport avec la note octroyée ou l'appréciation générale formulée par l'autorité administrative.

La posture adoptée par la Cour de Justice de l'UEMOA sur le contentieux de la notation est à tout point de vue conforme à la jurisprudence du tribunal de la fonction publique de l'Union européenne. Cette juridiction rappelle régulièrement qu'en la matière, il ne lui appartient pas « de substituer son appréciation à celle des personnes chargées d'évaluer le travail de la personne notée, les institutions de l'Union disposant d'un large pouvoir d'appréciation pour évaluer le travail de leurs fonctionnaires ». Elle a ajouté un autre considérant énonçant que « sauf en cas d'erreur de fait, d'erreur manifeste d'appréciation ou de détournement de pouvoir, il ne lui appartient pas de contrôler le bien-fondé de l'appréciation portée par l'administration sur les aptitudes professionnelles d'un fonctionnaire, lorsqu'elle comporte des jugements complexes de valeur qui, par leur nature même, ne sont pas susceptibles d'une vérification objective » [1].

Il est donc acquis que la situation de pouvoir discrétionnaire confère à l'administration un pouvoir souverain d'appréciation sur les faits, qui suggère une certaine limitation du champ d'application du contrôle exercé par le juge.

Ainsi, l'office du juge consistera, uniquement, à s'assurer que l'auteur de l'acte attaqué ne s'est pas déterminé à partir d'une appréciation des faits manifestement erronée.

Il importe toutefois de préciser, comme l'a fait le juge européen dans la décision précitée, que seuls les éléments non susceptibles de faire l'objet d'une vérification objective doivent échapper au contrôle.

Cela veut dire, a contrario, que les aspects de légalité objective concernant l'acte en cause doivent, en toute matière, être contrôlés par le juge de l'annulation.

En effet, dans un État de droit, il est totalement exclu que l'administration soit dotée d'un pouvoir discrétionnaire absolu. Cette assertion nous conforte dans l'idée que tout acte administratif comporte, nécessairement, une charge objective susceptible de faire l'objet d'un contrôle juridictionnel de légalité.

Dans l'affaire Dieng, précédemment évoquée, on peut valablement reprocher à la Cour d'avoir manqué de contrôler certains éléments, qui de notre point de vue, pouvaient révéler des irrégularités sur des éléments objectifs de l'acte attaqué. En effet, elle s'est abstenue de contrôler le respect du principe du contradictoire dans la procédure d'évaluation du requérant alors même que ce dernier a soutenu, dans ses conclusions reprises par l'arrêt, que le dossier d'évaluation dont se prévaut la Commission « n'a jamais été porté à sa connaissance ».

Nous pensons que l'administration reste soumise au respect du principe du contradictoire quand bien même qu'elle se trouverait en situation de pouvoir discrétionnaire. Le juge communautaire se devait, par conséquent, de s'assurer que les éléments d'appréciation retenus par le supé-

---

[1] Tribunal de la Fonction Publique de l'Union européenne, arrêt du 23 février 2010, Marie Hélène Faria c/ OHMI, affaire n° F-7/09.

rieur hiérarchique avaient été portés à la connaissance du fonctionnaire-stagiaire afin de lui permettre de consigner ses observations sur les griefs unilatéralement formulés à son encontre.

Il faut, par ailleurs, déplorer le caractère laconique du conclusif de l'arrêt qui, sous le premier moyen, s'est limité à affirmer « qu'étant de par ses fonctions de directeur administratif et financier placé sous l'autorité directe du Président de la Commission », Monsieur Dieng est mal fondé à soutenir que l'appréciation de son supérieur hiérarchique, sur son niveau de performance, est erronée.

Le caractère quelque peu sommaire de cette motivation n'a pas échappé à l'analyse du professeur Alioune Sall qui, à juste titre, affirme « qu'il est souhaitable que le juge saisi, sans bien entendu se substituer à l'auteur de l'acte, s'attache à trouver des « traces » de raisons objectives à la mesure contestée. Il ne peut se contenter de répondre à un justiciable que de par sa position, il a nécessairement tort, que son contradicteur a nécessairement raison » [1].

2.4. Le détournement de pouvoir

Ce grief constitue une autre composante des moyens d'illégalité interne susceptibles d'être soulevés à l'encontre d'un acte communautaire soumis à la censure du juge de l'annulation.

Le glossaire du Conseil d'État français définit le détournement de pouvoir comme une illégalité, consistant pour une autorité administrative à mettre en œuvre l'un de ses pouvoirs dans un but autre que celui pour lequel il lui a été confié.

Il s'agit là d'un cas d'ouverture du recours en annulation qui présente la particularité d'être fondée sur la contestation d'une motivation inavouée de l'auteur de l'acte à qui il est reproché la poursuite d'un objectif autre que celui pour lequel le pouvoir d'agir lui a été conféré. Mohamadou M. Mbacké soutient à cet égard que « l'autorité qui commet un détournement de pouvoir a pu respecter les règles de forme prescrites mais dans un esprit ou pour des motifs autres que ceux en vue desquels ce pouvoir lui a est dévolu » [2].

On imagine aisément la difficulté à laquelle le juge communautaire peut être confronté pour établir la preuve matérielle de l'existence d'un tel grief [3].

---

[1] Alioune SALL, *La justice de l'intégration*, Dakar, CREDILA, p. 113.

[2] Mouhamadou Moctar MBACKÉ, *La Cour de Justice de l'UEMOA*, Dakar, ED-JA 1999, p. 40.

[3] C'est la raison pour laquelle, la Cour de Justice de l'Union européenne ne retient ce moyen d'annulation que s'il apparaît sur la base d'indices objectifs,

En effet, le détournement de procédure qui consiste pour l'auteur de l'acte, à faire usage d'une procédure à des fins autres que celles pour laquelle elle a été instituée, est assimilé au détournement de pouvoir.

3. Le cas particulier de la procédure d'exception d'illégalité

Le Protocole additionnel n° 1 relatif aux organes de contrôle de l'UEMOA énonce en son article 11 que toute partie peut, à occasion d'un litige, soulever l'exception d'illégalité à l'encontre d'un acte du Conseil ou de la Commission, nonobstant l'expiration du délai de deux mois fixé pour le recours direct en appréciation de légalité.

C'est à travers ces seules indications que le législateur UEMOA a institué la procédure d'exception d'illégalité. On aurait pu espérer que le Règlement de procédure de la cour apporterait plus de précisions relativement aux conditions d'exercice de ladite procédure ; malheureusement ce texte ne renseigne pas davantage sur la question.

En l'état, les textes applicables à la Cour de Justice ne permettent pas d'apporter des réponses précises lorsqu'on s'interroge par exemple sur la nature des actes contre lesquels l'exception d'illégalité peut être soulevée ou sur les effets de la procédure.

Au demeurant, le juge communautaire n'aura pas la possibilité de refuser l'admission de cette procédure au motif que le texte qui le consacre est resté muet sur les conditions de sa mise en œuvre.

Il lui appartiendra au contraire d'user de son pouvoir créateur de droit pour définir le régime juridique applicable à cette voie de recours.

À cet effet, il ne manquera certainement pas de tenir compte de la particularité de cette procédure qui, en réalité, ne constitue ni un moyen d'annulation à part entière ni une voie de recours autonome.

Pour Francis Donnat [1], l'exception d'illégalité ne s'ajoute pas formellement aux quatre moyens d'annulation prévus par les Traités. Elle n'est qu'une technique permettant précisément d'invoquer ces quatre moyens pour mettre en cause l'irrégularité d'une décision générale sur laquelle est fondée la décision individuelle attaquée.

Elle ne constitue également pas une voie de recours autonome mais plutôt « une procédure incidente, en ce sens, qu'elle n'est utilisable que

---

pertinents et concordants que l'acte a été pris dans le but exclusif ou, à tout le moins déterminant, d'atteindre des fins autres que celles excipées, ou d'éluder une procédure spécialement prévue par le Traité pour parer aux circonstances de l'espèce. CJCE, 13 novembre 1990, FEDESA, affaire n° C-338/88, *Rec.* P.I.4023.

[1] Francis DONNAT, *Contentieux communautaire de l'annulation*, *op. cit.*, p. 253.

dans la mesure où elle vient se greffer sur une action principale », ainsi que l'a rappelé Joël Molinier [1].

Il convient, par ailleurs, de relever qu'une lecture empirique de l'article 11 du Protocole additionnel n° 1 peut laisser croire que l'exception d'illégalité est recevable contre tout acte édicté par la Commission ou par le Conseil des ministres. En effet, le texte précité n'opère, à ce niveau, aucune distinction entre acte individuel et acte de nature réglementaire.

Or, l'objectif poursuivi à travers la procédure d'exception d'illégalité est d'offrir au justiciable l'opportunité de faire contrôler de façon incidente la légalité d'un acte de portée générale.

Il s'agit en réalité d'une voie de compensation en faveur de requérants personnes physiques qui ne sont pas admis à contester directement les actes de nature réglementaire édictés par la communauté. Pour la préservation de leurs droits, la loi leur permet ainsi de contester les décisions individuelles les concernant, lorsque celles-ci sont prises en application d'un acte réglementaire illégal.

La technique de l'exception d'illégalité consiste donc à invoquer, à l'appui d'un recours formé contre une décision, l'illégalité d'un acte antérieur à cette décision.

Au regard des stipulations du Protocole additionnel, on peut effectivement penser qu'il est admis, dans le système UEMOA, de soulever une exception d'illégalité contre un acte non réglementaire.

Toutefois, une telle option peut s'avérer périlleuse pour la stabilité des situations juridiques découlant des actes individuels. En effet, le souci de préserver la stabilité de ces situations s'oppose à ce que lesdits actes puissent être remis en cause après l'expiration des délais de recours.

Pour cette raison, le juge européen a clairement déclaré que l'exception d'illégalité ne peut être soulevée qu'à l'encontre d'un acte de portée générale [2].

On observera, à titre de comparaison, que cette solution est tout à fait conforme à la jurisprudence du Conseil d'État qui retient que l'illégalité d'un acte non réglementaire ne peut être invoquée par la voie de l'exception dès lors qu'il est devenu définitif [3].

Nous pensons, par conséquent, que l'intervention du juge UEMOA permettra de déterminer les conditions de mise en œuvre de l'exception d'illégalité, notamment par rapport à la nature de l'acte attaqué

---

[1] Joël MOLINIER et Jaroslaw LOTARSKI, *Droit du contentieux européen*, 2ème édition, Lextenso, 2009, p. 160.

[2] CJCE, 17 juillet 1959 SNUPAT, affaire n° 32/58.

[3] Conseil d'État (France), 1er octobre 1966, M.B, *Recueil Lebon* n° 62351.

L'on remarque, par ailleurs, que l'article 11 du Protocole additionnel n° 1 [1] se borne à énoncer que l'exception d'illégalité pourra être soulevée par toute partie, à l'occasion d'un litige, sans pour autant préciser s'il s'agit d'un litige porté devant le juge national ou d'un litige soumis à la juridiction communautaire.

À ce niveau, aucune confusion ne doit être faite, le litige en question est celui porté devant le juge communautaire. Il en est ainsi parce que le Protocole additionnel n'a pas vocation à instituer une voie de recours au niveau des juridictions internes des États.

La Cour de Justice communautaire n'intervient dans une affaire ouverte devant une juridiction nationale qu'à travers le mécanisme du renvoi préjudiciel en interprétation ou en appréciation de légalité.

Laurent Coutron [2] affirme dans sa thèse consacrée à la contestation incidente des actes de l'Union européenne, qu'un tel débat s'est posé devant le juge européen.

Il a rappelé que dans une affaire dite Wohrmann, les requérants avaient introduit leur recours principal devant une juridiction nationale et avaient saisi la cour communautaire d'une exception d'illégalité. Pour justifier leur démarche, les demandeurs avaient tenté de faire admettre que l'article 241 CE qui a institué l'exception d'illégalité, ne spécifie pas devant quelle juridiction doit être porté le litige qui met en cause le règlement dont la légalité est contestée.

La CJCE a coupé court à toute velléité de confusion autour des conditions de mise en œuvre de l'exception d'illégalité. Elle a clairement énoncé que ladite exception ne peut être soulevée « que dans une procédure poursuivie devant la Cour elle-même, sur la base d'une autre disposition du traité » [3].

Il convient de préciser qu'il est nécessaire que l'acte dont l'illégalité est poursuivie soit en rapport direct avec la décision individuelle attaquée au principal. La jurisprudence retient à ce propos qu' « il ne peut être excipé de l'illégalité des décisions générales que dans la mesure où il existe un lien juridique direct entre elles et l'acte individuel attaqué » [4].

---

[1] Article 11 Protocole additionnel n° 1 sur les organes de contrôle de l'Union « Toute partie peut, à l'occasion d'un litige, soulever l'exception d'illégalité à l'encontre d'un acte du Conseil ou de la Commission, nonobstant l'expiration du délai mentionné à l'article 8 alinéa 3 ».

[2] Laurent COUTRON, *La contestation incidente des actes de l'Union européenne*, Collection droit de l'Union européenne, Bruxelles, Bruylant, 2007.

[3] CJCE, 14 décembre 1962, Wohrmann, affaires jointes n° 31 et 33/62, *Rec.*, p. 971.

[4] CJCE, 31 mars 1965 Macchiorlati, affaire n° 21/64, *Recueil*, p. 227.

En tant qu'incident de procédure, l'exception d'illégalité n'a pas pour objet de faire prononcer l'annulation de l'acte tenant lieu de fondement juridique à la décision individuelle en cause. Elle vise plutôt à amener le juge à procéder au constat d'illégalité de l'acte général pour en déduire une décision d'annulation de l'acte individuel [1].

Section 2. Effets de l'illégalité d'un acte communautaire unilatéral

Le contrôle exercé par la Cour de Justice vise principalement à neutraliser les effets d'un acte jugé non conforme à la légalité communautaire.

Paragraphe 1. L'anéantissement de principe des effets de l'acte illégal

L'acte communautaire illégal est, en principe, considéré comme nul et non avenu.

A. L'acte illégal est déclaré nul

L'acte communautaire dont l'illégalité est retenue est déclaré nul. Le retrait de l'acte de l'ordonnancement juridique constitue la première conséquence de l'annulation prononcée par le juge. À partir de ce moment, nul ne pourra l'invoquer ou s'en prévaloir en vue de produire des effets juridiques.

L'annulation peut être totale ou partielle. Le juge communautaire prononce l'annulation partielle lorsque l'illégalité n'atteint que certaines parties de l'acte à condition toutefois que l'acte en cause soit divisible. Comme l'a souligné Maurice-Christian Bergerès, « l'annulation partielle n'est possible que s'il n'existe pas entre les diverses parties de l'acte un lien indivisible » [2]. Par conséquent, le juge prononcera, en principe, l'annulation totale s'il constate que les dispositions de l'acte irrégulier ne peuvent être détachées les unes des autres.

---

[1] La conséquence ainsi décrite a été traduite à travers un attendu énonçant que « l'irrégularité de la décision générale sur laquelle une décision individuelle est fondée ne peut conduire qu'à l'annulation de la décision individuelle », CJCE 13 juin 1958 Meroni and Co, affaire 9-56, *Recueil*, p. 11.

[2] Maurice-Christian BERGÈRES, *Contentieux communautaire*, 3ème édition, Paris, PUF, p. 235.

La jurisprudence européenne retient, toutefois, qu'il est inadmissible dans certaines circonstances de s'orienter vers une annulation totale de l'acte au détriment des intérêts du requérant qui aura cantonné sa demande seulement sur une partie de l'acte querellé.

Il est, à cet effet, admis que lorsque l'annulation partielle d'un acte est demandée, alors que le moyen dirigé contre la décision attaquée ne concerne pas l'ordre public, la Cour statuerait *ultra petita* en annulant entièrement l'acte en cause.

Par ailleurs, il importe de noter que l'arrêt prononçant l'annulation d'un acte communautaire jouit de l'autorité absolue de chose jugée.

Cela signifie que l'annulation produit effet *erga omnes* et fait obstacle à ce que les questions de droit déjà réglées par l'arrêt soient à nouveau soumises au juge.

La Cour de Justice de l'UEMOA a fait application de ce principe dans une affaire où une fin de non-recevoir a été opposée au requérant. Pour aboutir à cette solution, la Cour a fait remarquer que la requête présentée par le demandeur a été précédée de deux autres recours, par lui introduits pour violation des dispositions des articles 16, 27, 28 et 30 du Traité de l'UEMOA, recours qui ont été jugés recevables et ont donné lieu, sur le fond, à deux arrêts d'annulation favorables au demandeur. Elle a déduit de ce constat que le recours « introduit postérieurement, opposant les mêmes parties, tendant aux mêmes fins, sur le fondement des mêmes moyens… » [1], doit être déclaré irrecevable.

Le juge communautaire fait ainsi une saine application de la règle de l'interdiction de réitérer contre un arrêt d'annulation qui en réalité n'est qu'une conséquence de l'autorité absolue de chose jugée attachée à ce type de décision.

Il faut par contre noter que les arrêts de rejet ne sont revêtus que d'une autorité relative. Dès lors, seul le recours formé par le même requérant portant sur le même objet et fondé sur la même cause juridique devra être déclaré irrecevable.

On remarquera dans l'affaire précité que le juge UEMOA a expressément fait référence à l'arrêt Meyer par lequel, la CJCE a énoncé que « le recours en annulation contre une décision d'une institution n'est pas recevable, dès lors qu'une décision antérieure avait donné satisfaction au requérant ». Il est permis de s'interroger sur la pertinence d'une telle démarche si l'on sait que dans cette affaire, la motivation développée par la Cour communautaire ouest-africaine était à la fois explicite et suffisante pour justifier à elle seule la décision entreprise. Le renvoi exprès à la jurisprudence européenne apparaît, dès lors, surabondant.

[1] Cour de Justice de l'UEMOA, affaire Eugène Yai, *op. cit.*, p. 248.

B. L'acte est déclaré non avenu

L'annulation prononcée affecte les effets produits par l'acte incriminé dans le passé. L'illégalité remonte donc *ab initio* et affecte l'acte annulé depuis son origine. Dans la rigueur des principes, toutes les situations juridiques constituées sur la base de l'acte illégal sont remises en cause.

L'acte annulé disparaît rétroactivement de l'ordonnancement juridique. Il est, de ce fait, réputé n'avoir jamais existé.

Mais, pour prévenir les conséquences dommageables qu'une annulation en cascade pourrait entraîner, la jurisprudence a imaginé et adopté une pratique consistant à moduler les effets de l'annulation d'un acte communautaire lorsque la situation de l'affaire l'impose.

Paragraphe 2. La modulation exceptionnelle des effets de l'acte illégal

L'examen des fondements du pouvoir de modulation théorisé par le juge communautaire permettra de mieux comprendre les différentes techniques mises en œuvre pour son application.

A. Les fondements du pouvoir de modulation

Tenant compte des conséquences que l'annulation rétroactive des actes communautaires pourrait entraîner, le législateur communautaire UEMOA a entendu reconnaître à la Cour de Justice le pouvoir de moduler les effets des arrêts d'annulation qu'elle prononce.

Ce pouvoir est fondé sur les dispositions du Protocole additionnel n° 1 qui énonce en son article 10 que l'organe de l'Union dont émane l'acte annulé est tenu de prendre les mesures que comporte l'exécution de l'arrêt de la Cour de Justice. Celle-ci a la faculté d'indiquer les effets des actes annulés qui doivent être considérés comme définitifs.

Il s'agit là d'un pouvoir exceptionnel conféré à l'organe judiciaire dans le but principal de préserver les intérêts de l'Union, mais également ceux des autres justiciables contre les conséquences manifestement exagérées qui pourraient découler de l'annulation d'un acte communautaire.

Cette faculté de limitation de l'effet *rationae temporis* des arrêts d'annulation vise à réduire les incidences de la rétroactivité sur les droits acquis, mais aussi à garantir la sécurité et la prévisibilité juridiques.

L'impératif de sécurité juridique a été invoqué comme argument principal destiné à justifier la reconnaissance de ce pouvoir exceptionnel au juge communautaire. Concernant la CJCE, l'on s'est tout de suite rendu compte à l'épreuve de la pratique, que les interventions du juge en la matière étaient plutôt portées sur la préservation des intérêts de l'organe communautaire. La perception de ce déséquilibre a suscité de nombreuses critiques et interrogations.

Aujourd'hui, il est clairement établi que la préservation de l'intérêt économique de l'organisation communautaire n'apparaît plus comme le seul facteur pris en compte pour justifier le pouvoir de modulation des effets des arrêts d'annulation rendus par les juridictions communautaires.

En effet, il arrive que le juge module les effets d'une décision d'annulation en mettant en avant la nécessité de protéger l'ordre juridique de l'organisation d'intégration. C'est le cas lorsque la limitation vise à empêcher une série d'annulation en cascade qui pourrait entamer la stabilité de l'ordre juridique sous-régional.

La Cour de Justice de l'UEMOA a exactement argumenté dans ce sens lorsqu'elle a, pour la première fois, mis en œuvre le pouvoir de modulation que lui confère le traité constitutif.

Dans cette affaire, la cour avait été saisie pour annuler la décision par laquelle la Conférence des chefs d'État et de gouvernement avait procédé irrégulièrement au remplacement d'un membre de la Commission.

Au moment où la juridiction a prononcé l'annulation de l'acte litigieux, le commissaire nommé en remplacement du requérant avait déjà pris plusieurs actes relevant de ses compétences.

Dans la rigueur des principes, l'annulation de la décision de nomination devrait, par voie de conséquence, entraîner celle de tous les actes signés par le nouveau commissaire depuis son entrée en fonction. Toutefois, une telle situation aurait certainement causé des bouleversements majeurs dans le fonctionnement de l'organisation. C'est donc pour parer cette éventualité que la Cour a pris l'initiative de cantonner les effets de sa décision.

Elle fit observer que la question relative à la préservation des intérêts de l'Union est réglée par l'article 10 du Protocole additionnel qui dispose que l'organe de l'Union dont émane l'acte annulé est tenu de prendre les mesures que comporte l'exécution de l'arrêt de la Cour de Justice et que celle-ci a la faculté d'indiquer les effets des actes annulés qui doivent être considérés comme définitifs.

Se fondant sur ce texte, la Cour décida que l'annulation ne prendrait effet qu'à compter de la date de prononcé de l'arrêt en prenant soin d'expliquer que « cette annulation si elle produisait ses entiers effets atteindrait les actes pris par le Commissaire entrant » [1].

---

[1] Cour de Justice de l'UEMOA, arrêt n° 01 du 5 avril 2006, Eugène Yai, *Recueil des textes fondamentaux et de la jurisprudence de la Cour,* p. 580 et s.

La Cour s'est donc uniquement préoccupé de la protection de l'ordre juridique sous-régional ce qui constitue en réalité l'axe principal de sa fonction.

Il y a lieu de noter, pour conclure sur ce point, que le système CEDEAO ne comporte aucune disposition reconnaissant à la Cour de Justice de la Communauté le pouvoir de moduler les effets de ses arrêts d'annulation.

B. Les techniques de mise en œuvre du pouvoir de modulation

L'observation de la pratique judiciaire en matière d'annulation a permis d'identifier différents procédés mis en œuvre par le juge communautaire en vue de moduler les effets de ses décisions.

La première technique observée consiste à priver sa décision d'effet rétroactif en décidant que l'annulation prononcée ne vaut que pour l'avenir. Par cette approche, le but visé est de ne faire produire à l'annulation qu'un effet *ex nunc*, c'est-à-dire limité à l'avenir [1]. Il s'agit d'un mécanisme de préservation des situations juridiques nées avant la date de la décision prononçant l'annulation.

Il est également arrivé que le juge communautaire, par une technique de ciblage, décide que l'annulation de l'acte en cause ne produira pas d'effet rétroactif à l'égard de tous, mais seulement à l'égard de certaines catégories de personnes parmi celles susceptibles d'être affectées par les conséquences de l'arrêt constatant l'illégalité.

La CJCE s'est prononcée dans ce sens dans une affaire où elle avait été saisie, à titre préjudiciel, de questions soulevées dans le cadre d'un litige entre une hôtesse de l'air et son employeur, portant sur une indemnisation réclamée par la requérante en raison du fait qu'elle aurait, du 15 février 1963 au 1er février 1966, en tant que travailleur de sexe féminin, subi une discrimination en matière de rémunération, par rapport à ses collègues de sexe masculin accomplissant le même travail en qualité de commis de bord.

La Cour qui a admis la justesse de la réclamation a cependant préconisé des mesures tendant à limiter les effets de la décision à intervenir par rapport à d'autres salariées qui durant la même période ont pu subir la même discrimination.

C'est ainsi qu'elle a relevé que « des considérations impérieuses de sécurité juridique, tenant à l'ensemble des intérêts en jeu, tant publics que privés, empêchent en principe de remettre en cause les rémunérations

---

[1] Pierre LE MIRE, « La limitation dans le temps des effets des arrêts de la Cour de Justice des Communautés européennes », in *Mélanges René Chapus*, Paris, édition Montchrestien 1992, p. 373.

pour des périodes passées » et en a déduit que « l'effet direct ne pourra être invoqué à l'appui de revendications relatives à des périodes de rémunération antérieures à la date de l'arrêt, sauf en ce qui concerne les travailleurs qui ont introduit antérieurement un recours en justice ou ont soulevé une réclamation équivalente » [1].

Il importe également de relever le caractère audacieux d'une autre technique de limitation mise en œuvre par le juge communautaire qui s'est reconnu le pouvoir de maintenir en vigueur les effets d'un acte jugé illégal.

En effet, tant en droit UEMOA qu'en droit européen (article 233 TUE), la sortie de vigueur d'un acte jugé illégal suppose une intervention des instances communautaires auxquelles il incombe de prendre les mesures qui s'imposent pour extirper l'acte en cause de l'ordonnancement juridique. L'article 10 du Protocole additionnel énonce, à cet effet, que « l'organe de l'Union dont émane l'acte annulé est tenu de prendre les mesures que comporte l'exécution de l'arrêt de la Cour de Justice » [2].

En cas d'annulation, en attendant que les mesures idoines soient prises en application de la disposition précitée, la Cour de Justice peut, pour reprendre le mot de Denys Simon, décider de « suspendre les effets de l'annulation jusqu'à l'adoption, par les institutions compétentes, d'un acte légal de substitution » [3].

Par ces dispositions transitoires, le juge communautaire se donne le pouvoir de garantir la continuité du droit et d'éviter ainsi que ses décisions puissent créer, ne serait-ce que temporairement, un vide préjudiciable à l'ordre juridique. Par cette pratique, le juge de la légalité s'arroge la prérogative d'avoir une parfaite maîtrise des conséquences qui pourraient découler des décisions d'annulation qu'il prononce. Ce pouvoir qui peut, dans une certaine mesure, apparaître comme exorbitant est souvent justifié par l'impératif de préservation de la sécurité juridique.

C'est ainsi que dans une affaire jugée en 2006, la CJCE, après avoir constaté que le régime applicable à l'importation et à l'exportation des produits chimiques dangereux était fondé sur un règlement annulé, a estimé « qu'au vu de ces éléments et aux fins notamment d'éviter toute insécurité juridique quant au régime applicable aux échanges de ces produits à la suite de l'annulation dudit règlement ... », il y avait lieu de maintenir ses

---

[1] CJCE, 8 avril 1976, Gabrielle Defrenne c/ SABENA, affaire n° 43-75, *Rec.* 1976, p. 455.

[2] Protocole additionnel n° 1 relatif aux organes de contrôle de l'UEMOA.

[3] Denys SIMON, *Le système contentieux communautaire*, Paris, PUF 3ème édition, p. 552.

effets jusqu'à l'adoption, dans un délai raisonnable, d'un nouveau règlement fondé sur des bases juridiques appropriées.

Il est heureux de constater que le juge a fait référence à la notion de délai raisonnable introduite opportunément dans la motivation pour justement éviter de faire croire qu'elle aurait prononcé une « validation judiciaire » définitive en faveur d'un acte jugé illégal.

Cette précision permettra également de vaincre une éventuelle inertie des autorités auxquelles incombe la prise de mesures d'exécution de l'arrêt d'annulation.

Francis Donnat relève, à ce propos, que « la possibilité de maintenir provisoirement certains effets de l'acte annulé ne doit pas servir de prétexte aux institutions pour s'éterniser dans l'illégalité constatée » [1].

Au vu de ce qui précède, on se rend compte de la spécificité de l'office du juge communautaire qui, par la mise en œuvre du pouvoir de modulation qu'il tient du traité, arbore la double casquette de juge de la légalité et de juge de l'exécution.

En effet, si l'on se réfère aux fondamentaux de la fonction judicaire classique, l'instance engagée dans le cadre d'un recours en annulation, est articulée autour d'un débat strictement objectif dans lequel la seule question soumise au juge est celle relative à la légalité de l'acte attaqué.

Ainsi, l'organe juridictionnel saisi dans ces conditions ne s'occupe pas en principe des questions liées aux conséquences éventuelles de la décision à intervenir ou des modalités d'aménagement de sa mise en œuvre pratique. En réalité, ces considérations relèvent de l'office du juge de l'exécution qui, le cas échéant, peut en tenir compte lorsqu'il est saisi d'une difficulté d'application de la décision entreprise.

---

[1] Francis DONNAT, *Le contentieux communautaire de l'annulation*, Paris, LGDJ, p. 208.

Chapitre 2

Le contrôle de responsabilité

Il convient à la suite des développements consacrés au contrôle de légalité, d'aborder la problématique du contrôle de responsabilité des organisations sous-régionales d'intégration.

Dotées d'une personnalité juridique distincte de celle des États membres ainsi que d'un patrimoine propre, les organisations sous régionales d'intégration répondent, dans le cadre de leurs activités, des dommages causés aux tiers.

La responsabilité de ces organisations sera donc recherchée sur la base des prescriptions des Traités constitutifs et des actes dérivés pertinents qui en fixent les conditions d'engagement.

Il faut préciser que la responsabilité contractuelle de l'organisation sous-régionale relève en général de la compétence des juridictions nationales. L'article 9 du Traité de L'UEMOA dispose à cet effet que l'Union a la capacité pour contracter, acquérir des biens mobiliers et immobiliers et en disposer. Sa responsabilité contractuelle et la juridiction nationale compétente pour tout litige y afférent sont régies par la loi applicable au contrat en cause.

Dès lors, seule la responsabilité extracontractuelle de l'organisation sous-régionale relève de la Cour de Justice communautaire. Pour cette raison, les développements subséquents seront entièrement axés sur ce point.

Dans les systèmes UEMOA et CEDEAO, la compétence reconnue aux cours de justice pour connaître des actions en responsabilité extracontractuelle renvoie à leur fonction essentielle de protection de l'ordre juridique sous-régional qui implique un contrôle effectif de responsabilité au même titre que le contrôle de légalité.

En effet, il incombe à l'organe judiciaire la mission d'exercer un contrôle pour s'assurer que la responsabilité de l'organisation sera retenue lorsque celle-ci cause un dommage à une personne physique ou morale. Il s'agit là d'une exigence d'ordre juridique qui s'impose à tout organe doté de la capacité d'être titulaire de droits et d'obligations.

Ainsi, le Protocole additionnel n° 1 relatif aux organes de contrôle de l'UEMOA, énonce, en son article 10, que « sans préjudice des dispositions prévues à l'article 9 du Traité de l'Union, la Cour de Justice connaît des litiges relatifs à la réparation des dommages causés par les organes de l'Union ou par les agents de celle-ci dans l'exercice de ses fonctions ».

Concernant la Cour de Justice de la CEDEAO, l'article 9 du Protocole additionnel A/SP1/01/05 abonde dans le même sens et énonce que la Cour est compétente pour connaître des actions en réparation des dommages causés par une institution de la communauté ou un agent de celui-ci pour tout acte commis ou pour tout omission dans l'exercice de ses fonctions.

Dès lors qu'on se situe dans un cadre extracontractuel, la question se pose de savoir dans quelle condition on peut engager la responsabilité de la communauté. On peut également s'interroger sur la nature des actes ou omissions susceptibles de constituer le fait générateur de responsabilité encourue.

À la lecture des dispositions précitées, il apparaît clairement que les législateurs UEMOA et CEDEAO ont entendu imputer aux organisations communautaires les dommages causés par leurs institutions ou organes, ainsi que ceux occasionnés par leurs agents dans l'exercice de leurs fonctions.

S'agissant maintenant de la question relative à la nature du fait générateur de responsabilité, la réponse est donnée, pour le système UEMOA, par l'article 15.5 du règlement de procédure de la Cour [1].

Il s'infère de cette disposition que le fait générateur de responsabilité peut découler soit d'un acte matériel, soit d'une activité normative d'un démembrement de l'Union.

Sous le bénéfice de ces observations, la problématique de la responsabilité extracontractuelle pourra être abordée, d'une part, sous l'angle des critères d'imputabilité de la responsabilité (section I) et d'autre part des causes d'engagement de la responsabilité (section II).

Section 1. Les critères d'imputabilité de la responsabilité extracontractuelle des organisations sous-régionales d'intégration

La responsabilité qui peut être imputée à l'organisation sous-régionale est celle découlant d'un préjudice causé par ses institutions ou par ses agents.

---

[1] « La Cour de Justice est seule compétente pour déclarer engagée la responsabilité non contractuelle et condamner l'Union à la réparation du préjudice causé, soit par des agissements matériels, soit par des actes normatifs des organes de l'Union ».

Paragraphe 1. Les organes susceptibles d'engager la responsabilité de l'organisation

Il s'agit d'une part des organes communautaires et d'autre part des organes nationaux mettant en œuvre le droit communautaire

A. Les organes communautaires

Le Protocole additionnel n° 1 précise que la Cour de Justice connaît des litiges relatifs à la réparation des dommages causés par les organes de l'Union. C'est dire donc qu'il est nécessaire, pour engager la responsabilité de l'organisation, que le dommage objet du litige soit causé par un organe de l'Union.

Au sens de l'article 16 du Traité de l'UEMOA, les organes de l'Union sont constitués par la Conférence des chefs d'État et de gouvernement, le Conseil des ministres, le Parlement, la Cour de Justice et la Cour des Comptes.

La situation de la chambre régionale consulaire et des institutions spécialisées mérite d'être examinée. En effet la question se pose de savoir si la communauté répond des préjudices que lesdites structures peuvent causer aux tiers.

Il faut dire que les institutions spécialisées que sont la BCEAO et la BOAD jouissent de la personnalité juridique et de ce fait, sont susceptibles d'être assignées en responsabilité devant les juridictions sans que l'organe communautaire ne soit appelé en cause. D'ailleurs, l'article 41 du traité constitutif précise que ces institutions constituent des structures autonomes rattachées à l'Union et qu'elles concourent en toute indépendance à la réalisation des objectifs du traité.

La particularité de la situation de la chambre consulaire découle du fait que le législateur communautaire a semblé la soumettre au même régime juridique que les institutions spécialisées. En effet, c'est seulement après avoir procédé à l'énumération des organes de l'Union que le traité a mentionné dans un alinéa *in fine* que « des organes consultatifs et des institutions spécialisées autonomes concourent également à la réalisation des objectifs de l'Union ».

Mais à la différence des institutions spécialisées, la chambre consulaire régionale créée par le traité, pour la réalisation des objectifs de l'Union, est une institution dépourvue de toute personnalité juridique. Elle doit, par conséquent, être considérée comme un organe dont les agissements sont susceptibles d'être imputés à l'Union.

Nous pouvons donc retenir, concernant les institutions précitées, que les dommages causés aux tiers engagent la responsabilité de l'Union qui est représentée devant la Cour de Justice par la Commission.

Il convient de préciser que ce pouvoir de représentation générale reconnu à la Commission constitue une particularité par rapport au droit européen. En effet, devant le silence de la loi, le juge communautaire européen a estimé que « dans l'ordre juridique communautaire, il est de l'intérêt d'une bonne administration de la justice, lorsque la responsabilité de la communauté est engagée par le fait d'une de ses institutions, qu'elle soit représentée par la ou les institutions à qui le fait générateur de responsabilité est reproché » [1].

Par contre, dans le système UEMOA, c'est l'article 9 du traité qui confère à la Commission un pouvoir général et exclusif de représentation. Selon cette disposition, « l'Union a la capacité juridique, elle jouit dans chaque État membre de la capacité juridique la plus large reconnue aux personnes morales par la législation nationale. Elle est représentée en justice par la Commission ».

B. Les organes étatiques mettant en œuvre le droit communautaire

L'atteinte des objectifs d'intégration assignés aux organisations sous-régionales obligent celles-ci, très souvent, à coopérer avec les administrations des États membres pour la mise en œuvre des politiques sectorielles communes.

L'article 7 du Traité de l'UEMOA énonce à cet effet que « les États membres apportent leur concours à la réalisation des objectifs de l'Union en adoptant toutes mesures générales ou particulières, propres à assurer l'exécution des obligations découlant du présent Traité ».

Par cette prescription il est fait obligation aux États membres de coopérer loyalement avec l'organisation sous-régionale en prenant au besoin des mesures d'exécution destinées à favoriser l'atteinte des objectifs communs fixés par le Traité.

Il peut arriver que les mesures prises à cet effet par les États membres portent préjudice à des tiers et soient, de ce fait, source d'un contentieux de la responsabilité.

La problématique qui se dégage de cette hypothèse renvoie à la responsabilité de la communauté du fait des agissements d'un État membre. Il s'agit précisément de dire si la responsabilité extracontractuelle d'une organisation sous-régionale peut être engagée en vue de la réparation d'un dommage causé par une entité nationale faisant application du droit communautaire.

---

[1] CJCE, Wilhelm Werhahn, 13 novembre 1973, affaire n° 69/72, *Rec.* 1973, p. 1229.

Il faut à ce niveau rappeler que dans l'ordre interne des États, le juge national est le juge communautaire de droit commun. À ce titre, il est, en principe, seul compétent pour connaître de toute action fondée sur la violation du droit communautaire. Dès lors, c'est à lui qu'il reviendra de statuer sur l'action en réparation dirigée contre l'État agissant en application du droit communautaire. Dans le cadre de cette instance, le juge national pourra, s'il l'estime nécessaire, saisir le juge communautaire d'une question préjudicielle en interprétation ou en appréciation de légalité.

La CJCE a systématisé, par un attendu, la compétence de principe du juge national en cette matière. Elle a, en effet, estimé que « la réparation des dommages causés aux personnes privées par les organismes et les agents des États membres, soit du fait d'une violation du droit communautaire, soit par un acte ou une omission contraire au droit national à l'occasion de l'application du droit communautaire, incombe exclusivement à l'État membre ou à l'organisme national agissant pour son compte, et doit être appréciée en fonction du droit national de l'État membre concerné et par les juridictions nationales » [1].

Cette systématisation a priori simple ne doit pas nous amener à occulter toute la difficulté qu'il y a à fixer avec précision les critères de répartition des compétences entre juridictions des États membres et juridictions communautaires en matière de responsabilité extracontractuelle.

Il existe effectivement des cas où c'est la responsabilité de l'organisation communautaire qui est retenue pour violation du droit communautaire par une administration d'un État membre. Il en est ainsi lorsque l'autorité nationale a agi sur instruction directe et formelle d'un organe communautaire. La jurisprudence retient dans cette hypothèse que la décision doit être imputée à la communauté qui en est l'inspiratrice et l'instigatrice. Le juge communautaire ouest-africain n'a pas encore eu l'occasion de se prononcer sur cette question, contrairement au juge européen qui a rendu plusieurs décisions en la matière [2].

La diversité des solutions jurisprudentielles présentées à titre de comparaison confirme que la question de la répartition des compétences, précédemment, évoquée, n'est pas facile à cerner.

---

[1] CJCE, 18 octobre 1984 Eurico, affaire 109/83.

[2] Dans une affaire jugée le 15 janvier 1987 (Krohn, affaire n° 175/84), la CJCE a accepté de contrôler la responsabilité extracontractuelle de la communauté suite à une action initiée par une société qui a estimé avoir subi un préjudice commercial né du refus de l'office allemand de marchés agricoles de lui octroyer un certificat d'importation de produits en provenance de Thaïlande. Pour asseoir la compétence de la juridiction communautaire, la requérante a soutenu et démontré que l'office avait agi sur instruction de la Commission européenne.

Flavien Mariate et Rodolphe Munez [1] ont reconnu dans leur ouvrage consacré au contentieux de l'Union européenne que « la répartition de la responsabilité entre les États membres et l'Union est particulièrement difficile à appréhender ». Partant de ce constat, ils ont proposé une typologie, élaborée par Denys Simon, qui, à partir de l'exposé de différents cas, a tenté, pour chaque situation, d'indiquer la juridiction compétente pour connaître de l'action en responsabilité.

La première situation présentée par ces auteurs est celle dans laquelle le dommage est né de la mise en œuvre irrégulière, par l'État, d'un acte communautaire régulier. Ils estiment que, dans ce cas, « la victime du dommage devra attaquer l'État et donc la procédure devra être menée au niveau des juridictions nationales ».

La deuxième situation correspond à l'hypothèse où l'autorité nationale met correctement en application un acte communautaire illégal. Il faut signaler sur ce point que la jurisprudence retient, lorsque l'autorité n'a fait qu'exécuter une disposition réglementaire illégale, que le préjudice doit être imputé à l'organisation communautaire dans la mesure où l'illégalité d'un acte d'une institution communautaire ne peut engager que la seule responsabilité de la communauté [2].

Quant à la dernière catégorie évoquée, elle renvoie à la situation de concours de responsabilités. Il s'agit des cas particuliers dans lesquels la responsabilité conjointe de l'organisation communautaire et d'un État membre est poursuivie.

Face à un tel litige, Denys Simon préconise l'épuisement des voies de recours interne avant l'engagement du recours en indemnité dirigé contre l'Union devant le juge communautaire. Cette position correspond à tous égards à celle du juge supranational dont le souci premier a été d'éviter une contrariété de décisions dans le traitement de ce type de contentieux.

C'est ainsi qu'il a estimé que « si aux fins de l'indemnisation d'un seul et même dommage, deux actions sont dirigées contre un État membre devant une juridiction nationale et contre la communauté devant la Cour de Justice, il convient d'éviter que le requérant ne soit, du fait d'appréciations différentes par deux juridictions différentes appliquant des règles de droit différentes, insuffisamment ou abusivement indemnisé » [3].

---

[1] Flavien MARIATTE et Rodolphe MUNOZ, « Contentieux de l'Union européenne » / Denys SIMON (dir.), *Carence et responsabilité,* édition Lamy 2011, p. 223.

[2] CJCE, 27 septembre 1988, Asteris e.a affaires jointes n° 106 à 120/87, *Rec. 1988*, p. 05515.

[3] CJCE, 14 juillet 1967, Kampffmeyer 24/60, *Rec.*, p. 317.

Pour cette raison, il a été retenu que l'arrêt de la Cour de Justice communautaire ne saurait intervenir avant la décision de la juridiction nationale rendue en la matière.

On note à travers cette attitude de la Cour la volonté d'éviter toute contrariété qui pourrait se révéler préjudiciable à l'unité de l'ordre juridique communautaire.

Il importe dans pareil cas, par application du principe de subsidiarité, que le juge communautaire puisse réserver sa décision jusqu'à ce que le juge national épuise sa saisine. C'est là tout le sens de la règle d'épuisement des voies de recours internes dont l'application a été préconisée.

Frédérique Berrod [1] soutient à ce propos que la notion de subsidiarité est un moyen permettant une articulation entre les compétences du juge communautaire et celles des juges nationaux. Il considère en effet que « le principe de subsidiarité permet à la Cour (communautaire) de n'être saisie que lorsque le préjudice n'a pas été totalement indemnisé par les autorités nationales, ce qui représente une économie évidemment financière et également procédurale ». Selon cet auteur, « ces multiples avantages ont incité le juge communautaire à considérer que la subsidiarité juridictionnelle pouvait devenir le principe de base régissant le partage des compétences entre lui et le juge national ».

Dans le cadre de l'UEMOA, la subsidiarité juridictionnelle en cas de pluralité de faute va au-delà d'une simple option jurisprudentielle. Elle procède d'une exigence du législateur communautaire qui, à travers l'article 15 du règlement 01/96/CM, énonce que « l'action en responsabilité contre l'Union ou celle de l'Union contre les tiers ou ses agents se prescrivent par trois ans à compter de la réalisation des dommages. En cas de pluralité de fautes ou de mise en jeu de la responsabilité d'un tiers, les juridictions nationales peuvent être saisies. Dans ce cas, la Cour ne peut être saisie qu'après épuisement des voies de recours devant les juridictions nationales » [2].

Par cette codification, le partage de compétences entre juridictions nationales et juges communautaires est établi clairement de sorte que les risques de contrariété de jugement ou même de conflits de compétences sont considérablement réduits pour ne pas dire inexistants.

---

[1] Frédérique BERROD, *La systématique des voies de droit communautaires*, Thèse pour le doctorat en droit de l'Université Robert Schuman, Strasbourg, p. 760. Publié sous le même titre, Paris, Dalloz 2003, Collection Nouvelle Bibliothèque de Thèses.

[2] Règlement n° 01/96/CM UEMOA du 5 juillet 1996 portant règlement de procédures de la Cour de Justice de l'UEMOA.

Paragraphe 2. Les agents susceptibles d'engager la responsabilité de l'organisation

Les agents dont les agissements sont susceptibles d'entraîner la responsabilité de la communauté, sont ceux liés à l'organisation par un contrat ou un statut.

Mais encore faudrait-il qu'ils aient agi dans l'exercice de leurs fonctions.

A. L'exigence d'un lien de rattachement entre l'auteur du dommage et l'organisation communautaire

Les organisations d'intégration répondent des dommages causés par leurs agents. Elles peuvent, à ce titre, être condamnées à réparer un préjudice né des agissements d'un membre de leur personnel.

La responsabilité qui en découle est fondée principalement sur le lien juridique qui existe entre l'agent responsable du fait dommageable et l'organe employeur.

En effet, les agents au service des organisations internationales sont censés agir au bénéfice exclusif de la communauté, même dans l'hypothèse où leur recrutement a été fait sur proposition de leur État d'origine.

Mais que recouvre cette notion d'agent d'une organisation d'intégration ?

Concernant le système UEMOA, le régime applicable aux agents de l'organisation est fixé par le règlement n° 07/2010/CM portant statut du personnel.

Ce nouveau texte a abrogé et remplacé le règlement n° 01/95/CM du 1er août 1995 portant statut des fonctionnaires de l'UEMOA ainsi que le règlement n° 02/95/CM qui s'appliquait au personnel non permanent de l'Union.

Le texte issu de la fusion constitue désormais le cadre juridique unique fixant le régime applicable au personnel de l'Union.

Au sens de ce règlement, la notion d'agent de l'organisation renvoie à deux catégories de personnel comprenant d'une part les fonctionnaires et d'autre part les contractuels.

Il définit le fonctionnaire comme une personne recrutée et titularisée dans l'un des emplois permanents ouverts dans les services des organes de l'Union.

Quant au contractuel, il est désigné comme toute personne recrutée par contrat à durée déterminée dans un service d'un organe de l'Union.

On remarquera, concernant cette catégorie d'agents, qu'il n'est plus possible de les faire bénéficier d'un contrat à durée indéterminée. L'article 39 du nouveau statut ajoute même une restriction supplémentaire en énonçant que les contrats à durée déterminée dont ils bénéficient ne pourront être renouvelés qu'une seule fois [1].

Cette situation apparaît nettement moins avantageuse pour la catégorie d'agents concernée si l'on sait que sous l'empire de la réglementation d'avant réforme, les agents non fonctionnaires avaient la possibilité de dérouler au sein de l'organisation une carrière à durée indéterminée jusqu'à la retraite.

De façon générale, les agents de l'organisation sont recrutés parmi les ressortissants des États membres choisis selon des critères de compétence, de rendement et d'intégrité.

Les agents fonctionnaires, qui présentent la particularité d'être liés à l'organisation par un régime statutaire, sont recrutés par voie de concours conformément aux prescriptions de l'article 30 du règlement.

Ils sont classés en fonction de leur niveau de formation et de leur qualification professionnelle dans des catégories comportant des grades et échelons.

Qu'ils soient liés à l'organisation par un contrat ou par le statut de fonctionnaire, les agents s'engagent à remplir leurs fonctions en ayant exclusivement en vue l'intérêt de l'Union. Le statut rappelle d'ailleurs que ces membres du personnel ne sont soumis qu'à l'autorité de l'organe de l'Union dont ils relèvent. Ils sont, de ce fait, indépendants à l'égard de toutes autres autorités nationales ou internationales.

L'exclusivité de ce lien de subordination justifie que l'organisation communautaire réponde seule des dommages causés aux tiers par les membres de son personnel.

Toutefois, cette responsabilité n'est pas automatique, son engagement suppose que l'agent en cause ait agi dans l'exercice de ses fonctions.

B. L'exigence d'un dommage causé par l'agent dans l'exercice de ses fonctions

Francette Fines soutient, dans son étude consacrée à la responsabilité extracontractuelle de la communauté économique européenne, que « s'il est nécessaire que l'auteur du dommage soit un agent communautaire, cette condition n'est pas suffisante. Il faut, en effet, que le dommage ait

---

[1] Il semble que le législateur communautaire, pour des raisons non révélées dans le texte, a pris l'option de rendre temporaire le statut d'agent contractuel.

été commis par l'agent dans l'exercice de ses fonctions » [1]. Cette citation traduit parfaitement l'idée selon laquelle il ne suffit pas que l'acte dommageable ait été commis par un agent communautaire pour que la responsabilité de son employeur soit automatiquement engagée. Il est donc nécessaire que le fait générateur imputable à l'agent soit en rapport direct avec l'exercice de ses fonctions.

En principe, c'est à cette condition seulement que la communauté sera tenue à réparation pour la raison bien simple que le juge va considérer que le préjudice invoqué est né de l'accomplissement d'une mission communautaire.

Il faut cependant admettre que dans la pratique, le justiciable peut éprouver quelques difficultés à établir que l'agent, auteur du dommage dont la réparation est poursuivie, agissait effectivement dans l'exercice des missions de l'organisation.

Il en est ainsi parce que le législateur communautaire n'a dégagé aucun critère objectif pour dire dans quel cas l'activité dommageable d'un agent sera considérée comme accomplie dans l'exercice de ses fonctions.

Cette incertitude laisse une large place à l'interprétation du juge communautaire pour au moins proposer un faisceau d'indices pouvant aider à décrire la nature du lien devant exister entre l'acte dommageable et l'accomplissement de la mission confiée à l'agent.

À ce niveau, la tentative de définition proposée par l'avocat général Gand, à travers ses conclusions prises dans l'affaire Sayag [2], nous semble tout à fait intéressante et mérite de ce fait d'être exposée.

En effet, la CJCE avait été saisie d'un renvoi préjudiciel formulé par la Cour de cassation belge qui a demandé au juge communautaire de définir le sens de l'expression « dans l'exercice de ses fonction » et de dire, pour le cas où un fait dommageable aurait été commis par un agent n'ayant pas agi en qualité officielle, si ce fait donne ouverture à la responsabilité personnelle de l'agent ou si cette responsabilité est absorbée par celle de la communauté.

Donnant son avis sur la problématique ainsi résumée, l'avocat général dira que « pour que l'activité dommageable d'un agent soit considérée comme accomplie dans l'exercice des fonctions de celui-ci, il faut qu'il y ait entre cette activité et les fonctions un lien interne qui fasse apparaître l'acte

[1] Francette FINES, Études de la responsabilité extracontractuelle de la Communauté économique européenne : de la référence aux principes généraux communs à l'édification jurisprudentielle d'un système autonome, Thèse pour le doctorat d'État en droit, Université Bordeaux I, 1989 (tome I, p. 269).

[2] CJCE 10 juillet 1969, Sayag c/ Leduc, *Recueil 1969*, p. 00329.

et l'exécution du service comme un tout indissociable et nécessaire » il ajoute que « pour déterminer si ce lien existe, il faut voir si l'objectif auquel tend l'acte est inhérent à l'accomplissement de la mission, et si cet objectif et l'activité qui a causé le dommage sont indissociablement liés ».

On perçoit dans cette analyse toute la teneur de la théorie de la faute de service et de la faute personnelle dont l'application a permis d'asseoir un critère de répartition entre responsabilité de l'administration et responsabilité de l'agent [1].

L'intérêt de cette distinction réside dans le fait qu'elle comble une lacune en ce que l'article 188 du traité CEE, comme les protocoles UEMOA et CEDEAO, s'était borné à énoncer la notion d'agent dans l'exercice de ses fonctions sans en donner la définition. Le critère dégagé par la Cour, tiré de l'existence d'un rapport interne et direct, constituant le prolongement nécessaire des missions confiées aux institutions, pourrait, de notre point de vue, constituer pour le juge communautaire un référentiel intéressant lorsque, dans le cadre d'un procès en réparation, il sera confronté à une question d'appréciation de l'existence d'un lien de connexité entre le dommage et les fonctions exercés par l'agent communautaire.

La Cour a également rappelé qu'en raison de l'autonomie de l'ordre juridique communautaire, seuls les litiges liés à la réparation des dommages causés par les agents dans l'exercice de leurs fonctions relèvent de la compétence du juge communautaire. Ainsi, elle a laissé entendre que les recours en responsabilité pour faute personnelle de l'agent devront être portés devant le juge national compétent.

On pourrait craindre à ce niveau que la mise en œuvre des privilèges et immunités liés au statut des agents communautaires soit un obstacle à la recevabilité d'une éventuelle action en responsabilité devant une juridiction nationale.

---

[1] La réponse apportée par la Cour ne s'est pas éloignée de l'argumentaire développé par l'avocat général. Elle a effet dit pour droit « qu'en matière de responsabilité non contractuelle, le Traité soumet la Communauté à une réglementation propre à l'ordre juridique communautaire, qui la place sous une règle unitaire pour la réparation des dommages causés par ses institutions et ses agents dans l'exercice de leurs fonctions.

Que le Traité assure l'application uniforme de cette règle et l'autonomie des institutions de la communauté, en soumettant les litiges en cette matière à la Cour de Justice.

Qu'en désignant à la fois les dommages causés par les institutions et ceux causés par les agents de la communauté, l'article 188 indique que la communauté n'est responsable que de ceux des actes de ces agents qui, en vertu d'un rapport interne et direct, constituent le prolongement nécessaire des missions confiées aux dites institutions.

Mais, s'il est acquis que les conventions internationales reconnaissent des immunités diverses aux fonctionnaires internationaux, il n'en demeure pas moins établi que ces avantages procéduraux sont aménagés dans l'intérêt exclusif des organisations internationales et non dans celui personnel de leurs agents.

Dès lors, les agents communautaires ne pourront s'en prévaloir que pour autant qu'ils aient agi dans l'exercice de leurs fonctions.

Au demeurant, si le dommage dont la réparation est poursuivie est sans rapport avec leurs missions officielles, il est évident que l'irrecevabilité de l'action en responsabilité devant le juge national ne pourra pas être valablement contestée.

D'ailleurs dans le système UEMOA, le Protocole additionnel n° 3 [1] précise clairement en son article 23 que lesdits privilèges et immunités sont accordés dans l'intérêt du bon fonctionnement de l'Union et de ses organes et non à l'avantage personnel des bénéficiaires.

La question s'est également posée de savoir s'il était envisageable, dans l'hypothèse d'une faute personnelle de l'agent, que la responsabilité de l'employeur soit substituée à celle de l'employé.

Le règlement de procédure de la Cour de Justice de l'UEMOA offre sur ce point une piste de réflexion intéressante en ce qu'il a prévu une procédure qui s'apparente à une action récursoire de l'Union contre ses agents. L'article 15 de ce texte prévoit en effet que « …les agents de l'Union ne peuvent engager la responsabilité de celle-ci que pour des dommages causés dans l'exercice ou à l'occasion de l'exercice de leurs fonctions. Toutefois, ces agents peuvent être tenus de réparer, en totalité ou en partie, les préjudices subis par l'Union en raison des fautes personnelles commises dans l'exercice ou à l'occasion de l'exercice de leurs fonctions.

L'action en responsabilité contre l'Union ou celle de l'Union contre les tiers ou ses agents se prescrivent par trois ans à compter de la réalisation des dommages ».

A priori, il est permis de considérer que cette disposition organise une voie de réparation en faveur de l'Union dans le cas où celle-ci a subi directement un préjudice du fait de la faute personnelle de son agent ou indirectement après réparation d'un dommage causé à un tiers dans les mêmes conditions.

Théoriquement, l'Union pourra dans les situations ainsi décrites, exercer, selon le cas, une action directe en réparation ou une action récursoire contre son agent.

---

[1] Protocole additionnel n° 3 relatif aux droits, privilèges et immunités de l'Union économique et monétaire ouest africaine, *Bulletin officiel de l'UEMOA*, juin 1996, p. 4.

Au demeurant, l'étude de la nature du fait générateur permettra de mieux fixer le régime de responsabilité extracontractuelle applicable à l'organisation communautaire devant la Cour de Justice.

Section 2. Le régime juridique de l'action en responsabilité extracontractuelle des organisations sous-régionales

Il s'agira concrètement, à travers l'analyse de certains faits, d'identifier les causes de responsabilité et d'analyser leurs caractéristiques.

Paragraphe 1. Les causes d'engagement de la responsabilité extracontractuelle de l'organisation

Dans le système UEMOA, les causes d'engagement de la responsabilité de l'organisation découlent des indications fournies par le règlement de procédure de la Cour de Justice qui énonce en son article 15 que « la Cour de Justice est seule compétente pour déclarer engagée la responsabilité non contractuelle et condamner l'Union à la réparation du préjudice causé, soit par des agissements matériels, soit par des actes normatifs des organes de l'Union ou de ses agents dans l'exercice ou à l'occasion de l'exercice de leurs fonctions… ».

Par contre les causes d'engagement mentionnées par le Protocole additionnel CEDEAO relatif à la Cour de Justice apparaissent beaucoup plus générales en ce sens que le texte dont s'agit fait référence à tout acte dommageable ou omission imputable aux institutions de la communauté ou à leurs agents [1].

Il s'infère de ces prescriptions qu'en la matière, le fait générateur de responsabilité peut découler aussi bien d'un agissement matériel que d'un acte normatif. Il faut dire que l'application du principe de subsidiarité juridictionnelle devrait en toute logique justifier que le contentieux de la responsabilité contractuelle soit entièrement soumis à la compétence du juge national même dans les cas où un organe communautaire est partie au contrat litigieux. On observe effectivement que cette règle est adoptée pratiquement devant toutes les juridictions communautaires établies suivant le modèle européen.

Il semble en effet beaucoup plus cohérent que l'interprétation d'un contrat civil conclu suivant la loi nationale, soit assurée par les juridic-

---

[1] Article 9 (g) du Protocole additionnel A/SP.1/01/05 relatif à la Cour de Justice de la Communauté.

tions internes. Il s'agit là d'une manifestation du principe de subsidiarité dont l'application rigoureuse éviterait à la juridiction communautaire de se présenter dans la posture d'un juge des contrats civils.

C'est le lieu de constater l'existence de quelques décisions dont l'analyse peut laisser croire que la Cour de Justice de la CEDEAO, contrairement à d'autres juridictions communautaires comme celles de l'Union européenne ou de l'UEMOA, en l'absence de toute clause compromissoire, admet sa compétence pour connaître d'une action en responsabilité contractuelle engagée contre un organe de la Communauté.

L'affaire ayant opposé la société RACECO à la Commission de la CEDEAO est, à ce propos, assez illustrative [1]. Il résulte des énonciations de la décision rendue le 7 juin 2012 que la société requérante avait saisi la cour pour obtenir paiement de la somme de 120 millions de francs CFA correspondant à des prestations fournies en vertu d'un contrat portant confection et diffusion d'une série de reportages télévisuels réalisés pour le compte de la CEDEAO. Après avoir apprécié les stipulations du contrat et analysé la valeur des prétentions des parties, la Cour a retenu le bien-fondé de la créance réclamée et à condamné la Commission au paiement du montant principal outre celle de 1 500 000 FCFA à titre de dommages intérêts.

Il n'est nullement question de porter une quelconque appréciation sur la pertinence de la solution retenue, il s'agit simplement de s'interroger sur l'habilitation de la Cour à connaître d'un litige né de l'inexécution d'un contrat civil ou commercial dépourvu de toute clause attributive de compétence. Il semble à la lecture de l'arrêt précédemment évoqué que le juge communautaire était saisi sur le fondement des dispositions de l'article 9(g) du protocole, desquelles il ressort que la cour a compétence pour connaître des « actions en réparation des dommages causés par une institution de la Communauté ou un agent de celle-ci pour tout acte commis ou toute omission dans l'exercice de ses fonctions ». On peut de prime abord penser que dès l'instant où cet article établit la compétence pour la cour de juger toute action en réparation d'un préjudice né de tout acte commis par une institution de la Communauté, le contrat qui est un acte juridique par définition, ne saurait être écarté du champ d'application de cette disposition.

Cette interprétation qui obéit à une logique juridique parfaitement cohérente n'aurait suscité aucune réserve si le paragraphe suivant du même article n'avait pas expressément énoncé que « la Cour est compétente pour déclarer engagée la responsabilité non contractuelle et condamner la

[1] Cour de Justice de la CEDEAO, 7 juin 2012, GROUPE RACECO c/ Commission de la CEDEAO, inédit.

communauté à la réparation du préjudice causé, soit par des agissements matériels, soit par des actes normatifs des institutions de la Communauté ou de ses agents dans l'exercice ou à l'occasion de l'exercice de ses fonction ». Cette disposition peut laisser croire, qu'en la matière, le législateur a entendu limiter la compétence du juge communautaire à l'action en responsabilité fondée sur une cause non contractuelle et que, par conséquent, les recours fondés sur la violation d'un contrat devraient être exclus du champ de compétence établi par le protocole.

Une telle interprétation n'est certainement pas illogique en ce sens que le juge national nous semble mieux indiqué pour connaître d'un contentieux civil ou commercial au moins pour deux raisons. D'abord, le juge national ne devrait pas être dans une situation de compétence concurrente avec une juridiction communautaire pour connaître d'un contrat de nature civile ou commerciale. En effet, il apparaît évident qu'en tant que juge naturel de ce type de contrat, le juge national doit, en application du principe de subsidiarité, avoir la priorité pour statuer sur les litiges nés de leur exécution sauf dans les cas où les parties ont convenu d'une clause attributive de compétence en faveur de la juridiction communautaire.

Le second argument est lié à la problématique de l'exercice des voies de recours. Il faut dire à ce niveau que le processus d'examen de la responsabilité de l'organe communautaire conduit souvent la Cour communautaire à rechercher, d'une part, l'existence d'un principe de créance justifiant au principal une condamnation au paiement de sommes d'argent et d'autre part, à constater des manquements aux obligations contractuelles pour asseoir la matérialité d'un préjudice. Dans l'affaire RACECO, la cour a d'abord fait droit à la demande principale qui portait sur le paiement de la somme de 120 millions avant de statuer sur la réparation du préjudice découlant de l'inexécution par la Commission de ses obligations contractuelles.

Dans une autre décision rendue le 6 octobre 2016, la Cour, statuant sur un litige contractuel, a condamné la Commission de la CEDEAO au paiement de la somme 20 698 920 nairas à la société Vision Kam Jay Investment Limited et a rejeté la demande en dommages intérêts présentée par cette dernière [1].

Le constat est donc établi que la Cour considère qu'elle dispose d'une plénitude de compétence pour connaître d'un recours fondé conjointement sur une demande principale en paiement et d'une demande en réparation

[1] Cour de Justice de la CEDEAO, 6 octobre 2016, Vision Kam Jay Investment Limited c/ Commission de la CEDEAO, inédit

d'un préjudice subi du fait de l'inexécution des obligations incombant à l'organe communautaire en vertu d'un contrat.

Toutefois, admettre la compétence de la Cour à connaître de tels litiges comporte des inconvénients qui pourraient porter préjudice aux intérêts des parties.

En effet, retenir ce chef de compétences impliquerait que les parties au contrat soient privées de voies de recours quel que soit le quantum de la condamnation dont elles pourront faire l'objet. Il résulte en effet de l'article 20 du Protocole A/P1/7/91 que les décisions de la Cour sont, sous réserve des dispositions relatives à la révision, immédiatement exécutoires et ne sont pas susceptibles d'appel. Tenant compte des enjeux en cause dans le cadre d'un contentieux de pleine juridiction où il est question de se déterminer par rapport à la consistance de droits patrimoniaux, on peut comprendre que les parties aient particulièrement intérêt à ce que l'affaire puisse être réexaminée lorsqu'elles n'auront pas obtenu satisfaction en première instance. Il s'agit d'une exigence du procès équitable, dont l'effectivité doit être particulièrement surveillée. Pour cette raison il serait judicieux de faire en sorte que la connaissance du contentieux de la responsabilité contractuelle soit dévolue au juge national afin d'offrir aux parties l'opportunité d'exercer des voies de recours le cas échéant.

Dans le système européen, la question est réglée par la convention de base ainsi que le rappelle la Cour de Justice lorsqu'elle énonce que « le Traité de la Communauté européenne prévoit une répartition des compétences entre les juridictions communautaires et les juridictions nationales en ce qui concerne les actions en justice dirigées contre la Communauté par lesquelles la responsabilité de celle-ci pour répondre d'un dommage est mise en cause » avant de préciser qu'en l'absence de clause compromissoire, les litiges relatifs à la responsabilité contractuelle de l'Union relèvent de la compétence des juridictions nationales [1].

Au demeurant, il serait intéressant, pour mieux comprendre la position particulière de la Cour de Justice de la CEDEAO sur ce point, qu'une réponse jurisprudentielle soit apportée à la problématique posée à l'alinéa (g) de l'article 9 du protocole qui énonce de façon générale que la Cour est compétente pour connaître des « actions en réparation des dommages causés par une institution de la Communauté ou un agent de celui-ci pour tout acte commis ou toute omission dans l'exercice de ses fonctions » pour savoir si cette prescription peut valablement faire obstacle à l'application des dispositions spéciales du paragraphe 2 du même article qui semble cantonner la compétence de la cour à l'action en « responsabilité non contractuelle » contre la Communauté.

---

[1] CJCE 29 janvier 2010 Hanssens –Ensch C-377/09.

A. Les causes de responsabilité tirées des agissements matériels de l'organisation

Au sens des dispositions précitées, la responsabilité de l'organisation sous-régionale est susceptible d'être engagée lorsque de par ses agissements matériels elle aura causé un préjudice à autrui.

Ainsi tout fait matériel ayant entraîné un dommage peut justifier l'engagement de la responsabilité extracontractuelle de l'organisation concernée.

La particularité de ce régime procède de ce que la responsabilité de l'Union ne découle ni de l'illégalité d'un acte juridique ni d'une faute, mais plutôt de tout fait matériel quelconque qui aurait causé un préjudice à autrui.

Est-ce la consécration d'un régime de responsabilité sans faute ?

En tout cas, tout porte à le croire au vu des éléments constitutifs de ce type de responsabilité extracontractuelle. En effet le texte applicable à la matière n'exige nullement la preuve d'un comportement fautif imputable à l'Union. Il suffit, pour que la responsabilité de l'organisation soit retenue, d'établir que le préjudice dont se prévaut la victime résulte d'un fait matériel commis à l'occasion d'une activité exercée par une institution ou par un agent communautaire.

Il peut s'agir d'un accident de la circulation impliquant un véhicule de l'Union, d'un dommage causé par un ouvrage public appartenant à la communauté, etc.

On peut, en toute logique, s'attendre à ce que ce type de contentieux soit tout à fait marginal. En effet, le fait générateur lié aux agissements matériels de l'organisation découle généralement de certaines activités que les organisations sous-régionales n'ont pas vocation à exercer. Il s'agit notamment des activés de police administrative, de prestations de service public, de réalisation d'ouvrages publics, etc.

Il n'est pas impossible, dans le cadre de la mise en œuvre de certains programmes sectoriels, que l'organisation communautaire appuie les États membres pour renforcer leurs capacités d'intervention dans des domaines en rapport avec les secteurs d'activité précités. Mais cette implication n'a pas pour effet de conférer au programme un caractère communautaire qui puisse justifier la mise en cause de l'organisation en cas d'atteinte aux intérêts d'un tiers.

Le fait générateur en question doit absolument résulter de l'action directe d'un agent communautaire ou être en rapport avec un bien appartenant à l'organisation.

À ce titre, le régime des infrastructures sous juridiction communautaire nous paraît assez intéressant à examiner vu qu'un contentieux de la responsabilité plus ou moins développé peut résulter de leur mise en service.

En effet, au-delà des bâtiments recensés dans le patrimoine des organisations sous-régionales, un ouvrage d'utilité public situé sur le territoire d'un État peut être soumis un régime communautaire s'il est réputé appartenir conjointement aux États membres de la communauté.

Ce régime juridique particulier peut être observé au niveau de l'organisation pour la mise en valeur du fleuve Sénégal (OMVS) où les États membres ont décidé, par une convention du 21 décembre 1978 [1], de conférer le statut juridique d'ouvrages communs à un certain nombre d'infrastructures constituées de barrages et de ports érigés dans les différents pays traversés par le fleuve Sénégal.

Aux termes de ladite convention, les ouvrages communs relèvent de la propriété commune et indivisible des États membres. La gestion des ouvrages concernés est confiée à des agences publiques interétatiques dotées de la personnalité juridique.

La conséquence première, du point de vue juridique, c'est que l'organisation communautaire répond directement des dommages aux tiers impliquant un ouvrage commun de ce type. L'État membre qui abrite l'installation n'est pas directement mis en cause même lorsqu'il est établi que le dommage a été causé à l'occasion d'un service généré à son seul profit.

Il s'agit là d'un exemple de responsabilité découlant d'un fait matériel imputable à une organisation sous-régionale.

Un régime à peu près similaire existe au niveau de l'UEMOA avec la mise en place du Programme d'action communautaire du transport et transit routier (PACITR) qui comporte un volet relatif à l'édification d'infrastructures routières appartenant à l'Union.

En effet, dans le souci d'accroître le volume des échanges entre les États membres et de renforcer la liberté de circulation dans l'espace communautaire, l'UEMOA a pris l'initiative de lutter contre les tracasseries, longtemps décriées par les transporteurs, au niveau des différents postes de contrôles situés sur les corridors routiers.

À ce titre, une décision a été prise le 16 décembre 2005 [2] afin d'amener les États membres à exécuter leurs opérations de contrôle des

---

[1] Convention conclue entre le Mali, la Mauritanie et le Sénégal relative au statut juridique des ouvrages communs, signée à Bamako le 21 décembre 1978.

[2] Décision n° 15/2005/CM/UEMOA du 16 décembre 2005 portant modalités pratiques d'application du plan régional de contrôle sur les axes routiers inter-États.

véhicules à la frontière, au niveau de postes juxtaposés spécialement aménagés à cet effet.

Ces espaces communs dédiés au contrôle des véhicules présentent la particularité de relever de la propriété exclusive de la communauté.

L'article 6 du Règlement 15/2009/CM/UEMOA [1] prescrit à chaque État membre de l'organisation de transférer gracieusement à l'UEMOA le terrain sur lequel est prévue l'édification d'un poste de contrôle juxtaposé.

Après aménagement, la gestion de ces postes est confiée à des concessionnaires privés qui collectent directement des redevances pour le compte de l'organisation sous-régionale.

Il faut dire qu'il n'est pas courant de voir une organisation communautaire prendre en charge directement des activités de prestations de services tarifées.

Cette implication directe de la Commission dans l'exécution matérielle des actions prévues par le programme risque de charrier un contentieux de la responsabilité extracontractuelle né des activités matérielles de l'organisation.

On peut, en effet, s'attendre à ce que la responsabilité de l'Union soit retenue pour la réparation des dommages que pourraient subir les usagers de ces postes de contrôle.

Au vu des conséquences juridiques auxquelles s'expose la communauté, il est permis de douter objectivement de la pertinence de l'implication directe de l'Union dans cette activité de prestation de services. Nous pensons qu'elle aurait pu apporter son concours dans la mise en place des infrastructures de base, organiser le cadre juridique du contrôle et confier aux États la phase opérationnelle du programme.

Cette option aurait, certainement, permis de la mettre à l'abri d'éventuelles actions en réparation de dommages subis dans l'enceinte de ces ouvrages.

Mais en pratique, les appréhensions portées à ce niveau sur l'éventualité d'une mise en cause de l'organisation communautaire en cas de sinistre peuvent s'avérer vaines puisqu'il est parfaitement envisageable en droit que la responsabilité de l'Union soit absorbée par le concessionnaire privé en charge de l'exploitation et de la gestion de ces postes de contrôle.

À l'analyse de ces quelques cas particuliers, il apparaît que les agissements matériels des organisations sous-régionales pourraient constituer

[1] Règlement n° 15/2009/CM /UEMOA du 17 décembre 2009 portant régime juridique des postes de contrôle juxtaposés.

une source de responsabilité extracontractuelle nettement moins importante que celle liée à leur activité normative.

B. Les causes de responsabilité tirées de l'activité normative de l'organisation

L'activité normative constitue la seconde source de responsabilité extracontractuelle identifiée par le règlement de procédures de la Cour de Justice de l'UEMOA.

L'article 15 du règlement n° 01/96/CM n'apporte aucune précision pouvant permettre de cerner les contours de la notion d'activité normative.

Cependant, ce concept n'est pas spécifique au système communautaire UEMOA. Il s'agit d'une notion inspirée de la jurisprudence européenne qui a connu différentes phases d'évolution sous l'impulsion de la doctrine spécialisée.

L'idée de base qui sous-tend cette théorie est que la responsabilité de la Communauté peut être engagée du fait des dommages résultant de l'illégalité des actes normatifs qu'elle édicte.

Il s'agit donc d'un fait générateur de responsabilité fondé sur l'irrégularité d'un acte communautaire. Pendant une longue période, le principe retenu était que la responsabilité d'une organisation communautaire du fait de son activité normative ne pouvait découler que de l'illégalité d'un acte réglementaire.

Mais aujourd'hui il semble acquis qu'un acte non réglementaire illégal peut également constituer une cause d'engagement de responsabilité.

1. La responsabilité fondée sur la violation d'un acte réglementaire

À l'origine, dans le système européen, l'activité normative communautaire était portée pour l'essentiel sur l'édiction de mesures tendant à la mise en œuvre des choix de politique économique définis au niveau des instances supranationales.

L'application de ces normes a occasionné une floraison de recours en indemnité initiés par des particuliers et par certaines entités socioprofessionnelles invoquant des dommages subis du fait de l'exécution de mesures dictées par la réglementation communautaire.

Sur le principe, la Cour de Justice a admis que la responsabilité de la communauté pouvait être retenue de ce chef, mais a toutefois dégagé des conditions destinées à maintenir l'équilibre entre l'exigence de protection des justiciables et la nécessité de préserver l'ordre public économique au sein de la communauté.

Ainsi, dans l'arrêt Zuckerfabrik elle a, pour la première fois, posé les conditions dans lesquelles la responsabilité extracontractuelle pourra être retenue sur la base de l'illégalité d'un acte normatif. Ce faisant, elle a jugé que « s'agissant d'un acte normatif qui implique des choix de politique économique, la responsabilité de la communauté pour le préjudice que des particuliers auraient subi par l'effet de cet acte ne saurait être engagée qu'en présence d'une violation suffisamment caractérisée d'une règle supérieure de droit protégeant les particuliers » [1].

Il résulte de cet attendu de principe que la condition première et préalable dégagée par le juge se rapporte à l'illégalité de l'acte réglementaire en cause.

En effet, il est nécessaire que le préjudice invoqué ait été causé par un acte normatif pris en violation du droit communautaire. Il peut s'agir d'une illégalité d'action comme d'une illégalité d'abstention, notamment lorsque l'organe communautaire compétent s'abstient de prendre un acte alors qu'il se trouve en situation d'obligation d'agir.

Mais au regard des conditions exposées, une simple illégalité ne suffit pas pour faire droit à l'action indemnitaire. Il faut en plus que l'illégalité constatée soit constitutive d'une violation suffisamment caractérisée d'une règle supérieure de droit protégeant les particuliers.

La question s'est posée de savoir à partir de quel moment on peut considérer qu'une violation est suffisamment caractérisée pour justifier l'engagement de la responsabilité de la communauté.

La doctrine est restée pendant longtemps divisée sur cette question. Ainsi que l'a rappelé Francette Fines, certains auteurs dont Ami Barav ont considéré que le degré à partir duquel la violation d'une règle supérieure pouvait être considérée comme suffisamment caractérisée dépendait seulement de l'appréciation du juge.

Au fil de l'évolution de la jurisprudence sur cette question, le juge communautaire a réussi à identifier un critère qu'il considère comme déterminant. Il retient désormais que « le critère décisif pour considérer qu'une violation du droit communautaire est suffisamment caractérisée est celui de la méconnaissance manifeste et grave, par une institution, des limites qui s'imposent à son pouvoir d'appréciation » [2].

Cette position de principe a été dégagée au cours d'une affaire dans laquelle la Cour était saisie d'une requête en indemnisation introduite par des opérateurs économique suite à l'annulation d'un règlement relatif à l'achat obligatoire de lait en poudre détenu par les organismes d'intervention et destiné à être utilisé dans les alimentations d'animaux.

---

[1] CJCE, 2 décembre 1971, Zuckerfabrik, affaire n° 5/71.

[2] CJCE, 25 mai 1978, Bayerische HNL, affaires jointes 83 et 94/76.

Ils estimaient au soutien de leurs prétentions que « l'achat de lait écrémé en poudre prescrit par le règlement avait été imposé à un prix si disproportionné qu'il équivalait à une répartition discriminatoire des charges entre les différents secteurs agricoles, sans être justifié comme étant une mesure nécessaire pour atteindre l'objectif visé, à savoir l'écoulement des stocks de lait en poudre ».

Dans sa réponse, la Cour a rappelé le principe selon lequel, l'illégalité de l'acte normatif en cause, ne suffit pas, en soi pour justifier l'engagement de la responsabilité extracontractuelle de la communauté. Elle a relevé que pour ce faire, il est indispensable que l'invalidité de l'acte normatif en cause procède d'une violation suffisamment caractérisée d'une règle supérieure de droit protégeant les particuliers.

Pour justifier le bien-fondé de sa ligne jurisprudentielle sur cette question, le juge communautaire a fait remarquer que dans les domaines relevant de la politique de la communauté en matière économique, il peut être exigé du particulier qu'il supporte dans des limites raisonnables, sans pouvoir se faire indemniser par les fonds publics, certains effets préjudiciables à ses intérêts économiques, engendrés par un acte normatif, même si celui-ci est reconnu non valide.

Il semble, sur ce point, que la Cour a entendu asseoir le caractère spécial du régime de responsabilité extracontractuelle de la communauté du fait de ses actes normatifs pris en matière de réglementation économique. En effet, elle a clairement indiqué qu'en la matière, la mise en œuvre de la responsabilité n'opère que dans l'hypothèse où le demandeur aurait subi un préjudice anormal et spécial.

Il apparaît, dès lors, que l'étendue du préjudice dont se prévaut la victime est prise en compte comme critère d'appréciation de la gravité de la violation alléguée.

Ce qui a fait dire à Philippe Cahier que « l'acte illicite doit consister en une violation flagrante du droit communautaire à laquelle doit s'ajouter un préjudice grave et spécial » [1].

Au demeurant, la Cour a considéré en l'espèce que la Commission disposait d'un large pouvoir discrétionnaire et qu'à ce titre, sa responsabilité ne saurait être engagée qu'en cas de violation « manifeste et grave » des limites qui s'imposaient à l'exercice de ses pouvoirs.

La troisième condition de mise en œuvre de la responsabilité extracontractuelle de la communauté, au regard de l'arrêt Zuckerfabrik, est en

[1] Philippe CAHIER, « Les éléments constitutifs de la responsabilité extracontractuelle de la Communauté économique européenne », in *Mélanges offerts à Paul Reuter, Le droit international : unité et diversité*, Paris, Pedone, 1981, p. 140.

rapport avec la nature de la règle de droit communautaire violée par l'acte invalide générateur du préjudice invoqué.

Selon la jurisprudence, il doit s'agir d'une règle supérieure de droit protégeant les particuliers. Cette notion loin d'être univoque est sujette à des interprétations diverses.

Philippe Cahier estime que les termes de « règle supérieure » peuvent recouvrir deux acceptions différentes : « d'après la première il s'agirait des normes importantes de l'ordre juridique communautaire. Importantes par leurs fonctions et leur contenu, leur violation entraînerait la responsabilité de la communauté, alors que l'illégalité de normes secondaires n'aurait pas cette conséquence.

D'après la seconde, au contraire, pour qu'il y ait responsabilité, il faudrait simplement que l'acte incriminé soit contraire à une norme qui lui est hiérarchiquement supérieure ».

Le juge Fernand Schockweiler [1] a, pour sa part, engagé une démonstration tendant à établir que la première conception exposée par Cahier semble avoir été retenue par la jurisprudence. Selon lui, il est plus que probable qu'en ce qui concerne le caractère supérieur de la règle violée, la Cour ait entendu limiter la réparation du préjudice aux seuls cas où des règles ou principes fondamentaux du droit communautaire ont été méconnus.

Il considère que les règles supérieures de droit correspondent, dans une large mesure, aux normes ou principes fondamentaux placés au sommet de l'ordre juridique communautaire.

Il a fait remarquer pour asseoir cet argumentaire que la Cour a refusé de reconnaître le caractère de règle supérieure de droit à un règlement portant organisation commune des marchés du sucre ainsi qu'à un autre acte de même nature relatif au démantèlement des montants compensatoires monétaires applicables à certains produits agricoles.

Faisant la synthèse des différentes théories exposées sur la question, Francette Fines a proposé une définition qui a le mérite d'être plus inclusive que celle présentée par les auteurs précités. Selon elle, « la formule règle supérieure de droit protégeant les particuliers recouvre un ensemble qui s'étend des principes généraux de droit à celui des règles qui revêtent une importance certaine dans le système communautaire dès lors que les uns et les autres intéressent les droits des particuliers » [2].

Nous pouvons retenir, pour conclure sur ce point, qu'en l'absence d'une définition textuelle de cette notion, le juge communautaire pourra,

---

[1] Fernand SCHOCKWEILER, « Le régime de la responsabilité extracontractuelle du fait d'actes juridiques dans la communauté européenne », *Revue trimestrielle de droit européen*, p. 58.
[2] Francette FINES, *op. cit.*, p. 395.

à chaque fois que de besoin, procéder à une appréciation au cas par cas pour déterminer si la règle de droit violée appartient à la catégorie des normes fondamentales destinées à la protection des particuliers.

2. La responsabilité fondée sur la violation d'un acte non réglementaire

La responsabilité de l'organisation communautaire peut être recherchée pour la réparation d'un préjudice occasionné par un acte non réglementaire jugé illégal.

Ce régime de responsabilité présente la particularité d'être plus simple à mettre en œuvre. En effet, il repose sur le triptyque, illégalité, préjudice et lien de causalité. Ainsi, en matière de responsabilité administrative, la seule illégalité suffit à fonder le principe d'une indemnité à la charge de la Communauté, dès lors que sont établis le préjudice et le lien de causalité.

Il n'est donc pas nécessaire, pour obtenir réparation, de prouver que l'illégalité de l'acte communautaire en cause procède d'une violation suffisamment caractérisée d'une règle supérieure de droit protégeant les particuliers.

C'est à ce niveau qu'il faut situer la différence d'avec le régime de responsabilité fondé sur la violation d'un acte réglementaire.

Il semble évident que le requérant qui a subi un préjudice causé par un acte individuel le concernant directement n'a plus besoin d'établir que ladite violation porte atteinte à ses intérêts particuliers. En fait, la matérialité du préjudice allégué doit suffire à établir la réalité d'une violation de ses droits.

Pour cette raison les conditions d'engagement de la responsabilité extracontractuelle de la communauté du fait de l'illégalité d'un acte non réglementaire ont été assouplies pour permettre une meilleure protection des requérants.

Ce faisant, le juge communautaire retient simplement que « dans le domaine des actes administratifs (non réglementaires), toute violation du droit constitue une illégalité de comportement susceptible d'engager la responsabilité de la communauté » [1].

Il y a lieu de noter que la CJCE a fait évoluer sa jurisprudence dans le sens d'un rapprochement entre les deux régimes de responsabilité. Elle considère désormais que, lorsque l'organisation communautaire se trouve en situation de compétence liée, il n'est plus nécessaire de faire la diffé-

---

[1] Tribunal de première Instance de l'Union européenne, 8 juin 2000, Camar SRL et TICO srl affaire n° T-79/96.

rence entre acte réglementaire et acte individuel et que par conséquent une simple violation de la loi communautaire suffira pour établir l'existence d'une violation manifeste du droit et justifier l'engagement de la responsabilité extracontractuelle de l'organisation [1].

Selon Frédérique Barrod [2], par la jurisprudence précitée, la Cour a initié l'abandon de la règle subordonnant l'existence d'une responsabilité découlant d'un acte normatif à l'existence d'une violation d'une règle supérieure de droit. Il estime que, même si le mouvement est encore timide, le juge communautaire s'oriente résolument vers un assouplissement des conditions de mise en œuvre d'un droit à indemnité.

Une présentation des caractères de l'action responsabilité permettra certainement de cerner davantage les spécificités de cette voie de droit communautaire.

Paragraphe 2. Les caractères de l'action en responsabilité extracontractuelle de l'organisation

La question s'est posée de savoir si l'action en responsabilité extracontractuelle des organisations communautaires était subsidiaire à d'autres voies de droit ou si elle constitue plutôt un recours autonome.

Confronté à cette problématique, le juge communautaire UEMOA a dégagé le principe de l'autonomie de l'action en responsabilité, mais a, tout de même admis que ce recours peut, en certaines matières, revêtir un caractère mixte.

A. L'autonomie de principe de l'action en responsabilité

Peut-on engager une action en responsabilité extracontractuelle contre une organisation communautaire sans que l'illégalité de l'acte normatif générateur de responsabilité n'ait été judiciairement constatée ?

Cette interrogation renvoie à l'interaction qui s'établit entre le recours en appréciation de légalité et le recours en responsabilité lorsque celui-ci est fondé sur une prétendue illégalité d'un acte communautaire.

---

[1] La Cour retient désormais que « lorsque l'État membre ou l'institution en cause ne dispose que d'une marge d'appréciation considérablement réduite, voire inexistante, la simple infraction au droit communautaire peut suffire à établir l'existence d'une violation suffisamment caractérisée. La nature générale ou individuelle d'un acte d'une institution n'est pas, à cet égard, un critère déterminant pour identifier les limites du pouvoir d'appréciation dont dispose l'institution en cause ».

[2] Frédérique BARROD, *La systémique des voies de droit communautaires*, Paris, Dalloz, 2003, p. 1040.

La Cour de Justice de l'UEMOA, confrontée à ce problème juridique, a clairement pris position en faveur d'une indépendance de principe entre les deux voies de droit.

Dans cette affaire [1], le sieur Laubhouet Serge avait été recruté par la Commission en qualité d'auditeur interne suivant décision en date du 24 octobre 1996.

À l'expiration de la période probatoire d'un an fixée par le statut des fonctionnaires de l'Union, il s'est vu notifier une décision mettant fin à ses fonctions, ses prestations n'ayant pas été jugées satisfaisantes.

Par requête en date du 23 avril 1997, il saisit la Cour de Justice de l'UEMOA d'un recours en responsabilité et en réparation du préjudice occasionné par la décision qu'il considère comme étant irrégulière.

Pour résister aux prétentions du requérant, la Commission a fait valoir, par l'organe de son conseil, que les dispositions combinées des articles 8 du Protocole additionnel n° 1 relatif au recours en annulation et 72 du Règlement de procédure de la Cour subordonnent l'exercice du recours en responsabilité extracontractuelle, basé sur un acte obligatoire, à l'intervention d'une décision juridictionnelle annulant l'acte mis en cause, ce qui n'a pas été le cas en l'espèce.

Elle a ajouté au soutien de son argumentaire que le recours en annulation et celui en pleine juridiction ne peuvent être confondus dans la même instance, car n'étant pas de même nature. Pour la Commission aucune confusion ne doit être faite entre le recours en appréciation de légalité dont l'objet est de faire annuler un acte illégal et le recours en responsabilité qui tend à la reconnaissance d'un droit subjectif né d'un préjudice causé par un agissement matériel ou un acte juridique fautif.

La Cour a réfuté l'argumentaire ainsi développé et a clairement énoncé dans sa réponse le principe de l'indépendance des deux recours.

Elle a considéré dans la motivation de l'arrêt que « le recours en annulation de l'article 8 du Traité constitutif de l'Union et le recours en responsabilité des articles 15 et 16 du Traité constituent des actions indépendantes l'une de l'autre, l'action en responsabilité extracontractuelle ne pouvant être considérée en tout état de cause comme un recours subsidiaire à l'action en annulation ».

Le principe de l'autonomie du recours en responsabilité consacré par la Cour cadre mieux avec les intérêts des justiciables en ce sens qu'ils ne sont pas astreints à l'obligation d'exercer un recours en appréciation de

---

[1] Cour de Justice de l'UEMOA, arrêt du 29 mai 1998, Laubhouet Serge c/ Commission, *Recueil des textes fondamentaux et de la jurisprudence de la Cour*, p. 167 et s.

légalité, préalablement à l'exercice d'une action en indemnité dirigée contre l'Union.

La Cour semble s'inscrire dans cette dynamique de protection des droits des particuliers ainsi qu'il ressort de l'attendu dans lequel elle estime que « l'adoption du principe de l'autonomie du recours en responsabilité extracontractuelle est de nature à préserver les droits des justiciables tels qu'accordés par les textes communautaires tout en préservant l'indépendance fonctionnelle de ce recours par rapport au recours en annulation » [1].

S'il est vrai que dans la consécration du principe de l'autonomie du recours en responsabilité extracontractuelle de l'Union, les intérêts des requérants ont été dûment pris en compte, il est à craindre que ces derniers soient tentés d'obtenir, par la voie du recours en indemnité, la neutralisation d'un acte communautaire illégal qui aurait pu faire l'objet d'un recours en annulation.

B. La reconnaissance du caractère mixte de l'action en responsabilité extracontractuelle

L'affirmation du caractère autonome de l'action en responsabilité extracontractuelle peut laisser croire que ladite procédure ne saurait être exercée simultanément avec une autre voie de droit.

Cette interprétation a pendant longtemps été soutenue par la Commission de l'UEMOA qui systématiquement concluait à l'irrecevabilité de l'action à chaque fois qu'un requérant formulait une demande en annulation en même temps qu'une demande indemnitaire.

Bien souvent, les demandes soumises au juge à l'occasion des affaires relatives au contentieux de la fonction publique sont présentées de cette façon.

En la matière, le cadre du litige est généralement circonscrit autour d'une requête en annulation de la décision de licenciement adossée à une demande en dommages intérêts.

Toutefois, la doctrine exprimée par la Cour de Justice de l'UEMOA sur cette question est à l'encontre de la position défendue par la Commission. En effet, le juge communautaire retient de façon constante « qu'en matière de litige opposant la communauté et ses agents, le contentieux est réputé de nature mixte parce que pouvant porter soit sur le recours en annulation d'un acte communautaire faisant grief, soit sur le recours en indemnité pour acte dommageable de l'autorité communautaire » [2].

---

[1] Cour de Justice de l'UEMOA, arrêt Serge Laubhouet, 29 mai 1998.

[2] Cour de Justice de l'UEMOA, du 29 mai 1998, Serge Loubhouet.

Par cet attendu, la Cour semble lier le caractère mixte de la procédure au fait que le requérant pourra alternativement user de l'action en annulation ou du recours en responsabilité pour obtenir réparation. Mais l'examen des décisions subséquentes permet de se faire une idée beaucoup plus précise sur la position dégagée par la Cour qui, en définitive, a admis que les deux voies de droit pouvaient être exercées cumulativement.

C'est ce qui ressort précisément de l'arrêt Kossi Mawuli Agokla rendu le 18 décembre 2002. Dans cette affaire la Cour de Justice avait été saisie par le sieur Agokla qui s'est vu notifier une décision de licenciement prise par le Président de la Commission au motif qu'il aurait divulgué des informations dont il a eu connaissance dans l'exercice de ses fonctions de chef du service secrétariat.

Estimant que son licenciement était illégal, le requérant en a sollicité l'annulation. Il a, en outre, demandé l'allocation d'une somme d'argent à titre de dommages intérêts.

Dans son mémoire en défense, la Commission a conclu, *in limine litis*, à l'irrecevabilité de l'action arguant que la Cour ne saurait au cours d'une même instance apprécier la légalité de la décision querellée et en même temps accorder une indemnité.

Selon elle, « ceci reviendrait à saisir simultanément la Cour d'un recours en annulation et d'un recours en indemnité alors que les statuts et le règlement de procédure de cette juridiction ne donnent à celle-ci aucune compétence pour se prononcer en même temps sur la légalité d'un acte communautaire et sur une indemnisation financière. Que le recours en indemnité ne devrait être que le pendant du recours en annulation lorsque la Commission refuserait de tirer les conséquences éventuelles de l'annulation de sa décision » [1].

Après avoir constaté que le recours en annulation et la demande en indemnité présentée par le sieur Agokla « forment ensemble l'objet du litige », la Cour a rejeté la fin de non-recevoir défendue par la Commission en estimant, par un attendu, à tous égards identique à celui du juge européen dans l'arrêt Meyer-Burckard [2], « qu'il est de règle que le

---

[1] Cour de Justice de l'UEMOA, arrêt du 18 décembre 2002, Kossi Mawuli Agokla.

[2] CJCE arrêt du 22 octobre 1975, Meyer-Burckardt affaire n° 9/75.

« les articles 90 et 91 du statut des fonctionnaires ne faisant aucune distinction entre le recours en annulation et le recours en indemnité en ce qui concerne la procédure tant administrative que contentieuse, il est loisible à l'intéressé en raison de l'autonomie des voies de droit de choisir soit l'une, soit l'autre, soit les deux conjointement à condition de saisir la Cour dans le délai de trois mois après le rejet de sa réclamation ».

recours en indemnité constitue une voie de droit autonome par rapport au recours en annulation, que dès lors, il était loisible au requérant de choisir soit l'une, soit l'autre, soit les deux conjointement ».

Par conséquent, on peut retenir que le juge UEMOA a formellement consacré le caractère mixte du recours en responsabilité extracontractuelle en affirmant que ladite voie de droit pouvait être mise en œuvre conjointement avec le recours en appréciation de légalité.

Conclusion au Titre I

L'objectif d'intégration visé par les États membres de l'UEMOA et de la CEDEAO serait difficilement réalisable si aucun mécanisme de contrôle du respect de la légalité communautaire n'avait été instauré.

Ainsi, l'impératif de protection de l'ordre juridique sous-régional commande que l'organe judiciaire de l'organisation soit doté de compétence lui permettant de s'assurer de la légalité des actes pris par les organes communautaires.

La soumission de l'organisation au droit commande également que sa responsabilité puisse être recherchée et retenue lorsqu'elle cause un préjudice à autrui soit directement soit par l'intermédiaire de ses agents.

D'un point de vue formel, la mise en œuvre des attributions respectives des Cours de Justice de l'UEMOA et de la CEDEAO peut permettre d'exercer efficacement un contrôle sur la légalité des actes communautaires et d'engager, le cas échéant, la responsabilité de la communauté.

Mais en pratique, il sera nécessaire, pour espérer un relèvement du taux de saisine, que les justiciables soient davantage informés sur l'existence de ces voies de droit.

Titre II

Le contrôle des obligations des États membres

L'impératif de protection de l'ordre juridique sous-régional commande qu'un dispositif de contrôle soit mis en place afin de veiller à ce que les États membres s'acquittent convenablement de leurs obligations communautaires.

Au niveau des organisations d'intégration, cette fonction est en général dévolue à l'organe judiciaire de la communauté qui l'exerce principalement à travers la pratique du recours en manquement (Chapitre I).

Il importe, toutefois, de mettre l'accent sur l'existence d'une voie de droit spécifique au système CEDEAO qui permet à la Cour de Justice de contrôler le respect par les États membres de leurs obligations en matière de protection des droits de l'homme (Chapitre II).

Chapitre 1

Le recours en constatation de manquement

L'effectivité d'un ordre juridique communautaire autonome et cohérent ne peut être sérieusement envisagée que si les États membres s'acquittent convenablement de leurs obligations découlant des Traités instituant les organisations sous-régionales d'intégration.

Il est donc nécessaire que les engagements communautaires soient respectés et exécutés avec loyauté pour que la progression sur le chemin de l'intégration soit un mouvement d'ensemble uniforme et harmonieux.

Cette obligation est inscrite en bonne place dans le Traité de l'UEMOA qui énonce en son article 7 que « les États membres apportent leur concours à la réalisation des objectifs de l'Union en adoptant toutes mesures générales et particulières propres à assurer l'exécution des obligations découlant du présent Traité. À cet effet, ils s'abstiennent de toutes mesures susceptibles de faire obstacle à l'application du présent Traité et des actes pris pour son application ».

Sur le fondement de cette disposition, l'organe communautaire est en droit d'attendre de chaque État membre le respect scrupuleux de toutes les prescriptions de convergence contenues dans les actes dérivés en procédant, au besoin, aux réformes juridiques internes les plus appropriées pour atteindre les objectifs fixés par l'Union.

L'énoncé de ce texte comporte également à la charge des États membres l'obligation de donner immédiatement plein effet à toutes les normes communautaires obligatoires.

Au vu de l'importance des prescriptions, il est tout à fait, inconcevable que leur violation reste sans conséquence sur la situation de l'État contrevenant.

Pour cette raison, le Protocole additionnel sur les organes de contrôle de l'Union a prévu, en son article 5, une procédure particulière destinée à faire constater par la Cour de Justice, le manquement par un État membre à ses obligations communautaires [1].

---

[1] Au sens de l'article 5 du Protocole additionnel UEMOA n° 1, « La Cour de Justice connaît, sur recours de la Commission ou de tout État membre, des manquements des États membres aux obligations qui leur incombent en vertu du Traité de l'Union ».

Par ce contrôle, la Cour de Justice s'assure que les États membres mettent en œuvre les actions nécessaires à l'application du Traité et de ses actes dérivés et d'autre part, s'abstiennent de prendre toute mesure susceptible de constituer un obstacle à l'effectivité des dites dispositions.

Il faut préciser que dans le système CEDEAO, le Protocole additionnel relatif à la Cour de Justice n'a précisé ni les conditions ni la procédure de mise en œuvre du recours en manquement. Il est simplement énoncé à l'article 9 de dudit texte que la Cour a compétence sur les différends ayant pour objet « l'examen des manquements des États membres aux obligations qui leur incombent en vertu du Traité, des conventions et protocoles, des règlements, des décisions et des directives ».

Pour cette raison, l'essentiel des développements se rapporteront à l'organisation du recours par référence aux textes de l'UEMOA.

La procédure de recours en manquement constitue un rouage essentiel de la fonction judiciaire communautaire en ce sens qu'elle permet à la Cour de Justice d'intervenir chaque fois qu'un comportement susceptible de perturber l'ordre juridique sous-régional est dénoncé contre un État.

Valérie Michel a entendu mettre en exergue la centralité de cette voie de droit en soutenant que « le recours en manquement est indispensable à l'édification de l'ordre juridique de l'Union et à l'effectivité du droit de l'Union » en ce qu'il garantit l'exécution, par les États membres, de leurs obligations, et permet de déterminer la portée exacte desdites obligations en cas de divergences d'interprétation [1].

Il convient, pour davantage mettre en exergue l'importance de ce contrôle dans la fonction judiciaire communautaire, d'indiquer les éléments constitutifs d'un manquement (section I) avant de s'appesantir sur l'organisation de la procédure de constatation d'un manquement (section II).

Section 1. Les éléments constitutifs du manquement

Le manquement qui peut faire l'objet d'un recours devant une cour de justice d'une organisation communautaire résulte précisément du non-respect par un État membre d'une obligation découlant du Traité constitutif de l'organisation ou de son droit dérivé.

Le grief justifiant la saisine de la juridiction est donc constitué à partir d'une action ou d'une abstention fautive (paragraphe 1) imputable à un État membre ou à ses démembrements (paragraphe 2).

---

[1] Valérie MICHEL, « Le recours en constatation de manquement », *Rép. Communautaire Dalloz*, septembre 2012, p. 4.

Paragraphe 1. Le fait générateur du manquement

Le manquement dénoncé par la Commission peut résulter d'une abstention ou d'une action positive.

A. Une abstention fautive

L'inaction de l'État membre est constitutive d'un manquement lorsqu'elle a pour effet d'entraver l'effectivité du droit communautaire dans l'ordre interne. Dans cette hypothèse, l'État membre est pointé du doigt à cause de son attitude passive face à une situation où son action est jugée nécessaire pour assurer l'application du Traité originel ou d'une disposition dérivée. Ainsi, le défaut de transposition d'une directive peut être présenté comme un exemple type d'une abstention susceptible de déboucher sur un recours en manquement. La neutralisation d'une directive procède manifestement d'une violation de l'obligation de coopération loyale qui, en réalité, constitue le fondement de tout projet d'intégration dans le cadre d'une organisation sous-régionale [1].

Le refus par un État membre de mettre sa législation interne en conformité avec les prescriptions générales contenues dans les directives peut avoir un effet bloquant sur les stratégies mises en œuvre par la communauté en vue de l'atteinte des objectifs fixés d'un commun accord.

En effet, il apparaît clairement que l'application effective du droit communautaire dépendant essentiellement de l'action des États dans la mesure où le rôle de l'entité supranational est situé, le plus souvent, au niveau de la détermination des orientations générales et de la définition des programmes de convergence [2].

L'effectivité d'un ordre juridique sous-régional unifié est, par conséquent, tributaire de la prise effective, par les États, de mesures propres à assurer la conformité de leur législation interne au cadre juridique communautaire.

---

[1] Aux termes de l'article 7 Traité UEMOA « les États membres apportent leur concours à la réalisation des objectifs de l'Union en adoptant toutes mesures générales ou particulières, propres à assurer l'exécution des obligations découlant du présent Traité… ».

[2] L'article 60 du Traité de l'UEMOA énonce que « dans le cadre des orientations prévues à l'article 8, la Conférence des Chefs d'États et de gouvernement établit des principes directeurs pour l'harmonisation des législations des États membres. Elle identifie les domaines prioritaires dans lesquels, conformément aux dispositions du Traité, un rapprochement des législations des États membres est nécessaire pour atteindre les objectifs de l'Union. Elle détermine également les buts à atteindre dans ces domaines et les principes généraux à respecter ».

Pour cette raison, toute abstention, notée par rapport à la prise de telles mesures, doit être analysée comme un manquement susceptible d'être déféré à l'appréciation de la Cour de Justice.

Il faut noter, par ailleurs, que le comportement d'un État qui s'abstient de faire cesser sur son territoire des pratiques qui, bien qu'imputables à des personnes privées, seraient susceptibles d'entraver l'application de la réglementation communautaire, est constitutif d'un manquement [1].

L'on peut, dès lors, retenir que l'obligation des États de prendre toutes les mesures propres à faire appliquer le droit communautaire comporte celle de faire cesser toute entrave à l'effectivité des normes édictées par l'organisation d'intégration.

B. Une action positive en contradiction avec les obligations communautaires de l'État membre

L'impératif de cohérence du système juridique sous-régional commande que les actions entreprises par les États membres, dans le cadre de leurs missions régaliennes, ne soient pas en contradiction avec leurs obligations communautaires.

Cette obligation se rapporte tant à l'activité normative qu'aux pratiques administratives lorsqu'elles présentent un certain degré de constance et de généralité.

En règle générale, tout constat d'incompatibilité d'une norme interne avec le droit communautaire est susceptible d'exposer l'État membre à un recours en constatation de manquement. La CJCE retient à ce niveau que la seule existence dans l'ordre interne d'une disposition incompatible avec le droit communautaire suffit à établir le manquement sans qu'il soit besoin de démontrer que la disposition en cause est effectivement mise en application dans l'État concerné [2].

Denys Simon explique cette prise de position radicale par le fait que la Cour a entendu privilégier « le souci de clarté et de certitude des situa-

---

[1] La CJCE a considéré, dans une affaire relative à une constatation de manquement, qu'une disposition communautaire prohibant « les mesures étatiques qui en elles-mêmes créent des restrictions au commerce entre les États membres » peut trouver application « lorsqu'un État membre s'est abstenu de prendre les mesures requises pour faire face à des entraves à la libre circulation des marchandises dues à des causes qui ne sont pas étatiques », CJCE arrêt du 9 décembre 1997, Commission c/ République française, affaire n° C-265/95, *Recueil de jurisprudence 1997*, p. I-06959.

[2] CJCE, 15 avril 1970 Commission c/ Italie affaire n° 28/69.

tions juridiques »[1] qui justifient que soient éliminées les dispositions nationales en déphasage avec l'ordre juridique communautaire.

Il est également indifférent que la disposition nationale incompatible ait été adoptée antérieurement ou postérieurement à la norme communautaire dont la violation est alléguée. Abondant dans le même sens[2], Valérie Michel soutient que toutes les situations révélant l'existence d'une norme nationale incompatible, peuvent donner lieu à une déclaration en manquement, peu importe que ladite norme soit adoptée après l'entrée en vigueur de l'obligation européenne ou qu'elle soit antérieure et toujours applicable en dépit de son incompatibilité avec le droit de l'Union.

Toutefois, les actions entreprises par les États membres dans le cadre de leurs activités normatives ne constituent pas les seules causes d'engagement d'une procédure en manquement. En effet, les États sont normalement tenus de veiller à ce que les pratiques en cours au niveau des différentes structures administratives internes ne soient en rien contraires à leurs obligations communautaires.

Il s'agit là de la mise en œuvre de l'engagement général souscrit par les États membres de s'abstenir de tout acte qui pourrait gêner l'application effective des dispositions du Traité.

Il faut cependant noter que le régime de contrôle de conformité des pratiques administratives est différent de celui applicable au contrôle normatif.

La différence fondamentale entre ces deux régimes est tirée du fait qu'a priori la contrariété d'une pratique administrative avec une disposition communautaire ne suffit pas pour justifier l'engagement d'un recours en manquement contre un État.

En effet, selon la doctrine dégagée par le juge communautaire européen, il est nécessaire, pour ce faire, que la pratique décriée soit appliquée avec un certain degré de constance et de généralité[3].

---

[1] Denys SIMON, *Le système contentieux communautaire*, 3ème édition, Paris, PUF, p. 615.

[2] Valérie MICHEL, « » Le recours en constatation de manquement, *Répertoire Dalloz* communautaire, septembre 2012, p. 9.

[3] La CJCE a jugé que « manque aux obligations qui lui incombent en vertu de l'article 30 du Traité, un État membre qui classe systématiquement comme médicaments les préparations vitaminées produites ou commercialisées légalement comme complément alimentaire dans les autres État membres, dès lors qu'elles contiennent trois fois plus de vitamines autres que les vitamines A et D… » ; CJCE, 29 avril 2004 Commission c/ Allemagne, affaire n° C-387/99, *Rec.*3751.

Dans ce considérant, la Cour a employé l'adverbe « systématiquement » pour caractériser les critères de constance et de généralité qui permettent de retenir l'existence d'un manquement.

La condition ainsi fixée ne manque pas de pertinence, en ce sens qu'elle permet d'éviter que sur la base d'une action ponctuelle et isolée, un État membre puisse faire l'objet d'une procédure en manquement devant une Cour de Justice communautaire.

Au total, quelle que soit la nature du manquement invoqué, son imputabilité à un État est une condition essentielle de l'action déclaratoire prévue par le Traité.

Paragraphe 2. Les éléments liés à l'auteur du manquement

La cause du manquement dénoncé peut procéder directement du fait de l'État membre ou lui être imputable en raison de l'existence de circonstances particulières.

A. Un fait générateur directement imputable à un État membre

Au sens constitutionnel du terme, l'État n'est pas constitué en un bloc monolithique dans lequel se retrouve l'ensemble des attributs de souveraineté.

L'entité étatique est généralement organisée autour du concept de séparation des pouvoirs fondé sur une distinction plus ou moins nette entre l'exécutif, le législatif et le judiciaire.

Selon la forme d'organisation adoptée, on retrouve au niveau de certains États des institutions dotées de prérogatives et de compétences propres leurs garantissant une indépendance organique et fonctionnelle vis-à-vis des autres organes constitutionnels

C'est le cas des États fédérés par rapport à l'État fédéral, des collectivités territoriales et organes déconcentrés dans leurs relations avec l'État central.

Partant de ce constat, on peut se poser la question légitime de savoir si l'État central répond de tout manquement au droit communautaire quel que soit l'organe en cause ?

Aucune disposition normative, originelle ou dérivée dans le système UEMOA, ne permet d'apporter une réponse explicite à cette interrogation.

Une lacune similaire avait également été décelée au niveau du système conventionnel européen. Toutefois, l'intervention de la CJCE a permis de trancher la question de façon nette et précise.

En effet, les États membres soutenaient qu'aucun manquement ne devait leur être reproché lorsque le fait générateur du manquement allégué était imputable à un organe dont l'indépendance constitutionnelle rendait impossible l'exercice d'une contrainte en vue de l'exécution du droit communautaire.

Se fondant sur un principe de droit international [1], la Cour a réfuté cet argumentaire et a jugé par un attendu de principe que « la responsabilité d'un État membre est engagée quel que soit l'organe de l'État dont l'action ou l'inaction est à l'origine du manquement, même s'il s'agit d'une institution constitutionnellement indépendante ».

Cette réponse traduit parfaitement l'idée selon laquelle, un État membre ne saurait invoquer une disposition de droit national ou prendre argument de la répartition des compétences au niveau interne pour se délier de l'obligation d'assurer l'application effective du droit communautaire. La Cour a saisi l'occasion de préciser davantage ce principe en faisant remarquer que « si chaque État membre est libre de répartir comme il l'entend les compétences normatives sur le plan interne, il n'en demeure pas moins qu'en vertu de l'article 169, il reste responsable, vis-à-vis de la communauté, des obligations qui résultent du droit communautaire » [2].

Au total, nous pouvons, au regard de la définition proposée, affirmer qu'un recours en manquement peut être formé contre un État membre dès l'instant où la violation du droit communautaire est imputable à un organe étatique.

Par ailleurs, pendant longtemps on s'est demandé si un manquement pouvait être retenu contre un État membre lorsque la violation du droit communautaire est liée à l'activité d'un organe judiciaire.

Le juge communautaire a aujourd'hui tranché le débat et a formellement jugé qu'un « manquement judiciaire » peut être imputé à un État membre.

Cette prise de position a commencé à prendre forme à partir de l'arrêt Köbler [3], où la Cour interrogée, à titre préjudiciel, sur une question liée à un contentieux de la responsabilité, a admis pour la première fois que « la méconnaissance manifeste » du droit communautaire par une juridiction statuant en dernier ressort est de nature à engager la responsabilité de

---

[1] Selon l'article 60 de la Convention de Vienne sur le droit des Traités.

[2] CJCE, 13 décembre 1991, Commission c/ Italie affaire n° C-33/90 REC.I.5987.

[3] Selon la Cour, « Le principe selon lequel les États membres sont obligés de réparer les dommages causés aux particuliers par les violations du droit communautaire qui leur sont imputables est également applicable lorsque la violation en cause découle d'une juridiction statuant en dernier ressort ».

En effet, ce principe inhérent au système du Traité est valable pour toute hypothèse de violation du droit communautaire par un État membre et ce quel que soit l'organe de l'État membre dont l'action ou l'omission est à l'origine du manquement », CJCE, 30 septembre 2003 Köbler, affaire n° C-224/01, *Rec.*, 2003. I. 10239.

l'État. Elle a tenu à ajouter que « ce principe inhérent au système du traité est valable pour toute hypothèse de violation du droit communautaire par un État membre et ce quel que soit l'organe de l'État membre dont l'action ou l'omission est à l'origine du manquement ».

C'est au cours d'une procédure opposant le gouvernement italien à la Commission que la Cour s'est clairement prononcée en faveur de l'admissibilité du recours en manquement pour violation du droit communautaire par un organe juridictionnel [1].

Mais, peut-on à partir de cet arrêt, soutenir valablement que toute violation du droit communautaire par une décision de justice peut donner lieu à un recours en manquement contre un État membre ?

Partant d'une analyse des motifs de l'arrêt rendu dans cette affaire, les juges Puissochet et Timmermans ont soutenu que seules les « décisions juridictionnelles ayant une portée significative dans un État membre et reflétant, peu ou prou, la façon dont le droit communautaire est appliqué dans cet État » sont susceptibles de donner lieu à une constatation de « manquement judiciaire » [2].

B. Un acte ou fait d'une personne privée imputable à l'État

Le recours en constatation de manquement vise essentiellement à mettre l'État membre en face de ses responsabilités en cas de violation de ses obligations communautaires.

Ainsi, l'on considère qu'il appartient à chaque État de créer les conditions d'une application effective du droit communautaire sur son territoire.

Cette obligation s'exerce tant à l'égard des structures publiques que des personnes privées.

La doctrine considère, en effet, qu'il est de la responsabilité de tout État membre de veiller à ce que les actions menées par des entités privées ne soient pas préjudiciables à l'ordre juridique communautaire.

Ainsi, un manquement peut être retenu lorsqu'un État s'abstient d'adopter des mesures adéquates pour sanctionner ou faire cesser des atteintes à la réglementation communautaire par des privés.

Dans ce cas, le manquement imputé à l'État vise à sanctionner sa passivité face à des agissements privés préjudiciables à l'ordre juridique communautaire.

---

[1] CJCE, 9 décembre 2003 Commission c/ Italie affaire n° C-129/00.

[2] Contribution de Jean Pierre Puissochet et Christiaan Timmermans au *Rapport du colloque 2004 de l'Association des Conseils d'États et des juridictions administratives suprêmes de l'Union européenne*, p. 36.

La CJCE a rendu une décision dans ce sens en adoptant l'argumentaire de la Commission qui, au soutien d'un recours en manquement initié contre le royaume d'Espagne, arguait que d'une part, en n'exerçant pas de façon satisfaisante le contrôle, l'inspection et la surveillance sur son territoire et dans les eaux territoriales relevant de sa souveraineté, de l'exercice de la pêche, notamment des activités de débarquement et de vente d'espèces soumises à des dispositions sur la taille minimale en vertu des règlements communautaires, et, d'autre part, en ne veillant pas avec la fermeté nécessaire à l'adoption de mesures appropriées à l'encontre des responsables d'infractions à la pêche, principalement par l'ouverture de procédures administratives ou pénales et l'infliction de sanctions dissuasives à ces responsables, l'État membre en cause avait manqué à ses obligations [1].

Par ce raisonnement, le juge communautaire retient qu'une violation du droit communautaire, commise par une personne privée, peut constituer un fait générateur de manquement, imputable à un État membre, s'il est établi que celui-ci n'a pas pris les mesures propres à faire cesser l'infraction.

Une constatation de manquement pourra, par ailleurs, être prononcée lorsque la violation du droit communautaire alléguée est le fait d'une personne privée bénéficiant du concours financier de l'État ou entretenant des liens organiques avec lui.

Il convient, pour mieux cerner la problématique, de s'intéresser aux modalités d'organisation de la procédure de recours en manquement devant la Cour de Justice.

Section 2. L'organisation de la procédure en constatation de manquement

L'examen des différentes phases de l'instance permettra de faire une présentation détaillée de l'organisation de la procédure en constatation de manquement.

Paragraphe 1. L'introduction de l'instance

Dans le système communautaire UEMOA, la procédure en constatation de manquement est initiée soit par la Commission, soit par un État membre.

---

[1] CJCE, 22décembre 2008, Commission c/ Espagne, affaire n° C-189/07, *Rec.* 2008, p. I-00195.

A. L'introduction de l'instance par la Commission

Au sens de l'article 15 du règlement de procédure de la Cour de Justice, l'initiative d'engager une procédure en manquement appartient, à titre principal, à la Commission, seul organe compétent pour agir en cas de violation par un État membre de ses obligations communautaires.

En principe, la Commission apprécie librement l'opportunité de déclencher la procédure à l'encontre d'un État membre défaillant vis-à-vis de ses engagements conventionnels.

Pour ce faire, la Commission n'a pas besoin d'établir un quelconque intérêt à agir, elle est censée défendre l'intérêt général de la communauté en vertu duquel tous les États membres doivent se conformer à leurs obligations.

Le règlement de procédure de la Cour énonce clairement que « le recours en manquement appartient à la Commission ». L'interprétation de ce texte permet de soutenir que l'initiative de mettre en mouvement et d'exercer l'action en constatation de manquement relève des pouvoirs propres de la Commission. Il s'agit d'un pouvoir discrétionnaire qui exclut toute obligation d'agir sur instruction d'un quelconque organe de l'Union.

Toutefois, tenant compte de la prépondérance de la Conférence des chefs d'État et de gouvernement sur les autres organes communautaires, il ne serait pas impossible de voir ladite structure exercer une certaine influence sur l'appréciation de l'opportunité d'initier un tel recours.

La question se pose également de savoir par quels moyens la Commission pourrait être informée des cas de violation du droit communautaire susceptibles de justifier l'introduction d'une action en manquement. En effet, les textes communautaires UEMOA et CEDEAO n'ont prévu aucune procédure officielle ouverte aux particuliers en vue de la dénonciation d'éventuels cas de violation du droit communautaire.

Par contre, dans le système européen, au-delà des plaintes adressées à la Commission, les citoyens communautaires disposent d'un droit de pétition [1] ainsi que d'un droit de saisine du médiateur européen. Ces moyens d'action citoyenne sont susceptibles de constituer une source d'information pour la Commission dans la perspective de déclenchement d'une procédure d'infraction contre un État membre.

---

[1] En vertu de l'article 24 traité sur le fonctionnement de l'Union européenne, tout citoyen de l'Union a le droit de pétition devant le parlement européen, de s'adresser au médiateur, d'écrire à toute institution ou organe et de recevoir une réponse dans l'une des langues officielles de l'Union qu'il aura choisie.

La procédure de constatation de manquement peut également procéder de l'initiative d'un État membre.

B. L'introduction de l'action à l'initiative d'un État membre

Le Protocole additionnel n° 1, en son article 5, reconnaît à tout État membre le droit de saisir la Cour de Justice d'un recours en manquement. Mais ce droit ne s'exerce pas dans les mêmes conditions que celui reconnu à la Commission. En effet, l'exercice par un État membre de l'action en manquement est soumis à la saisine préalable de la Commission.

En pratique, l'article 15 du règlement de procédure [1] prévoit qu'un État membre, qui prend l'initiative d'engager une procédure en manquement, ne peut porter directement son recours devant la Cour de Justice de l'Union. Il doit d'abord en informer la Commission qui dispose d'un délai de trois mois pour émettre un avis, après avoir mis l'État contre qui la poursuite est envisagée, en mesure de présenter ses observations.

L'État membre se voit reconnaître le droit de porter l'affaire directement devant la Cour à partir du moment où la Commission s'est abstenue d'émettre un avis à l'expiration du délai imparti par le règlement.

Le texte communautaire est resté muet sur les conséquences éventuelles d'un avis négatif de la Commission, mais il semble que dans cette hypothèse rien ne s'oppose à ce que l'État membre puisse saisir la Cour pour qu'elle statue sur les mérites de l'action en manquement engagée, d'autant plus que la formalité d'information préalable aura été respectée.

Au demeurant, il ne serait pas étonnant de constater, à l'épreuve de la pratique une réticence des États à user de cette voie de droit. Nous pensons que l'exercice du recours en manquement à l'initiative d'un État membre risque d'être exceptionnel en raison du principe de courtoisie diplomatique qui caractérise les relations entre États.

En réalité, le fait pour un État souverain de se voir « traîner » devant une juridiction supranationale peut être mal perçu, même si, au fond, l'action est initiée dans le seul but de préserver le respect de l'ordre juridique communautaire.

Paragraphe 2. Le déroulement de l'instance

L'instance en constatation de manquement se déroule selon une procédure comprenant une phase précontentieuse et une phase contentieuse.

---

[1] Article 15 du règlement n° 01/96/CM portant règlement de procédures de la Cour de Justice de l'UEMOA.

A. La phase précontentieuse

L'examen des dispositions organisant la procédure en manquement dans le système UEMOA permet de constater que le législateur communautaire a pris l'option de favoriser les procédés de règlement non contentieux. C'est ce qui explique qu'en la matière, la saisine de l'organe juridictionnel intervient en dernier lieu suite à la mise en œuvre d'une procédure gracieuse au cours de laquelle la mise en cause de l'État concerné est formalisée par la Commission qui lui adresse un avis motivé après l'avoir mis en demeure de présenter ses observations par rapport au manquement allégué [1].

La motivation qui sous-tend l'aménagement de cette procédure a été bien traduite par Denys Simon selon qui, « le souci d'éviter une censure juridictionnelle prématurée des comportements illégaux des États a conduit les auteurs des Traités à faire précéder le recours en manquement proprement dit, devant la Cour de Justice, d'une phase administrative ou précontentieuse, permettant, le cas échéant, d'aboutir à l'élimination du manquement en faisant l'économie du recours au juge » [2].

La phase précontentieuse constitue une étape centrale de l'instance en manquement devant la Cour de Justice de l'UEMOA en ce sens qu'elle consacre la prise de deux actes constituant les pièces maîtresses de la procédure, il s'agit de la lettre de mise en demeure et de l'avis motivé.

1. La mise en demeure

La mise en demeure visée par le règlement de procédure de la Cour de Justice de l'UEMOA est l'acte par lequel la Commission demande à l'État concerné de présenter ses observations.

Cette formalité a pour objet de notifier au mis en cause les faits constitutifs de manquement retenus à son encontre et de lui permettre de fournir des éléments d'explication ou de réponses en rapport avec les griefs articulés.

Il s'agit, par conséquent, d'une formalité substantielle ayant pour effet d'assurer le caractère contradictoire du recours mais également de fixer les limites du litige.

---

[1] Au sens de l'article 15 du règlement n° 01 /96/CM portant règlement des procédures de la Cour de Justice de l'UEMOA, « le recours en manquement appartient à la Commission. Si elle estime qu'un État membre ne s'est pas conformé aux obligations communautaires, elle adresse à cet État un avis motivé à ce sujet, après avoir mis cet État en mesure de présenter ses observations. Si l'État en cause ne se conforme pas à cet avis dans le délai imparti par la Commission, celle-ci peut saisir la Cour de Justice ».

[2] Denys SIMON, *Le système contentieux communautaire*, p. 632.

S'appuyant sur ces deux éléments, le juge communautaire européen a expliqué que « la lettre de mise en demeure adressée à l'État membre concerné a pour but de circonscrire l'objet du litige et d'indiquer à cet État, invité à présenter ses observations, les éléments nécessaires à la préparation de sa défense » [1].

La régularité de la mise en demeure constitue par conséquent une condition essentielle de recevabilité du recours devant la Cour de Justice. Le juge communautaire est appelé, sur ce point, à exercer un contrôle strict. Il doit, entre autres, s'assurer que la lettre de mise en demeure contient des imputations précises ne laissant aucun doute sur le contenu du manquement reproché à l'État membre et vérifier que celui a été mis dans les conditions d'assurer convenablement sa défense.

Toute irrégularité relevée à ce niveau pourra justifier l'irrecevabilité de la procédure.

Lorsque la mise en demeure servie n'aura pas eu pour effet de faire cesser le manquement visé, la Commission passe à l'étape supérieure consistant à notifier à l'État membre un avis motivé qui marque la liaison du contentieux.

2. L'avis motivé

L'avis motivé est l'acte par lequel la Commission expose les éléments de fait et de droit sur lesquels elle se fonde pour retenir que l'État membre a manqué à ses obligations. Il présente la particularité d'être adressée à la fois à l'État membre et à la Cour.

Adressé à l'État en cause, l'avis motivé a pour finalité de lui indiquer les actions suggérées pour mettre fin à la violation. Il s'agit là d'un acte préventif destiné à servir de document de référence pour l'État mis en cause, lorsque celui-ci est disposé à prendre les mesures appropriées pour se conformer à ses obligations communautaires.

Dans le cas où il est adressé à l'organe juridictionnel de la communauté, l'avis motivé remplit une fonction procédurale essentielle qui consiste à soumettre à l'appréciation du juge les moyens de fait et de droit destinés à caractériser le manquement allégué.

La fonction assignée à cet acte a été systématisée par le juge européen qui a rappelé que « l'avis motivé doit contenir un exposé cohérent et précis des raisons ayant amené la Commission à la conviction que l'État intéressé a manqué à ses obligations qui lui incombent en vertu du Traité » avant d'ajouter que « la Commission est tenue d'indiquer les griefs précis

---

[1] CJCE 11 juillet 1984, affaire n° 51/83 Commission /Italie, *Rec.*, 1984, p. 02793.

sur lesquels la Cour est appelée à se prononcer, ainsi que de manière à tout le moins sommaire, les éléments de fait et de droit sur lesquels ces griefs sont fondés » [1].

Il est vrai qu'en la matière l'avis motivé ne constitue pas l'acte de saisine de la Cour, mais il conditionne fortement la recevabilité de l'action portée devant le juge communautaire. C'est ce qui justifie l'exigence que l'avis motivé et la requête introductive d'instance soient fondés sur les mêmes motifs et moyens [2].

La notification de l'avis motivé à l'État concerné marque la fin de l'étape administrative de la procédure et l'ouverture de la phase contentieuse.

B. La phase contentieuse

Le règlement de procédure de la Cour de Justice ne contient pas de dispositions particulières se rapportant aux pouvoirs du juge communautaire dans la phase contentieuse de constatation du manquement.

Aucune condition de recevabilité spécifique à la matière n'est posée par le règlement.

L'article 15 du texte précité se borne à énoncer que la Cour constate le manquement si elle estime le recours fondé. Pour ce faire, elle examine les éléments contenus dans l'avis motivé et tient compte des réponses consignées par l'État membre mis en cause avant de se prononcer sur la réalité du manquement allégué.

Au demeurant, le recours en constatation de manquement obéit aux exigences du procès accusatoire en ce sens que la Commission ne peut se limiter à faire état de simples présomptions. Elle est, en effet, tenue de fournir les preuves du non-respect par l'État membre concerné de ses obligations communautaires.

La CJCE a clairement indiqué, sur cette question, que « dans le cadre d'une procédure en manquement, il incombe à la Commission d'établir l'existence du manquement allégué et d'apporter à la Cour les éléments

[1] CJCE, 13 décembre 1990 Commission c/ Grèce affaire n° C-347/88, *Recueil* 1990. I. 4747.

[2] CJCE, 15 décembre 1982 Commission c/ Danemark affaire n° 211/81, *Recueil* 1982, p. 4547.

Il y a lieu de préciser que cette exigence ne signifie pas une coïncidence parfaite entre le contenu de l'avis motivé et les moyens développés sur la requête aux fins de constatation de manquement. Il s'agit simplement d'interdire que l'objet du litige soit modifié ou étendu dans un sens ou dans l'autre entre le moment où l'avis motivé est notifié et celui où la juridiction est saisie.

nécessaires à la vérification par celle-ci de l'existence de ce manquement »[1].

On peut, par ailleurs, se demander si la Cour dispose du pouvoir de prendre des mesures provisoires pour faire cesser une violation caractérisée du droit communautaire ou prévenir un dommage irréparable pour la communauté.

Même si aucune disposition expresse ne prévoit la prise de telles mesures dans le cadre du recours en manquement, nous pensons que, de façon générale, l'article 19 du Protocole additionnel n° 1[2] permet, à la Cour de Justice d'ordonner l'exécution de mesures conservatoires. À ce titre, rien ne s'oppose à ce qu'elle prescrive à la charge d'un État membre, poursuivi pour manquement, la prise de mesures urgentes destinées à faire cesser une violation évidente et flagrante du droit communautaire ou de prescrire à la charge du mis en cause la suspension de l'exécution d'une disposition nationale dont l'application serait préjudiciable à l'ordre juridique communautaire.

La phase contentieuse débouche sur une décision de rejet ou sur un arrêt de constatation de manquement qui s'impose à l'État concerné. L'article 6 du Protocole additionnel UEMOA n° 1 énonce à cet effet que « si la Cour de Justice constate qu'un État membre a manqué à une des obligations qui lui incombe en vertu du Traité, cet État est tenu de prendre les mesures que comporte l'exécution des arrêts de la Cour ». Il importe de préciser que l'obligation d'exécuter un arrêt en manquement rendu par la Cour de Justice n'incombe pas uniquement à l'organe central de l'État. En effet, l'article 15 du règlement de procédure de la Cour de Justice de l'UEMOA prescrit à tout organe de l'État membre mis en cause d'assurer en ce qui le concerne l'exécution de la décision rendue[3].

Il en résulte que l'arrêt en constatation de manquement rendu par la Cour de Justice s'impose à toute autorité administrative, législative ou judiciaire de l'État membre concerné.

---

[1] CJCE, 14 décembre 2000 Commission c/ France recueil 2000, p. I-11499.

[2] Article 19 du Protocole additionnel UEMOA n° 1 « dans les affaires dont elle est saisie, la Cour de Justice peut prescrire les mesures conservatoires nécessaires ».

[3] L'article 15 du règlement de procédure de la Cour de Justice de l'UEMOA énonce que « tous les organes de l'État membre concerné ont l'obligation d'assurer, dans les domaines de leurs pouvoirs respectifs, l'exécution de l'arrêt. En cas d'abstention d'un État membre dont le manquement a été constaté, la Commission a la faculté de saisir la Conférence des chefs d'État et de gouvernements afin qu'elle invite l'État membre défaillant à s'exécuter… ».

Section 3. La responsabilité de l'État pour violation du droit communautaire

Le principe d'une action en responsabilité contre les États pour violation du droit communautaire est né d'une évolution jurisprudentielle ayant abouti à la reconnaissance d'un droit pour les particuliers d'obtenir réparation en cas de préjudice subi du fait de ce manquement.

Le régime juridique de cette voie de droit qui est essentiellement d'origine jurisprudentielle sera étudié à travers son fondement et ses conditions de mise en œuvre.

Paragraphe 1. Le fondement de la responsabilité des États membres

La jurisprudence a admis que la responsabilité d'un État membre peut être retenue lorsqu'un particulier subit un dommage résultant du non-respect par cet État de ses obligations communautaires ou des droits conférés aux personnes physiques ou morales par une norme communautaire.

C'est le cas par exemple lorsqu'un État néglige de transposer une directive conférant des droits aux particuliers ou lorsqu'une juridiction nationale s'abstient de donner plein effet au droit communautaire ou l'interprète d'une façon erronée, etc.

Le principe de responsabilité des États membres pour violation du droit communautaire n'est pas prévu par les traités constitutifs des organisations telles que l'UEMOA ou la CEDEAO. Il en est de même concernant les traitées européens. En réalité, ce principe découle d'une construction jurisprudentielle ayant abouti à une consécration en droit européen à partir du célèbre arrêt Francovich et Bonifaci (CJCE, 19 novembre 1991). Dans cette affaire, la cour a considéré que le principe de réparation par les États membres des dommages causés aux particuliers est un principe général « inhérent au système des traités ». Il s'agit donc d'un principe général de droit qui se déduit de l'interprétation des traités des organisations communautaires. Le juge européen a affirmé dans cet arrêt que « la pleine efficacité des normes communautaires serait mise en cause et la protection des droits qu'elles reconnaissent serait affaiblie si les particuliers n'avaient pas la possibilité d'obtenir réparation lorsque leurs droits sont lésés par une violation du droit communautaire imputable à un État ».

Le fait générateur de responsabilité peut résulter de l'action ou de l'inaction du législateur ou découler d'une décision juridictionnelle nationale prise en méconnaissance du droit communautaire.

Dans le premier cas, le juge communautaire européen a considéré que l'action ou l'inaction du législateur national peut engager la responsabilité de l'État, lorsqu'il en est résulté pour les particuliers des dommages consécutifs à la violation des droits que leur confère le droit communautaire (CJCE, Brasserie du Pêcheur et Factortame, 5 mars 1996). S'agissant du principe de responsabilité lié aux effets d'une décision judiciaire nationale il découle de l'affirmation du juge communautaire selon laquelle « la responsabilité d'un État membre peut être engagée dans le cas où le contenu de la décision juridictionnelle est entaché d'une violation manifeste du droit communautaire ayant pour objet de conférer des droits aux particuliers » (CJCE, 30 septembre 2003, Köbler).

Paragraphe 2. Les conditions de mise en œuvre de la responsabilité des États membres

La responsabilité qui incombe aux États membres pour violation du droit communautaire n'est ni générale ni absolue. Elle obéit à des conditions strictes énoncées par le juge communautaire qui, dans son œuvre de construction jurisprudentielle, a tenté d'établir un point d'équilibre entre les contraintes inhérentes à l'exercice des missions dévolues aux États et la nécessité de donner plein effet aux droits conférés aux individus par les systèmes communautaires.

Ainsi, la mise en œuvre de la responsabilité de l'État pour violation du droit communautaire est subordonnée à la réunion des trois conditions cumulatives suivantes :

- la règle de droit communautaire violée doit avoir pour objet de conférer des droits aux particuliers ;
- la violation alléguée doit être suffisamment caractérisée ;
- il doit exister un lien de causalité directe entre la violation de la norme communautaire et le dommage causé.

Il faut préciser que l'action en responsabilité engagée contre un État membre relève de la compétence exclusive du juge national.

Chapitre 2

Le recours en constatation de violation des droits de l'homme

Les États membres des organisations ouest-africaines d'intégration ont réaffirmé leur attachement aux principes et idéaux de l'État de droit à travers les traités constitutifs. Ils ont unanimement reconnu la nécessité d'œuvrer au renforcement de la protection des droits de l'homme et des libertés fondamentales.

Toutefois, parmi les organisations précitées, la CEDEAO est la seule à être dotée d'un dispositif organique de prise en charge des cas de violation des droits de l'homme.

En effet, depuis l'entrée en vigueur du Protocole additionnel A/SP1/01/05, la Cour de Justice de la Communauté est dotée du pouvoir de statuer sur les recours en constatation de violation des droits de l'homme. Il faut souligner que la réforme introduite par le texte précité a initié une innovation remarquable consistant à ouvrir aux citoyens communautaires l'accès direct à la Cour.

Ainsi les particuliers sont désormais admis à saisir directement la juridiction sous-régionale d'une action visant à faire constater une violation de leurs droits humains.

Cette voie de droit qui vise à élever la protection de droits humains au niveau communautaire et à renforcer le droit d'accès des citoyens au juge communautaire, constitue un mécanisme pertinent de contrôle du respect, par les États membres, de leurs obligations en la matière (section I).

Mais il faut reconnaître qu'à l'épreuve de la pratique, la mise en œuvre de la réforme a révélé quelques insuffisances qu'il conviendrait d'étudier (section II).

Section 1. L'organisation du mécanisme sous-régional de protection des droits de l'homme

Tel qu'il est organisé devant la Cour de Justice de la CEDEAO, le recours en constatation de violation de droits de l'homme a pour objet d'instituer un mécanisme communautaire de protection des droits de l'homme en faveur des ressortissants des États membres de l'organisation sous-régionale.

Paragraphe 1. Le processus d'instauration du mécanisme

L'instauration d'un mécanisme communautaire de protection des droits de l'homme résulte d'un processus plus ou moins long qu'il convient de retracer, avant de mettre l'accent sur sa mise en œuvre.

A. Les fondements du mécanisme de protection

À l'origine, la Cour de Justice de la CEDEAO n'était pas dotée de compétences spéciales en matière de protection des droits de l'homme. Pourtant, le traité constitutif de l'organisation avait, par une déclaration solennelle contenue dans l'article 4, clairement affirmé l'adhésion des hautes parties contractantes aux principes fondamentaux concernant le respect, la promotion et la protection des droits humains conformément aux dispositions de la Charte africaine des droits de l'homme et des peuples.

Pendant longtemps, la cour ne disposait d'aucune compétence pouvant lui permettre de connaître des recours fondés sur une violation des droits de l'homme dans un État partie et ne pouvait, en la matière, être saisie par les personnes physiques. C'est ce qui explique, dans une certaine mesure, le manque d'activité de la juridiction communautaire durant les premières années de son existence.

Ainsi, à partir de son installation en 2001 jusqu'au mois de décembre 2004, la Cour de Justice n'a été saisie que de deux requêtes [1].

Face à cette situation quasi léthargique, il est apparu nécessaire d'élargir le pôle de compétences de la Cour dans le but de susciter en sa faveur un regain d'intérêt qui se traduirait par un accroissement du volume des affaires soumises à son examen.

C'est dans ce contexte que les États membres de l'organisation ont pris la ferme résolution de compléter les attributions contentieuses de la Cour avec des compétences en matière de protection des droits de l'homme. Cette volonté politique a été traduite par le Protocole sur la démocratie et la bonne gouvernance [2] qui a indiqué en son article 39 que le Protocole relatif à la Cour de Justice « sera modifié aux fins de

---

[1] *Bulletin d'information trimestriel de la Cour de Justice de la CEDEAO*, n° 1, janvier-mars 2008, p. 15.

[2] Protocole CEDEAO sur la démocratie et la bonne gouvernance.

l'extension de la compétence de la Cour, entre autres aux violations des droits de l'homme ».

La réforme envisagée est finalement intervenue le 19 janvier 2005 avec l'adoption du Protocole additionnel A/SP.I/01/2005 portant amendement au Protocole A/P.1/7/91 du 6 juillet 1991 relatif à la Cour de Justice de la communauté.

L'adoption de ce texte va constituer un tournant majeur dans le processus de consolidation des bases de la Cour de Justice en tant qu'organe judiciaire principal de l'organisation sous-régionale. La réforme initiée a consacré deux innovations majeures, à savoir d'une part l'édification formelle d'une compétence en matière de protection des droits de l'homme et d'autre part l'ouverture du recours y afférent aux personnes physiques.

L'accroissement d'activité escompté à travers cette réforme s'est effectivement réalisé puisque les statistiques publiées ont montré que le nombre de requête reçues au greffe de la Cour s'est considérablement accru dès les premiers mois ayant suivi l'adoption du nouveau texte.

À titre illustratif, le greffier de la juridiction a indiqué qu'à la date du 17 décembre 2009, la Cour a été saisie de soixante-sept (67) affaires [1]. Il s'agit là d'une avancée significative si l'on sait qu'entre 2001 et 2004 seules deux affaires ont été traitées.

B. La mise en œuvre effective du mécanisme

Il faut relever de façon générale, que l'impossibilité pour les particuliers de saisir la juridiction avait fini par créer une situation désarmante pour la Cour qui dans plusieurs affaires a eu du mal à exercer sa mission de protection de l'ordre juridique sous-régional et a été tout simplement obligée de rendre une décision d'irrecevabilité.

L'exemple le plus frappant est celui de l'affaire Afolabé [2] où elle a été saisie par un homme d'affaires nigérian qui s'était plaint de ce que son État d'origine avait porté atteinte à la liberté de circulation, garantie par le Traité, en procédant à la fermeture de la frontière avec le Benin, l'empêchant ainsi de continuer le voyage qu'il avait entrepris vers ce pays. Le requérant a estimé avoir subi un préjudice causé par ladite mesure car n'ayant pu honorer ses engagements vis-à-vis de ses fournisseurs.

---

[1] Voir le tableau présenté par Maître Tony Anéné-Maidoh sur la situation des requêtes portées devant la Cour, *Bulletin d'information de la Cour* n° 3, juin 2009, janvier 2010.

[2] Cour de Justice de la CEDEAO, 27 avril 2004 Afolabi Olajidé c/ République fédérale du Nigeria, inédit.

La Cour a, malheureusement, déclaré la requête irrecevable au motif que le Protocole A/P.1/7/91 n'admettait pas les recours individuels.

Cette décision a pu susciter une déception légitime en ce sens que l'organe judiciaire de la communauté, qui venait d'être saisi pour la première fois, n'a pas été en mesure de trancher un litige portant sur une vraie question de droit de l'intégration.

C'est la raison pour laquelle, dès l'entrée en vigueur du protocole de 2005, la Cour a commencé à affirmer pleinement sa volonté de s'ériger en organe de contrôle du respect des droits humains et des libertés fondamentales dans l'espace communautaire.

Elle s'est fondée sur les dispositions de l'article 10 du protocole révisé pour mettre en œuvre sa nouvelle mission de protecteur des droits et libertés fondamentaux reconnus aux citoyens de la communauté.

L'analyse de quelques décisions rendues durant cette période permet de s'en rendre compte aisément.

La mise en œuvre effective des nouvelles prérogatives de la Cour a, certainement, été amorcée à partir de l'affaire Koraou, du nom de cette jeune dame de nationalité nigérienne victime d'une pratique coutumière esclavagiste.

Il résulte des énonciations de l'arrêt rendu dans cette affaire, qu'en 1996, alors qu'elle n'avait que douze ans, la requérante, la dame Hadijatou Mani Koraou a été vendue par le chef de la tribu Kénouar pour la somme de 240 000 francs CFA.

Cette transaction est intervenue au titre de la « Wahiya », une pratique en cours en République du Niger, consistant à acquérir une jeune fille, généralement de condition servile, pour servir à la fois de domestique et de concubine.

Après neuf années passées au service de son maître, la dame Koraou, revenue entre temps dans sa famille paternelle après avoir obtenu un certificat d'affranchissement, contracta librement un mariage.

Mis au courant de cette union, son ancien « maître » initia des procédures judiciaires qui ont abouti à l'arrestation de la requérante. Considérant que ses droits humains ont été violés, elle prit l'initiative de saisir la Cour de Justice sur le fondement de l'article 10 du protocole amendé. À l'appui de sa requête, la dame Koraou a soutenu qu'en dépit du fait que la constitution nigérienne garantit l'égalité de tous les citoyens devant la loi, « elle a subi une discrimination fondée sur le sexe et sur sa condition sociale parce qu'elle a été maintenue en esclavage pendant près de neuf ans ; qu'après son affranchissement elle n'a pu jouir de sa liberté malgré ses réclamations en justice, qu'elle a fait l'objet de détention et que toutes ces actions ont contribué à la priver de ses droits fondamentaux ».

À l'issue de l'examen de la cause, la Cour de Justice a retenu que « la situation d'esclave de la requérante, même si elle émane d'un particulier agissant dans un contexte prétendument coutumier ou individuel, lui ouvrait droit à une protection par les autorités de la République du Niger, qu'elles soient administrative ou judiciaire » et en a déduit qu' « en omettant de soulever d'office une interdiction d'ordre public et de prendre ou faire prendre les mesures adéquates pour en assurer la répression, le juge nigérien n'a pas assumé la protection des droits de Hadijatou Mani Koraou ».

Par conséquent, la Cour a déclaré que les manquements évoqués sont imputables à l'État du Niger et l'a condamné à payer à la requérante la somme forfaitaire de dix millions de francs CFA à titre de réparation.

L'arrêt rendu par l'organe judiciaire de la CEDEAO a eu un écho retentissant au-delà même des limites de la sous-région. Il faut dire que la campagne de médiatisation menée par les organisations de protection des droits de l'homme a permis d'accroître la portée de la décision rendue, mais aussi de vulgariser les nouvelles attributions de la Cour en la matière.

C'est ce qui a permis à la juridiction sous-régionale de s'affirmer davantage comme gardienne des droits et libertés individuelles des citoyens ressortissants de la Communauté.

Ainsi, dans une autre affaire non moins importante, elle a condamné l'État du Nigeria à payer diverses sommes d'argent à titre de réparation du préjudice subi par des requérants ayant subi une détention préventive jugée arbitraire.

En l'espèce, le juge communautaire avait été saisi par des membres de l'équipage d'un bateau arraisonné par la marine nigériane au motif que ledit navire aurait illégalement pompé du pétrole brut dans les eaux territoriales du Nigeria. Les membres du personnel naviguant ont alors été arrêtés et présentés à la presse nationale et internationale comme des auteurs d'une opération de vol de pétrole.

Bien que les enquêtes judiciaires subséquentes aient établi, d'une part, que le navire en question ne transportait pas du pétrole brut dans ses cales, mais plutôt du mazout à écoulement faible, et, d'autre part, que l'arraisonnement du bateau est intervenu dans une zone située hors de la juridiction de l'État du Nigeria, la mesure de détention retenue contre les requérants n'a pas été immédiatement levée et s'est poursuivie sans aucune justification.

Après analyse des arguments développés et des fait de la cause, la Cour a retenu qu' « en décidant du maintien en détention de dix requérants sur les quinze et de leur poursuite jusque devant la Haute Cour fédérale au motif que ces requérants s'adonnaient à des transactions de pétrole brut sans la preuve concrète et au mépris du rapport d'analyse d'expertise » [1], l'État du Nigeria a fait preuve d'abus et d'arbitraire constitutifs d'une violation des droits de la personne humaine.

Il s'est produit dans le traitement de cette affaire un incident de procédure qui mérite d'être relaté. En effet, la Cour a été confrontée à une situation de vide juridique lorsqu'il s'est agi de prononcer sur la réparation à accorder aux requérants. Elle a constaté, chemin faisant, que « le Protocole additionnel n'a pas prévu de réparations en ses articles 9 et 10 » et que le règlement de procédure a uniquement retenu le principe des mesures de redressement et ne comporte pas de régime de réparation pécuniaire.

Pour contourner cette difficulté, elle a dû se rabattre sur les modalités de réparation applicables devant la Cour internationale de justice pour accorder une indemnité forfaitaire à chacun des requérants. Elle a fait valoir dans la motivation de l'arrêt que, l'article 19 du Protocole additionnel lui permet d'appliquer l'article 38 du statut de la Cour internationale de justice, qui admet le principe de la réparation par l'allocation « d'un montant forfaitaire aux requérants concernés ».

Au total, l'on remarque que l'exercice du recours en violation des droits de l'homme par les particuliers devant la Cour de Justice de la CEDEAO révèle que la protection des droits fondamentaux tend à devenir une composante de l'ordre juridique sous-régional. En effet, la prise en charge de ces droits devient au fil du temps une affaire éminemment communautaire. C'est ce qui justifie d'ailleurs cette propension pour les plaideurs à saisir l'organe judiciaire communautaire pour peu qu'ils soient en conflit avec un État membre. Cette situation, nous le verrons, n'est pas sans conséquence sur la délimitation des compétences entre juge national et juge communautaire.

Mais auparavant il conviendrait, pour mieux cerner l'étendue et la portée du mécanisme de protection, d'examiner le contenu des droits protégés.

Paragraphe 2. Les sources des droits protégés

L'étude de l'origine des droits protégés au niveau de la Cour de Justice de la CEDEAO laisse apparaître un contraste saisissant lié au fait que cette juridiction est dotée d'une compétence en matière de protection des droits de l'homme alors que son organisation de rattachement ne dispose pas d'une charte des droits fondamentaux.

---

[1] Cour de Justice de la CEDEAO, arrêt n° ECW/CCJ/APP/01/09 du 28 janvier 2009 Djot Bayi Talbia et 14 autres c/ République fédérale du Nigeria, inédit.

Il s'agit là d'une situation particulière si l'on procède à une comparaison avec les autres cours de justice régionales ou sous-régionales dotées de compétences similaires.

On peut citer l'exemple de la Cour européenne des droits de l'homme qui veille à l'application de la Convention européenne des droits de l'homme et des peuples ou encore de la Cour interaméricaine des droits de l'homme qui applique la Charte de l'organisation régionale du même nom mais aussi de la Cour africaine des droits de l'homme dont la vocation est de veiller à l'effectivité des droits contenus dans la Charte africaine des droits de l'homme et des peuples.

L'absence d'une Charte des droits de l'homme spécifique à la CEDEAO pose la problématique de l'origine des normes appliquées par la cour de justice. L'analyse de la jurisprudence de la cour révèle, qu'en matière de droits de l'homme, le juge de la CEDEAO applique en principe des normes d'origine internationale. Cependant une tendance d'application sporadique de normes issues de l'ordre juridique interne des États a été notée à travers certaines décisions. La cour se fait souvent le devoir de rappeler aux plaideurs la teneur des normes auxquelles elle se réfère, c'est le sens de l'indication faite dans l'affaire Nnenna Obi contre République Fédérale du Nigeria lorsqu'elle énonce que « Les lois qui lient la cour dans l'exercice de sa fonction sont le Traité de la CEDEAO, les protocoles et protocoles additionnels relatifs à la cour et aux autres institutions de la Communauté, les décisions et autres instruments subsidiaires. Le cas échéant, les dispositions de l'article 38 du statut de la Cour internationale de justice, de la Charte africaine des droits de l'homme et des peuples et des autres instruments internationaux relatifs aux droits de l'homme auxquels un État membre de la CEDEAO est partie » [1].

Mais il faut reconnaître que les sources énoncées par la Cour ne recouvrent pas toutes des normes placées au même niveau. Suivant la place qu'elles occupent dans l'ordonnancement juridique de la Communauté, les règles de référence utilisées par la cour peuvent être classées en deux catégories selon qu'elles proviennent d'une source principale ou d'une source subsidiaire.

1. Les sources principales

Même si de façon formelle le législateur communautaire n'a pas établi un catalogue général proclamant des droits fondamentaux placés sous la protection de la cour, il apparaît évident qu'en la matière, il a entendu

[1] Cour de Justice de la CEDEAO, 9 novembre 2016 Nnenna Obi c/ République fédérale du Nigeria.

ériger la Charte africaine des droits de l'homme et des peuples au rang de source principale du droit matériel auquel se réfère la cour pour assurer sa mission de protection. En effet, cet instrument juridique régional africain est le seul à avoir été expressément cité dans le Traité fondateur de la CEDEAO. La cour le rappelle d'ailleurs dans son arrêt Hadijatou Mani Koraou lorsqu'elle soutient « qu'en affirmant à l'article 4 du Traité révisé que les États membres de la CEDEAO adhèrent aux principes fondamentaux de la Charte africaine des droits de l'homme et des peuples, le législateur communautaire a voulu tout simplement intégrer cet instrument dans le droit applicable par la cour… » et que « l'adhésion de la Communauté aux principes de la Charte signifie que, même en l'absence d'instruments juridiques de la CEDEAO relatifs aux droits de l'homme, la Cour assure la protection des droits énoncés dans la Charte sans pour autant procéder de la même manière que la Commission africaine des droits de l'homme ».

La Cour de Justice de la CEDEAO applique de plus en plus, on le sait, un ensemble de normes que l'on peut considérer comme relevant du droit international des droits de l'homme. Cette donnée est, bien entendu, à relier avec sa compétence, acquise à la faveur de l'adoption du Protocole additionnel du 19 janvier 2005, pour juger des cas de « violation de droits de l'homme ».

De façon générale, la cour applique les instruments majeurs de protection des droits de l'homme, comme la Déclaration universelle des droits de l'homme adoptée par les Nations Unies le 10 décembre 1948, les pactes onusiens de 1966 – Pacte sur les droits civils et politiques et Pacte sur les droits économiques, sociaux et culturels –, la Convention contre la torture, les traitements cruels, inhumains ou dégradants de 1984, ou encore la Convention de 1989 sur les droits des enfants, qui demeurent tous des actes adoptés dans le cadre des Nations Unies. Il faut évidemment faire une part spéciale à la Charte africaine des droits de l'homme et des peuples de 1981, adoptée dans le cadre de l'ex-Organisation de l'Unité Africaine (OUA). Ce dernier texte en particulier est considéré comme une source principale de droits en ce sens qu'il a été expressément cité comme instrument de référence par l'article 4 du Traité révisé de la Communauté CEDEAO.

Plus spécifiquement, s'agissant de la protection des droits reconnus aux femmes, la cour se réfère aux instruments suivants :

- la Convention des Nations Unies sur l'élimination de toutes les formes de discrimination à l'égard des femmes de 1979 ;
- le Protocole à la Charte africaine des droits de l'homme et des peuples relatif aux droits de la femme en Afrique (Protocole de Maputo adopté en 2003) ;

Toutefois, depuis 2015, la Communauté CEDEAO s'est dotée d'un instrument juridique spécifique pour se donner les moyens de renforcer la garantie d'égalité des droits entre les hommes et les femmes et lutter plus efficacement contre toutes les formes de discrimination basées sur le genre.

L'adoption d'un instrument de protection spécifique à la Communauté CEDEAO en matière d'égalité et d'équité du genre

La promotion et la protection de l'équité et de l'égalité du genre est au cœur des préoccupations de la Communauté CEDEAO. La centralité de cette préoccupation peut être observée à travers les dispositions du Traité constitutif de l'organisation sous-régionale qui mentionne en son article 63 que « les États membres s'engagent à élaborer, coordonner et définir des politiques et des mécanismes appropriés pour améliorer les conditions économiques, sociales et culturelles des femmes ».

Cet engagement solennel a été rappelé et renforcé par le Protocole additionnel sur la démocratie et la bonne gouvernance qui énonce en son article 40 que « les États membres conviennent de ce que l'épanouissement et la promotion de la femme sont un gage de développement, de progrès et de paix dans la société. Ils s'engagent en conséquence à éliminer toutes formes de pratiques préjudiciables, dégradantes et discriminatoires à l'égard des femmes.

En application des orientations générales formulées dans ces dispositions, la communauté CEDEAO a donc pris l'initiative en 2015 de se doter d'un instrument spécifique de protection et de promotion de l'égalité et de l'équité du genre. Il s'agit de l'Acte additionnel A/SA.02/05/15 relatif à l'égalité de droits entre les femmes et les hommes pour le développement durable dans l'espace CEDEAO adopté par la 47ème session ordinaire de la Conférence des chefs d'État et de gouvernements tenue à Accra, en République du Ghana, le 19 mai 2005.

Comme énoncé dans son préambule, ce texte adopté vise principalement à « créer et à renforcer les synergies entre les divers engagements pris en matière d'égalité et d'équité du genre aux échelons régional, continental et international, et de les synthétiser en un instrument régional complet. La communauté a également justifié l'adoption de cet instrument juridique par la nécessité de disposer d'un texte répondant aux besoins et au contexte spécifique de la région ouest africaine.

Le protocole relatif à l'égalité des droits entre les femmes et les hommes dans l'espace CEDEAO comprend 53 articles. Il prescrit pour l'essentiel un certain nombre d'obligations à respecter par les États membres en matière d'égalité du genre et proclame des droits fondamentaux garantis en faveur des femmes et des enfants.

On peut à cet égard citer :

- l'obligation de prise de mesures d'ordre constitutionnel et politique destinées à assurer aux femmes une plus grande part dans les processus publics délibératifs (art. 4) ;
- l'obligation pour les États de veiller à assurer un traitement non discriminatoire et équitable aux femmes dans l'accès à la justice (art. 6) ;
- l'égalité de droits entre les hommes et les femmes dans le mariage (art. 7) ;
- les mesures de prévention et de répression des violences basées sur le genre mises à la charge des États membres.

L'Acte additionnel a prévu des dispositions destinées à favoriser une mise en œuvre effective des garanties de protection qu'elle énonce en faveur des femmes. Ce faisant, il indique en son article 49 que le non-respect des prescriptions édictées par le texte est sanctionné par référence aux mesures coercitives fixées à l'article 77 du traité, mais également par la mise en œuvre des dispositions de l'Acte additionnel du 17 février 2012 portant régime des sanctions à l'encontre des États membres n'honorant pas leurs obligations vis-à-vis de la CEDEAO.

Cette disposition ne fait nul préjudice au droit reconnu à tout citoyen ressortissant d'un des États membres de saisir la Cour de Justice de la Communauté CEDEAO lorsqu'il estime avoir subi un préjudice du fait de la violation des droits énoncés par l'Acte additionnel sur l'égalité des droits.

L'effectivité de la mise en œuvre des instruments de protection en matière d'égalité et d'équité du genre devant la Cour de Justice de la CEDEAO

L'effectivité de la prise en compte de la dimension genre dans la jurisprudence de la Cour peut être appréciée à travers l'analyse de quelques décisions phares.

L'arrêt Mani Karaou apparaît sous ce rapport comme la décision la plus emblématique en ce qu'elle a permis de révéler la portée du mandat de la Cour en matière de protection des droits fondamentaux. Dans cette affaire, la Cour a visé, entre autres textes, la Convention sur l'élimination de toutes les formes de discrimination à l'égard des femmes pour condamner un État membre dont le système judiciaire n'avait pas pu protéger de façon adéquate une jeune fille victime d'esclavage et de mariage forcé. (Cour de Justice CEDEAO, 24 janvier 2001, Hadijatou Mani Koraou contre République du Niger).

Par une autre décision rendue le 17 mai 2016, la cour a condamné un État membre pour discrimination basée sur le genre, en ce que les requérantes avaient été privées d'entrer en possession de leur héritage au motif que selon une coutume locale, une femme ne peut acquérir de terres champêtres par voie de succession (CJ/CEDEAO 17 mai 2016, Farimata Mahamadou et autres contre République du Mali).

Plus récemment encore, la cour a pour la première fois fait application de dispositions tirées du Protocole de Maputo sur les droits des femmes pour considérer que les requérantes arrêtées et détenues par la police pour délit de prostitution simplement parce qu'elles ont été trouvées dans la rue à une heure tardive de la nuit, ont été victimes d'une discrimination basée sur le genre. (CJ/CEDEAO, 12 novembre 2017 Dorothy Njemanze et autres contre République fédérale du Nigeria).

Il est toutefois assez curieux de constater que dans son œuvre prétorienne de protection des droits des femmes, la Cour ne s'est pas référée à l'instrument juridique propre à la communauté CEDEAO à savoir le Protocole de 2015 relatif à l'égalité des droits entre hommes et femmes et qu'elle continue en la matière à fonder ses décisions sur des dispositions contenues dans d'autres instruments juridiques comme dans l'affaire précitée où elle a fait application du Protocole à la charte africaine des droits de l'homme et des peuples relatif aux droits des femmes (Protocole de Maputo).

A. Les normes issues du système international de protection des droits de l'homme

Les États membres de la CEDEAO ont marqué leur adhésion à la Charte africaine des droits de l'homme à travers les énonciations de l'article 4 du traité révisé. Ce renvoi exprès permet de justifier la compétence dont dispose la Cour communautaire pour appliquer les normes issues de cet instrument régional de protection des droits fondamentaux.

Ainsi, les droits conférés et protégés par la Charte africaine sont intégrés dans l'ordre juridique communautaire. De ce fait, l'organe judiciaire de la communauté s'y réfère comme s'il s'agissait de normes endogènes sécrétées par l'organisation de rattachement.

Dans un article publié au *Bulletin d'information de la Cour*, Ghislain Agbozo a fait observer que « le cadre juridique communautaire de protection des droits de l'homme emprunte à d'autres ordres juridiques et s'y subordonne » [1]. L'auteur de cette réflexion est d'avis que l'option prise

[1] Ghislain AGBOZO, « Quelques particularités du cadre juridique de protection des Droits de l'Homme de la Cour de Justice de la communauté CEDEAO » in *Bulletin d'information trimestriel de la Cour de Justice de la CEDEAO*, n° 3, juin 2009 - janvier 2010, p. 32 et s.

par l'organisation sous-régionale de s'arrimer au cadre de protection préexistant apparaît comme une stratégie de rationalisation des instruments internationaux de protection des droits de l'homme. Il affirme au soutien de son argumentaire que, « en renonçant à la faculté de graver dans un texte communautaire les droits de l'homme qui ne seraient d'ailleurs pas nouveau et risquent fort d'être la répétition de droits déjà consacrés au plan africain et universel, les États membres de la CEDEAO ont évité la "prolifération" des instruments relatifs aux droits de l'homme » [1].

Aujourd'hui, il ressort nettement de l'examen des arrêts de la Cour que la Charte africaine des droits de l'homme est bien intégrée dans le dispositif normatif auquel se réfère la Cour pour contrôler l'exécution par les États membres de leurs obligations communautaires en matière de protection des droits de l'homme.

C'est ainsi qu'elle a retenu, dans une affaire, que l'État togolais avait violé les droits de l'homme pour n'avoir pas permis aux requérants d'exécuter contre la société d'État Togo Télécom une décision de justice rendue en leur faveur. La cour a estimé que l'immunité dont s'est prévalue la société de télécommunications pour résister à l'autorité de chose jugée attachée à la décision entreprise, opère une violation du principe d'égalité devant la loi et du droit à une égale protection de la loi tels que prescrits par l'article 3 de la Charte africaine des droits de l'homme et des peuples [2].

Il convient de noter que la cour se réfère également aux instruments universels tels que le Pacte relatif aux droits civils et politiques, la Déclaration universelle des droits de l'homme et même, de façon surprenante, à la Convention européenne des droits de l'homme et des peuples [3].

Dans son arrêt Amouzou Henri contre État de Côte d'Ivoire, la Cour a avancé les raisons pour lesquelles ces normes d'origine internationale devaient être intégrées au système communautaire de protection des droits de l'homme.

Elle a relevé que « les droits reconnus et consacrés par les instruments internationaux constituent des obligations internationales pour les

---

[1] *Idem*, p. 34.

[2] Cour de Justice de la CEDEAO, 31 janvier 2012, Aziablévi Yovo et 31 autres c/ Société Togo Telecom et État du Togo, inédit.

[3] Cour de Justice de la CEDEAO, 26 janvier 2012 El Hadji Mame Abdou Gaye c/ République du Sénégal, inédit. Saisie d'une question de violation de droits de l'homme dans le cadre d'une mesure de détention préventive, la Cour s'est expressément référée, entre autres instruments juridiques internationaux, à la Convention européenne de sauvegarde des droits de l'homme et des peuples, notamment en son article 5 alinéa 1.

États membres, dans le cadre du droit international général et dans le cadre du droit communautaire » et a estimé qu' « en réaffirmant leur adhésion aux droits contenus dans ces instruments, la Communauté et les États membres qui la composent ont surement en vue le noyau essentiel du système des Nations Unies intégré dans la Déclaration universelle des droits de l'homme et dans le Pacte international relatif aux droits civils et politiques, de même que le noyau essentiel africain en tant qu'expression de valeurs de civilisation authentique à laquelle ils entendent participer » [1].

Ce corps de règles internationales qui constituent le droit commun appliqué par la cour en matière de droits de l'homme intègre parfois des dispositions tirées de l'ordre interne des États parties.

B. Les normes issues du droit interne des États membres

En principe, le juge communautaire n'a pas pour vocation de contrôler la correcte application du droit interne des États. Pour cette raison, la Cour de Justice de la CEDEAO rappelle très souvent qu'elle « n'est pas une juridiction d'appel ou de cassation des juridictions nationales » [2]. La limitation de ses compétences vis-à-vis du droit interne justifie que la cour s'efforce autant que possible d'exercer son contrôle du respect par les États de leurs engagements en matière de protection des droits de l'homme en se référant principalement aux instruments internationaux actuellement en vigueur.

Cette attitude de retenue est observée même dans les cas où les requérants ont entendu fonder leur action sur une violation d'une disposition de droit national. Une illustration de cette remarque peut être trouvée à travers l'affaire Barthelemy Dias [3], dans laquelle la cour a montré une indifférence totale par rapport au droit national alors même que le demandeur avait invoqué la violation de l'article 316 du code pénal sénégalais.

Aussi dans l'arrêt du 13 juillet 2015 « CDP et autres contre État du Burkina Faso », la cour a d'emblée indiqué qu'il fallait écarter des débats « toute référence au droit national, qu'il s'agisse de la Constitution du Burkina Faso, ou de normes infra-constitutionnelles quelles qu'elles soient », de telles références étant selon elle « inappropriées dans son

---

[1] Cour de Justice de la CEDEAO, 17 décembre 2009 Amouzou Henri et 5 autres c/ République de Côte d'Ivoire, inédit.

[2] Cour de Justice de la CEDEAO, 7 octobre 2005 Jerry Ugokwe c/ République fédérale du Nigeria, point 32, p. 12, inédit.

[3] Cour de Justice de la CEDEAO, 23 mars 2012 Barthelemy Dias c/ République du Sénégal, inédit.

prétoire. Juridiction internationale, elle n'a vocation à sanctionner que la méconnaissance d'obligations résultant de textes internationaux opposables aux États. »[1].

On note que dans une affaire précédente, la cour avait procédé à une appréciation poussée de certaines dispositions de droit interne de la République du Sénégal[2].

Dans cette affaire, les requérants, tous anciens membres du gouvernement de la République du Sénégal faisant l'objet d'enquête pour enrichissement illicite, avaient saisi la cour communautaire d'une action tendant à faire constater la violation de leur droit constitutionnel à la liberté d'aller et de venir suite à une mesure d'interdiction de sortie du territoire national prise à leur encontre dans le cadre de la procédure suivie contre eux.

Après analyse des prétentions des parties, la cour a estimé que « ni la loi n° 81-53 du 19 juillet 1981, encore moins le code de procédure pénale sénégalais, ne prévoit l'interdiction de sortie du territoire à l'étape de soupçons ou d'enquêtes » et en a déduit qu'en déclarant que les restrictions imposées aux requérants se justifient par la nécessité de protéger la sécurité nationale, l'ordre public, la santé ou la moralité publique sans rapporter la preuve de ces affirmations, le Sénégal a violé la liberté de déplacement des demandeurs à la procédure.

La particularité de cette décision découle manifestement du fait que le juge communautaire s'est fondé sur une analyse des normes issues de l'ordre interne de l'État en cause pour exercer son contrôle.

Peut-on à partir de cette seule affaire affirmer que la cour s'arroge désormais le pouvoir d'appliquer les normes de droit national en rapport avec la protection des droits fondamentaux ?

Nous pensons que seule une analyse suivie de l'évolution de la jurisprudence, sur ce point, permettra de répondre d'une manière satisfaisante à cette question. Mais nous pouvons déjà retenir, qu'en matière de protection des droits de l'homme, la Cour semble adopter une posture audacieuse consistant à étendre de plus en plus ses pouvoirs. Ainsi, le traitement de cette affaire a permis de déceler une velléité d'intégration de certaines dispositions pertinentes du droit national des États dans le dispositif communautaire de protection des droits fondamentaux.

En réalité, dans certaines situations, la juridiction communautaire est obligée de se référer à des dispositions de droit national pour apprécier la matérialité des cas de violation des droits de l'homme qui lui sont déférés. Il en est ainsi en matière de détention arbitraire où la cour se détermine

---

[1] Aff ECW/CCJ/JUD/ 16/15, § 24 à 26.

[2] Cour de Justice de la CEDEAO, 22 février 2013 Abdoulaye Baldé et 5 autres c/ République du Sénégal, inédit.

en tenant compte des délais de garde à vue ou de détention préventive tels qu'ils ressortent des règles internes de procédure pénale.

C'est précisément le sens de l'interprétation donnée par la cour dans son arrêt Badini Salfo contre République du Faso [1] lorsqu'elle a affirmé qu'au sens de la Charte africaine des droits de l'homme et des peuples, est arbitraire, « toute arrestation intervenue sans motifs légitimes ou raisonnables et en violation des conditions préalablement établies par la loi ».

La loi à laquelle il est fait référence renvoie aux dispositions de droit interne applicables en matière de détention.

Section 2. Les insuffisances du mécanisme communautaire de protection des droits de l'homme

Les insuffisances les plus significatives sont celles se rapportant à l'exercice encore timide du recours, mais également à l'imprécision des critères de compétence de la cour en matière de protection des droits de l'homme.

Paragraphe 1. L'imprécision des critères de compétences de la Cour

L'organisation des compétences de la cour de justice en matière de protection des droits de l'homme laisse apparaître quelques insuffisances découlant du fait que le mécanisme prévu à cet effet est circonscrit autour des seules dispositions de l'article 4 du Protocole additionnel A/SP.1/01/05 qui se borne à énoncer que la cour peut être saisie par toute personne victime de violations des droits de l'homme et que la demande soumise à cet effet ne sera pas recevable lorsqu'elle aura déjà été portée devant une autre cour internationale compétente.

Il demeure constant que ces indications quelque peu sommaires ne sauraient régir avec précision l'ensemble du système communautaire de protection des droits fondamentaux.

Un examen analytique de la jurisprudence de la Cour permet amplement de vérifier cette assertion. Ainsi, des questions importantes liées aux modalités d'organisation des compétences de la Cour en matière de droits de l'homme n'ont pas été expressément réglées.

Il en est ainsi de la question de la recevabilité du recours porté devant la cour communautaire avant l'épuisement des voies de recours internes.

---

[1] CJ/CEDEAO, 31 octobre 2012.

C'est également le cas concernant la notion même de recours en violation des droits de l'homme qui n'a pas été définie par le protocole.

A. *L'incertitude quant à l'applicabilité de la règle de l'épuisement des voies de recours internes*

La règle de l'épuisement des voies de recours internes pose le principe selon lequel un individu ne saurait être recevable à citer un État devant une juridiction internationale sans avoir au préalable exercé les voies de recours disponibles dans l'ordre juridique interne. Il s'agit d'un principe issu du droit coutumier international dont la finalité est de protéger les États contre des recours intempestifs devant les instances juridictionnelles supranationales.

L'Institut de droit international en donne une définition assez large qui a le mérite de faire apparaître tous les éléments constitutifs de la règle posée. Au sens de cette définition, « lorsqu'un État prétend que la lésion subie par un de ses ressortissants dans sa personne ou dans ses biens a été commise en violation du droit international, toute réclamation diplomatique ou judiciaire lui appartenant de ce chef est irrecevable, s'il existe dans l'ordre juridique interne de l'État contre lequel la prétention est élevée des voies de recours accessibles à la personne lésée et qui vraisemblablement, sont efficaces et suffisantes, et tant que l'usage normal de ces voies n'a pas été épuisé » [1].

La problématique des conditions d'application de la règle renvoie à de nombreuses interrogations. S'agit-il d'une règle de procédure ou plutôt d'un principe de droit matériel ? S'agit-il d'un principe général de droit international applicable même sans texte ou est-ce que son application doit être expressément prévue par un instrument juridique conventionnel ou par le règlement de procédure de l'instance juridictionnelle devant laquelle elle est invoquée ?

Il convient d'emblée de faire observer que la question relative à la nature juridique de la règle ne présente pas qu'un intérêt théorique parce que, comme l'a fait remarquer Denis Sulliger, en pratique « les États ne pourront renoncer à la règle que si celle-ci est matérielle alors qu'une telle renonciation est possible si elle est procédurale » [2].

---

[1] Institut de droit international, *Annuaire*, 1956, p. 315.

[2] Denis SULLIGER, L'épuisement des voies de recours internes en droit international et dans la Convention européenne des Droits de l'Homme, Thèse de licence et de doctorat présentée à la faculté de droit de l'Université de Lausanne, 1979, p. 26.

Dans le système CEDEAO, la Cour de Justice rejette systématiquement toutes fins de non-recevoir tiré du non-épuisement des voies de recours interne. Elle refuse catégoriquement de faire de l'application de cette règle une condition de recevabilité d'une action en violation des droits de l'homme.

En effet, depuis l'arrêt Mani Koraou, l'organe judicaire de la Communauté n'a jamais varié dans son interprétation des conditions d'application de la règle.

L'État nigérien, défendeur dans cette affaire, avait soulevé l'irrecevabilité de la requête au motif que la cause soumise à la Cour communautaire était encore pendante devant les juridictions nationales. Il faisait observer, au soutien de l'exception présentée, que la protection des droits de l'homme par les mécanismes internationaux est une protection subsidiaire qui n'intervient que si un État a, au plan national, manqué à son devoir d'assurer le respect de ces droits.

Dans sa réponse, la Cour a admis, effectivement, que la protection des droits de l'homme par les mécanismes internationaux obéit au principe de subsidiarité qui constitue, en réalité, un critère déterminant dans la répartition des compétences entre les États membres et la Communauté.

Mais elle a ajouté que « cette subsidiarité connaît depuis quelques temps une évolution remarquable qui se traduit par une interprétation très souple de la règle de l'épuisement des voies de recours internes ».

Pour le juge CEDEAO, l'évolution observée dans la pratique internationale laisse apparaître la possibilité pour les États de renoncer au bénéfice de la règle. Il en déduit que « le législateur communautaire CEDEAO s'est sans doute conformé à cet appel en ne faisant pas de la règle d'épuisement préalable des voies de recours internes une condition de recevabilité devant la Cour ».

Par cet attendu, le juge communautaire laisse clairement entendre qu'en s'abstenant de mentionner la règle dans le Protocole relatif à la Cour de Justice, les États membres ont entendu renoncer au droit de s'en prévaloir. Une telle interprétation pose problème parce qu'il est de principe que la renonciation à un droit ne se présume pas. Elle doit être expresse et sans équivoque, ce qui est loin d'être le cas dans la situation des États membres de la CEDEAO.

Jean Chappez livre sur ce point une analyse qui apparaît intéressante, car fondée sur le principe que la volonté souveraine des États peut écarter l'application de la règle de l'épuisement des voies de recours internes. Selon cet auteur, « les États peuvent, par une manifestation de volonté, renoncer à invoquer la règle devant une juridiction internationale » [1].

---

[1] Jean CHAPPEZ, *La règle de l'épuisement des voies de recours internes*, Paris,

Mais, poursuivant son argumentaire, il précise qu'en règle générale, cette renonciation doit procéder d'une manifestation de volonté non équivoque c'est-à-dire clairement exprimée. L'auteur fait remarquer à cet effet que certains traités de conciliation, de règlement judiciaire et d'arbitrage, des clauses juridictionnelles et des compromis, font une référence expresse à la règle de l'épuisement des voies de recours internes soit pour en exiger l'application, soit pour l'écarter.

Seulement, il retient que dans quelques rares cas la règle peut implicitement être écartée en raison du caractère particulier du différend et de son mode de règlement.

Chappez indique que « dans ces hypothèses, les dommages sont de nature politico-économique. Il s'agit essentiellement des dommages de guerre, des dommages résultant des nationalisations et des dommages relatifs aux investissements » [1] qui se singularisent par le fait que l'atteinte aux droits des personne est tellement massive que la souveraineté de l'État national est plus ou moins engagée.

En dehors de cas relevant de ces hypothèses extrêmes, le principe demeure que la mise à l'écart de l'application de la règle doit être prévue par l'accord des États intéressés [2].

Or, l'analyse des prescriptions de l'article 39 du Protocole A/SP1/12/01 sur la démocratie et la bonne gouvernance permet de se rendre compte que les États membres de la CEDEAO ont expressément manifesté leur volonté de doter la Cour d'une compétence en matière de protection des droits de l'homme, en précisant, clairement, que le recours serait ouvert aux personnes physiques après épuisement des voies de recours internes.

Depuis lors, aucun autre texte communautaire n'est intervenu pour dire que les États membres ont finalement renoncé au bénéfice de la règle posée par le protocole précité.

Dès lors, il semble périlleux d'affirmer de manière péremptoire que les États ont exprimé la volonté d'écarter l'application de la règle devant la Cour de Justice de la CEDEAO.

Maintenant, puisqu'il demeure constant que le règlement de la Cour ne fait aucune référence à cette règle, on peut à l'instar de Blanche Ndo Pabozi [3] demander s'il s'agit d'une omission ou d'une renonciation.

Pedone, p. 110.

[1] *Idem*, p. 118.

[2] Résolution adoptée lors de la session 1956 de l'Institut de Droit International, *IDI*, annuaire 1956, p. 315.

[3] Blanche N'DO PABOZI, Absence d'épuisement préalable des voies de recours internes devant une juridiction internationale : omission ou renonciation ? *Bulle-*

Aujourd'hui, il est clair que le juge communautaire CEDEAO a adopté la seconde hypothèse, mais s'il avait interprété ce silence du règlement comme une simple omission, il aurait pu, en ce moment, combler cette insuffisance en faisant application des dispositions pertinentes de la Charte africaine des droits de l'homme et des peuples conformément aux demandes récurrentes formulées par les États défendeurs à l'occasion des instances en violation des droits de l'homme [1].

La Cour de Justice de la CEDEAO est, à ce jour, la seule juridiction supranationale compétente en matière de droits de l'homme qui écarte la règle de l'épuisement des voies de recours internes [2].

Maître Jean Guinand, qui a publié une étude sur la question, a insisté sur la nécessité de soumettre le traitement du contentieux des droits de l'homme, en priorité, aux juridictions internes des États. Il soutient à ce niveau que « la protection des droits de l'homme relève avant tout des États. C'est à eux qu'incombe la responsabilité du respect des droits fondamentaux » [3]. Il est d'avis que ce principe ne pourra être maintenu que par l'application de la règle de l'épuisement des voies de recours interne et affirme qu' « en ce qui concerne les droits de l'homme, les juridictions internationales ont un caractère subsidiaire. Elles ne sauraient intervenir qu'après avoir constaté que les instances internes se sont prononcées et qu'elles ont eu la possibilité de mettre fin au litige ».

L'argumentaire proposé rejoint la position exprimée par Régis de Gouttes sur cette question. Selon cet auteur, « le principe de subsidiarité signifie que c'est dans le cadre du système juridique national que doivent d'abord s'exercer les recours ouverts aux personnes dont les droits ont été violés, les mécanismes internationaux ne devant intervenir, quant à eux, que subsidiairement, lorsque le système de protection national s'avère insuffisant ou défaillant » [4].

---

tin d'information trimestriel de la Cour de Justice de la CEDEAO n° 1 janvier-mars 2008, p. 22-26.

[1] Cour de Justice CEDEAO, 14 mars 2007, affaire n° ECW/CCJ/APP/05/05 Etim Essien c/ République de Gambie, inédit.

[2] La règle de l'épuisement des voies de recours internes est prévue pratiquement par tous les instruments internationaux de protection tels que, la Convention européenne de sauvegarde des droits de l'homme et des libertés fondamentales, la Convention interaméricaine des droits de l'homme, la Charte africaine des droits de l'homme et des peuples, etc.

[3] Jean GUINAND, *La règle de l'épuisement des voies de recours internes dans le cadre des systèmes internationaux de protection des droits de l'homme*.

[4] Régis de GOUTTES « Le renforcement et l'harmonisation des procédures nationales et internationales en matière de protection des Droits de l'Homme » in

Au total, nous pensons qu'il est nécessaire, dans le cadre de la CEDEAO, de réfléchir à la possibilité d'exiger des requérants l'épuisement des voies de recours internes avant toute saisine de l'organe judiciaire de l'organisation sous-régionale, cela afin d'éviter que ladite juridiction ne puisse se retrouver en situation de conflit de compétences avec une juridiction interne d'un État, saisie du même litige et, d'autre part, pour être en phase avec la volonté expresse [1] des États membres de faire de l'action individuelle en violation des droits de l'homme un recours subsidiaire.

Ce risque de conflit est d'ailleurs bien perçu par la juridiction communautaire qui semble admettre à travers sa jurisprudence la théorie du recours prématuré consistant à déclarer un recours en violation des droits de l'homme irrecevable lorsque les faits dénoncés font l'objet d'une procédure pendante devant le juge national. Ainsi, dans l'affaire Aziagbede Kokou et 33 autres [2], la cour a semblé atténuer la portée de la règle de l'épuisement des voies de recours internes en expliquant qu' « il n'entre pas dans sa fonction de protection des droits de l'homme de substituer sa propre appréciation des faits à celle des juridictions nationales, déjà saisies, ou de déterminer la force probante de certaines pièces présentées en rapport avec des faits de nature pénale », que selon elle « le juge national saisi doit apprécier les faits dénoncés dans les plaintes qui sont portées devant lui », puis en a déduit que le recours doit être déclaré irrecevable, en l'état, en raison de son caractère prématuré découlant de ce que la violation invoquée faisait l'objet d'une procédure pendante devant le juge national togolais.

B. L'incertitude quant au critère de compétence de la Cour en matière de violation des droits de l'homme

La pratique du recours en violation des droits de l'homme devant la Cour de Justice de la CEDEAO laisse apparaître une certaine imprécision sur la nature des litiges relevant de sa compétence.

L'analyse de la jurisprudence montre que la Cour a retenu un critère de compétence qui ne permet pas de se faire une idée précise du type de contentieux dont elle peut connaître. En effet, le juge communautaire CEDEAO considère que « la simple référence aux instruments internationaux

---

Études en l'honneur d'un juriste africain, feu le juge Laïty Kama, Martinus Nijhoff Publishers, 2007, p. 731.

[1] Article 39, protocole CEDEAO sur la démocratie et la bonne gouvernance.

[2] CJ/CEDEAO, Aziagbede KOKOU et 33 autres c/ le Togo arrêt n° ECW-CCJ-07 du 28 novembre 2013.

qui constituent l'essentiel de l'ordre juridique communautaire en matière de droits de l'homme », induit sa compétence formelle.

Dans plusieurs de ses arrêts, la cour a de façon constante indiqué que sa compétence est établie dès lors que dans la requête qui lui est soumise est invoquée une violation des droits de l'homme [1].

Au sens de cette jurisprudence de la cour, quelle que soit la nature du litige, il suffit simplement que le requérant invoque une violation d'une disposition contenue dans un instrument juridique international de protection des droits fondamentaux pour que son action soit déclarée recevable.

Cette conception extensive des compétences de la cour oblige celle-ci à instruire et juger des affaires qui manifestement sont très éloignées des questions de droits de l'homme.

C'est le cas dans l'arrêt Etim Moses Essien dans lequel la Cour a, de façon surprenante, statué sur une question de réclamation de salaire suite à la rupture du contrat de travail du requérant. Il résulte des énonciations de l'arrêt que le demandeur avait été recruté par le Secrétariat du Commonwealth, en qualité d'enseignant à la faculté de médecine de Banjul (République de Gambie). Aux termes des stipulations du contrat conclu pour deux ans, le sieur Essien avait droit à une rémunération en dollars, prélevée sur un fonds dédié aux missions de coopération technique de l'organisme employeur.

Qu'à la fin du contrat, le requérant a poursuivi ses activités d'enseignement, à la demande des autorités universitaires, sans aucun traitement salarial.

Que suite à une réclamation adressée aux responsables de la faculté pour obtenir la régularisation de sa situation, il a été informé de ce que les démarches entreprises, à cette fin, auprès du Secrétariat du Commonwealth n'ont pas abouti et que l'Université se proposait de prendre en charge son salaire qui serait désormais payé en monnaie locale, selon le barème de droit commun applicable aux enseignants du supérieur.

Le professeur Essien rejeta entièrement la proposition et saisit directement la Cour de Justice de la CEDEAO d'une requête en violation des droits de l'homme. Il soutenait à l'appui de son recours que « le fait d'offrir les mêmes services d'expert technique et de ne pas percevoir un salaire égal à celui que lui versait le Secrétariat du Commonwealth est une violation de son droit à un salaire égal pour un travail égal, une atteinte à sa dignité et constitue un traitement cruel ou dégradant ».

[1] Voir notamment Hissein Habré c / République du Sénégal, 14 mai 2010 ; Muhammad Ibrahim Hassan c / République fédérale du Nigeria ; 15 mars 2012 ; Saidatu Umar c / République fédérale du Nigéria, 12 juin 2012.

Il invoquait, au soutien de ses prétentions, la violation des articles 5 et 15 de la Charte africaine des droits de l'homme et 23 de la Déclaration universelle des droits de l'homme.

L'examen des faits de la cause laisse clairement apparaître que le litige porte essentiellement sur une réclamation de salaire. Il s'agit donc d'un conflit individuel du travail ordinaire qui normalement doit être porté devant les juridictions gambiennes compétentes en la matière.

Dès lors, on pouvait, logiquement, s'attendre à une décision d'incompétence. Mais, curieusement, la Cour a non seulement accepté de recevoir l'action, mais elle a en plus fait droit à la demande en estimant que les droits réclamés se rapportent aux droits salariaux du travailleur, reconnus par les articles 7 du Pacte international sur les droits économiques, sociaux et culturels, 10 de la Déclaration universelle des droits de l'homme et 15 de la Charte africaine des droits de l'homme et des peuples.

L'on remarque que la Cour de Justice fait prévaloir l'examen de sa compétence au fond au détriment de la règle de compétence *prima facie* qui est pourtant prévue par l'article 88 du règlement de procédure [1].

Ainsi, la pratique a révélé que la Cour ne se prononce sur sa compétence qu'après avoir examiné les écritures des parties et entendu leurs plaidoiries sur le fond.

On note toutefois que depuis quelques années, la Cour semble s'écarter de la technique de la compétence *prima facie* et prend de plus en plus l'option de soumettre certaines requêtes à un examen préalable de compétence avant d'attaquer les questions de fond. Ainsi, dans l'affaire Pont de Kayes [2], elle a estimé devoir se pencher d'abord sur la question même de sa compétence en considérant qu'il s'agit « d'une obligation première pour toute juridiction saisie ». Après analyse des termes de la requête, elle s'est déclarée incompétente au motif que le contentieux était de nature contractuelle et « ne relève nullement des droits de l'homme ».

La Cour semble désormais refuser que sa compétence soit établie à partir des simples déclarations du requérant faisant état d'une violation des droits de l'homme. C'est ce qu'elle traduit dans l'arrêt précité lorsqu'elle affirme que « certes, la requérante invoque un certain nombre de textes internationaux opposables au Mali. Mais force est de constater que nulle part dans ses écritures et à aucun moment au cours des plaidoiries,

[1] Au sens de l'article 88 du règlement de procédure, lorsque la Cour est manifestement incompétente pour connaître d'une requête ou lorsque celle-ci est manifestement irrecevable, la Cour peut, les parties entendues, sans poursuivre la procédure, statuer par voie d'ordonnance motivée.

[2] CJ/CEDEAO, 17 mai 2016, arrêt n° ECW /CCJ/JUD/14/16, La société du Pont de Kayes c/ République du Mali.

elle n'a pu spécifier un droit de l'homme précis, une prérogative précise protégée par les instruments invoqués ». À partir de ce constat, la Cour a retenu que l'affaire portait plutôt sur un litige de nature commerciale et ne rentrait pas dans son champ de compétences.

Paragraphe 2. Les obstacles à l'effectivité du mécanisme de protection

L'efficacité du mécanisme communautaire de protection des droits de l'homme par la Cour de Justice de la CEDEAO est freinée principalement par les risques de conflits avec le juge national, mais également par les difficultés d'exécution des décisions rendues.

A. Les difficultés d'exécution des décisions de la Cour

Le protocole A/P.1/7/91 amendé a prévu des voies d'exécution concernant les décisions de la Cour. Ce texte dispose en son article 24 que « les arrêts de la Cour qui comportent à la charge des personnes ou des États, une obligation pécuniaire, constitue un titre exécutoire. L'exécution forcée, qui sera soumise par le greffier du tribunal de l'État membre concerné, est régi par les règles de procédure civile en vigueur dans ledit État membre ».

Seulement, force est de constater que les voies d'exécution ainsi aménagées semblent inefficaces en matière de violations des droits de l'homme, au moins pour deux raisons.

D'abord, les dispositions de l'article 24 précité ne s'appliquent qu'aux condamnations comportant une obligation pécuniaire, alors que très souvent la Cour prononce contre les États des sentences assorties d'une obligation de faire ou de ne pas faire.

On peut citer, à titre d'exemple, l'affaire Abdoulaye Baldé et autres, dans laquelle la Cour de Justice, après avoir retenu que l'interdiction de sortie du territoire décidée à l'encontre des requérants ne reposait sur aucune base légale, a simplement ordonné à l'État du Sénégal de procéder à la levée de la mesure décriée.

Cette décision qui ne comporte aucune obligation de paiement reste à ce jour inexécutée.

Ensuite, le protocole renvoie au droit interne pour déterminer le régime d'exécution forcée des arrêts de la Cour, alors qu'il n'existe pas de voie d'exécution forcée contre les États.

Il s'ensuit que l'exécution par les États des décisions de condamnations prononcées à leur encontre ne dépendra que de leur bonne volonté.

La communauté CEDEAO a pris conscience de ce que l'inexécution par les États de leurs obligations peut constituer un frein à l'atteinte des objectifs d'intégration qu'ils se sont fixés. Ainsi, pour amener les États à respecter leurs engagements vis-à-vis de l'organisation et à mettre en exécution les décisions de la Cour de Justice, la CEDEAO a institué en 2012 un nouveau régime de sanction pour non-respect des obligations communautaires.

Il faut rappeler qu'en vue de se prémunir contre les conséquences dommageables pouvant découler du non-respect par les États membres de leurs engagements communautaires, le traité révisé de la CEDEAO avait déjà énoncé en son article 77 un régime de sanctions applicables aux contrevenants. Selon ce texte, « sans préjudice des dispositions du présent Traité, et des Protocoles y afférents, lorsqu'un État membre n'honore pas ses obligations vis-à-vis de la Communauté, la Conférence peut adopter des sanctions ». La gamme de sanctions établie à cet effet comprend :

- la suspension de l'octroi de tout nouveau prêt ou de toute nouvelle assistance de la Communauté ;
- la suspension de décaissement pour tous les prêts, pour tous les projets ou les programmes d'assistance communautaire en cours ;
- le rejet de la présentation de candidature aux postes statutaires et professionnels ;
- la suspension du droit de vote ainsi que la suspension de la participation aux activités de la Communauté.

À l'épreuve de la pratique, il est apparu que les sanctions politiques et économiques préconisées par le texte ne sont pas suffisamment mises en œuvre. Le constat est établi que les mesures coercitives prévues par le Traité ne sont prononcées que lorsqu'il s'agit de sanctionner la prise du pouvoir par des moyens anticonstitutionnels dans un État membre. Il en résulte que de nombreuses pratiques ou abstention constitutives de manquement sont constatées sans qu'aucune procédure contraignante ne soit déclenchée par les organes compétents. L'inefficacité du régime mis en place par le Traité révisé s'explique dans une large mesure par le fait que les dispositions en vigueur ne définissaient pas clairement les obligations dont la non-application ou le non-respect étaient susceptibles de donner lieu à sanction.

Cette situation a révélé de façon objective un problème d'effectivité des textes applicables et a motivé, conséquemment, l'adoption de l'Acte additionnel A/SA.13/02/12 qui a introduit des dispositions complémentaires destinées à doter la CEDEAO d'un mécanisme de sanction plus adapté à son statut d'organe communautaire à vocation politique et économique.

Le nouveau régime de sanctions institué par la CEDEAO a introduit des innovations remarquables qui méritent d'être exposées et expliquées. En effet, le texte adopté a permis de lever un écueil de taille en ce qu'il clarifie le contenu et la nature des obligations communautaires auxquelles les États membres sont soumis. Ces obligations sont désormais réparties en deux catégories regroupant, d'une part, celles liées à la préservation de l'ordre constitutionnel dans les États et, d'autre part, celles visant au renforcement du processus d'intégration sous-régionale.

La gamme des sanctions a également été l'objet d'un élargissement important par l'adjonction de nouvelles mesures, ainsi que par la réaffirmation du sens et du contenu de certaines sanctions qui existaient déjà sous l'empire de l'article 77 du traité.

L'Acte additionnel fixe enfin les modalités de mise en œuvre de sanctions, puis détermine les conditions dans lesquelles celles-ci pourront être levées.

La détermination des obligations dont le non-respect est susceptible d'entraîner des sanctions à l'encontre des États membres

L'article premier de l'Acte additionnel prescrit à la charge des États une obligation générale d'application et de respect des actes de la Conférence et du Conseil des ministres ainsi que des décisions de la Cour de Justice de la CEDEAO. Il s'est agi précisément à travers cette disposition de réaffirmer toute l'importance que l'organisation attache au respect du principe de la légalité communautaire.

Au sens de l'Acte additionnel, les obligations dont le respect incombe aux États membres sont classées en deux catégories à savoir, d'une part, les obligations visant la création au sein de chaque pays et à l'échelle régionale « d'une atmosphère de paix véritable et durable dénuée de toute menace ou atteinte à l'ordre constitutionnel et, d'autre part, celles qui visent le renforcement et l'accélération du processus d'intégration.

La mise en œuvre des sanctions

Il est clairement établi, à travers les dispositions contraignantes de l'Acte additionnel précité, que les États qui refusent d'appliquer les décisions de la Cour de Justice de la CEDEAO peuvent en principe faire l'objet d'une procédure de sanction.

Le texte applicable prévoit des sanctions judiciaires et des sanctions politiques.

Les sanctions judiciaires sont prononcées par la Cour de Justice de la communauté à travers la mise en œuvre du recours en manquement en vertu de l'article 9 du Protocole additionnel A/SP1/01/05 qui donne compétence à la Cour pour examiner les défaillances des États membres quant au respect des obligations qui leur incombent en vertu du Traité et de ses actes dérivés.

Mais le dispositif mis en place présente une certaine faiblesse liée au fait que cette voie de droit est fermée aux personnes physiques et ne peut être mise en œuvre que par les États membres et la commission. En effet, pour des raisons liées de courtoisie diplomatique ou à des contingences tenant aux orientations de leur politique étrangère, on peut aisément comprendre qu'un État ne soit forcément disposé à initier une procédure en manquement contre un autre État. Cette réalité subjective risque d'atténuer considérablement l'effectivité et l'efficacité du recours en manquement.

Dans une affaire ayant opposé un parti d'opposition à l'État malien, il avait été demandé à la Cour de Justice de la CEDEAO de dire et juger que la loi malienne n° 2016-014 du 23 octobre 2016 était constitutive d'un manquement en ce qu'elle a été adoptée au mépris de l'article 2.1 du Protocole A/SP1/12/ 01 de la CEDEAO sur la démocratie et la bonne gouvernance interdisant toute modification substantielle d'une loi électorale lorsqu'elle intervient dans les six mois précédant les élections, sans le consentement d'une large majorité des acteurs politiques.

Pour justifier le rejet de la demande la cour a relevé que « l'action en manquement ne peut être déclenchée que par un État membre ou par le président de la Commission » [1].

Cette position de principe apparaît distinctement dans le raisonnement soutenu par la cour lorsqu'elle s'est prononcée sur la recevabilité d'un recours en violation des droits de l'homme fondé sur l'inexécution d'une décision qu'elle avait précédemment rendue. Dans sa réponse, elle a relevé que l'Acte additionnel n° A/SP.13/02/12 du 17 février 2012 portant régime juridique des sanctions consacre en son article 2.3, le respect de ses décisions comme l'une des catégories des obligations incombant aux États membres et dont le non-respect pourrait entraîner des sanctions », puis indiqué que la voie de droit instituée à cet effet est un recours en manquement qui, en l'état, ne peut être engagé par un particulier et retenu par conséquent que « la requête introduite par Monsieur Karim Wade contre l'État du Sénégal pour la non-exécution de l'arrêt du 23 février 2013 et le non-respect de ses obligation internationales est irrecevable ».[2]

[1] CJ/CEDEAO, arrêt n° ECW/CCJ/JUD/28/18 du 19 juillet 2018, Parti solidaire africain pour le développement indépendant c/ République du Mali.

[2] CJ/CEDEAO, 19 juillet 2013 Karim Meissa Wade c/ République du Sénégal.

Une gamme de sanctions politiques est également prévue contre les États membres qui n'honorent pas leurs obligations vis-à-vis de la communauté. Elle comprend notamment des mesures de suspension, de rejet de candidature aux postes statutaires et professionnels, de gel des avoirs financiers, etc.

La procédure pour la mise en œuvre de ces sanctions est en principe enclenchée sur initiative de la Conférence des chefs d'État et de gouvernement, à la demande d'un État membre ou sur recommandation du Président de la Commission.

L'Acte additionnel prévoit, toutefois, en son article 16 une procédure de dénonciation ouverte aux personnes physiques ou morales.

Le constat est établi que, malgré l'adoption du régime de sanction institué par l'Acte additionnel de 2012, l'exécution des décisions de la Cour de Justice reste encore un défi préoccupant.

B. Les risques de conflits de compétences entre juge national et juge communautaire

Dans certaines situations, l'inexécution des décisions de la cour peut révèle des difficultés à concilier les mesures ordonnées par le juge communautaire avec celles prises par les juges nationaux dans la conduite des procédures judiciaire internes. Étant donné que l'épuisement des voies de recours internes n'est pas retenu comme une condition de saisine de juge communautaire dans le système juridique de la CEDEAO, il arrive souvent que la cour communautaire statue sur une affaire encore pendante devant une juridiction nationale. Ces situations potentiellement conflictuelles peuvent déboucher sur des incertitudes dans la détermination du sens et de la portée de la décision de la Cour en raison de ses implications sur une procédure judiciaire en cours devant le juge national.

La cour rappelle constamment que les personnes privées, physiques ou morales, ne pouvaient exercer le recours en manquement. Dans l'arrêt du 18 novembre 2010, « Hissène Habré c/ État du Sénégal », il est dit que « sur ce point, la Cour estime que s'agissant de manquement à une obligation communautaire par un État membre, le requérant étant une personne physique, n'est pas habilité à saisir la Cour aux termes de l'article 10 du Protocole additionnel ; qu'il échet de rejeter le grief allégué par Monsieur Hissène Habré ». De même, dans la décision du 6 juillet 2012, « Kemi Pinheiro contre République du Ghana », « la Cour, après avoir entendu les parties en audience publique, dit que le requérant n'a pas la capacité juridique d'intenter une action contre un État membre en manquement à ses obligations découlant de textes communautaires » ; voir dans le même sens arrêt n° ECW/CCJ/JUD/21/ 15 du 23 octobre 2015, Alternative citoyenne et Roch David Gnahoui David c/ République du Bénin.

Pourtant il semble que le juge communautaire de la CEDEAO a pris la pleine mesure de ce risque de conflit et de ses conséquences par rapport à l'effectivité de ses sentences. Pour cette raison, elle a tenté, dans son arrêt Salfo contre Burkina Faso, de préciser le périmètre de son intervention en affirmant que « lorsqu'elle examine une affaire qui se rapporte à une procédure judiciaire en cours dans un État membre, ses décisions n'ont pas vocation à interférer avec les décisions que les juridictions nationales seraient amenées à prendre » [1]. On note à travers la doctrine ainsi exprimée, le souci constant d'éviter de s'immiscer dans la conduite de l'instance judiciaire ouverte devant le juge national.

Ainsi, dans l'affaire Michel Gbagbo, bien qu'elle ait retenu que l'arrestation et la détention du requérant effectuées dans le cadre d'une assignation à résidence étaient illégales et arbitraires au regard de l'article 6 de la Charte africaine des droits de l'homme et des peuples, la cour s'est abstenue de faire droit à sa demande de mise en liberté provisoire au motif qu' « à la suite de son assignation à résidence, le requérant a été inculpé par un juge d'instruction et détenu pour autre cause dans le cadre d'une procédure judiciaire devant les juridictions nationales » [2].

Dans une autre affaire [3], la cour a, entre autres, retenu que les requérants avaient subi une violation de leur droit à un procès équitable en raison de l'utilisation à leur encontre de preuves obtenues sous la torture.

En dépit de ces constatations, elle a refusé de faire droit à la demande de mise en liberté provisoire, en faisant valoir que par un arrêt précédent du 3 juillet 2013, elle avait déjà indiqué au point 11 de sa décision que « la détention des requérants était fondée sur une base légale et n'était pas arbitraire ».

Une telle position peut susciter quelques interrogations en ce sens qu'on comprend difficilement qu'une juridiction puisse retenir que les requérants n'ont pas bénéficié d'un procès équitable, les preuves utilisés contre eux ayant été recueillies en faisant usage d'actes de tortures, et admettre en même temps que la détention qui s'en est suivie est fondée sur une base légale.

Cette posture jurisprudentielle traduit simplement la volonté constante du juge communautaire de cantonner son contrôle sur les questions de violation des droits de l'homme en évitant, autant que possible, de gêner le juge national dans la conduite de sa procédure.

---

[1] Cour de Justice CEDEAO, 31 octobre 2012, Badini Salfo c/ Burkina Faso.

[2] CJ/CEDEAO, arrêt n° ECW/CCJ/JUD/03/13 du 22 février 2013, Simone Ehivet et Michel Gbagbo c/ République de Côte d'Ivoire.

[3] Arrêt n° ECW/CCJ/jud/08/15 du 24 avril 2015, Gnassingbé Kpatcha et autres c/ République du Togo .

Mais il semble acquis à l'épreuve de la pratique que cette délimitation peut s'avérer difficile à asseoir. En effet, l'analyse des décisions rendues par la cour, révèle dans de nombreux cas, des interférences évidentes avec les procédures ouvertes au niveau des États. Il faut dire qu'il est difficile dans certaines situations d'admettre qu'un arrêt d'une cour communautaire qui retient, par exemple, qu'un procès en cours n'est pas équitable ou que la personne poursuivie fait l'objet d'une détention arbitraire, soit sans effet sur la suite du procès ouvert pour les mêmes faits devant le juge national.

L'ambiguïté de la situation décrite dans cette hypothèse peut être perçue dans les termes de l'arrêt du 29 juin 2018, par lequel la Cour de Justice de la CEDEAO statuant en matière de violation des droits de l'homme, a dit que les requérants, à savoir Monsieur Khalifa Sall et cinq autres, poursuivis devant les juridictions sénégalaises pour des faits constitutifs, notamment, de détournements de deniers publics, n'avaient pas bénéficié d'un procès équitable et que leurs droits à la présomption d'innocence et à l'assistance d'un conseil ont été violés.

Cette décision a donné lieu à de vives controverses en raison des effets qu'elle a pu avoir sur la procédure correctionnelle qui était encore pendante devant le juge national. D'aucuns estimaient que l'annulation de la procédure devait être prononcée par le juge pénal dès lors que la décision de la cour communautaire, qui s'impose à lui, a relevé la violation de droits substantiels et conclu au caractère inéquitable du procès.

D'autres, par contre, estimaient que le juge communautaire, qui relève d'un ordre juridique différent de l'ordre interne, n'avait aucune prise sur le déroulement du procès devant le juge national. Ils considéraient que l'arrêt rendu ne pouvait avoir pour effet que de faire naître à la charge de l'État une obligation de s'acquitter du paiement de la somme de 35 millions de francs allouée aux requérants à titre de réparation.

En définitive, le procès s'est poursuivi devant les instances juridictionnelles nationales jusqu'à terme, les juges correctionnels n'ayant pas estimé devoir faire droit aux demandes d'annulation de la procédure formulées par les avocats de la défense sur la base d'arguments tirés, notamment, de la primauté de l'arrêt de la cour communautaire.

L'arrêt rendu par la Cour de Justice de la CEDEAO, dans l'affaire CDP et autres contre Burkina Faso[1], est également assez édifiant par rapport aux interactions potentiellement conflictuelles pouvant découler des interventions respectives du juge national et du juge communautaire dans le traitement de certaines affaires.

[1] CJ/CEDEAO, 13 juillet 2015, arrêt n° ECW/CCJ/JUG/04/13 CDP et autres c/ Burkina Faso.

En effet, à la suite de l'insurrection du 31 octobre 2014 ayant conduit à la chute du régime en place au Burkina Faso, une transition politique appuyée par la communauté internationale avait été mise en place. Dans le cadre du processus de retour à l'ordre constitutionnel, un conseil national de transition, doté de pouvoirs législatifs a été constitué. À l'occasion d'une réforme initiée par ladite instance, le code électoral a été modifié dans le sens de rendre inéligibles « toutes les personnes ayant soutenu un changement anticonstitutionnel qui porte atteinte au principe de l'alternance démocratique, notamment au principe de la limitation du nombre de mandats présidentiels, ayant conduit à une insurrection ou toute autre forme de soulèvement ». Un collectif de requérants constitué de formations politiques et de citoyens, avait alors saisi la Cour de Justice de la CEDEAO d'un recours en violation des droits de l'homme, au motif que la modification entreprise portait atteinte à leur droit à la libre participation aux élections dans leur pays.

Dans son arrêt, la cour a fait droit à leurs prétentions et ordonné à l'État défendeur de lever tous les obstacles à une participation aux élections, consécutives à la modification du code électoral.

Mais, par plusieurs décisions rendues au mois d'août 2015 sur des recours en inéligibilité contre des partisans du régime déchu, le Conseil constitutionnel burkinabè s'est abstenu de tirer les conséquences de l'arrêt du juge communautaire en soutenant, notamment, que « l'État du Burkina Faso n'a pas mis en œuvre la décision du 13 juillet 2015 de la Cour de Justice de la CEDEAO ; que par conséquent l'article 166 du code électoral est une disposition qui reste en vigueur » [1].

À l'analyse, il apparaît clairement que de telles incompréhensions apparaissent, principalement, dans les cas où le juge communautaire et le juge national sont saisis, concomitamment, l'un pour se prononcer sur des griefs liés à des violations de droits de l'homme, l'autre pour statuer sur des questions de droit interne

Il faut rappeler qu'à son l'origine, la Cour de Justice de la Communauté CEDEAO était confinée dans un rôle strict de contrôle de la légalité des actes communautaires et d'interprétation du Traité originel. Ainsi, il était peu probable qu'elle se trouvât en situation de conflit de compétence ou de litispendance avec le juge national puisque chacun d'entre eux avait vocation à évoluer dans son propre ordre juridique.

En réalité, les germes de conflits sont apparus à partir de 2005, lorsque les juges communautaires ont commencé à investir le champ des droits de

---

[1] Conseil constitutionnel (Burkina Faso), 24 août 2015, Décision 2015 / 021/CC/EL.

l'homme, suite à l'adoption du Protocole additionnel A /SP.1/01/05 ayant conféré à la Cour un mandat de protection en cette matière.

Malheureusement, la réforme a été initiée sans qu'un critère de délimitation des compétences n'ait été défini en vue d'endiguer les risques de conflits avec le juge national.

Pourtant, le principe de subsidiarité judiciaire, qui aurait pu servir de ligne de démarcation, n'est pas inconnu en droit CEDEAO. En effet, lorsqu'en 2001, les États membres de la Communauté ont exprimé leur consentement à doter la Cour d'une compétence en matière de droits de l'homme, ils avaient pris la précaution de préciser expressément que le contentieux serait porté devant la Cour communautaire seulement après épuisement des voies de recours internes.

Mais curieusement cette préconisation, mentionnée à l'article 39 du Protocole sur la démocratie et la bonne gouvernance, n'a pas été prise en compte en 2005 au moment de l'instauration effective du nouveau mandat conféré à la Cour. C'est ce qui explique que la Cour puisse aujourd'hui intervenir dans des affaires encore pendantes devant le juge national.

Il est vrai que cette particularité peut être perçue comme un avantage en ce sens qu'elle offre la possibilité de sanctionner les cas de violations avec célérité, sans attendre que les voies de recours internes soient épuisées.

Mais, le constat demeure que l'inapplication du principe de subsidiarité judicaire peut être un facteur de perturbation de l'ordre juridique interne des États membres dans la mesure où il peut amener le juge supranational à intervenir de manière intempestive dans un procès ouvert devant le juge national, alors même qu'aucun texte ne lui confère ce pouvoir.

Le principe de non-exigence de l'épuisement des voies de recours internes apparaît aujourd'hui comme un élément distinctif pour la Cour de Justice de la CEDEAO. Pour cette raison, il semble irréaliste de préconiser son abandon pur et simple. Cependant, sa portée peut être reprécisée en prévoyant, par exemple, que le recours soumis à la Cour ne sera pas admis, lorsque l'affaire en cause est en phase de jugement devant une juridiction nationale. À cet égard, la possibilité pour la Cour de différer son jugement dans certaines affaires particulières doit être formellement établie. Cette règle procédurale pourra être idéalement appliquée pour retarder la décision du juge communautaire dans les cas où il ne peut être statué immédiatement sur la requête portée devant lui, compte tenu de la particularité des griefs invoqués. Il en serait ainsi lorsque, par exemple, la Cour est appelée à se prononcer sur le caractère équitable d'un procès qui est encore pendant devant le juge national ou lorsque les faits déférés devant elle font l'objet d'une procédure d'enquête sérieuse et crédible ouverte au niveau national.

Une telle réforme permettra, assurément, d'éviter au mieux les cas de conflits entre le juge national et le juge communautaire de la CEDEAO, et de créer les conditions d'un « dialogue des juges », dont on dit qu'il « permet de construire une confiance réciproque, gage de l'effectivité et de l'efficacité des sources externes du droit dans les ordres juridiques nationaux » [1].

D'ailleurs, le juge de la CEDEAO a semblé montrer des prédispositions dans ce sens au vu de la décision où elle a déclaré sa saisine prématurée, afin de permettre à l'État défendeur d'initier des enquêtes sur les allégations de tortures des requérants [2].

---

[1] Yakouba Ouédraogo, « Retour sur une décision controversée : l'arrêt de la Cour de Justice de la CEDEAO du 13 juillet 2015, CDP et autres contre Burkina Faso », *Les Annales de droit*, 10/2016, p. 197-232.

[2] CJ/CEDEAO 3 juillet 2013 arrêt n° ECW/CCJ/APP/08/13 Assima Kokou Innocent c/ République du Togo.

Conclusion au Titre II

Le respect par les États de leurs engagements communautaires constitue, à n'en pas douter, une condition essentielle de la réussite des processus d'intégration engagés au niveau de l'UEMOA et de la CEDEAO.

Les cours de justice en tant que gardiennes de l'ordre juridique sous-régional se doivent d'exercer un contrôle strict à ce niveau.

Cependant, force est de constater que les recours qui auraient pu leur permettre d'y arriver sont rarement exercés, à cause de certaines considérations tenant au respect de la souveraineté des États membres.

À ce constat s'ajoutent toutes les contraintes liées à l'éloignement du juge communautaire.

En effet, la CEDEAO est composée de quinze États ayant en commun un niveau de développement relativement modeste. Le siège de la Cour de Justice qui se trouve à Abuja au Nigeria est très éloigné des populations qui ne disposent pas toujours de moyens suffisants pouvant leur permettre de porter leurs réclamations au siège de la juridiction.

L'engagement d'une procédure en violation des droits de l'homme nécessite, assurément, des frais difficilement supportables pour des populations confrontées au quotidien à des problèmes d'accès aux produits de première nécessité.

On peut raisonnablement craindre qu'un nombre incalculable de victimes soient exclues du système, simplement parce qu'elles ne disposent pas de ressources suffisantes pour prendre en charge les frais de représentation devant la Cour.

Il est donc nécessaire, pour éviter que l'accès à la Cour soit un privilège réservé à une certaine catégorie de personnes, de mettre en place un système d'aide juridictionnelle permettant d'accompagner les justiciables dépourvus de ressources suffisantes pour engager un procès devant le juge communautaire.

Il convient, toutefois, de faire observer que, prenant en compte le souci constant de se rapprocher des justiciables, la Cour de Justice organise périodiquement des sessions délocalisées dans les autres États membres, conformément aux prescriptions de l'article 26 du Protocole A/P1/7/91 [1].

---

[1] Aux termes de cette disposition, le siège de la Cour est fixé par la Conférence. Toutefois, lorsque les circonstances ou les faits de la cause l'exigent, la Cour peut, décider de siéger sur le territoire d'un autre État.

Par ailleurs, les initiatives d'assistance juridique et judiciaire déployées par certaines organisations de la société civile, spécialisées en protection des droits de l'homme, méritent également d'être saluées et encouragées.

Cet accompagnement a d'ailleurs permis à la jeune Nigérienne, indigente, victime de pratiques d'esclavage dans son pays [1], d'initier avec succès un recours en violation des droits de l'homme contre son État d'origine.

[1] Affaire Mani Koraou, Cour de Justice CEDEAO, 27 octobre 2008, inédit.

Conclusion à la Deuxième partie

Il n'est malheureusement pas aisé, au terme de cette réflexion, de soutenir, sans risque de se tromper, que la fonction de contrôle exercée par les cours de justice a permis d'asseoir l'effectivité de l'ordre juridique sous-régional et d'assurer sa protection.

Ce constat est dans une large mesure expliqué par la faiblesse du contentieux soumis à ces juridictions. En effet, les cours de justice sont rarement saisies de requêtes aux fins de contrôle de légalité d'un acte communautaire ou d'engagement de la responsabilité de l'organisation d'intégration.

L'on remarque, pour ce qui concerne la Cour de Justice de la CEDEAO, que ce type de contentieux est presque inexistant, l'essentiel des affaires traitées se rapportant au contentieux des droits de l'homme.

Le même constat peut être fait s'agissant des voies de droit aménagées pour s'assurer du respect par les États membres de leurs obligations communautaires. Le recours en manquement qui aurait pu permettre aux organes judiciaires d'exercer, à ce niveau, un contrôle adéquat sur les États n'existe que sur le papier. Il semble que le souci de ménager la susceptibilité des États membres fait que les organes exécutifs communautaires sont réticents à les poursuivre en manquement. Il s'y ajoute que l'inexistence de canaux d'information destinés à alerter les autorités communautaires sur l'existence d'éventuels manquements dans un État membre constitue également un obstacle à la mise en œuvre du recours prévu à cet effet.

Au demeurant, l'accroissement du volume des affaires portées devant la Cour de Justice de la CEDEAO, en matière de protection des droits fondamentaux, nous autorise à espérer que ladite juridiction pourra accentuer son contrôle sur les États membres afin de les inciter davantage au respect de leurs engagements relativement à la sauvegarde des droits de l'homme. En effet, Il est désormais acquis que la prise en charge de ces droits constitue une obligation communautaire, puisque les États membres ont solennellement réaffirmé, à travers les traités constitutifs, leur attachement aux principes dégagés par les instruments internationaux de protection des droits fondamentaux.

La protection effective de ces droits apparaît désormais, pour les États membres, comme un critère de conformité à leur engagement général de respect l'ordre juridique sous-régional.

Conclusion générale

Il est aujourd'hui incontestable que la pérennité de l'ordre juridique sous-régional dépend dans une large mesure de l'existence d'un système judiciaire fort, indépendant, et performant.

Ainsi que l'énonçait Jean Boulouis, « il est attendu des Cours de Justice, qu'elles contribuent à la construction communautaire, à l'atteinte de l'objectif d'intégration en suppléant les lacunes, en dissipant les obscurités et en corrigeant les insuffisances » [1].

Il est donc attendu de la justice de l'intégration qu'elle soit à l'avant-garde dans l'exécution du projet communautaire.

Le plein exercice de la fonction judiciaire doit permettre de prévenir les risques de divergence dans l'interprétation des normes de droit communautaire et de contrôler l'effectivité de leur application.

La réflexion engagée dans le cadre du présent ouvrage a révélé que les organes judiciaires de la CEDEAO et de l'UEMOA ne pourront jouer ce rôle "d'architecte en chef" de la construction communautaire que si elles sont régulièrement saisies de questions d'intégration qui appellent l'interprétation des traités de base.

Il est donc nécessaire de concevoir des stratégies de vulgarisation qui auront pour effet d'élever le taux de saisine de ces juridictions.

La coopération avec les juges nationaux devra également être encouragée et renforcée à travers la promotion du mécanisme de recours préjudiciel. Les juridictions nationales, en leur qualité de juge de droit commun en matière communautaire, doivent être les interlocuteurs privilégiés des cours de justice sous-régionales. Les questions d'interprétation du droit communautaire qui se posent à leur niveau doivent être renvoyées devant le juge communautaire surtout lorsque ces juridictions internes statuent en dernier ressort.

C'est de cette façon qu'on arrivera à offrir au juge de l'intégration l'occasion de se prononcer sur le contenu du droit supranational et de ce fait, de densifier sa jurisprudence.

Pour ce qui concerne la CEDEAO, l'analyse de la jurisprudence de la Cour de Justice a montré que celle-ci s'affirme de plus en plus comme

---

[1] Jean BOULOUIS, *Droit communautaire et droit français, recueil d'études*, éditions La mémoire du droit, p. 99.

une juridiction des droits de l'homme au détriment de sa fonction première de juge de l'intégration.

Dans un discours prononcé à l'occasion de la cérémonie solennelle de rentrée judicaire 2007 / 2008, la présidente de la cour soutenait à l'époque que le contentieux des droits de l'homme va sans doute constituer la principale matière que les juges auront à connaître avant d'affirmer que plus de 90 % des requêtes, dont sa juridiction était saisie, portait sur des cas de violation des droits de l'homme. Elle a ajouté, aux termes de son analyse, que cette tendance devrait se confirmer au cours des prochaines années [1].

Compte tenu de l'importance et de la prégnance des questions des droits de l'homme, nous ne pouvons que saluer leur prise en compte par une juridiction sous-régionale.

Nous pensons, toutefois, que cette compétence nouvelle ne doit pas éloigner la cour de sa fonction première de juge de l'intégration qui consiste à veiller au respect du droit dans l'interprétation et l'application du traité.

L'activité de la cour devrait être davantage recentrée sur les questions relatives à l'équilibre institutionnel de l'organisation, à l'interprétation des actes édictés par les organes communautaires, à la délimitation des compétences entre la communauté et les États membres, etc.

Il y a lieu, par ailleurs, de relever que l'effectivité des arrêts des cours de justice pose problème. En effet, l'exécution des sentences rendues contre les États membres ne dépend que de leur bonne volonté, alors que la juridiction des cours communautaires est obligatoire.

À ce titre, la procédure du recours en manquement dont la mise en œuvre peut constituer une voie de droit efficace pour amener les États membres à respecter leurs obligations communautaires doit être rendue effective. Le juge Georges Taty rappelle à cet effet que « l'existence d'un mécanisme destiné à contrôler le comportement des États et à réprimer les éventuelles transgressions contribue à l'efficacité du système juridique communautaire, car si un État pouvait échapper à ses obligations par l'adoption de règles internes contraires au droit communautaire, c'en serait fini de l'application uniforme du droit communautaire … » [2].

Cela confirme encore que ce recours constitue un rouage essentiel dans le dispositif de protection de l'ordre juridique sous-régional et mérite

---

[1] Aminata MALLÉ-SANOGO, discours prononcé lors de la rentrée judiciaire 2007-2008, *Bulletin d'information trimestriel de la Cour de Justice de la CEDEAO*, janvier-mars 2008, p. 7-14.

[2] Georges TATY, « Le recours en manquement d'État de l'article 4 du traité révisé de la CEMAC : analyse critique », *Revue de droit uniforme africain*, n° 1, p. 24.

par conséquent d'être exercé pour décourager au niveau d'États les pratiques non conformes au droit communautaire.

Ce dispositif pourrait même être renforcé par l'instauration d'une procédure juridictionnelle de sanction à l'inexécution des arrêts en manquement.

Le processus d'intégration économique des États de l'Afrique de l'ouest se fera nécessairement par le droit.

Aussi, s'avère-t-il nécessaire de renforcer les moyens humains et matériels des cours de justice communautaire pour leur permettre d'exercer convenablement leur mission de gardien de la légalité communautaire et d'interprète des traités constitutifs.

L'examen du l'arsenal juridique des organisations d'intégration étudiées permet de se rendre compte que pour l'essentiel, les cours de justice sont dotées de compétences pouvant leur permettre de veiller à la protection de l'ordre juridique sous-régional.

Cependant, dans la pratique, la portée de leurs missions est limitée par le fait qu'elles n'ont pas souvent l'occasion de se prononcer sur des problématiques de droit de l'intégration.

Annexes

Textes de référence sur la Cour de justice de la CEDEAO et la Cour de justice de l'UEMOA

1991 – Protocole (ALP1/7/91), relatif à la Cour de Justice de la Communauté économique des États de l'Afrique de l'Ouest (CJ-CEEAO)

2002 - Règlement de la Cour de Justice de la Communauté économique des États de l'Afrique de l'Ouest (CEEAO)

2005 - Protocole additionnel (A/SP.1/01/05) portant amendement du Protocole (A/P1/7/91) relatif à la Cour de Justice de la Communauté.

2012 - Instructions au Greffier en chef et Instructions pratiques. Cour de Justice de la Communauté économique des États de l'Afrique de l'Ouest (CEDEAO)

1994 - Protocole additionnel 1, relatif aux organes de contrôle de l'Union économique et monétaire Ouest-Africaine (UEMOA)

1996 - Acte additionnel n° 10/96 portant statuts de la Cour de Justice de l'Union économique et monétaire Ouest-Africaine (UEMOA)

2012 - Règlement n° 01/2012/CJ abrogeant et remplaçant le Règlement n° 01/2010/CJ relatif au règlement (CJ/UEMOA)

Cour de Justice de la Communauté

PROTOCOLE (A/P.1/7/91) relatif à la Cour de Justice de la Communauté Économique des États de l'Afrique de l'Ouest

2002, réimprimé ***2009***

Cour de Justice de la communauté,
Communauté Économique des États de l'Afrique de l'Ouest (CEDEAO)
No. 10 Dar Es Salaam Crescent,
Off Aminu Kano Crescent,
Wuse 2, Abuja ,
NIGERIA
Tel : (234) (9) 5240781
Fax : (234) (9) 6708210
Website : www.ecowascourt.org

Protocole A/P.1/7/91 relatif à la Cour de Justice de la Communauté

Les hautes parties contractantes ;

VU l'Article 5 du Traité de la Communauté Économique des États de l'Afrique de l'Ouest portant création de la Conférence des Chefs d'État et de Gouvernement et définissant sa composition et ses fonctions ;

VU les dispositions de l'Article 4 paragraphe 1 (e) et de l'Article II du Traité relatives respectivement aux institutions de la communauté et à la création de la Cour de Justice de la Communauté ;

CONSCIENTES de ce que la Cour de Justice de la Communauté a pour rôle prépondérant d'assurer le respect du droit et des principes d'équité dans l'interprétation et l'application du Traité ainsi que des Protocoles et Conventions y annexés et d'être investie de 1a responsabilité de régler tout différend pouvant lui être soumis conformément aux dispositions de l'Article 56 du Traité, ainsi que les différends pouvant surgir entre les États membres et les institutions de la Communauté ;

DÉSIREUSES de conclure un Protocole définissant la composition, la compétence, le statut de la Cour de Justice de la Communauté ainsi que les autres questions y relatives ;

CONVIENNENT DE CE QUI SUIT

Article Premier : Définitions

Dans le présent Protocole, on entend par :

« Traité », le Traité de la Communauté Économique des États de l'Afrique de l'Ouest ainsi que les Protocoles et Conventions annexées ;

« Communauté », la Communauté Économique des États de l'Afrique de l'Ouest créée par l' article 1 du Traité ;
« État Membre » ou *« États Membres »*, un État Membre ou des États Membres de la Communauté ;
« Conférence », la Conférence des Chefs d'État et de Gouvernement de la Communauté créée par l'Article 5 du Traité ;
« Président de la Conférence », le Président en exercice de la Conférence des Chefs d'État et de Gouvernement de la Communauté Économique des États de l'Afrique de l'Ouest ;
« Conseil », le Conseil des Ministres de la Communauté créé par l'Article 6 du Traité ;
« Secrétariat Exécutif », le Secrétariat Exécutif créé conformément à l'Article 8.1 du Traité ;
« Secrétaire Exécutif », le Secrétaire Exécutif de la Communauté nommé conformément à l'article 8.2 du Traité ;
« Cour », la Cour de Justice de la Communauté créée par l'Article Il du Traité ;
« Membre de la Cour » ou *« Membres de la Cour »,* une ou des personne(s) nommée(s) juge ou juges conformément aux dispositions de l'Article 3.2 du présent Protocole.

Article 2 : Création de la Cour

La Cour de Justice de la Communauté créée par l'Article Il du Traité en tant que principal organe judiciaire de la Communauté est constituée et exerce ses fonctions confom1ément aux dispositions du présent Protocole.

Article 3 : Composition de la Cour

1. La Cour est composée de juges indépendants choisis parmi des personnes de haute valeur morale, ressortissants des États Membres, possédant les qualifications requises dans leurs pays respectifs pour occuper les plus hautes fonctions juridictionnelles, ou qui sont des jurisconsultes de compétence notoire en matière de droit international et nommés par la Conférence.
2. La Cour est composée de sept (7) membres dont deux (2) ne peuvent être ressortissants du même État Membre.
Les membres de la Cour élisent en leur sein un Président et un Vice-Président qui agissent en cette qualité pendant une période de trois (3) ans.
3. Lorsqu'une personne dans l'exercice de ses fonctions en qualité de membre de la Cour, est considérée comme ressortissant de plus d'un État Membre, cette personne est tenue de choisir la nationalité dans laquelle elle exerce habituellement ses droits civils et politiques.
4. Les membres de la Cour sont nommés par la Conférence et choisis sur une liste de personnes désignées par les États Membres. Aucun État Membre ne peut désigner plus de deux personnes.
5. Le Secrétaire Exécutif prépare une liste par ordre alphabétique de toutes les personnes ainsi désignées qu'il transmet au Conseil.

6. La Conférence nomme les membres de la Cour à partir d'une liste de quatorze (14) personnes présélectionnées sur proposition du Conseil.
7. Nul ne peut être nommé membre de la Cour s'il est âgé de moins de 40 ans et e plus de 60 ans. Un membre de la Cour ne peut prétendre à une nouvelle nomination s'il est âgé de plus de 65 ans.

Article 4 : Mandat des Membres de la Cour

1. Les membres de la Cour sont nommés pour une période de cinq (5) ans. Leur mandat ne peut être renouvelé qu'une seule fois pour une autre période de cinq (5) ans. Toutefois, pour les membres de la Cour nommés pour la première fois, le mandat de trois membres expire au bout de trois (3) ans et celui des quatre (4) autres membres au bout de cinq (5) ans.
2. Les membres de la Cour dont le mandat arrive à expiration à la fin des périodes initiales de trois (3) et cinq (5) ans susmentionnées sont choisis par tirage au sort par le Président de la Conférence immédiatement à la fin de la première nomination.
3. À l'expiration du mandat d'un membre de la Cour, celui-ci reste en fonction jusqu'à la nomination et l'entrée en fonction de son successeur. En cas de remplacement, il est tenu de poursuivre jusqu'à son règlement toute affaire dont il est déjà saisi.
4. En l'absence du Président, ou lorsque le Président est dans l'impossibilité de continuer à exercer ses tâches et fonctions, le Vice-Président assume lesdites tâches et fonctions.
5. En cas d'absence temporaire d'un membre de la Cour, il est remplacé conformément aux dispositions du Règlement intérieur.
6. Lorsqu'un membre de la Cour se trouve dans l'impossibilité d'exercer ses fonctions, le Secrétaire Exécutif en informe le Conseil qui propose à la Conférence la nomination d'un nouveau membre pour le remplacer.
7. Toutefois, en cas d'inconduite notoire, d'incapacité d'exercer ses fonctions, d'incapacité physique ou mentale d'un de ses membres, la Cour se réunie en session plénière pour constater les faits. Elle en dresse un rapport qu'elle transmet sans délai à la Conférence qui peut relever de ses fonctions le membre de la Cour mis en cause.
8. Lorsque le Président de la Cour ne peut participer au jugement d'une affaire déterminée, il est remplacé par le Vice-Président.
En cas d'empêchement du Vice-Président il est pourvu à son remplacement par un autre membre de la Cour conformément aux dispositions du Règlement intérieur.
9. Lorsqu'un membre du Tribunal ne peut participer au jugement d'une affaire déterminée, il en informe le Président de la Cour qui procède à son remplacement par un autre membre de la Cour pour le règlement de cette affaire.
10. Dans tous les cas où le Président est, en vertu des dispositions du paragraphe 8 du présent article, remplacé par le Vice-Président ou par tout autre

membre de la Cour, celui-ci exerce toute l'autorité et tous les pouvoirs attachés à la fonction de Président de la Cour.
11. Aucun membre de la Cour ne peut exercer une fonction politique ou administrative, ni entreprendre aucune autre activité professionnelle.

Article 5 : Prestation de serment
1. Avant d'entrer en fonction, les membres de la Cour prêtent serment ou font une déclaration solennelle devant le Président de la Conférence.
2. La prestation de serment ou la déclaration se feront dans les termes suivants :
« Je. jure (ou déclare) solennellement d'exercer mes fonctions et mes pouvoirs de membre de la Cour de façon honorable et loyale, en toute impartialité et en toute conscience ».

Article 6 : Privilèges et immunités
1. La Cour, et ses membres pendant la durée de leur mandat, bénéficient des privilèges et immunités identiques à ceux dont jouissent les missions diplomatiques et les diplomates sur le territoire des États Membres, ainsi que ceux normalement reconnus aux juridictions internationales et aux membres de celles-ci.
2. À ce titre, les membres de la Cour ne peuvent être poursuivis ni recherchés pour les actes accomplis ou pour les déclarations faites dans et à l'occasion de l'exercice de leurs fonctions.

Article 7 : Démission
1. Les membres de la Cour peuvent démissionner à tout moment en adressant une lettre de démission au Secrétaire Exécutif qui la transmet à la Conférence.
2. En cas de démission d'un membre de la Cour, ses fonctions prennent fin. Cependant, celui-ci continue de siéger jusqu'à la nomination et l'entrée en fonction de son successeur.
3. En cas de démission d'un membre de la Cour, le Secrétaire Exécutif en informe le Conseil qui propose deux personnes. La Conférence désigne l'une d'entre elles pour pourvoir le poste vacant.

Article 8 : Remplacement d'un membre de la Cour
La personne désignée en remplacement d'un membre de la Cour dont le mandat n'est pas venu à expiration est nommée dans les mêmes conditions que celui-ci et reste en fonctions jusqu'au terme du mandat du membre remplacé.

Article 9 : Compétence de la Cour
1. La Cour assure le respect du droit et des principes d'équité dans l'interprétation et l'application des dispositions du Traité.
2. Elle connaît en outre des différends dont elle est saisie, conformément aux dispositions de l'article 56 du Traité, par les États Membres ou par la Conférence lorsque ces différends surgissent entre les États Membres ou entre un

ou plusieurs États Membres et les Institutions de la Communauté, à l'occasion de l'interprétation ou de l'application des dispositions du Traité.

3. Un État Membre peut, au nom de ses ressortissants diligenter une procédure contre un autre État Membre ou une Institution de la Communauté, relative à l'interprétation et à l'application des dispositions du Traité, en cas d'échec des tentatives de règlement à l'amiable.

4. La Cour a toute les compétences que les dispositions du présent Protocole peuvent de manière spécifique, lui conférer.

Article 10 : Avis consultatif

1. La Cour peut, lorsqu'elle est saisie par la Conférence, le Conseil ou par un ou plusieurs États Membres ou par le Secrétaire Exécutif et toute autre institution de la Communauté, émettre à titre consultatif, un avis juridique sur des questions qui requièrent l'interprétation des dispositions du Traité.

2. La requête aux fins d'un avis consultatif en vertu du paragraphe 1 du présent Article est faite par écrit. Elle contient une indication exacte des questions sur lesquelles l' avis est requis et est accompagnée de tous les documents pertinents susceptibles d'éclairer la Cour.

3. Dès réception de la requête visée au paragraphe 2 du présent article, le Greffier en Chef de la Cour en saisit immédiatement les États Membres, leur notifie le délai fixé par le Président de la Cour pour recevoir leurs observations écrites ou entendre à l'audience leurs déclarations.

4. La Cour rend son avis consultatif en audience publique.

5. Dans l'exercice de ses fonctions consultatives, la Cour est régie par les dispositions du présent Protocole relatives à la procédure contentieuse lorsque celle-ci estime qu'elles sont applicables.

Article 11 : Mode de saisie de la Cour

1. La Cour est saisie par une requête adressée au Greffe de la Cour. Cette requête énonce l'objet du différend, les parties en cause et contient un exposé sommaire des moyens invoqués ainsi que les conclusions du requérant.

2. Le Greffier en Chef de la Cour notifie sans délai la requête ainsi que toutes les pièces relatives à l'objet du différend à l'autre partie ; celle-ci est tenue de faire connaître ses moyens de défense dans les délais fixés par le Règlement intérieur de la Cour.

Article 12 : Représentation devant la Cour

Chaque partie à un différend est représentée devant la Cour par un ou plusieurs agents qu'elle désigne à cette fin. Ces agents peuvent, en cas de besoin, requérir l'assistance d'un ou plusieurs Avocats ou Conseils auxquels les lois et règlements des États Membres reconnaissent le droit de plaider devant leurs juridictions.

Article 13 : Règles de procédure

1. La procédure devant la Cour comporte deux (2) phases ; l'une écrite, l'autre orale.

2. La procédure écrite comprend la requête, la notification de la requête, le mémoire en défense, le mémoire en réplique, le mémoire en duplique ainsi que toutes autres conclusions ou documents destinés à le soutenir.
3. Les pièces de la procédure écrite sont adressées au Greffier en Chef de la Cour dans l'ordre et dans le délai fixés par le Règlement intérieur de la Cour ; une copie de chaque document ou pièce présentée par l'une des parties est communiquée à l'autre partie.
4. La procédure consiste en l'audition des parties, des agents, des témoins, des experts, des avocats ou conseils.

Article 14* : *Audiences de la Cour
1. Le Président convoque les parties à comparaître devant la Cour. Il en fixe le rôle et préside les audiences.
2. La Cour ne peut siéger et délibérer valablement qu'en présence du Président et de deux de ses membres au moins. Toutefois, à chacune de ses audiences, la Cour sera composée de manière à comporter un nombre impair de ses membres.
3. Les audiences de la Cour sont publiques. Toutefois, la Cour peut siéger à huis clos à la demande de l'une des parties ou pour des motifs qu'elle peut seule déterminer.

Article 15* : *Production de documents
1. La Cour peut, à toute instant, demander aux parties de produire tous documents et de fournir toutes informations ou explications qu' elle juge utiles. En cas de refus elle en prend acte.
2. La Cour peut également demander à tout État Membre qui n'est pas partie au litige ou à toute Institution de la Communauté de fournir toutes informations qu'elle juge nécessaires au règlement du litige.

Article 16* : *Enquêtes et avis d'experts
La Cour peut, en tout état de cause, et conformément à son Règlement intérieur, ordonner toutes mesures d'instruction, requérir toute personne ou institution ou tout organisme à l'effet de diligenter une enquête ou d'émettre un avis d'expert.

Article 17* : *Audition des témoins
1. Les témoins régulièrement convoqués sont tenus de comparaître devant la Cour. Ils sont entendus dans les conditions prévus par le Règlement de la Cour.
2. Les Experts peuvent être entendus sous serment en qualité de témoins conformément aux dispositions du Règlement intérieur de la Cour.
3. Toutes les auditions sont enregistrées et signées par le Président et le Greffier en Chef de la Cour.

Article 18* : *Déposition sur requête
1. La Cour peut requérir l'autorité judiciaire du lieu de résidence d'une témoin ou d'un Expert à l'effet de l'entendre.

2. La requête est adressée à l' autorité judiciaire requise dans les conditions prévues par le Règlement intérieur de la Cour. Les documents qui émanent d'une telle déposition sont, dans les mêmes conditions, transmis à la Cour.
3. Les frais consécutifs à cette procédure sont à la charge des parties au différend.

Article 19* : *Décisions de la Cour

1. La Cour procède à l'examen du différend dont elle est saisie conformément aux dispositions du Traité et de son Règlement.
Elle peut également appliquer, le cas échéant, les. principes de droit, tels que définis à l'article 38 du Statut de la Cour Internationale de Justice.
2. Les décisions de la Cour sont lues en séance publique et doivent être motivées. Elles sont, sous réserve des dispositions du présent protocole relatives à la révision, immédiatement exécutoires et ne sont pas susceptibles d'appel.
3. Chaque différend ne donne lieu qu'à une décision de la Cour.
Les délibérations de la Cour sont secrètes et ses décisions sont prises à la majorité de ses membres.

Article 20* : *Ordonnances et instructions provisoires

La Cour peut, toutes les fois qu'elle est saisie d'un différend, ordonner toutes mesures ou toutes instructions provisoires qu'elle estime nécessaires ou opportunes.

Article 21* : *Demande en intervention

Toute État Membre, lorsqu'il estime que la solution d'un litige dont la Cour est saisie est susceptible de porter atteinte à ses intérêts, peut sur requête, intervenir au différend.

Article 22 : Exclusivité de compétence et acquiescement aux décisions de la Cour

1. Aucun différend relatif à l'interprétation ou à l'application des dispositions du Traité ne peut être soumis à un autre règlement que celui prévu par le Traité ou le présent Protocole.
1· 2. Lorsque la Cour est saisie d'un différend, les États Membres ou les Institutions de la Communauté doivent s'abstenir de toute action susceptible de l'aggraver ou d'en entraver le règlement.
3. Les États Membres et les Institutions de la Communauté sont tenus de prendre sans délai toutes les mesures nécessaires de nature à assurer l'exécution de la décision de la Cour.

Article 23 : Interprétation des décisions

En cas de difficulté sur le sens et la portée d'une décision ou d'un avis consultatif, il appartient à la Cour de l'interpréter, sur la demande d'une partie ou d'une Institution de la Communauté justifiant d'une intérêt à cette fin.

Article* 24 : *Frais d'instance

À moins que la Cour n'en décide autrement, chaque partie au différend est tenue des frais d'instance qu'elle a exposés.

Article* 25 : *Demande en révision

l. La demande en révision d'une décision n'est ouverte devant la Cour que lorsqu'elle est fondée sur la découverte d'un fait de nature à exercer une influence décisive et qui, au moment du prononcé de la décision, était inconnu de la Cour et du demandeur, à condition toutefois qu'une telle ignorance ne soit pas le fait d'une négligence.

2. En cas de recours en révision, la procédure s'ouvre, lorsque la demande est recevable, par une décision de la Cour constatant de manière non équivoque que le fait présumé nouveau est réel et qu'il est de nature à justifier la révision ainsi que la recevabilité de la demande.

3. Avant de déclarer une demande en révision recevable, la Cour peut ordonner une exécution provisoire de la décision.

4. Aucune demande en révision n'est admise cinq (5) ans après la date du prononcé de la décision.

5. La décision de la Cour n'a force exécutoire qu'entre les parties et n'a d'effet qu'à l'égard des faits de la cause.

Article 26* : *Siège de la Cour

Le siège de la Cour est fixé par la Conférence. Toutefois, lorsque circonstances ou les faits de la cause l'exigent, la Cour peut décider de siéger sur le territoire d'un autre État Membre.

Article 27* : *Session de la Cour

1. La Cour se réunit sur convocation de son Président.

2. Les dates et la durée des sessions de la cour sont fixées par le Président en fonction du rôle de la Cour.

3. Le Président et les autres membres de la Cour sont tenus, à moins qu'ils n'y soient empêchés pour des motifs dûment portés à la connaissance de la Conférence ou du Président de la Cour, selon le cas, d'assister à toutes les sessions de la Cour.

4(a) Sous réserve des dispositions du présent Protocole et de son Règlement, la Cour peut siéger en séance plénière lorsqu'elle est composée comme il est dit au paragraphe 2 de l'article 3 du présent Protocole.

4(b) Toutefois, lorsque siégeant en cette formation, l'un de ses membres, par suite d'empêchement ou de son absence se trouve provisoirement dans l'impossibilité de continuer à prendre part aux débats, la Cour nonobstant cet événement, peut sous réserve d'en convenir avec les parties au différend, poursuivre son audience.

5. La Cour peut également se réunir en une ou plusieurs Chambres composée de trois (3) membres ou plus, lorsqu'elle juge nécessaire une telle formation.

Article 28* : *Rémunération et avantages

Sous réserve des dispositions du présent Protocole, la rémunération, les indemnités et tous les autres avantages du Président et des autre membres de la Cour sont fixés par la Conférence.

Article 29* : *Greffiers et autre personnel de la Cour
1. Le Greffe de la Cour est tenu par un Greffier en Chef et des Greffiers dont le nombre, les conditions de nominations et les fonctions, sous réserve des dispositions du présent Protocole, sont déterminées par le Règlement de la Cour.
2. Avant d'entrer en fonction, le Greffier en Chef et les Greffiers de la Cour prêtent serment, ou font une déclaration écrite en tenant lieu devant le Président de la Cour dans les termes prescrits par le Règlement de la Cour.
3. La Communauté nomme et met à la disposition de la Cour les fonctionnaires et les agents nécessaires et susceptibles du lui permettre de remplir ses fonctions.

Article 30 : Frais de fonctionnement de la Cour
Tous les frais de fonctionnement de la Cour sont supportés par le budget du Secrétariat Exécutif de la Communauté.

Article 31* : *Langues officielles
Les langues officielles de la Cour sont le Français et l'Anglais.

Article 32* : *Règlement de la Cour
La Cour établit son Règlement qui est soumis à l'approbation du Conseil. Les amendements audit Règlement doivent également être approuvés par le Conseil.

Article 33* : *Amendements
1. Tout État Membre ou le Président de la Cour, après avis des autres membres de la Cour, peut soumettre des propositions en vue de l'amendement du présent Protocole.
2. Toutes les propositions sont transmises au Secrétaire Exécutif qui les communique aux États Membres dans les trente (30) jours suivant leur réception. Les amendements sont examinés par la Conférence à l'expiration du délai de préavis de trente (30) jours accordé aux États Membres.

Article 34* : *Entrée en vigueur
1. Le présent Protocole entrera en vigueur de manière provisoire, dès sa signature par les Chefs d'État et de Gouvernement des États Membres et définitivement dès sa ratification par au moins sept (7) États signataires conformément aux règles constitutionnelles en vigueur dans chaque État Membre.
2. Le présent Protocole et tous les instruments de ratification seront déposés auprès du Secrétariat Exécutif de la Communauté qui transmettra des copies certifiés conformes du Protocole à tous les États Membres, leur notifiera la date de dépôt des instruments de ratification et fera enregistrer le présent Protocole auprès de l'Organisation de l'Unité Africaine, des Nations Unies et de toutes organisations que le Conseil peut déterminer.
3. Le présent Protocole est annexé au Traité dont il fait partie intégrante.

EN FOI DE QUOI, NOUS CHEFS D'ÉTAT ET DE GOUVERNEMENT DE LA COMMUNAUTÉ ÉCONOMIQUE DES ÉTATS DE L'AFRIQUE DE L'OUEST AVONS SIGNÉ LE PRÉSENT PROTOCOLE.

FAIT À ABUJA, LE 6 JUILLET 1991 EN UN SEUL ORIGINAL EN ANGLAIS ET EN FRANÇAIS, LES DEUX TEXTES FAISANT ÉGALEMENT FOI.

• **S. E. Nicéphore Dieudonné SOGLO,**
Président de la République du ***BÉNIN.***
• **S. E. Frederic A. KORSAGA,**
Ministre des Finances et du Plan, pour et par ordre du Président du ***FASO,*** *Chef du Gouvernement*
• **S. E. M. Carlos Wahanon de Carvalho VEIGA,**
Premier Ministre et Ministre de la Défense, pour et par ordre du Président de la République du ***CAP VERT***
• **S E. M. Essy AMARA,**
Ministre des Affaires étrangères, pour et par ordre du Président de la République de ***CÔTE D'IVOIRE***
• **S. E. El-Hadji Dawda Kairaba JAWARA,**
Président de la République de ***GAMBIE***
• **S. E. El-Hadj Mahama IDDRISSU,**
Membre du Conseil Provisoire de Défense Nationale (PNDC) de La République du GHANA. pour et par ordre du Président de la République du ***GHANA***
• **S. E. le Général Lansana CONTÉ,**
Président du Conseil Transitoire de Redressement National, Président de la République *de* ***GUINÉE***
• **S. E. le Général Joao Bernardo VIEIRA,**
Président de la République de ***GUINÉE BISSAU***
• **S. E. le Prof. Amos C. SAWYER,**
Président du Gouvernement intérimaire d'Unité Nationale du ***LIBERIA***
• **S. E. le Lt. Col. Amadou Toumani TOURÉ,**
Président du Comité de Transition pour Le Salut du Peuple, Chef d'État de la République du ***MALI***
• **S. E. M. Sidi Mohamad Ould BOUBACAR,**
Ministre des finances, pour et par ordre du Président de la République Islamique de ***MAURITANIE***
• **S. E. M. Mahamidou ALIOU,**
Premier Ministre, pour et par ordre du Président de la République du **NIGER**
• **S. E. le Général Ibrahim Badamasi BABANGIDA,**
Président, Commandant-en-Chef des Forces Armées de la République Fédérale du ***NIGERIA***
• **S. E. M. Abdu DIOUF,**
Président de la République du ***SÉNÉGAL***

• **S.E. le Général Joseph Saidu MOMOH,**
Président de la République de ***SIERRA LEONE***
• **S. E. M. Yagninin BITOKOTIPOU,**
Ministre de la Justice, pour et par ordre du Président de la République ***TOGO-LAISE.***

Le Règlement de la Cour de Justice de la Communauté, CEDEAO - 2002

DISPOSITIONS PRÉLIMINAIRES

Dans des dispositions du présent règlement on entend par :

« *Traité* », le traité révisé de la Communauté Économique des États de l'Afrique de l'Ouest y compris le protocole d'accord et les conventions qui y sont joints en annexe.

« *Règlement du personnel* », le règlement du personnel de la CEDEAO.

« *Conférence* », la conférence des Chefs d'État et de Gouvernement de la Communauté établie par l'article 7 (1) du traité révisé.

« *Président* », le Président en exercice de la Conférence des Chefs d'État et de Gouvernement de la Communauté élu conformément aux dispositions de l'art 8.2 du Traité révisé.

« *Communauté* », la Communauté Économique des États de l'Afrique de l'Ouest visée par l'art 2 du Traité révisé.

« *Cour de Justice* », la Cour de Justice de la Communauté créée par l'art 15 (1) du traité révisé.

« *État Membre* ou *États Membres* », un État membre ou des États membres de la Communauté.

« *Conseil* », le conseil des Ministres de la Communauté crée par l'art 10 (1) du traité révisé.

« *Parlement* », le Parlement de la Communauté crée par l'art 13 (1) du traité révisé.

« *Secrétariat Exécutif* », le Secrétariat Exécutif créé par l'art 17 (1) du traité révisé.

« *Secrétaire Exécutif* », le Secrétaire Exécutif nommé conformément aux dispositions de l'art 18 (1) du traité révisé.

« *Protocole* », Protocole relatif de la Cour de Justice de la Communauté.

« *Cour* », la Cour de Justice de la Communauté (CJC) créée par l'art 15 (1) du traité révisé.

« *Le Président* », le Président de la Cour élu par ses membres conformément à l'art 3 (1) du Protocole.

« *Le Vice- Président* », le membre de la Cour élu comme tel par ses collègues conformément à l'article 3 (2) du Protocole.

« *Membre de la Cour* » ou « *Membres de la Cour* », toute personne ou personnes nommées comme juge ou juges conformément aux dispositions de l'art 3 (2) du protocole.

« *Juge* » ou « *Juges* » ou « *Honorable Juge* », les membres de la Cour de Justice de la Communauté.

« *Juge Rapporteur* », Juge désigné par le Président pour étudier une affaire et en dresser rapport.

TITRE I : DE L'ORGANISATION DE LA COUR

CHAPITRE 1 : DES JUGES

Article 2

La période de fonction d'un juge commence à compter de la date fixée à cet effet dans l'acte de nomination. Si l'acte de nomination ne fixe pas de date, la période commence à compter de la date de cet acte.

Article 3

1. Avant leur entrée en fonctions, les juges prêtent devant le Président en exercice de la Conférence, à la première audience publique de la Cour à laquelle ils assistent après leur nomination, le serment suivant
« *Moi, ……………………, le jure (déclare) très solennellement d'exercer mes fonctions et mes pouvoirs de membre de la Cour de façon honorable et loyale en toute impartialité et en toute conscience* ».
2. Immédiatement après avoir prêté serment, les juges signent la déclaration de serment.

Article 4

1. Lorsque la Cour est appelée à décider si un de ses membres ne répond plus aux conditions requises ou ne satisfait plus aux obligations découlant de sa charge, le Président ou son suppléant invite l'intéressé à comparaître en chambre du conseil pour présenter ses observations en présence des autres juges, hors la présence du greffier conformément aux dispositions du paragraphe 7 de l'art 4 du Protocole.
2. En cas d'absence du Président, le Vice- Président préside.

Article 5

Les juges prennent rang indistinctement d'après leur ancienneté dans la Cour. Ancienneté égale dans la Cour, l'âge détermine le rang. Les juges sortants qui sont nommés de nouveau conservent leur rang antérieur.

CHAPITRE II : DE LA PRÉSIDENCE ET DE LA COMPOSITION DE LA COUR

Article 6

1. Les membres de la Cour sont nommés par la Conférence et choisis sur une liste de personnes nommées par les États membres. Nul État membre ne peut nommer plus de deux personnes. Les membres de la cour élisent en leur sein un Président et un Vice- Président qui agissent en cette qualité pendant une période de trois (3) ans. Pendant la durée de leurs mandats le Président et le Vice- Président prennent rang avant tous les autres membres de la Cour.
2. Si le poste de Président de la Cour devient vacant avant la fin normale de son mandat, la Cour élit par consensus un successeur pour assurer la Présidence pendant le reste de la période du mandat

3. Faute de consensus, le Président est élu au scrutin secret. Si un juge réunit une majorité absolue, il est élu. Si aucun juge ne réunit une majorité absolue, un deuxième scrutin est organisé et le juge ayant la majorité des voix est élu. Au cas où deux ou plus de deux juges obtiennent un nombre égal de votes, le plus ancien à la Cour est considéré comme élu.

Article 7
Le Président est responsable de l'administration de la Cour. Il préside les audiences et les délibérations.

Article 8
En cas d'absence ou d'empêchement simultané du Président de la Cour ou en cas de vacance de la Présidence, celle-ci est assurée par le Vice-Président. En cas d'empêchement simultané du Président de la Cour et du Vice-Président ou en cas de vacance simultanée de leurs fonctions, la Présidence est assurée par un des juges selon l'ordre établi à l'art.5 du présent règlement.

CHAPITRE III : DU GREFFE

Section première : du Greffier en Chef des Greffiers

Article 9
1. La Cour nomme le greffier en Chef. Deux semaines avant la date fixée pour la nomination, le Président informe les membres de la Cour des candidatures qui ont été introduites.
2. Les candidatures sont accompagnées de tous renseignement sur l'âge, la nationalité, les titres universitaires, les connaissances linguistiques, les occupations actuelles et antérieures, ainsi que sur l'expérience judiciaire et internationale éventuelle des candidats.
3. Le Greffier en Chef est nommé pour une période de six ans. Son mandat est renouvelable une seule fois.
4. Les dispositions de l'art 17 paragraphe 2 du présent règlement sont applicables au greffier en chef, qui prête serment devant le Président de la Cour.
5. Le Greffier en Chef ne peut être relevé de ses fonctions que s'il ne répond plus aux conditions requises ou ne satisfait plus aux obligations découlant de sa charge ; la Cour décide, après l'avoir mis en mesure de présenter ses observations.
6. Si le Greffier en Chef cesse ses fonctions avant l'expiration de son mandat, la Cour nomme un nouveau greffier en chef pour une période de six ans.

Article 10
La Cour peut nommer, suivant la procédure prévue pour le greffier en chef, un ou plusieurs greffiers chargés d'assister le greffier en chef et de le remplacer dans les limites fixées par les instructions au greffier en chef visées à l'art 14 du présent règlement.

Article 11

Le Président désigne les fonctionnaires ou agents chargés de remplir les fonctions de greffier en chef en cas d'absence ou d'empêchement de celui-ci, et de greffiers en cas de vacance de leur poste.

Article 12

Les instructions au greffier sont établies par la Cour sur proposition du Président.

Article 13

1. Il est tenu au greffe, sous la responsabilité du greffier en chef, un registre paraphé par le Président, sur lequel sont inscrits à la suite et dans l'ordre de leur présentation tous les actes de procédure et les pièces déposées à l'appui.
2. Mention de l'inscription au registre est faite par le greffier en chef sur les originaux et, à la demande des parties, sur les copies qu'elles présentent à cet effet.
3. Les inscriptions au registre et les mentions prévues au paragraphe précédent constituent des actes authentiques.
4. Les modalités suivant lesquelles le registre est tenu sont déterminées par les instructions au greffier en chef visées à l'art 14 du présent règlement.
5. Tout intéressé peut consulter le registre au greffe et en obtenir des copies ou des extraits suivant le tarif du greffe établi par la Cour sur proposition du greffier en chef. Toute partie à l'instance peut en outre obtenir, suivant le tarif du greffe, des copies des actes de procédures ainsi que des copies certifiées conformes des ordonnances et des arrêts.
6. Un avis est publié au Journal Officiel de la Communauté indiquant la date de l'inscription de la requête introductive d'instance, les noms et domiciles des parties, l'objet du litige et des conclusions de la requête ainsi que l'indication des moyens et principaux arguments invoqués.

Article 14

1. Sous l'autorité du Président, le greffier en chef est chargé de la réception, de la transmission et de la conservation de tous documents, ainsi que les significations que comporte l'application du présent règlement.
2. Le greffier en chef assiste la Cour, le président et les juges dans tous les actes de leur ministère.

Article 15

Le greffier en chef a la garde des sceaux. Il a la responsabilité des archives et prend soin des publications de la Cour.

Article 16

Sauf dispositions contraires du présent règlement, le greffier en chef assiste aux séances de la Cour.

Section 2 – Des services de la Cour

Article 17

1. Les fonctionnaires et autres agents de la Cour sont nommés dans les conditions prévues au règlement portant règlement du personnel.
2. Avant leur entrée en fonctions, les fonctionnaires prêtent devant la Cour, le serment suivant :

« *Je jure d'exercer en toute loyauté, discrétion et conscience les fonctions qui me sont confiées par la Cour de Justice de la Communauté Économique des États de l'Afrique de l'Ouest* ».

Article 18

Sur proposition du greffier en chef, la Cour établit ou modifie le plan d'organisation de ses services

Article 19

La Cour établit, conformément à l'art 87 alinéa 2 du traité révisé, un service composé d'experts justifiant d'une culture juridique adéquate et d'une connaissance étendue des langues officielles de la Cour.

Article 20

1. L'administration de la Cour est assurée sous l'autorité du Président par le greffier en chef.
2. La gestion financière et la comptabilité sont exercées par le gestionnaire-comptable sous l'autorité du Président de la Cour

CHAPITRE IV : DU FONCTIONNEMENT DE LA COUR

Article 21

1. Les dates et heures des sessions de la Cour sont fixées par le président conformément à l'art 27 du Protocole.
2. La Cour peut, pour une ou plusieurs sessions déterminées, choisir, conformément à l'art 26, paragraphe 2 du Protocole, un lieu autre que celui où elle a son siège.

Article 22

1. Si, par suite d'absence ou d'empêchement, les juges sont en nombre pair, le juge le moins ancien au sens de l'art 5 du présent règlement s'abstient de participer au délibéré, sauf s'il s'agit du juge rapporteur. Dans ce cas, c'est le juge qui précède immédiatement dans le rang, qui s'abstient de participer au délibéré.
2. Si, la Cour étant convoquée, il est constaté que le quorum visé aux articles 14 paragraphe 2 du Protocole n'est pas atteint, le président ajourne l'audience jusqu'à ce que le quorum soit atteint.
3. La Cour siège toujours en nombre impair.
4. Les audiences de la Cour sont publiques. La Cour peut cependant siéger en chambre du conseil à la demande de l'une des parties ou pour des raisons que seule la Cour détermine.

Article 23

1. La Cour délibère en chambre du conseil.
2. Seuls les juges ayant assisté à la procédure orale prennent part au délibéré.
3. Au cas où l'un de ses membres qui était présent à la procédure orale est absent, la Cour poursuit son audience, avec l'accord des parties en conflit conformément à l'art 27 paragraphe 4-b du protocole.
4. Chacun des juges présents au délibéré exprime son opinion en la motivant.
5. À la demande d'un juge, toute question est formulée dans une langue de son choix et communiquée par écrit à la Cour avant d'être mise aux voix.
6. Les conclusions adoptées après discussion finale par la majorité des juges déterminent la décision de la Cour. Les votes sont émis dans l'ordre inverse de l'ordre établi à l'art 5 du présent règlement.
7. En cas de divergence sur l'objet, la teneur et l'ordre des questions administratives, elles sont mises aux voix. Le greffier en chef y assiste, sauf décision contraire de la Cour

Article 24

1. À moins de décision spéciale de la Cour, les vacances judiciaires sont fixées sont comme suit :
a) du 18 décembre au 10 janvier,
b) jours précédant le jour de pâques et 4 jours après le jour de Pâques,
c) du 15 juillet au 15 septembre.
2. Les congés de la Cour sont entre autres les congés musulmans, les jours fériés et le jour férié de la CEDEAO.
3. Pendant les vacances judiciaires, la présidence est assurée au lieu où la Cour a son siège, par le président, le vice-président ou par tout autre juge désigné à cet effet.
4. Pendant les vacances judiciaires, le président peut, en cas de nécessité, convoquer les juges.
5. La Cour observe les jours fériés légaux du lieu où elle a son siège
6. La Cour peut, pour de justes motifs, accorder des congés aux juges.

CHAPITRE V : DU RÉGIME LINGUISTIQUE

Article 25

1. Les langues officielles de la Cour sont celles de la Communauté conformément à l'art 87 alinéa 2 du traité révisé
2. La langue de procédure est choisie par le requérant, sous réserve des dispositions ci-après :
a) si le défendeur est un État Membre ou une institution de la Communauté, la langue de procédure est la langue officielle de cet État ;
b) dans le cadre où il existe plusieurs langues officielles, le requérant à la faculté de choisir celle qui lui convient.
3. La langue de procédure est notamment employée dans les mémoires et plaidoiries des parties, y compris les pièces et documents annexés, ainsi que

les procès-verbaux et décisions de la Cour. Toute pièce et tout document produits, annexés et rédigés dans une autre sont accompagnés d'une traduction dans la langue de procédure.
4. Toutefois, dans le cas de production de pièces et documents volumineux, des traductions en extrait peuvent être présentées. À tout moment, la Cour peut exiger une traduction plus complète ou intégrale, soit d'office, soit à la demande d'une des parties.
5. Si un témoin ou un expert n'est pas en mesure de s'exprimer de s'exprimer dans l'une des langues visées par le paragraphe 1 du présent article, la Cour l'autorise à donner ses preuves dans une autre langue.
6. La Cour peut, pour les débats, employer l'une des langues mentionnées au paragraphe 1 du présent article autre que la langue de procédure.

Article 26
1. À la demande d'un juge, ou d'une partie, le greffier en chef prend toutes les dispositions nécessaires pour assurer la traduction de tout ce qui est dit ou écrit dans les langues conformément à l'art 25 paragraphe 1.
2. Les publications de la Cour sont faites, dans les langues mentionnés à l'art 25 paragraphe 1 du présent règlement.

Article 27
Les textes rédigés dans la langue de procédure ou, le cas échéant, dans une autre langue autorisée en vertu de l'art 25 paragraphe 1 du présent règlement font foi.

CHAPITRE VI : DES DROITS ET OBLIGATIONS DES AGENTS, CONSEILS ET AVOCATS

Article 28
1. Les agents, conseils et avocats visés par l'art. 12 du Protocole qui se présentent devant la Cour ou devant une autorité judiciaire commise par elle en vertu d'une commission rogatoire, jouissent de l'immunité pour les paroles prononcées et les écrits produits relatifs à la cause ou aux parties
2. Les agents, conseils et avocats jouissent en outre des privilèges et facilités suivants :
a) tous papiers et documents relatifs à la procédure sont exempts de fouille et de saisie. En cas de contestation, les préposés de la douane ou de la police peuvent sceller les papiers et documents en question qui sont alors transmis sans délai à la Cour pour qu'ils soient vérifiés en présence du greffier en chef et de l'intéressé ;
b) les agents, conseils et avocats jouissent de la liberté de l'accomplissement de leur tâche.
3. L'avocat assistant ou représentant une partie est tenu de déposer au greffe de la Cour un document de légitimation certifiant qu'il est habilité à exercer devant une juridiction d'un État membre ou d'un autre État partie au traité.

Article 29
Pour bénéficier des privilèges, immunités et facilités mentionnés à l'art précédent, justifient préalablement de leur qualité :
a) les agents, par un document officiel délivré par leur mandant, qui notifie immédiatement copie au greffier en chef ;
b) les conseils et avocats, par une pièce de légitimation signée par le greffier en chef. La validité de celle-ci est limitée à un délai fixe ; elle peut être étendue ou restreinte selon la durée de la procédure.

Article 30
1. Les privilèges, immunités et facilités mentionnées à l'art 28 du présent règlement sont accordés exclusivement pour les besoins de la procédure.
2. La Cour peut lever l'immunité lorsqu'elle estime que la levée de celle-ci n'est pas contraire à l'intérêt de la procédure.

Article 31
1. Le conseil ou l'avocat dont le comportement devant la Cour, ou à l'égard d'un de ses membres est incompatible avec la dignité de la Cour ou qui use des droits qu'il tient de ses fonctions à des fins autres que celles pour lesquelles ces droits lui ont été reconnus peut à tout moment être exclu de la procédure par ordonnance prise par la Cour, la défense de l'intéressé étant assurée. Cette ordonnance est immédiatement exécutoire
2. Lorsqu'un conseil ou un avocat se trouve exclu de la procédure, celle-ci est suspendue jusqu'à l'expiration d'un délai fixé par le président pour permettre à la partie intéressée de désigner un autre conseil ou un avocat.
3. Les décisions prises en exécution des dispositions du présent article peuvent être rapportées.

TITRE II : PROCÉDURE

CHAPITRE I : DE LA PROCÉDURE ÉCRITE

Article 32
1. L'original de tout acte de procédure doit être signé par l'agent ou l'avocat de la partie. Cet acte, accompagné de toutes les annexes qui y sont mentionnés, est présenté avec cinq copies pour la Cour et autant de copies qu'il y a de parties en cause. Ces copies sont certifiées conformes par la partie qui les dépose conformément à l'art 11 du Protocole.
2. Les institutions produisent en outre, dans les délais fixés par la Cour, des traductions de tout acte de procédure dans les autres langues visées à l'art 25 paragraphe 1 du présent règlement.
3. Tout acte de procédure est daté. Au regard des délais de procédure, seule la date du dépôt au greffe sera prise en considération.
4. À tout acte de procédure est annexé un dossier, contenant les pièces et documents invoqués à l'appui et accompagné d'un bordereau de ces pièces et documents.

5. Si, en raison du volume d'une pièce ou d'un document, il n'en est annexé à l'acte que des extraits, la pièce ou le document entier ou une copie complète est déposé au greffe.
6. Sans préjudice des dispositions des paragraphes 1 à 5, la date à laquelle une copie de l'original signé d'un acte de procédure, y compris le bordereau des pièces et documents visés au paragraphe 4, parvient au greffe par télécopieur ou tout autre moyen technique de communication dont dispose la Cour, est prise en considération aux fins du respect des délais de procédure à condition que l'original signé de l'acte, accompagné des annexes et des copies visées au paragraphe 1, 2ème alinéa, soit déposé au greffe au plus tard dix jours après.

Article 33

1. La requête visée à l'art 11 du Protocole contient :
a) les noms et domiciles du requérant ;
b) la désignation de la partie contre laquelle la requête est formée ;
c) l'objet du litige et l'exposé sommaire des moyens invoqués ;
d) les conclusions du requérant ;
e) les offres de preuves s'il y a lieu.
2. Aux fins de la procédure, la requête contient élection de domicile au lieu où la Cour a son siège. Elle indique le nom de la personne qui est autorisée et qui a consenti à recevoir toutes significations.
3. En plus ou au lieu de l'élection de domicile visée au premier alinéa, la requête peut indiquer que l'avocat ou l'agent consent à ce que des significations lui soient adressées par télécopieur ou tout autre moyen technique de communication.
4. Si la requête n'est pas conforme aux conditions visées au premier et au 2ème alinéa, toutes significations aux fins de la procédure à la partie concernée, tant que ce défaut n'a pas été régularisé, sont faites par envoi postal recommandé adressé à l'agent ou l'avocat de la partie. Par dérogation à l'art 77, paragraphe 1, la signification régulière est alors réputée avoir lieu où la Cour a son siège.
5. La requête est accompagnée, s'il y a lieu, des pièces indiquées à l'art 15, alinéa 1er du Protocole relatif à la Cour.
6. Si la requête n'est pas conforme aux conditions énumérées aux paragraphes 1 à 4 du présent art, le greffier en chef fixe au requérant un délai qui ne saurait excéder trente jours, aux fins de régularisation de la requête ou de la production des pièces mentionnées ci-dessus. À défaut de cette régularisation ou de cette production dans le délai imparti, la Cour décide, le juge rapporteur entendu, si l'inobservation de ces conditions entraîne l'irrecevabilité formelle de la requête.

Article 34

La requête est signifiée au défendeur. Dans le cas prévu à alinéa 6 de l'art 33 du présent règlement la signification est faite dès la régularisation.

Article 35

1. Dans le mois qui suit la signification de la requête, le défendeur présente un mémoire en défense. Ce mémoire contient :
a) les nom et domicile du défendeur ;
b) les arguments de fait et de droit invoqués ;
c) les conclusions du défendeur ;
d) les offres de preuve.
Les dispositions de l'art 32 paragraphe 2 à 6 du présent règlement sont applicables à la défense.
2. Le délai prévu au paragraphe précédent du présent art peut être prorogé par le président à la demande motivée du défendeur.

Article 36

1. La requête et le mémoire en défense peuvent être complétés par une réplique du requérant et par une duplique du défendeur.
2. Le président fixe les dates auxquelles ces actes de procédure sont produits. Le délai prévu au paragraphe 1 de l'art 35 peut être prorogé par le président à la demande motivée du défendeur

Article 37

1. Les parties peuvent encore faire des offres de preuve dans la réplique et la duplique à l'appui de leur argumentation. Elles motivent le retard accusé dans la présentation de leurs offres de preuve
2. La production de moyens nouveaux en cours d'instance est interdite à moins que ces moyens ne se fondent sur des éléments de droit et de fait qui se sont révélés pendant la procédure.
3. Si au cours de la procédure, une partie soulève un moyen nouveau tel que défini à l'alinéa précédent, le président peut, après l'expiration des délais normaux de la procédure, sur rapport du juge rapporteur, impartir à l'autre partie un délai pour répondre à ce moyen
4. La décision sur la recevabilité du moyen reste réservée à l'arrêt définitif.

Article 38

1. Après avoir entendu les parties, la Cour peut, à tout moment pour cause de connexité, ordonner la jonction de plusieurs affaires portant sur le même objet aux fins de la procédure écrite ou orale ou de l'arrêt qui met fin à l'instance.
2. Elle peut les disjointe à nouveau.

Article 39

1. Le président fixe la date à laquelle le Juge Rapporteur présente à la Cour un rapport préalable, selon le cas :
a) après la présentation de la duplique ;
b) lorsque la réplique ou la duplique n'a pas été déposée à l'expiration du délai fixé conformément à l'art 36, paragraphe 1 ;

c) lorsque la partie de l'intéressé a déclaré renoncer à son droit de présenter une réplique ou une duplique ;
d) en cas d'application de la procédure accélérée visée à l'art 59, lorsque le président fixe la date de l'audience.
2. Le rapport préalable du Juge Rapporteur comporte des propositions sur la question de savoir si l'affaire appelle des mesures d'instruction ou d'autres mesures préparatoires, ainsi que sur le renvoi éventuel de l'affaire à la Cour. Le rapport comporte également la proposition du Juge Rapporteur sur l'éventuelle omission de la phase orale de la procédure conformément à l'art 54 de la Cour.
3. La Cour décide des suites à réserver aux propositions du Juge Rapporteur

Article 40

1. Sans préjudice de dispositions particulières prévues par le présent règlement, la procédure devant la Cour comporte également une phase orale. Toutefois, à la demande d'une partie spécifiant les raisons pour lesquelles elle souhaite être entendue, la Cour, après la présentation des mémoires visés aux articles 32 à 39, peut en décider autrement.
2. La demande est présentée dans un délai d'un mois à compter de la signification à la partie de la clôture de la procédure écrite. Ce délai peut être prorogé par le président.

CHAPITRE II : DE L'INSTRUCTION ET DES MESURES PRÉPARATOIRES

Section première - Des mesures d'instruction

Article 41

1. La Cour fixe les mesures qu'elle juge convenir par voie d'ordonnance articulant les faits à prouver. Avant qu'elle ne décide des mesures d'instruction, les parties sont entendues. L'ordonnance est signifiée aux parties.
2. Sans préjudice à l'art 16 du Protocole relatif à la Cour, les mesures d'instruction comprennent :
a) la comparution personnelle des parties ;
b) la demande de renseignements et la production de documents ;
c) la preuve par témoins ;
d) l'expertise ;
e) le transport sur les lieux.
3. La Cour procède aux mesures d'instruction qu'elle ordonne ou en charge le Juge Rapporteur.
4. La preuve contraire et l'ampliation des offres de preuve restent réservées.

Article 42

Les parties peuvent assister aux mesures d'instruction.

Section 2 : De la citation et de l'audition des témoins et experts

Article 43

1. La Cour peut ordonner la vérification de certains faits par témoignage, soit d'office, soit à la demande des parties. L'ordonnance de la Cour énonce les faits à établir.
2. Les témoins sont cités par la Cour, soit d'office, soit à la demande des parties.
3. La demande d'une partie tendant à l'audition d'un témoin indique avec précision les faits sur lesquels il y a lieu de l'entendre et les raisons de nature à justifier son audition.
4. Les témoins dont l'audition est reconnue nécessaire sont cités en vertu d'une ordonnance de la Cour qui contient :
a) les nom, prénoms, qualité et demeure des témoins ;
b) l'indication des faits sur lesquels les témoins seront entendus ;
c) éventuellement, la mention des dispositions prises par la Cour pour le remboursement des frais exposés par les témoins et des peines applicables aux témoins défaillants.
5. La signification de cette ordonnance est faite aux parties et aux témoins.
6. La Cour peut subordonner la citation des témoins dont l'audition est demandée par les parties au dépôt au greffe de la Cour d'une provision garantissant la couverture des frais taxés ; elle en fixe le montant. Le greffe de la Cour avance des fonds nécessaires à l'audition des témoins cités d'office.
7. Après vérification de l'identité des témoins, le président les informe qu'ils auront à certifier leurs déclarations de la manière déterminée par le présent règlement.
8. Les témoins sont entendus par la Cour, les parties convoquées. Après la déposition, le Président peut, à la demande des parties ou d'office, poser des questions aux témoins.
9. La même faculté appartient à chaque juge. Sous l'autorité du Président, des questions peuvent être posées aux témoins par les représentants des parties.
10. Avant sa déposition, le témoin prête le serment suivant :
« *Je jure de dire la vérité, toute la vérité, rien que la vérité* ».
11. Le greffier en chef établit un procès-verbal reproduisant la déposition des témoins.
12. Le procès-verbal est signé par le Président et le greffier en chef. Avant ces signatures, le témoin doit être mis en mesure de vérifier le contenu du procès-verbal et de le signer. Le procès-verbal peut en outre être enregistré par tout moyen technique moderne.

Article 44

1. Les témoins régulièrement cités sont tenus de déférer à la citation et de se présenter à l'audience.
2. Lorsqu'un témoin dûment cité ne se présente pas devant la Cour, celle-ci peut lui infliger une sanction pécuniaire dont le montant maximal est de 1 000 UC et ordonner une nouvelle citation du témoin aux frais de celui-ci.

3. La même sanction peut être infligée à un témoin qui, sans motif légitime, refuse de déposer, de prêter serment ou de faire la déclaration solennelle en tenant éventuellement lieu.
4. Le témoin qui produit devant la Cour des excuses légitimes peut être déchargé de la sanction pécuniaire qui lui a été infligée. La sanction pécuniaire infligée peut être réduite à la demande du témoin lorsque celui-ci établit qu'elle est disproportionnée par rapport à ses revenus.

Article 45

1. La Cour peut ordonner une expertise. L'ordonnance qui nomme l'expert précise la mission de celui-ci et lui fixe un délai pour présentation de son rapport.
2. L'expert reçoit copie de l'ordonnance, ainsi que toutes les pièces nécessaires à sa mission. Il est placé sous contrôle du Juge Rapporteur, qui peut assister aux opérations d'expertise et est tenu au courant du déroulement de la mission confiée à l'expert.
3. La Cour peut demander aux parties ou à l'une d'elles le dépôt d'une provision garantissant la couverture des frais de l'expertise.
4. À la demande de l'expert, la Cour peut décider de procéder à l'audition de témoins qui sont entendus suivant les dispositions prévues à l'art 43 du présent règlement.
5. L'expertise ne peut donner son avis que sur les points qui lui sont expressément soumis.
6. Après le dépôt du rapport, la Cour peut ordonner que l'expert soit entendu, les parties convoquées.
7. Sous l'autorité du Président, des questions peuvent être posées à l'expert par les représentants des parties.
8. Avant l'accomplissement de sa mission, l'expert prête le serment suivant : par écrit ou devant la Cour. « *Je jure de remplir ma mission en toute conscience et en toute impartialité* ».

Article 46

1. Si une des parties récuse un témoin ou un expert pour incapacité, indignité ou toute autre cause ou si un témoin ou un expert refuse de déposer, de prêter serment ou de faire la déclaration solennelle en tenant lieu, la Cour statue.
2. La récusation d'un témoin ou d'un expert est faite dans le délai de deux semaines à compter de la signification de l'ordonnance qui cite le témoin ou nomme l'expert, par acte contenant les motifs et les offres de preuves.

Article 47

Les témoins et experts commis d'office ont droit au remboursement des frais de déplacement et de séjour. Ils peuvent obtenir un paiement à l'avance auprès du greffe de la Cour.

Article 48

La Cour peut, à la demande des parties ou d'office, délivrer des commissions rogatoires pour l'audition de témoins ou d'experts.

Article 49

1. Le greffier en chef établit un procès-verbal de chaque audience. Ce procès-verbal est signé par le Président et par le greffier en chef. Il constitue un acte authentique.
2. Les parties peuvent prendre connaissance au greffe de tout procès-verbal ainsi que du rapport de l'expert et en obtenir copie à leur frais

Section 3 : De la clôture de l'instruction

Article 50

1. À moins que la Cour ne décide d'impartir aux parties un délai pour présenter des observations écrites, la Président fixe la date d'ouverture de la procédure orale après l'accomplissement des mesures d'instruction.
2. Si un délai a été imparti pour la présentation d'observations écrites, le Président fixe la date d'ouverture de la procédure orale à l'expiration de ce délai.

Section 4 : Des mesures préparatoires

Article 51

La Cour peut demander aux parties de soumettre, dans un délai donné, tous les renseignements relatifs aux faits, tous documents ou tous éléments qu'il juge pertinent. Les réponses et documents obtenus sont communiqués aux autres parties.

CHAPITRE III : DE LA PROCÉDURE ORALE

Article 52

1. Sous réserve de la priorité des dispositions du présent règlement, la Cour connaît des affaires dont elle est saisie dans l'ordre selon lequel leur instruction est terminée. Entre plusieurs affaires dont l'instruction est simultanément terminée, l'ordre est déterminé par la date d'inscription au registre des requêtes.
2. Le Président peut, en raison de circonstances particulières, décider de faire juger une affaire par priorité. Le Président peut, les parties entendues, en raison de circonstances particulières, soit d'office, soit à la demande d'une partie, décider de faire reporter une affaire pour être jugée à une date ultérieure. Si les parties à une affaire en demandant le report d'un commun accord, le Président peut faire droit à leur demande.

Article 53

1. Les débats sont ouverts et dirigés par le Présent qui exerce la police de l'audience.
2. La décision de huis clos comporte défense de publication des débats.

Article 54

1. Le Président peut, au cours des débats, poser des questions aux agents, conseils ou avocats des parties.
2. La même faculté appartient à chaque juge.

Article 55
Les parties ne peuvent plaider que par l'organe de leur agent, conseil ou avocat.

Article 56
Après les conclusions des parties, le Président prononce la clôture de la procédure orale.

Article 57
1. La Cour peut, à tout moment, conformément au présent règlement, les parties entendues, ordonner une mesure d'instruction ou prescrire le renouvellement ou la poursuite de tous actes d'instruction.
2. Elle peut donner mission au juge rapporteur d'exécuter ces mesures.

Article 58
La Cour peut ordonner la réouverture de la procédure orale.

CHAPITRE IV : DES PROCÉDURES ACCÉLÉRÉES

Article 59
1. À la demande soit de la partie requérante, soit de la partie défenderesse, le Président peut exceptionnellement, sur la base des faits qui lui sont présentés, l'autre parie entendue, décider de soumettre une affaire à une procédure accélérée dérogeant aux dispositions du présent règlement, lorsque l'urgence particulière de l'affaire exige que la Cour statue dans les plus brefs délais.
2. La demande tendant à soumettre une affaire à une procédure accélérée doit être présentée par acte séparé lors du dépôt de la requête ou du mémoire en défense.
3. En cas d'application d'une procédure accélérée, la requête et le mémoire en défense ne peuvent être complétés par une réplique et une duplique que si le Président le juge nécessaire.
4. L'intervenant ne peut présenter un mémoire en intervention que si le Président le juge nécessaire.
5. Dès la présentation du mémoire en défense ou, si la décision de soumettre l'affaire à une procédure accélérée n'intervient qu'après la présentation de ce mémoire, dès que cette décision est prise, le président fixe la date de l'audience qui est aussitôt communiquée aux parties.
6. Il peut reporter la date de l'audience lorsque l'organisation de mesures d'instruction ou d'autres mesures préparatoires l'impose.
7. Sans préjudice du présent règlement, les parties peuvent compléter leur argumentation et faire des offres de preuve au cours de la procédure orale. Elles motivent le retard apporté à la présentation de leur offre de preuve.
8. Après avoir entendu les parties, la Cour statue.

CHAPITRE V : DES ARRÊTS

Article 60

L'arrêt de la Cour contient :
a) l'indication qu'il est rendu par la Cour ;
b) la date du prononcé ;
c) les noms du président et des juges qui y ont pris part ;
d) le nom des parties ;
e) le nom du greffier en chef ;
f) la qualité des parties ;
g) les noms des agents, conseils ou avocats des parties ;
h) la déclaration du type d'ordonnance recherchée par les parties ;
i) la déclaration que les parties sont entendues ;
j) l'exposé sommaire des faits ;
k) les motifs ;
l) le dispositif, y compris la décision relative aux dépens.

Article 61

1. L'arrêt est rendu en audience publique.
2. Les parties sont convoquées.
3. La minute de l'arrêt, signée par le président, les juges ayant pris part au délibéré et par le greffier en chef, est scellée et déposée au greffe.
4. Une copie certifiée conforme en est signifiée à chacune des parties.
5. Il est fait mention par le greffier en chef sur la minute de l'arrêt de la date à laquelle il a été rendu.

Article 62

L'arrêt a force obligatoire à compter du jour de son prononcé.

Article 63

1. Sans préjudice des dispositions relatives à l'interprétation des arrêts, les erreurs de plume ou de calcul ou des inexactitudes évidentes peuvent être rectifiées par la Cour, soit d'office, soit à la demande d'une partie à condition que cette demande soit présentée dans un délai de 1 mois à compter du prononcé de l'arrêt.
2. Les parties, dûment averties par le greffier en chef, peuvent présenter des observations écrites dans un délai fixé par le Président.
3. La minute de l'ordonnance qui prescrit la rectification est annexée à la minute de l'arrêt rectifié. Mention de cette ordonnance est faite en marge de la minute de l'arrêt rectifié.

Article 64

1. Si la Cour a omis de statuer, soit sur un chef isolé des conclusions, soit sur les dépens, la partie qui entend s'en prévaloir saisit la Cour par voie de requête dans le mois de la signification de l'arrêt.
2. La requête est signifiée à l'autre partie qui dispose d'un délai d'un mois pour la présentation de ses observations écrites. Le délai prescrit par les

paragraphe 1 et 2 du présent article peut être prorogé par le président sur demande motivée des parties.
3. Après la présentation de ces observations, la Cour statue sur la recevabilité en même temps que sur le bien-fondé de la demande.

Article 65
Un recueil de la jurisprudence » de la Cour est publié par les soins du greffier en chef.

CHAPITRE VI : DES DÉPENS

Article 66
1. Il est statué sur les dépens dans l'arrêt ou l'ordonnance qui met fin à l'instance.
2. Toute partie qui succombe est condamnée aux dépens, s'il est conclu en ce sens.
3. Si plusieurs parties succombent, la Cour décide du partage des dépens.
4. La Cour peut répartir les dépens ou décider que chaque partie supporte ses propres dépens si les parties succombent respectivement sur un ou plusieurs chefs, ou pour des motifs exceptionnels.
5. La Cour peut condamner une partie, même gagnante, à rembourser à l'autre partie des frais qu'elle lui a fait exposer et que la Cour reconnaît comme frustratoires ou vexatoires.
6. Les États membres et les institutions qui sont intervenus au litige supportent leurs propres dépens.
7. La Cour peut décider d'une partie intervenante autre que celles mentionnées aux alinéas précédent supportera ses propres dépens.
8. La partie qui se désiste est condamnée aux dépens, s'il est conclu en ce sens par l'autre partie dans ses observations sur le désistement.
9. Toutefois, à la demande de la partie qui se désiste, les dépens sont supportés par l'autre, si cela apparaît justifié en vertu de l'attitude de cette dernière.
10. En cas d'accord des parties sur les dépens, il est statué selon l'accord.
11. À défaut de conclusion sur les dépens, chaque partie supporte ses propres dépens.
12. En cas de non-lieu à statuer, la Cour règle librement les dépens.

Article 67
Les frais qu'une partie a dû exposer aux fins d'exécution sont remboursés par l'autre partie suivant le tarif en vigueur dans l'État où l'exécution a eu lieu.

Article 68
La procédure devant la Cour est gratuite, sous réserve des dispositions suivantes :
a) si la Cour a exposé des frais qui auraient pu être évités, elle peut condamner la partie qui les a provoqués à les rembourser ;

b) les frais de tout travail de copie et de traduction effectué à la demande d'une partie, considérés, sont remboursés par cette partie sur la base du tarif visé à l'art 13, paragraphe 5, du présent règlement.

Article 69

Sans préjudice des dispositions de l'art précédent, sont considérés comme dépens récupérables :

a) les sommes dues aux témoins et aux experts en vertu de l'art 47 du présent règlement ;

b) les frais indispensables exposés par les parties aux fins de la procédure, notamment les frais de déplacement et de séjour et la rémunération d'un agent, conseil ou avocat.

Article 70

1. S'il y a contestation sur les dépens récupérables, la Cour statue par voie d'ordonnance non susceptible de recours à la demande de la partie intéressée, l'autre partie entendue en ses observations.

2. Les parties peuvent, aux fins d'exécution, demander une expédition de l'ordonnance.

Article 71

1. Le greffe de la Cour effectue les paiements dans la monnaie du pays où la Cour a son siège.

2. À la demande de l'intéressé, les paiements se font dans la monnaie du pays où à la Cour a son siège.

3. Les autres débiteurs effectuent leurs paiements dans la monnaie de leur pays d'origine.

4. Le change des monnaies s'effectue suivant le cours officiel au jour du paiement dans le pays où la Cour a son siège.

CHAPITRE VII : DES DÉSISTEMENTS

Article 72

Si, avant que la Cour ait statué, les parties s'accordent sur la solution à donner au litige et si elles informent la Cour qu'elles renoncent à toute prétention, le président ordonne la radiation de l'affaire du rôle et statue sur les dépens conformément aux dispositions de l'art 66 (8), le cas échéant au vu des propositions faites en ce sens par les parties.

Article 73

Si le requérant fait connaître par écrit à la Cour qu'il entend renoncer à l'instance, le président ordonne la radiation de l'affaire du rôle et statue sur les dépens conformément à l'art 66.

CHAPITRE VIII : DES SIGNIFICATIONS

Article 74

1. Les significations prévues au présent règlement sont faites par les soins du greffier en chef au domicile élu du destinataire, soit par la lettre recommandée,

avec accusé de réception, d'une copie de l'acte à signifier, soit par remise de cette copie contre récépissé.

2. Les copies de l'original à signifier sont dressées et certifiées conformes par le greffier en chef, sauf le cas où elles émanent des parties elles-mêmes conformément à l'art 32 (1) du présent règlement.

3. Lorsque, conformément à l'art 33 du présent Règlement, le destinataire a consenti à ce que des significations lui soient adressées par télécopieur ou tout autre moyen technique de communication, la signification de tout acte de procédure, à l'exception des arrêts et ordonnance de la Cour, peut être effectuée par transmission d'une copie du document par ce moyen.

4. Si pour des raisons techniques ou à cause de la nature ou du volume de l'acte est signifié, en l'absence d'une élection de domicile du destinataire, à l'adresse de celui-ci selon les modalités prévues au paragraphe 1 du présent article.

5. Le destinataire en est averti par télécopieur ou tout autre moyen technique de communication.

6. La signification est jugée avoir été remise à son destinataire le dixième jour après le dépôt de cet envoi à la poste au lieu où la Cour a son siège, à moins qu'il ne soit établi par l'accusé de réception que la réception a eu lieu à une autre date ou que le destinataires informe le greffier en chef, dans un délai de trois semaines à compter de l'avertissement, par télécopieur ou autre moyen technique de communication, que la signification ne lui est pas parvenue.

CHAPITRE IX : DES DÉLAIS

Article 75

1. Les délais de procédures prévus par le Protocole relatif à la Cour sont calculés de la façon suivante :

a) si un délai exprimé en jours, en semaines, en mois ou en années est à compter à partir du moment où survient un événement ou s'effectue un acte, le jour au cours duquel survient cet événement ou s'effectue un acte, le jour au cours duquel survient cet événement ou se situe cet acte n'est pas compté dans le délai ;

b) un délai exprimé en semaines, en mois ou en années prend fin à l'expiration du jour qui, dans la dernière semaine, dans le dernier mois ou dans la dernière année, porte la même dénomination ou le même chiffre que le jour au cours duquel est survenu l'événement ou a été effectué l'acte à partir desquels le délai est à compter. Si dans un délai exprimé en mois ou en années le jour déterminé pour son expiration fait défaut dans le dernier mois, le délai prend fin à l'expiration du dernier jour de ce mois ;

c) lorsqu'un délai est exprimé en mois et en jours, il est d'abord tenu compte des mois entiers, puis des jours ;

d) les délais comprennent les jours fériés légaux, les dimanches et les samedis ;
e) les délais ne sont pas suspendus pendant les vacances judiciaires.
2. Si le délai prend fin un samedi, un dimanche ou un jour férié légal, l'expiration en est reportée à la fin du jour ouvrable suivant. La liste des jours fériés légaux établie par la Cour sera publiée au *Journal Officiel de la Communauté*.

Article 76

1. Lorsqu'un délai pour introduction d'un recours contre un acte d'une institution commence à courir à partir de la publication de l'acte, ce délai est à compter, au sens de l'art 75, paragraphe 1, a), à partir de la fin du quatorzième jour suivant la date de la publication de l'acte *au Journal Officiel de la Communauté*.
2. Les délais de procédures sont augmentés d'un délai de distance forfaitaire de 10 jours.

Article 77

1. Les délais fixés en vertu du présent règlement peuvent être prorogés par l'autorité qui les a fixés.
2. Le Président peut donner délégation de signature au Vice Président pour fixer certains délais qu'il leur appartient d'arrêter en vertu du présent règlement ou pour en accorder la prorogation.

CHAPITRE X : DE LA SUSPENSION DES PROCÉDURES

Article 78

1. La procédure peut être suspendue :
a) dans tous les cas, par décision du Président sauf pour les renvois préjudiciels ;
b) la reprise de la procédure peut être ordonnée ou décidée selon les mêmes modalités ;
c) les ordonnances ou décisions visées au présent paragraphe sont notifiées aux parties.
2. La suspension de la procédure prend effet à la date indiquée dans l'ordonnance ou la décision de suspension ou, à défaut d'une telle indication, à la date de cette ordonnance ou décision.
3. Pendant la période de suspension, les délais de procédure sont interrompus à l'égard des parties.
4. Lorsque l'ordonnance ou la décision de suspension n'en a pas fixé le terme, la suspension prend fin à la date indiquée dans l'ordonnance ou la décision de reprise de procédure ou, à défaut d'une telle indication, à la date de cette ordonnance ou décision.
5. À compter de la date de reprise, les délais de procédure recommencent à courir.

TITRE III : DES PROCÉDURES SPÉCIALES

CHAPITRE 1 : DU SURSIS ET DES AUTRES MESURES PROVISOIRES PAR VOIE DE RÉFÉRÉ

Article 79

1. Les demandes visées à l'art 20 du Protocole spécifient l'objet du litige, les circonstances établissent l'urgence, ainsi que les moyens de fait et de droit justifiant à première vue l'octroi de la mesure provisoire sollicitée.
2. La demande est présentée par acte séparé et dans les conditions prévues aux articles 32 et 33 du présent règlement.

Article 80

1. La demande est signifiée à l'autre partie, à laquelle le Président fixe un bref délai pour la présentation de ses observations écrites ou orales.
2. Le président apprécie s'il y a lieu d'ordonner une mesure d'instruction.

Article 81

1. Le Président défère la demande à la Cour dans les quarante-huit heures.
2. En cas d'absence ou d'empêchement du président, les dispositions de l'art 8 du présent règlement sont applicables. Si la demande est déférée à la Cour, celle-ci statue, les parties entendues, toutes affaires cessantes. Les dispositions de l'art 80 sont applicables.

Article 82

1. Il est statué sur la demande par voie d'ordonnance motivée qui est immédiatement signifiée aux parties.
2. L'exécution de l'ordonnance peut être subordonnée à la constitution par le demandeur d'une caution dont le montant et les modalités sont fixés compte tenu des circonstances.
3. L'ordonnance peut fixer une date à partir de laquelle la mesure cesse d'être applicable. Dans ce cas contraire, la mesure cesse ses effets dès le prononcé de l'arrêt qui met fin à l'instance.
4. L'ordonnance n'a qu'un caractère provisoire et ne préjuge en rien la décision de la Cour statuant sur le Principal.

Article 83

À la demande d'une partie, l'ordonnance peut à tout moment être modifiée ou rapportée par la suite d'un changement de circonstances.

Article 84

Le rejet de la demande à une mesure provisoire n'empêche pas la partie qui l'avait introduite de présenter une autre demande fondée sur des faits nouveaux.

Article 85
La demande tendant à surseoir à l'exécution d'une décision de la Cour ou d'un acte d'une autre institution, présentée en vertu du présent règlement, est régie par les dispositions du présent chapitre. L'ordonnance qui fait droit à la demande fixe, le cas échéant, la date à laquelle la mesure provisoire cesse ses effets.

Article 86
1. Le président statue par voie d'ordonnance. Les dispositions de l'art 82 du présent règlement sont applicables.
2. En cas d'absence ou d'empêchement du président, l'art 8 du présent règlement est applicable.

CHAPITRE II : DES INCIDENTS DE PROCÉDURE

Article 87
1. Si une partie demande que la Cour statue sur une exception ou un incident sans engager le débat au fond, elle présente sa demande par acte séparé.
2. La demande contient l'exposé des moyens de fait et de droit sur lesquels elle est fondée, les conclusions et, en annexe, les pièces invoquées à l'appui.
3. Dès la présentation de l'acte introduisant la demande, le président fixe un délai à l'autre partie pour présenter par écrit ses moyens et conclusions.
4. Sauf décision contraire de la Cour, la suite de la procédure sur la demande est orale.
5. La Cour statue, les parties entendues, sur la demande ou réserve sa décision au jugement définitif. Si la Cour rejette la demande ou la joint au fond, le président fixe de nouveaux délais pour la poursuite de l'instance.

Article 88
1. Lorsque la Cour est manifestement incompétente pour connaître d'une requête ou lorsque celle-ci est manifestement irrecevable, la Cour peut, les parties entendues, sans poursuivre la procédure, statuer par voie d'ordonnance motivée.
2. La Cour peut à tout moment, d'office, examiner les fins de non-recevoir d'ordre public, u constater, les parties entendues, que le recours est devenu sans objet et qu'il n'y a plus lieu de statuer, la décision est prise dans les conditions prévues à l'art 87, paragraphe 4 et 5, du présent règlement.

CHAPITRE III : DE L'INTERVENTION

Article 89
1. La demande d'intervention est présentée au plus tard devant l'expiration d'un délai de six semaines qui court à partir de la date de la publication visée par l'art 13, paragraphe 6 du présent règlement. La demande d'intervention contient :
a) l'indication de l'affaire ;

b) l'indication des parties principales au litige ;
c) les nom et domicile de l'intervenant ;
d) l'élection de domicile de l'intervenant au lieu où la Cour a son siège ;
e) les conclusions à l'appui de la demande d'intervention ;
f) l'exposé des circonstances établissent de droit d'intervenir, lorsque la demande est présentée en vertu de l'art 21 du Protocole. L'intervenant est représenté selon les dispositions de l'art 12 du Protocole. Les art 32 et 33 du présent règlement sont applicables.
2. La demande d'intervention est signifiée aux parties. Le Président met les parties en demeure de présenter leurs observations écrites ou orales avant de statuer sur la demande d'intervention. Le Président défère la demande à la Cour.
3. Si la Cour admet l'intervention, l'intervenant reçoit communication de tous les actes de procédures signifiés aux parties. La Cour peut cependant, à la demande d'une partie, exclure de cette communication des pièces secrètes ou confidentielles.
4. L'intervenant accepte le litige dans l'état où il se trouve lors de son intervention
5. Le Président fixe le délai dans lequel l'intervenant peut présenter un mémoire en intervention. Le mémoire en intervention contient :
a) les conclusions de l'intervenant tendant au soutien ou au rejet total ou partiel des conclusions des parties ;
b) les moyens et arguments invoqués par l'intervenant ;
c) les offres de preuve s'il y a lieu.
6. Après le dépôt du mémoire en intervention, le Président fixe, le cas échéant, un délai dans lequel les parties peuvent répondre à ce mémoire.
7. Une demande d'intervention qui est présentée après l'expiration du délai visé au paragraphe 1, mais avant la décision d'ouvrir la procédure orale prévue à l'art 40, paragraphe 1, peut être prise en considération. Dans ce cas, si le président admet l'intervention, l'intervenant peut sur la base du rapport d'audience qui lui est communiqué, présenter ses observations lors de la procédure orale, si celle-ci a lieu.

CHAPITRE IV : DES ARRÊTS PAR DÉFAUT ET OPPOSITIONS

Article 90

1. Si le défendeur, régulièrement mis en cause, ne répond pas à la requête dans les formes et le délai prescrits, le requérant peut demander à la Cour de lui adjuger ses conclusions.
2. Cette demande est signifiée au défendeur.
3. La Cour peut décider d'ouvrir la procédure orale sur la demande.
4. Avant de rendre l'arrêt par défaut, la Cour :
a) examine la recevabilité de la requête ;
b) vérifie si les formalités ont été régulièrement accomplies ; et

c) vérifie si les conclusions du requérant paraissent fondées.
5. Elle peut ordonner des mesures d'instruction.
6. L'arrêt par défaut est exécutoire.
7. Toutefois, la Cour peut suspendre l'exécution jusqu'à ce qu'elle ait statué sur l'opposition présentée en vertu du paragraphe 8 ci-après ou bien en subordonner l'exécution à la constitution d'une caution dont le montant et les modalités sont fixés compte tenu des circonstances ; cette caution est libérée à défaut d'opposition ou en cas de rejet.
8. L'arrêt par défaut est susceptible d'opposition.
9. L'opposition est formée dans le délai d'un mois à compter de la signification de l'arrêt ; elle est présentée dans les formes prescrites aux articles 32 et 33 du présent règlement.
10. Après la signification de l'opposition, le Président fixe à l'autre partie un délai pour la présentation de ses observations écrites.
11. La procédure est poursuivie selon les dispositions de l'article 40 du présent règlement.
12. La Cour statue par voie d'arrêt non susceptible d'opposition. La minute de cet arrêt est annexée à la minute de l'arrêt par défaut.
13. Mention de l'arrêt rendu sur l'opposition est faite en marge de la minute de l'arrêt par défaut.

CHAPITRE V : DES VOIES DE RECOURS EXTRAORDINAIRES

Section première : de la Tierce opposition

Article 91

1. Les dispositions des articles 32 et 33 du présent règlement sont applicables à la demande en tierce opposition ; celle-ci doit en outre :
a) spécifier l'arrêt attaqué ;
b) indiquer en quoi l'arrêt attaqué porte préjudice à aux droits du tiers opposant ;
c) indiquer les raisons pour lesquelles le tiers opposant n'a pu participer au litige principal.
2. La demande est formée contre toutes les parties au litige principal.
3. Si l'arrêt a été publié *au Journal Officiel de la Communauté*, la demande est présentée dans les deux mois qui suivent la publication.
4. Le sursis à l'exécution de l'arrêt attaqué peut être ordonné à la demande du tiers opposant.
5. Les dispositions du titre troisième, chapitre premier, du présent règlement sont applicables.
6. L'arrêt attaqué est modifié dans la mesure où il est fait droit à la tierce opposition.
7. La minute de l'arrêt rendu sur tierce opposition est annexée à la minute de l'arrêt attaqué. Mention de l'arrêt rendu sut tierce opposition est faite en marge de la minute de l'arrêt attaqué.

Section 2 : De la révision

Article 92

La révision est demandée au plus tard dans un délai de trois mois à compter du jour où le demandeur a eu connaissance du fait sur lequel la demande en révision est basée.

Article 93

1. Les dispositions des articles 32 et 33 du présent règlement sont applicables à la demande en révision.
2. Celle-ci doit en outre :
a) spécifier l'arrêt attaqué ;
b) indiquer les points sur lesquels l'arrêt est attaqué ;
c) articuler les faits sur lesquels la demande est basée ;
d) indiquer les moyens de preuve tendant à démontrer qu'il existe des faits justifiant la révision et à établir que le délai prévu à l'article précédent a été respecté.
3. La demande en révision est formée contre toutes les parties à l'arrêt dont la révision est demandée.

Article 94

1. Sans préjuger le fond, la Cour statue au vu des observations écrites des parties, par voie d'arrêt rendu en chambre du conseil sur la recevabilité de la demande.
2. Si la Cour déclare la demande recevable, elle poursuit l'examen au fond et statue par voie d'arrêt, conformément aux dispositions du présent règlement.
3. La minute de l'arrêt portant révision est annexée à la minute de l'arrêt révisé. Mention de l'arrêt portant révision est faite en marge de la minute de l'arrêt révisé.

CHAPITRE VI : DE L'INTERPRÉTATION DES ARRÊTS

Article 95

1. La demande en interprétation telle que prévue par l'art 23 du Protocole est présentée conformément aux dispositions des articles 32 et 33 du présent règlement. Elle spécifie en outre
a) l'arrêt visé ;
b) les textes dont l'interprétation est demandée.
2. Elle est formée contre toutes les parties en cause à cet arrêt.
3. La Cour statue par voie d'arrêt après avoir mis les parties en demeure de présenter leurs observations.
4. La minute de l'arrêt interprétatif est annexée à la minute de l'arrêt interprété.
5. Mention de l'arrêt interprétatif est faite en marge de la minute de l'arrêt interprété.

CHAPITRE VII : DES AVIS CONSULTATIFS

Article 96

1. Toute demande d'avis présentée conformément à l'art 10 du Protocole est signifiée au Greffier en Chef qui en saisit immédiatement les États Membres, en leur notifiant le délai fixé par le Président pour réception de leurs observations écrites ou pour l'audition de leurs déclarations orales.
2. La demande de l'avis consultatif prévu à l'alinéa 1 de l'art 10 du protocole est présentée sous forme écrite. La demande contient des mémoires au sujet desquelles un avis consultatif est sollicité.
3. La demande contient une présentation de la question sur laquelle porte l'avis consultatif sollicité.
4. Les mémoires sont accompagnées de tout document susceptible d'apporter des éclaircissements sur la question.
5. La Cour donne son avis consultatif en séance publique.
6. La Cour est régie, dans l'exercice de ses fonctions consultatives, par des dispositions du Protocole qui s'appliquent aux affaires contentieuses lorsqu'elle les estime applicables.

Article 97

1. Dès la présentation de la demande d'avis préalable visée à l'article précédent, le président désigne un Juge Rapporteur.
2. La Cour délibère en chambre de conseil après avoir entendu le juge rapporteur.
3. L'avis est rendu conformément aux dispositions de l'art 10 du protocole.
4. L'avis signé par le Président, les juges ayant pris part aux délibérations et par le Greffier en Chef est signifié à l'institution concernée.

TITRE IV : DES DISPOSITIONS DIVERSES

Article 98

Le Président enjoint aux personnes appelées à prêter serment devant la Cour en qualité de témoins ou d'experts de dire la vérité ou de remplir leur mission en toute conscience et en toute impartialité, et attire leur attention sur les conséquences pénales prévues par leur législation nationale en cas de violation de ce devoir.

Article 99

Sous réserve de l'application des dispositions du Protocole, la Cour, après consultation des gouvernements intéressés, établit, en ce qui la concerne, un règlement additionnel énonçant les règles relatives :

a) aux commissions rogatoires ;

b) à la dénonciation par la Cour des violations des serments des témoins et des experts.

Article 100

La Cour peut édicter des instructions pratiques relatives notamment à la préparation et au déroulement des audiences devant elle ainsi qu'au dépôt de mémoires ou d'observations écrites.

Article 101

Le présent Règlement, authentique dans les langues visées à l'art 87 du Traité est publié au *Journal Officiel de la Communauté* et entre en vigueur dès sa publication.

Cour de Justice de la Communauté, CEDEAO

Protocole additionnel (A/SP.1/01/05) portant amendement du Protocole (A/P1/7/91) relatif à la Cour de Justice de la Communauté
19 janvier 2005

Janvier 2005, réimprimé 2009

Communauté Économique des États de l'Afrique de l'OUEST (CEDEAO)

Publié par la

Cour de Justice de la Communauté. CEDEAO
No. 10 Dar Es Salaam Crescent,
Off Aminu Kano Crescent,
Wuse2,Abuja
NIGERIA
Tel : (234)(9) 5240781
(234)(9) 6708210
Website : ***www. courtecowas.org***

LES HAUTES PARTIES CONTRACTANTES

Article 1 :
Les Références au Traité du 28 Mai 1975 dans le Protocole relatif à la Cour de Justice de la Communauté sont à présent conformes à celles du Traité Révisé de 1993.

Article 2 :
Amendement de l'Article 4(1) de la version anglaise du Protocole de la Cour de Justice de la Communauté pour le rendre conforme à celui de la version française.

Article 3 :
Remplacement de l' Article 9 du Protocole relatif à la Cour de Justice de la Communauté.

Article 4 :
Introduction de l'Article 10 dans le Protocole Relatif à la Cour de Justice de la Communauté

Article 5 :
Renumérotation des anciens articles 10 à 22.

Article 6 :
Introduction dans le Protocole relatif à la Cour d'une nouvelle disposition qui devient l'Article 24.

Article 7 :
Renumérotation des anciens articles 23 à 33.

Article 8 :
Remplacement de l'Article 30 du Protocole relatif à la Cour de Justice de la Communauté.

Article 9 :
Remplacement de l' Article 31 du Protocole Relatif à la Cour.

Article 10 :

Article 11 :
Entrée en vigueur.

Article 12 : 14
Autorité dépositaire.

Protocole additionnel (A/SP.1/01/05) portant amendement du préambule, des articles 1er, 2, 9, 22 et 30 du Protocole A/P1/7/91 relatif à la Cour de Justice de la Communauté, ainsi que de l'article 4 paragraphe 1 de la version anglaise dudit Protocole

LES HAUTES PARTIES CONTRACTANTES,

• VU les articles 7, 8 et 9 du Traité portant création de la Conférence des Chefs d'État et de Gouvernement et définissant sa composition et ses fonctions ;

• VU l'article 33 du Protocole A/P1/7/91 portant amendement du Protocole relatif à la Cour de Justice de la Communauté ;

• VU le Règlement Intérieur de la Cour du Justice de la Communauté ;

• VU le Règlement C/REG 15/01/03 du 23 janvier 2003 tel qu'amendé par le Règlement C/REG.5/6/03 du 27 juin 2003 et portant création d'un comité ministériel ad hoc sur l'harmonisation des textes législatifs de la Communauté et notamment l'article 2 qui a défini les termes de référence dudit comité ;

• CONSIDÉRANT que les références aux articles du Traité qui ont été faites dans le Protocole relatif à la Cour de Justice de la Communauté sont celles du Traité du 28 mai 1975 et qu'en conséquence, il est nécessaire d'harmoniser lesdites références avec les articles du Traité Révisé adopté le 24 juillet 1993 et actuellement en vigueur ;

• CONSIDÉRANT la nécessité d'aligner la version anglaise de l'article 4 paragraphe 1 du Protocole relatif à la Cour de Justice de la Communauté sur la version française de ce même texte pour rendre ces deux dispositions concordantes ;

• CONSCIENTES du rôle de la Cour de Justice dans l'élimination des obstacles à la réalisation des objectifs de la Communauté et l'accélération du processus d'intégration ;

• CONVAINCUES de la nécessité de doter la Cour de Justice de la Communauté, de pouvoirs lui permettant d'exercer le contrôle sur l'exécution des engagements des États membres ;

• DÉSIREUSES de faciliter la mission de la Cour à cet égard, au moyen de l'extension de ses compétences ;

• ÉGALEMENT DÉSIREUSES de prendre toutes autres mesures qui favorisent le bon fonctionnement de la Cour et garantissent l'exécution de ses décisions ;

• CONSIDÉRANT le Rapport de la cinquante-deuxième session du Conseil des Ministres qui s'est tenue à Abuja les 16 et 17 juillet 2004, sur l'examen du projet de Protocole portant amendement du préambule, des articles 1er, 2, 9, 22 et 30 du Protocole A/P1/7/91 relatif à la Cour de Justice de la Communauté, ainsi que de l'article 4 paragraphe 1 de la version anglaise dudit Protocole.

CONVIENNENT DE CE QUI SUIT :

Article 1er
Les Références au Traité du 28 Mai 1975 dans le Protocole relatif à la Cour de Justice de la Communauté sont à présent conformes à celles du Traité Révisé de 1993.

Toutes les références aux articles du Traité du 28 mai 1975 qui sont faites dans le Protocole relatif à la Cour de Justice de la Communauté sont abrogées et sont remplacées comme suit, par des références au Traité Révisé de la CEDEAO adopté le 24 juillet 1993 :

a) Dans le préambule, les références aux articles 4(1), 5, 11 et 56 du Traité sont remplacées respectivement par les articles 6, 7, 15, et 76(2) du Traité Révisé ;

b) À l'article 1er, les références aux articles 1 , 5, 6, 8(1), 8(2), et 11 du Traité sont remplacées respectivement par les articles 2, 7, 10, 17(1),17(2), et 15 du Traité Révisé ;

c) À l'article 2, la référence à l'article 11 du Traité est remplacée par l'article 15 du Traité Révisé ;

d) À l'article 9, la référence à l'article 56 du Traité est remplacée par l'article 76(2) du Traité Révisé.

Article 2 :
Amendement de l'Article 4 (1) de la version anglaise du Protocole de la Cour de Justice de la Communauté pour le rendre conforme à celui de la version française.
L'article 4 paragraphe 1 de la version anglaise du Protocole relatif à la Cour de Justice de la Communauté est amendé comme suit :
« Article 4 : Mandat des membres de la Cour
Les membres de la Cour sont nommés pour une période de cinq (5) ans. Leur mandat ne peut être renouvelé qu'une seule fois pour une autre période de cinq (5) ans seulement. Toutefois, pour les membres de la Cour nommés pour la première fois, le mandat de trois (3) membres expire au bout de trois (3) ans et celui des quatre (4) autres membres au bout de cinq (5) ans ».

Article 3 :
Remplacement de l'Article 9 du Protocole relatif à la Cour de Justice de la Communauté
L'article 9 du Protocole relatif à la Cour de Justice de la Communauté est abrogé et remplacé par les nouvelles dispositions qui suivent :

Article 9 : Compétence de la Cour
1. La Cour a compétence sur tous les différends qui lui sont soumis et qui ont pour objet :
a) l'interprétation et l'application du Traité, des Conventions et Protocoles de la Communauté ;
b) l'interprétation et l'application des règlements, des directives, des décisions et de tous autres instruments juridiques subsidiaires adoptés dans le cadre de la CEDEAO ;
c) l'appréciation de légalité des règlements, des directives, des décisions et de tous autres instruments juridiques subsidiaires adoptés dans le cadre de la CEDEAO ;
d) l'examen des manquements des États membres aux obligations qui leur incombent en vertu du Traité, des Conventions et Protocoles des Règlements, des décisions et des directives ;
e) l'application des dispositions du Traité, des Conventions et Protocoles, des règlements, des directives ou des décisions de la CEDEAO ;
f) l'examen des litiges entre la Communauté et ses agents ;
g) les actions en réparation des dommages causés par une institution de la Communauté ou un agent de celle-ci pour tout acte commis ou toute omission dans l'exercice de ses fonctions.
2. La Cour est compétente pour déclarer engagée la responsabilité non contractuelle et condamner la Communauté à la réparation du préjudice causé, soit par des agissements matériels, soit par des actes normatifs des Institutions de la Communauté ou de ses agents dans l'exercice ou à l'occasion de l'exercice de leurs fonctions.

3. L'action en responsabilité contre la Communauté ou celle de la Communauté contre des tiers ou ses agents se prescrivent par trois (3) ans à compter de la réalisation des dommages.
4. La Cour est compétente pour connaître des cas de violation des droits de l'homme dans tout État membre.
5. En attendant la mise en place du Tribunal Arbitral, prévu par l'Article 16 du Traité Révisé, la Cour remplit également des fonctions d'arbitre.
6. La Cour peut avoir compétence sur toutes les questions prévues dans tout accord que les États membres pourraient conclure entre eux, ou avec la CEDEAO et qui lui donne compétence.
7. La Cour a toutes les compétences que les dispositions du présent Protocole lui confèrent ainsi que toutes autres compétences que pourraient lui confier des Protocoles et Décisions ultérieures de la Communauté.
8. La Conférence des Chefs d'État et de Gouvernement a le pouvoir de saisir la Cour pour connaître des litiges autres que ceux visés dans le présent article.

Article 4 :
Introduction de l'Article 10 dans le Protocole relatif à la Cour de Justice de la Communauté
Le Protocole relatif à la Cour de Justice de la Communauté est amendé comme suit, avec l'introduction d'un nouvel Article 10.
« Article 10 : Saisine de la Cour :
Peuvent saisir la Cour :
a) tout État membre et, à moins que le Protocole n'en dispose autrement, le Secrétaire Exécutif, pour le recours en manquement aux obligations des États membres ;
b) tout État membre, le Conseil des Ministres et le Secrétaire Exécutif pour les recours en appréciation de la légalité d'une action par rapport aux textes de la Communauté ;
c) toute personne physique ou morale pour les recours en appréciation de la légalité centre tout acte de la Communauté lui faisant grief ;
d) toute personne victime de violations des droits de l'homme ; la demande soumise à cet effet :
i) ne sera pas anonyme ;
ii) ne sera pas portée devant la Cour de Justice de la Communauté lorsqu'elle a déjà été portée devant une autre Cour internationale compétente ;
e) tout membre du personnel des institutions de la Communauté après épuisement sans succès des recours prévus par le Statut et le Règlement du personnel de la Communauté ;
f) les juridictions nationales ou les parties concernées, lorsque la Cour doit statuer à titre préjudiciel sur l'interprétation du Traité, des Protocoles et Règlements ; les juridictions nationales peuvent décider elles-mêmes, ou à la

demande d'une des parties au différend, de porter la question devant la Cour de Justice de la Communauté pour interprétation.

Article 5 :
Renumérotation des anciens articles 10 à 22
Les anciens articles 10, 11, 12, 13, 14, 15, 16, 17,18, 19, 20, 21 et 22 sont renumérotés et deviennent respectivement les articles 11, 12, 13, 14, 15, 16, 17, 18, 19, 20, 21, 22 et 23.

Article 6 :
Introduction dans le Protocole relatif à la Cour d'une nouvelle disposition qui devient l'Article 24.
Le Protocole de la Cour de Justice est amendé avec introduction d'une nouvelle disposition qui devient l'Article 24, et qui est libellé comme suit :
« **Article 24 : Voies d'exécution des Arrêts de la Cour**
1. Les Arrêts de la Cour qui comportent à la charge des personnes ou des États, une obligation pécuniaire, constituent un titre exécutoire.
2. L'exécution forcée, qui sera soumise par le Greffier du Tribunal de l'État membre concerné, est régie par les règles de procédure civile en vigueur dans ledit État membre.
3. La formule exécutoire est apposée, sans autre contrôle que celui de la vérification de l'authenticité du titre, par l'autorité nationale que le Gouvernement de chacun des États membres désignera à cet effet.
4. Les États membres désigneront l'autorité nationale compétente pour recevoir ou exécuter la décision de la Cour et notifieront cette désignation à la Cour.
5. L'exécution forcée ne peut être suspendue qu'en vertu d'une décision de la Cour de Justice de la Communauté ».

Article 7 :
Renumérotation des anciens articles 23 à 33.
Les anciens articles 23, 24, 25, 26, 27, 28, 29, 30, 31, 32 et 33 sont renumérotés et deviennent respectivement les articles 25, 26, 27, 28, 29, 30, 31, 32, 33, 34 et 35.

Article 8 :
Remplacement de l'Article 30 du Protocole relatif à la Cour de Justice de la Communauté.
Le Protocole relatif à la Cour de Justice de la Communauté est amendé par le remplacement de l'Article 30 comme suit :
« **Article 30 : Budget de la Cour**
Le budget de la Cour de Justice de la Communauté est exécuté conformément aux dispositions pertinentes du Traité Révisé ».

Article 9 :
Remplacement de l'Article 31 du Protocole relatif à la Cour
Le Protocole relatif à la Cour de Justice est amendé par le remplacement de l' article 31 comme suit :

« **Article 31 : Langues de travail**
Les langues de travail de la Cour de Justice de la Communauté sont le Français, l'Anglais, et le Portugais ».

Article 10 :
Les dispositions du présent Protocole Additionnel abrogent toutes autres dispositions antérieures contraires.

Article 11 :
Entrée en vigueur
1. Le présent Protocole Additionnel entre en vigueur à titre provisoire dès sa signature par les Chefs d'État et de Gouvernement. En conséquence, les États membres signataires et la CEDEAO s'engagent à commencer la mise en œuvre de ses dispositions.
2. Le présent Protocole entrera définitivement en vigueur dès sa ratification par au moins neuf (9) États signataires, conformément aux règles constitutionnelles de chaque État membre.

Article 12 :
Autorité dépositaire
Le présent Protocole Additionnel et tous les instruments de ratification seront déposés auprès du Secrétariat Exécutif qui transmettra des copies certifiées conformes du présent Protocole additionnel à tous les États membres, leur notifiera les dates de dépôt des instruments de ratification, et enregistrera le présent Protocole additionnel auprès de l'Union Africaine, de l'Organisation des Nations Unies et auprès de toutes organisations que le Conseil peut déterminer.

EN FOI DE QUOI, NOUS, CHEFS D'ÉTAT ET DE GOUVERNEMENT DE LA COMMUNAUTÉ ÉCONOMIQUE DES ÉTATS DE L'AFRIQUE DE L'OUEST, AVONS SIGNÉ LE PRÉSENT PROTOCOLE ADDITIONNEL.

FAIT À ACCRA,
LE 19 JANVIER 2005.

EN UN SEUL ORIGINAL EN ANGLAIS, EN FRANÇAIS ET EN PORTUGAIS, LES TROIS (3) TEXTES FAISANT ÉGALEMENT FOI.

S. E. Mathieu KEREKOU
Président de la République du BÉNIN

S. E. Blaise COMPAORÉ
Président du FASO, Président du Conseil des Ministres

S. E. Jose Maria Pereira NEVES
Premier Ministre et Chef du Gouvernement de la République du CAP VERT.

S. E. Laurent GBAGBO
Président de la République de CÔTE D'IVOIRE

S. E. Yahya A. J. J. JAMMEH
Président de la République de la GAMBIE

S. E. John Agyekum KUFUOR
Président de la République du GHANA

S. E. Cellou DALEIN DIALLO
Premier Ministre, représentant le Président de la République de GUINÉE

S. E. Henrique Perreira ROSA
Président de la République de GUINÉE-BISSAU

S. E. Gyude BRYANT
Président du Gouvernement National de Transition du LIBERIA

S. E. Amadou Toumani TOURÉ
Président de la République du MALI

S. E. Mamadou TANDJA
Président de la République du NIGER

S. E. Olusegun OBASANJO
Président et Commander-en-Chef des Forces Armées de la République Fédérale du NIGERIA

S. E. Abdoulaye WADE
Président de la République du SÉNÉGAL

S. E. Solomon E. BEREWA
Vice-Président de la République de SIERRA LEONE, représentant le Président de la République de SIERRA LEONE

S. E. Koffi SAMA
Premier Ministre du TOGO, représentant le Président de la République TOGOLAISE

Communauté économique des États de l'Afrique de l'Ouest

Instructions au greffier en chef et instructions pratiques

Cour de Justice de la Communauté, CEDEAO

Abuja, 2012
ABUJA, NIGERIA
Dar Es Salaam Crescent,
Off Aminu Kano Crescent
Wuse Zone II,
Abuja, NIGERIA
website : www.courtecowas.org
email : registry@courtecowas.org

TABLE DES MATIÈRES

INTRODUCTION

Pour le bon déroulement de la procédure dans toutes les affaires dont est saisie la Cour, il est nécessaire que des instructions pratiques soient adressées au Greffe, aux Agents et Avocats représentant les parties devant la Cour, concernant la procédure et relativement au règlement de la Cour. Il y a lieu de formuler des instructions pratiques à l'intention du Greffier en chef conformément au règlement de la Cour aux fins d'une bonne organisation des instances devant la Cour.

En effet, les présentes instructions reprennent, expliquent et complètent certaines dispositions du Règlement de procédure de la Cour et doivent permettre non seulement au Greffe mais également aux Agents, Conseils et Conseillers représentant les parties de prendre en compte les contraintes suivant lesquelles la Cour opère et particulièrement par rapport à la gestion électronique des actes de procédure et des nécessités de traduction et d'interprétation.

En vertu du Règlement de procédure de la Cour et des Instructions au Greffier en Chef, ce dernier est responsable des dossiers et documents de procédure ; il veille à leur conformité avec les dispositions du Règlement de procédure, il aide la Cour et les cabinets des Juges, en particulier dans la programmation des audiences. Dans l'exercice de ses fonctions, le Greffier en Chef s'assure du respect par les Agents et Avocats des présentes instructions pratiques et, le cas échéant, de la régularisation des pièces non conformes aux règles prescrites en invitant les Agents ou Avocats concernés à s'y conformer.

La Cour a jugé nécessaire de fixer les heures officielles d'ouverture du Greffe, indiquant ainsi la période durant laquelle le public, les justiciables, les Avocats, Conseillers et Agents peuvent déposer, traiter des actes de procédure et échanger sur toute autre question y relative.

INSTRUCTIONS AU GREFFIER EN CHEF

PREMIÈRE SECTION : LE GREFFE

Article 1

Le Greffe de la Cour est ouvert au public du lundi au vendredi de 9 heures à 17 heures sauf les jours fériés de la CEDEAO et les jours déclarés jours fériés publics par les autorités du pays où la Cour siège.

Article 2

1. Le Greffier en Chef est responsable de la bonne tenue des dossiers.
2. Le Greffier en Chef exécute avec diligence les tâches qui lui sont assignées par le Juge rapporteur.
3. Une fois la procédure écrite terminée et la date d'audience de la procédure orale fixée, le Greffier en Chef avise les parties dans un délai de quinze jours.

Article 3

1. Le Greffier en Chef s'assure que les significations, notifications et communications sont effectuées conformément à l'article 74 du Règlement de procédure de la Cour. Les services postaux comprennent tout service de courrier enregistré comme tel sur le lieu du siège de la Cour.

2. Si des documents très volumineux sont déposés en un seul exemplaire au Greffe, le Greffier en Chef, après consultation avec le Juge rapporteur, informe les parties par les moyens les plus appropriés, qu'elles peuvent en prendre connaissance au Greffe.

Article 4

1. Pour toutes les pièces de procédure déposées au Greffe, le Greffier en Chef délivre un accusé de dépôt à la demande de l'une des parties.
2. Si l'une quelconque des parties ne dépose pas ses pièces de procédure dans le délai prévu par le Règlement de procédure, le Greffier en Chef établit une attestation de non-dépôt de pièce de procédure et la transmet au Juge rapporteur.

Article 5

Avant chaque audience publique de la Cour, le Greffier en Chef établit et signe, dans la langue de procédure, un rôle d'audience. Ce rôle d'audience comprend :

- la date, l'heure et le lieu de l'audience ;
- l'indication des affaires qui seront appelées ;
- les noms des parties ;
- les noms et qualités des Agents, Conseillers et Avocats des parties.

Le rôle d'audience est affiché à l'entrée de la salle d'audience.

Article 6

Le Greffier en Chef, sur instructions du Président de la Cour, établit une liste d'experts.

DEUXIÈME SECTION : TRADUCTION DES DOCUMENTS PAR LA DIVISION DES SERVICES LINGUISTIQUES DE LA COUR

Article 7

Dès réception des requêtes et autres documents nécessitant traduction, le Greffier en Chef les soumet à la Division des services linguistiques de la Cour pour traduction dans un délai d'une semaine.

Article 8

En vue d'assurer l'exactitude des traductions des pièces de procédures, le service de traduction de la Cour peut traduire des documents qui seront utilisés pendant la procédure judiciaire moyennant paiement de frais à la Cour.

Article 9

Lorsqu'une institution n'assure pas la traduction de ses pièces de procédure comme requis par l'article 32(2) du Règlement, la traduction peut être faite par le service de traduction de la Cour mais moyennant le paiement, avant la traduction, de frais par l'Institution concernée.

Article 10

1. Lorsque l'une des parties a une traduction intégrale ou partielle de ses propres pièces de procédures, ou de celles de l'autre partie, dans la langue de procédure, cette traduction doit être transmise au Greffe de la Cour. Il en est de même pour les annexes.

2. Ces traductions seront examinées et certifiées par le service de traduction de la Cour et seront par la suite communiquées à l'autre partie. Si une traduction n'est pas certifiée, elle est rejetée, le Greffier en Chef notifie la partie concernée et partant, fait application de l'article 8 ou de l'article 9 selon le cas.

TROISIÈME SECTION : FRAIS DE DÉPÔT ET FRAIS DE JUSTICE

Article 11

1. Seuls les frais mentionnés dans le Règlement de la Cour ou dans le présent document peuvent être perçus.

2. Le paiement des droits de greffe est effectué en espèces à la caisse de la Cour ou par virement au compte spécial de la Cour auprès de la banque indiquée sur l'avis de paiement.

Article 12

Le coût des traductions est fixé ci-dessous, et/ou il peut être modifié au besoin par la Cour :

a. Requête introductive d'instance et autres documents 500 Nairas/page.

b. Traduction des annexes 600 Nairas/page.

Article 13

Le dépôt de toutes les requêtes, des conclusions, des mémoires et autres écritures de motifs relatifs à toute procédure devant la Cour est gratuit, exception faite des copies et de la certification qui sont payantes au taux uniforme de 200 Nairas par page.

Article 14

1. En cas de demande de remboursement de frais pour l'exécution de commissions rogatoires émises par la Cour, de sa propre initiative, lesdits frais sont réclamés par courrier recommandé, ou tout autre moyen approprié, rédigé et signé par le demandeur et adressé au Greffier en Chef.

2. Lorsqu'une commission rogatoire est émise à la demande d'une partie, l'intégralité du paiement des frais sera à la charge de cette partie et le paiement d'une avance à déterminer par le Greffier en Chef lui est demandé.

QUATRIÈME SECTION : PUBLICATIONS

Article 15

1. Le Greffier en Chef, assisté de Greffiers, est responsable des publications de la Cour.

2. Sont publiés dans les langues visées à l'alinéa 2 de l'article 87 du Traité Révisé, un recueil de jurisprudence de la Cour comprenant, sauf décision contraire, les Arrêts, les Décisions avant dire droit, les Avis Consultatifs de la Cour et autres.

Article 16

Le Greffier en Chef veille à la publication dans le Journal Officiel de la Communauté, des avis d'enregistrement de requêtes introductives d'instance. L'avis comprend :

a. la date de l'inscription de la requête introductive d'instance ;
b. les nom et domicile des parties ;
c. l'objet du litige ;
d. les conclusions de la requête ;
e. un résumé des moyens et des principaux arguments invoqués.

INSTRUCTIONS PRATIQUES

ARTICLE 100 DU RÈGLEMENT DE LA COUR

PREMIÈRE SECTION : L'UTILISATION DE MOYENS TECHNIQUES DE COMMUNICATION

Article 1

1. Conformément aux articles 32(6), 33(3) et 74(3) du Règlement, la transmission au Greffe de la copie de l'original signé d'un acte de procédure peut être faite :
Soit par télécopieur au numéro : ....
Soit en annexe à un courrier électronique : *registry@courtecowas.org*
2. En cas de transmission par courrier électronique, seule une copie scannée de l'original signé est acceptée. Un simple fichier électronique ou un fichier portant une signature électronique ou un facsimilé de signature établi par ordinateur ne remplit pas les conditions des articles 32(2) et 33(3) du Règlement de la Cour.
3. Le document doit être scanné avec une résolution de 300 DPI et, dans la mesure du possible, présenté au format PDF (image plus texte)

Article 2

1. Le dépôt d'une pièce par télécopieur ou courrier électronique équivaut au respect du délai que si l'original signé parvient, lui-même, au greffe au plus tard dans ledit délai imparti tel que visé à l'article 32(6) du Règlement de procédure. L'original signé doit être expédié sans délai, après l'envoi de la copie, sans corrections ni modifications, aussi mineures soient-elles. En cas de divergence entre l'original signé et la copie précédemment déposée, seule la date de dépôt de l'original signé est prise en considération.

2. La déclaration d'une partie contenant son acceptation, conformément à l'article 33(3), du règlement de procédure, à ce que des significations lui soient adressées par télécopieur ou tout autre moyen technique de communication doit comporter l'indication du numéro de télécopieur et/ou l'adresse électronique où des significations peuvent être adressées par le Greffe.

DEUXIÈME SECTION : PRÉSENTATION DES REQUÊTES

Article 3

1. Les affaires peuvent être portées devant la Cour par voie de requête adressée au Greffe de la Cour. Cette requête énonce l'objet du litige et les parties impliquées, elle contient également un résumé des faits du litige ainsi que les moyens invoqués par le requérant.
2. Une requête du type de celle évoquée à l'article 11 du Protocole de 1991 doit être conforme aux dispositions de l'article 33 du Règlement de la Cour.

Article 4

Lors de l'établissement des pièces de la procédure écrite, chacune des parties doit garder à l'esprit le fait que ces pièces sont destinées non seulement à répondre aux conclusions et arguments de l'autre partie mais également et avant tout, à présenter clairement ses propres conclusions et arguments.

Article 5

1. Dans le délai d'un mois après avoir reçu signification de la requête, le défendeur dépose un mémoire en défense conforme aux dispositions de l'article 35 du Règlement de procédure.
2. Le délai fixé dans le paragraphe précédent du présent article peut être modifié sur la base d'une demande motivée du défendeur.
3. L'argumentation doit, dans toute la mesure du possible, être structurée en fonction des moyens avancés dans la requête.
4. Le cadre factuel ou juridique n'est repris dans le mémoire en défense que dans la mesure où sa présentation dans la requête est contestée ou exige des précisions. Toute contestation des faits allégués par la partie adverse doit être expresse et indiquer avec précision le fait concerné.

Article 6

Les mémoires en réplique et en duplique ne doivent reprendre le cadre factuel ou juridique que dans la mesure où la présentation dans les mémoires précédents est contestée ou, à titre exceptionnel, exige des précisions. Toute contestation des faits allégués par la partie adverse doit être expresse et indiquer avec précision l'élément de fait ou de droit concerné.

Article 7

1. Le mémoire en intervention ne doit développer que les arguments nouveaux par rapport à ceux dont les parties au principal ont soutenus et ont fait valoir. Il peut se contenter de faire une simple référence aux autres arguments.

2. Le mémoire en intervention ne doit reprendre le cadre factuel ou juridique que dans la mesure où sa présentation dans les mémoires des parties au principal est contestée ou exige des précisions. Toute contestation des faits allégués par la partie adverse doit être expresse.

Article 8

1. L'argumentation juridique soumise à l'examen de la Cour doit figurer dans les mémoires et non dans les annexes.

2. Seules les pièces mentionnées dans le texte d'un mémoire et qui sont nécessaires pour en prouver ou illustrer le contenu doivent être annexées à ce mémoire.

3. La production d'annexes n'est acceptée que si elle est accompagnée d'un bordereau d'annexes (article 32(4) du Règlement de la Cour). Ce bordereau comporte pour chaque pièce annexée :

a. le numéro de l'annexe ;

b. une brève description de l'annexe avec indication de sa nature (par exemple : «lettre» avec indication de la date, de l'auteur, du destinataire et du nombre de pages) ;

c. l'indication de la page du mémoire et du numéro du paragraphe où la pièce est mentionnée et qui justifie sa production.

4. Toute référence à un document produit doit indiquer l'annexe et son numéro tel que résultant du bordereau sur lequel il figure et le mémoire auquel il est annexé.

Article 9

1. Dans l'intérêt d'une rédaction rapide des actes de procédure, il est conseillé de tenir compte des éléments suivants :

a. La requête est examinée sur la base des actes de procédure, et pour faciliter cet examen, les documents doivent être structurés, concis et sans répétition ;

b. pour faciliter la traduction, il est recommandé d'utiliser des phrases courtes et un vocabulaire simple et précis.

2. La requête ne doit pas excéder 15 pages sur papier de format A4, le texte doit être d'une taille d'au moins 12 points, sauf circonstances particulières, selon la nature ou la complexité de l'affaire.

3. Les parties doivent éviter d'introduire de nouveaux documents après la clôture de la procédure écrite.

4. Une partie désirant introduire un nouveau document après la clôture de la procédure écrite doit expliquer pourquoi elle estime nécessaire de soumettre ledit document et ce qui en a empêché la production lors de la phase précédente.

En l'absence de consentement de l'autre partie, la Cour autorisera la production du nouveau document seulement dans des circonstances exceptionnelles, si elle considère que c'est nécessaire et si la production du document à ce stade de la procédure lui semble justifiée.

5. Si un nouveau moyen de droit a été introduit en vertu de l'article 37 du Règlement de la Cour, l'autre partie limitera, dans sa réponse, l'introduction de tout moyen supplémentaire à ce qui est strictement nécessaire et relatif à sa réponse sur ce qui est contenu dans ce nouveau moyen.

Article 10

Une partie qui demande, par acte séparé, conformément à l'article 59(2) du Règlement de procédure, que la Cour statue selon une procédure accélérée, doit motiver brièvement l'urgence particulière de l'affaire. Une telle demande ne doit pas, sauf circonstances particulières, dépasser 5 pages sur papier A4, police de texte d'au moins 12 points. La procédure accélérée étant principalement orale, la partie qui en demande l'application doit limiter son mémoire à un exposé sommaire des moyens invoqués.

Article 11

Les parties demandant des mesures provisoires en vertu de l'article 21 du Protocole de la Cour doivent se conformer à l'article 79 du Règlement et indiquer le fait ou les circonstances établissant l'urgence. La partie doit également démontrer que la mesure sollicitée est appropriée pour sauvegarder une partie de l'affaire au-delà de ce qui est strictement nécessaire à cet effet.

Article 12

1. À l'audience, la durée des plaidoiries est limitée à 30 minutes maximum pour chaque partie. Le temps de parole peut être exceptionnellement prolongé sur demande verbale adressée au Juge Président.
2. La plaidoirie n'a pas pour but de présenter à nouveau le point de vue d'une partie, mais de mettre en lumière les points saillants que l'agent ou l'avocat estime particulièrement importants, notamment les points dont il est fait état dans la demande d'audience. La répétition de ce qui est déjà écrit dans les mémoires doit être évitée ; il suffit, si nécessaire, d'y faire référence lors de la plaidoirie.
3. Les plaidoiries sont très souvent suivies par les Juges et le Juge Rapporteur à travers l'interprétation simultanée. Pour faciliter l'interprétation, il est nécessaire que les Agents et Avocats parlent à un rythme naturel et non forcé, qu'ils utilisent des phrases courtes et de structure simple.
4. Pendant la phase orale, la Cour peut, par rapport à toute question à trancher ou tout point de droit, demander aux parties de produire et échanger des observations écrites ou des conclusions. Après adoption de leurs écritures par les parties, la Cour peut, après avis des parties, décider de ne pas entendre les plaidoiries.

TROISIÈME SECTION : SIGNIFICATION

Article 13

1. Les articles 33(2) et 35(1) du Règlement de la Cour prescrivent aux parties d'indiquer une adresse aux fins de signification des actes au lieu où la

Cour a son siège alors que l'article 74 du Règlement concerne la signification des actes de procédure.
Pour faciliter les significations, tout acte de procédure qui doit être signifié à un État membre ou à une Institution d'un État membre, peut être remis par l'huissier de la Cour au Représentant Diplomatique dudit État membre au lieu où la Cour a son siège. Cette signification est valable et régulière sur preuve de livraison ou d'accusé de réception.
2. En cas de difficultés pour effectuer la signification d'actes de procédure, conformément aux dispositions de l'article 74 de son Règlement, la Cour peut, sur demande de la partie, ordonner que la signification soit faite par d'autres moyens.

FAIT À ABUJA, CE JOUR 04 JUIN 2012
EN UN EXEMPLAIRE UNIQUE, EN LANGUES ANGLAISE, FRANÇAISE ET PORTUGAISE, CHACUN DE CES TEXTES FAISANT ÉGALEMENT FOI,

HONORABLE JUGE AWA NANA DABOYA
Présidente
Cour de Justice de la Communauté, CEDEAO
Abuja – Nigeria

Protocole additionnel 1 relatif aux organes de contrôle de l'UEMOA (1994)

Date : **10-01-1994**
Source : **Union Économique et Monétaire Ouest Africaine**
Référence : **1994 DFZNAOLGUM 2**
URL :
http ://droit.francophonie.org/doc/html/znao/loi/lgum/fr/1994/1994dfznaolgum2.html

Préambule

Les Gouvernements des États signataires du Traité de l'UEMOA,
- Convaincus que la bonne marche de l'Union exige la mise en place d'organes de contrôle appropriés,
- Persuadés de la nécessité d'instituer un mécanisme chargé du contrôle des engagements des États membres de l'Union,
- Conscients de la nécessité de mettre en place un système destiné à rendre plus transparente la gestion financière de l'Union,
Sont convenus de la création, au sein de l'Union, d'une Cour de Justice et d'une Cour de Comptes.

CHAPITRE I : DE LA COUR DE JUSTICE

Article premier : La Cour de Justice veille au respect du droit quant à l'interprétation et à l'application du Traité de l'Union.

Article 2 : La Cour de Justice est composée de membres nommés pour un mandat de six (6) ans renouvelable, par la Conférence des Chefs d'État et de Gouvernement. Les membres de la Cour de Justice sont choisis parmi des personnalités offrant toutes les garanties d'indépendance et de compétence juridique, nécessaires à l'exercice des plus hautes fonctions juridictionnelles [1]
Les membres de la Cour désignent en leur sein pour trois (3) ans le Président de la Cour de Justice.
Ils répartissent entre eux les fonctions de juges et d'avocats généraux.

Article 3 : La Cour de Justice se réunit en tant que de besoin sur convocation de son président. Elle siège en séance plénière. Ses audiences sont publiques.

Article 4 : La Cour de Justice nomme un greffier. Le statut de celui-ci sera déterminé conformément aux dispositions de l'article 21.

[1] Acte additionnel n° 04/97, en date du 23 juin 1997 portant modification de la composition de la Cour de Justice de l'UEMOA (NDLC)

Article 5 : La Cour de Justice connaît, sur recours de la Commission ou de tout État membre, des manquements des États membres aux obligations qui leur incombent en vertu du Traité de l'Union.

Article 6 : Si la Cour de Justice constate qu'un État membre a manqué à une des obligations qui lui incombent en vertu du Traité de l'Union, cet État est tenu de prendre les mesures que comporte l'exécution des arrêts de la Cour. En cas d'abstention de l'État membre dont le manquement a été constaté, la Commission a la faculté de saisir la Conférence des Chefs d'État et de Gouvernement afin qu'elle invite l'État membre défaillant à s'exécuter.

Article 7 : Lorsque le recours en manquement est formé par un État membre, la Cour, avant de statuer, invite la Commission à lui communiquer ses observations.

Article 8 : Sur recours formé par un État membre, par le Conseil ou par la Commission, la Cour de Justice apprécie la légalité des règlements, directives et décisions.
Le recours en appréciation de la légalité est ouvert, en outre, à toute personne physique ou morale, contre tout acte d'un organe de l'Union lui faisant grief.
Les recours prévus au présent article doivent être formés dans un délai de deux (2) mois à compter de la publication de l'acte, de sa notification au requérant ou, à défaut, du jour où celui-ci en a eu connaissance.
Une amende de folle action peut être prononcée par la Cour à l'encontre de toute personne de droit privé, physique ou morale, en cas de recours manifestement abusif ou dilatoire.

Article 9 : Lorsqu'elle est saisie d'un recours en appréciation de légalité, la Cour de Justice prononce la nullité totale ou partielle des actes entachés de vice de forme, d'incompétence, de détournement de pouvoir, de violation du Traité de l'Union ou des actes pris en application de celui-ci.

Article 10 : L'organe de l'Union dont émane l'acte annulé est tenu de prendre les mesures que comporte l'exécution de l'arrêt de la Cour de Justice. Celle-ci a la faculté d'indiquer les effets des actes annulés qui doivent être considérés comme définitifs.

Article 11 : Toute partie peut, à l'occasion d'un litige, soulever l'exception d'illégalité à l'encontre d'un acte du Conseil ou de la Commission, nonobstant l'expiration du délai mentionné à l'article 8 alinéa 3.

Article 12 : La Cour de justice statue à titre préjudiciel sur l'interprétation du Traité de l'Union, sur la légalité et l'interprétation des actes pris par les organes de l'Union, sur la légalité et l'interprétation des statuts des organismes créés par un acte du Conseil, quand une juridiction nationale ou une autorité à fonction juridictionnelle est appelée à en connaître à l'occasion d'un litige.

Les juridictions nationales statuant en dernier ressort sont tenues de saisir la Cour de Justice. La saisine de la Cour de Justice par les autres juridictions nationales ou les autorités à fonction juridictionnelle est facultative.

Article 13 : Les interprétations formulées par la Cour de Justice dans le cadre de la procédure de recours préjudiciel s'imposent à toutes les autorités administratives et juridictionnelles dans l'ensemble des États membres. L'inobservation de ces interprétations peut donner lieu à un recours en manquement.

Article 14 : Si, à la requête de la Commission, la Cour de Justice constate que, dans un État membre. le fonctionnement insuffisant de la procédure de recours préjudiciel permet la mise en œuvre d'interprétations erronées du Traité de l'Union, des actes pris par les organes de l'Union ou des statuts des organismes créés par un acte du Conseil, elle notifie à la juridiction supérieure de l'État membre un arrêt établissant les interprétations exactes. Ces interprétations s'imposent à toutes les autorités administratives et juridictionnelles dans l'État concerné.

Article 15 : Sans préjudice des dispositions prévues à l'article 9 du Traité de l'Union, la Cour de Justice connaît des litiges relatifs à la réparation des dommages causés par les organes de l'Union ou par les agents de celle-ci dans l'exercice de leurs fonctions.

Article 16 : La Cour de Justice connaît des litiges entre l'Union et ses agents.

Article 17 : La Cour de Justice connaît des différends entre États membres relatifs au Traité de l'Union si ces différends lui sont soumis en vertu d'un compromis.

Article 18 : Les recours formés devant la Cour de Justice n'ont pas d'effet suspensif. Toutefois, la Cour de Justice peut ordonner le sursis à exécution des actes contestés devant elle.

Article 19 : Dans les affaires dont elle est saisie, la Cour de Justice peut prescrire les mesures conservatoires nécessaires.

Article 20 : Les arrêts de la Cour de Justice ont force exécutoire, conformément aux dispositions de son règlement de procédures. Ils sont publiés au Bulletin Officiel de l'Union.

Article 21 : Les Statuts de la Cour de Justice sont établis par un acte additionnel de la Conférence des Chefs d'État et de Gouvernement.
La Cour de Justice établit son règlement de procédures. Ce règlement est soumis à l'approbation du Conseil, statuant à l'unanimité. Il est publié au Bulletin Officiel de l'Union.

Article 22 : Les traitements, indemnités et pensions des membres de la Cour sont fixés par le Conseil, statuant à la majorité des deux tiers (2/3) de ses membres

CHAPITRE 2 : DE LA COUR DES COMPTES

Article 23 : La Cour des Comptes assure le contrôle de l'ensemble des comptes des organes de l'Union. Ce contrôle porte notamment sur sa régularité et l'efficacité de l'utilisation de leurs ressources.

Article 24 : La Cour des Comptes est composée de trois (3) Conseillers. Les Conseillers sont nommés pour un mandat de six (6) ans, renouvelable une (1) seule fois, par la Conférence des Chefs d'État et de Gouvernement, parmi des personnalités proposées par le Conseil et offrant toutes les garanties de compétence et d'indépendance requises.

Article 25 : Les Conseillers peuvent se faire assister par des collaborateurs. Ils peuvent recourir dans l'exercice de leurs fonctions à un système d'audit externe.

Article 26 : Les modalités du contrôle devant être exercé par la Cour des Comptes sont arrêtées par le Conseil, statuant à la majorité des deux tiers (2/3) de ses membres sur recommandation des Conseillers.

Acte Additionnel n° 10/96 portant statuts de la Cour de Justice de l'Union économique et monétaire ouest africaine

TITRE I : DISPOSITIONS GÉNÉRALES

Article premier : Aux fins des présents statuts, il faut entendre par :
UEMOA : Union Économique et Monétaire Ouest Africaine.
Cour : Cour de Justice de l'Union Économique et Monétaire Ouest Africaine.
Commission : Commission de l'Union Économique et Monétaire Ouest Africaine.

Article 2 : La Cour de Justice, instituée par le Traité de l'Union Économique et Monétaire Ouest Africaine (UEMOA) et le Protocole Additionnel n°1, exerce ses fonctions conformément aux dispositions des textes susvisés et des présents statuts.

Article 3 : Le siège de la Cour est fixé à Ouagadougou. La Cour peut toutefois, en cas de nécessité impérieuse, siéger et exercer ses fonctions en tout autre lieu du territoire abritant le siège ou dans celui d'un État membre de l'UEMOA.

TITRE II : DU STATUT DES MEMBRES DE LA COUR

Article 4 : La Cour de Justice est composée de membres nommés pour un mandat de six (6) ans, renouvelable, par la Conférence des Chefs d'État et de Gouvernement. Ils portent à l'audience un costume dont les caractéristiques sont déterminées par un règlement d'application des présents statuts.

Article 5 : Les membres de la Cour sont choisis parmi des personnalités offrant toutes les garanties d'indépendance et de compétence juridique nécessaires à l'exercice des plus hautes fonctions juridictionnelles.

Article 6 : Avant d'entrer en fonction, les membres de la Cour prêtent serment en audience publique devant la Cour en ces termes : « *Je jure solennellement d'exercer mes fonctions de membre de la Cour de Justice de l'Union Économique et Monétaire Ouest Africaine, en toute indépendance et impartialité de façon digne et loyale et de garder le secret des délibérations* ».
Procès-verbal est dressé de la prestation de serment.

Article 7 : Les membres de la Cour désignent, en leur sein pour trois ans, le Président de la Cour. Le Président désigné est solennellement installé. Les membres de la Cour se répartissent entre eux les fonctions de juges, de premier avocat général et d'avocats généraux.

Article 8 : Les membres de la Cour jouissent de l'immunité de juridiction. Ils continuent à bénéficier de cette immunité, même après la cessation de leurs fonctions, pour les actes accomplis et les paroles prononcées par eux dans l'exercice de leurs fonctions. La Cour siégeant en assemblée plénière peut lever l'immunité d'un de ses membres. Au cas où l'immunité a été levée, et une action pénale engagée contre le mis en cause, celui-ci n'est justiciable dans chacun des États membres de l'UEMOA, que de la juridiction compétente pour juger les magistrats appartenant à la plus haute fonction juridictionnelle nationale.

Article 9 : Les membres de la Cour ne peuvent exercer aucune fonction politique, administrative ou juridictionnelle, ou se livrer à une autre occupation incompatibles avec l'indépendance et l'impartialité attachées à leurs fonctions.
II peut y être dérogé par décision de la Cour, le membre concerné ne prenant pas part aux délibérations.
En cas de doute, la Cour statue sur requête d'un État membre ou d'un organe de l'Union.

Article 10 : Les membres de la Cour résident au siège de la juridiction.
Toutefois, à titre transitoire et à l'exception du Président, ils peuvent, pendant une période de trois ans, résider dans l'État dont ils sont ressortissants.

Article 11 : En dehors des renouvellements réguliers, de relève et de décès, les fonctions de membres de la Cour prennent fin individuellement par démission.
En cas de démission d'un membre de la Cour, la lettre de démission est adressée au Président de la Cour pour être transmise au Président du Conseil des Ministres de l'UEMOA. Cette dernière notification emporte vacance de siège. Toutefois, le membre démissionnaire continue à siéger jusqu'à l'entrée en fonction de son successeur, si sa présence ne nuit pas au bon fonctionnement de la Cour.

Article 12 : Un membre de la Cour ne peut être relevé, de ses fonctions, ni déclaré déchu de ses droits à traitements, indemnités, pensions, que si en Assemblée Générale, la Cour constate qu'il ne répond plus aux conditions requises ou ne satisfait plus aux obligations découlant de sa charge. L'intéressé est entendu en ses explications orales ou écrites mais ne participe pas aux délibérations.
Il peut être assisté par l'un de ses pairs ou par un conseil.
L'Assemblée se déroule hors de la présence du Greffier. Le secrétariat est assuré par un membre de la Cour désigné par le Président de la Cour.
La décision de relève d'un membre de la Cour lui est notifiée par le Président de la Cour.
La notification emporte vacance de siège. Le Président de la Cour informe par écrit le Président du Conseil des Ministres de l'UEMOA de la décision de relève.

Article 13 : Le membre de la Cour dont la fonction prend fin avant l'expiration de son mandat est remplacé pour la durée du mandat restant à courir.

TITRE III : DE L'ORGANISATION DE LA COUR

Article 14 : La Cour est une juridiction permanente.

Article 15 : La Cour exerce ses fonctions :
-en Assemblée Plénière
-en Chambre du Conseil
-en Assemblée générale consultative
-en Assemblée intérieure.

Article 16 : L'Assemblée Plénière est une formation contentieuse composée de l'ensemble des juges en présence d'un avocat général. Elle est la formation ordinaire de la Cour.
La Cour siégeant en Assemblée Plénière, ne peut délibérer valablement qu'en nombre impair et avec un minimum de trois juges.
La Cour siège en Chambre du Conseil avec le même nombre de juges qu'en Assemblée Plénière lorsque la cause soumise est de nature à compromettre l'ordre public, la tranquillité publique et la sécurité publique.
L'Assemblée Générale Consultative comprend l'ensemble des membres de la Cour, le secrétariat étant assuré par le Greffier. Dans cette formation, la Cour sur rapport d'un membre désigné par le Président émet des avis, des recommandations, lorsqu'elle est saisie par un organe compétent de l'UEMOA.
L'Assemblée Intérieure est composée de l'ensemble des membres de la Cour auxquels peuvent être joints des membres du personnel ou leurs représentants. Elle se réunit sur convocation du Président et se prononce sur le règlement administratif de la Cour ainsi que sur les modalités d'application de ses règlements généraux et de sa discipline.

Article 17 : La Cour fixe la date et la durée des vacances judiciaires ainsi que les modalités de son fonctionnement pendant cette période.

Article 18 : Les membres de la Cour ne peuvent participer au règlement d'aucune affaire dans laquelle ils sont antérieurement intervenus comme agent, conseil ou avocat de l'une des parties, ou sur laquelle, ils ont été appelés à se prononcer comme membre d'une juridiction, d'une commission d'enquête ou à tout autre titre.
Si pour une raison spéciale, un membre de la Cour estime ne pas pouvoir participer au jugement, ou à l'examen d'une affaire déterminée, il en avise le Président de la Cour.
Au cas où le Président estime qu'un membre de la Cour ne doit pas, pour une raison spéciale ou de suspicion légitime, siéger ou donner son avis dans une affaire déterminée, il en avertit l'intéressé.
En cas de difficulté sur l'application du présent article la Cour statue.

Une partie ne peut invoquer, soit la nationalité d'un membre de la Cour, soit l'absence, au sein de la Cour, d'un membre de sa nationalité, pour demander la modification de la composition de la Cour.

Article 19 : La Cour nomme son Greffier pour une période de six ans renouvelable une fois.

Article 20 : Le Greffier prête serment devant la Cour d'exercer ses fonctions, en toute loyauté, discrétion, et conscience et de ne rien divulguer des secrets dont il a la connaissance dans l'exercice ou à l'occasion de l'exercice de ses fonctions.
II est dressé un procès-verbal de la prestation de serment.

Article 21 : La Cour peut faire nommer par le Président de la Commission un ou plusieurs Greffier(s) adjoint(s) chargé(s) d'assister le Greffier et placé(s) sous son autorité hiérarchique.
Avant d'entrer en fonction, le ou les Greffier(s) adjoint(s) prête(nt) serment dans les conditions et mêmes termes que le greffier.
Il est dressé procès-verbal de la prestation de serment.

Article 22 : Sous l'autorité du Président de la Cour, le Greffier est chargé de la réception, de la transmission, des significations ainsi que de la conservation des documents.

Article 23 : Le Greffier assiste aux séances de la Cour, à l'exclusion du cas prévu à l'article 12 et des délibérations de la Cour.

Article 24 : Le Greffier a la responsabilité des archives et prend soin des publications de la Cour. Il a la garde des sceaux.
II est tenu de résider au siège de la Cour.

Article 25 : Des fonctionnaires et autres agents sont attachés à la Cour, afin d'en assurer le fonctionnement. Ils relèvent du Greffier et sont placés sous l'autorité du Président.

Article 26 : Dans la limite des postes autorisés par le budget de l'Union et sur proposition de la Cour, le Président de la Commission peut nommer des auditeurs de la Cour ; celle-ci fixera par ailleurs leur statut.
Les auditeurs à la Cour peuvent être appelés dans les conditions qui seront déterminées par le règlement de procédures à participer à l'instruction des affaires dont la Cour est saisie et à collaborer avec les juges rapporteurs.
Les auditeurs sont choisis parmi les personnes de bonne moralité et offrant toutes garanties d'indépendance et réunissant les titres et qualifications techniques nécessaires.
Ils prêtent serment devant la Cour d'exercer leurs fonctions, en toute impartialité en toute conscience et de garder le secret des délibérations.
II en est dressé procès-verbal.

TITRE IV : DE LA COMPÉTENCE DE LA COUR

Article 27 :

La Cour est compétente pour connaître notamment :

- des recours en manquement des États membres, conformément aux articles 5 et suivants du Protocole Additionnel n° 1 ;
- des recours en annulation des règlements, directives et décisions des organes de l'UEMOA tels que prévus aux articles 8 et suivants du Protocole Additionnel n° I ;
- des recours en responsabilité conformément à l'article 15 du Protocole Additionnel 1 ;
- des différends entre États membres relatifs au Traité de l'UEMOA, si ces différends lui sont soumis en vertu d'un compromis ;
- des litiges entre l'UEMOA et ses agents tel que prévu à l'article 16 du Protocole Additionnel n° 1 ;
- du recours à titre préjudiciel tel que prévu à l'article 12 du Protocole Additionnel n° 1.

La Cour peut émettre des avis et des recommandations sur tout projet de textes soumis par la Commission. Le Conseil des Ministres de l'UEMOA, la Commission ou un État membre, peut recueillir l'avis de la Cour

Sur la compatibilité d'un accord international existant ou en voie de négociation avec les dispositions du Traité de l'UEMOA.

Saisie par la Commission, le Conseil des Ministres, la Conférence des Chefs d'État et de Gouvernement de l'UEMOA, ou un État membre, la Cour peut émettre un avis sur toute difficulté rencontrée dans l'application ou l'interprétation des actes relevant du droit communautaire.

Cour de Justice de l'Union économique et monétaire ouest africaine (UEMOA)

Règlement n°01/2012/CJ abrogeant et remplaçant le Règlement n° 01/2010/CJ relatif au Règlement

L'Assemblée intérieure de la Cour de Justice : en ses séances des 13,14 octobre 2011, 18, 19 avril, 20 et 23 Novembre 2012 composée de :
- M. Ousmane DIAKITÉ Président ;
- M. Daniel LOPES FER,REIRA, Juge ;
- Mme Ramata FOFANA/OUEDRAOGO, Juge ;
- M. Abraham D. ZINZINDOHOUE, Juge ;
- M. Dabré GBANDJABA, 1er Avocat Général ;
- M. Hamidou Salifou KANE, Juge ;
- Mme Seynabou NDIAYE DIAKHATÉ, Avocat Général ;
- M. Konan Jérôme ALLOU, Juge ;

avec l'assistance de Maître Fanvongo SORO, Greffier et en présence de Monsieur Ibrahima SAMBE, Auditeur à la Cour ;

VU le Traité signé le 10 Janvier 1994 créant l'UEMOA ;
VU le Protocole additionnel n° 1 relatif aux Organes de contrôle de l'UEMOA ;
VU l'Acte additionnel n° 10/96 du 10 Mai 1996, portant statuts de la Cour de Justice de l'UEMOA ;
VU le Règlement n°1/96/ CM du 5 juillet 1996 portant Règlement de procédure de la Cour de Justice de l'UEMOA ;
VU le Règlement n° 02/96/CM/UEMOA du 20 décembre 1996 portant Statut du Greffier de la Cour de Justice de l'UEMOA ;
VU le Règlement administratif 01/2010/CJ relatif au Règlement Administratif de la Cour de Justice de l'UEMOA ;

A adopté le règlement dont la teneur suit :

CHAPITRE I : DES DÉFINITIONS ET DE L'OBJET

Article 1 : Dans le présent Règlement, il faut entendre par :
UEMOA : L'Union Économique et Monétaire Ouest Africaine ;
Traité : Le Traité de l'Union Économique et Monétaire Ouest Africaine ;
Cour : La Cour de Justice de l'Union Économique et Monétaire Ouest Africaine ;
Conseil : Le Conseil des Ministres de l'Union Économique et Monétaire Ouest Africaine ;
Commission : La Commission de l'Union Économique et Monétaire Ouest Africaine ;

État(s) ou *État(s) membre(s)* : Les État(s) membres de l'Union Économique et Monétaire Ouest Africaine ;
Règlement de procédure : Le Règlement n°01/96/CM du 05 juillet 1996 portant Règlement de procédures de la Cour de Justice de l'UEMOA ;
Statut du Greffier : Le Règlement n° 02/96/CM/UEMOA du 20 décembre 1996 portant Statut du greffier de la Cour de Justice de l'UEMOA
Statuts ou Statuts de la Cour : L'Acte additionnel n°10/96 du 10 mai 1996 portant Statuts de la Cour de Justice de l'UEMOA ;
Président : Le Président de la Cour de Justice de l'UEMOA ;
Membre : Le Membre de la Cour de Justice de l'UEMOA ;
Juge : Le Juge de la Cour de Justice de l'UEMOA ;
Premier Avocat Général : Le Premier Avocat Général de la Cour de Justice de l'UEMOA ;
Avocat Général : L'Avocat Général de la Cour de Justice de l'UEMOA ;
Greffier : Le Greffier de la Cour de Justice de l'UEMOA ;
Greffier adjoint : Greffier-adjoint à la Cour de Justice de l'UEMOA ;
Auditeur : Auditeur à la Cour de Justice de l'UEMOA ;
Organes : Les Organes de l'Union Économique et Monétaire Ouest Africaine.

Article 2 : Le présent Règlement a pour objet de compléter les Statuts et le Règlement de procédure de la Cour.

CHAPITRE II : DE L'ORGANISATION

Section 1 : De l'organigramme de la Cour

Article 3 : Sur proposition de son Président, la Cour adopte l'organigramme de ses services en Assemblée intérieure.

Section 2 : Des membres

Article 4 :
4.1. : Les membres s'engagent à respecter pendant la durée de leurs fonctions et après la cessation de celles-ci, les obligations découlant de leur charge.
4.2. : Toute manifestation d'hostilité aux principes ou à la forme qui régissent l'Union ou les États membres, de même que toute démonstration de nature politique incompatible avec la réserve que leur imposent leurs fonctions, sont interdites aux membres.
4.3. Il leur est également interdit de traiter dans les journaux des sujets autres que ceux d'ordre technique. Toutefois, ils peuvent, sans autorisation préalable, se livrer à des travaux scientifiques, littéraires ou artistiques.
4.4. : En vertu de l'article 9 des Statuts de la Cour, des dérogations peuvent être accordées aux membres de la Cour pour enseigner ou pour exercer des fonctions ou des activités qui ne seraient pas de nature à porter atteinte à la dignité de membre de la Cour et à son indépendance.

Article 5 :
5.1. Les membres sont tenus de résider dans le lieu du siège de la Cour, et ce, conformément aux dispositions de l'article 10 des Statuts de la Cour.
5.2. : Ils ne peuvent s'absenter qu'en vertu d'un congé, sauf autorisation individuelle et temporaire accorde par le Président, notamment, en raison d'événements familiaux et de santé.

Article 6 :
6.1. Le Président, en Assemblée intérieure, dresse et modifie en cas de besoin, la liste de préséance protocolaire des membres ce, conformément à l'article 4 du Règlement de procédures.
6.2. : Dans la rédaction des actes de la Cour, l'énumération des membres se fait dans l'ordre protocolaire établi conformément à l'alinéa précédent.

Article 7 :
7.1. : Les membres de la Cour élisent en leur sein, pour une période de trois ans renouvelable, le Président. Cette désignation a lieu en Assemblée intérieure, par vote au scrutin secret.
7.2. : Le Président est élu à la majorité absolue. Si aucun candidat ne réunit la majorité requise, il est procédé à un second tour de scrutin et le membre qui aura obtenu le plus grand nombre de voix est élu. En cas de parité de suffrages, le plus ancien est élu. En cas d'égalité d'ancienneté, le membre le plus âgé est élu.
7.3. : Trois mois avant l'expiration de son mandat, le Président notifie aux membres la date d'ouverture des candidatures à cette fonction, ainsi que les délais impartis pour le dépôt de candidatures, ces délais ne pouvant être inférieurs à un mois à compter de la date d'ouverture des candidatures. Passé le délai des dépôts, le Président fixe, après consultation du Premier Avocat Général, la date de l'Assemblée intérieure élective, le quorum étant fixé à cinq membres présents ou votants.
7.4 : En cas d'empêchement, un membre peut donner procuration à un autre ; il ne peut être détenu qu'une seule procuration.
7.5 : Le Greffier assiste les membres de la Cour lors de l'Assemblée intérieure élective. Le bureau électoral est composé du plus ancien des membres non candidats, qui en assure la Présidence et du moins ancien qui assure le rôle de scrutateur. Pour l'application des présentes dispositions, en cas d'égalité d'ancienneté, le plus âgé d'une part et le plus jeune d'autre part, sont préférés.
7.6 : Le bureau électoral donne lecture des candidatures enregistrées et exécutent les opérations du scrutin.
7.7 : S'il n'y a pas de candidatures, le Président est reconduit de plein droit dans ses fonctions sous réserve de son accord écrit déposé au Greffe de la Cour, à défaut de cet accord, la suppléance de la Présidence est assurée par le Membre le plus ancien, jusqu'à l'élection d'un nouveau Président.

7.8 : Le Greffier dresse procès-verbal du déroulement du scrutin qu'il signe avec les membres du bureau électoral.
7.9 : L'élection du nouveau Président est notifiée à tous les Organes. Un extrait du procès-verbal de l'Assemblée est publié au *Bulletin officiel de l'UEMOA*.
7.10 : À l'Assemblée intérieure élective, il est procédé à une nouvelle répartition des fonctions de Juge et d'Avocat Général, en cas de nécessité.

Section 3 : Du Greffier

Article 8 :
8.1 : Sur proposition du Président de la Cour, le Président de la Commission nomme le greffier dans les fonctions de Secrétaire Général. L'acte de nomination précise son rang dans la hiérarchie des fonctions de conception ou de supervision générale de l'Union.
8.2. : Le Greffier assiste la Cour, les Juges et les Avocats Généraux dans tous les actes de leurs ministères, dans les conditions définies par les textes en vigueur. Il assure la bonne tenue des registres du greffe.
8.3 : Le Greffier assure les fonctions de Secrétaire Général. À ce titre il est chargé notamment, sous l'autorité du Président :
• d'assurer les activités d'administration générale, de coordination et de supervision des services de la Cour ;
• d'assurer, avec le concours de cadres supérieurs spécialisés en finances, la gestion financière de la Cour et la comptabilité du Greffe ;
• d'assurer le secrétariat de la Cour lorsqu'elle se réunit en Assemblée intérieure ou en Assemblée générale ;
• de procéder aux publications de la Cour ;
• d'assurer la tenue des archives de la Cour.
8.4 : Dans l'ordre de préséance de la Cour, le Greffier prend rang, sans distinction d'ancienneté, ni d'âge, à la suite du dernier membre de la Cour.
8.5 : En cas d'absence du Greffier, l'intérim est assuré par le Greffier adjoint le plus ancien à la Cour ; à défaut de greffier adjoint, par un cadre du Greffe désigné par le Président, sur proposition du Greffier.
8.6 : En cas d'empêchement du greffier, la suppléance est assurée par le Greffier adjoint le plus ancien en cette qualité, à la Cour. A défaut de greffier adjoint, le Président désigne le suppléant parmi le personnel de la Cour.
8.7 : Le Greffier est astreint aux obligations et restrictions prévues aux articles 4 et 5 ci-dessus.

Section 4 : Des Auditeurs

Article 9 :
9.1 : Les Auditeurs participent à l'instruction des affaires dont la Cour est saisie. Ils collaborent ainsi avec les Juges et les Avocats Généraux.

9.2 : Ils peuvent être chargés du pré-examen des dossiers. À ce titre et avant que la procédure écrite ne soit clôturée, la requête peut leur être soumise sur instruction du Président aux fins de :
• Déceler les problèmes évidents de compétence de la Cour et de recevabilité de la demande ;
• Procéder à la recherche d'arrêts ou d'affaires pendantes posant une problématique identique, similaire ou semblable ;
• Analyser juridiquement, mais sommairement l'affaire ;
• Donner des avis sur d'éventuelles demandes d'éclaircissement ou mesures d'instruction à envisager.
9.3 : Lorsque cela n'a pas été fait avant la communication du dossier au juge rapporteur, celui-ci peut demander à un auditeur de lui rédiger une note ou un rapport sur l'un ou plusieurs points indiqués au 9.2.
9.4 : Les Auditeurs sont astreints aux obligations et restrictions prévues aux articles 4 et 5 ci-dessus.

CHAPITRE III : DU FONCTIONNEMENT

Section 1 : Des formations de la Cour

Article 10 :
10.1 : L'Assemblée plénière prévue par les Statuts de la Cour est composée de trois ou cinq juges suivant la nature ou l'importance de l'affaire. Elle est constituée par ordonnance du Président, elle siège en matière contentieuse en présence d'un Avocat Général. Ses audiences sont publiques.
10.2 : La Cour siège en chambre du Conseil avec le même nombre de Juges qu'en Assemblée plénière sur décision prise en Assemblée intérieure, lorsque la cause soumise est de nature à compromettre l'ordre publique, la tranquillité publique et la sécurité publique.
10.3 : En cas de besoin, le Président convoque une Assemblée plénière extraordinaire qui, siégeant en audience solennelle, reçoit notamment les serments professionnels des Membres d'Organe et agents assermentés ou procède à l'installation du Président de la cour.

Article 11 :
11.1 : La Cour se réunit en Assemblée Générale Consultative pour émettre un avis ou des recommandations sur convocation de son Président, lorsqu'elle est saisie d'une demande d'avis :
• Portant sur un projet de textes soumis par la Commission ;
• formulée par la Conférence des Chefs d'État, le Conseil des Ministres, la Commission ou un État membre sur la compatibilité d'un Accord international avec le Traité ou sur toute difficulté rencontrée dans l'application ou l'interprétation des actes relevant du droit communautaire.

11.2 : L'Assemblée Générale Consultative entend le rapport, puis les débats s'ouvrent : S'agissant d'une demande d'avis et de recommandation sur un projet de textes de la Commission :

- D'abord sur une discussion générale portant sur l'économie et la portée du texte soumis,
- Ensuite, le projet de texte proposé par le rapporteur est examiné article par article ;
- après la discussion générale comme ci-dessus indiqué ;
- il est procédé à l'étude en détail de la ou des solutions soumises.

S'agissant d'autres demandes d'avis :

11.3 : Les décisions sont adoptées par vote :

- s'il s'agit d'une demande d'avis portant sur un projet de texte, le vote porte sur les amendements dans l'ordre de présentation, puis sur l'ensemble de l'article amendé ou non ;
- s'il s'agit d'une demande d'avis portant sur un autre objet, le vote porte sur la proposition d'avis faite par le rapporteur et sur ses propositions d'amendements rédactionnels.

Les Avocats Généraux participent comme membres délibérants.

11.4 : L'Assemblée générale consultative peut constituer une Commission ad hoc chargée d'étudier un problème particulier et de faire rapport devant elle.

11.5 : À l'issue de l'Assemblée générale consultative, le rapporteur rédige le texte définitivement adopté et une note d'observations indiquant toutes les modifications suggérées ; le Greffier dresse un procès-verbal des débats.

11.6 : L'avis de l'Assemblée générale consultative auquel sont joints le projet de texte modifié et la note y afférente, porte la signature du Président de l'Assemblée, celle du rapporteur et celle du Greffier de séance. Il est transmis à l'Organe requérant de l'Union, aux autres Organes et aux États qui en font la demande.

11.7 : Un exemplaire des documents énumérés au point ci-dessus, est délivré à chaque membre de ladite Assemblée pour sa propre documentation.

11.8 : Le Greffier fait publier l'avis au *Bulletin officiel de l'UEMOA*, par insertion d'extraits.

11.9 : La Cour se réserve le droit de ne pas donner suite à une demande d'avis lorsqu'elle a des raisons de craindre que son avis puisse servir de preuve ou de moyen dans une procédure dont elle est déjà saisie ou est susceptible d'être saisie. La Cour rend, le cas échéant, une décision.

11.10 : Pour permettre à chaque membre de l'Assemblée consultative de procéder dans les délais raisonnables à l'étude des projets et demandes d'avis soumis, les dossiers comprenant, le cas échéant, notes, rapports, textes et documents y afférents sont distribués aux différents membres de l'Assemblée, une semaine au moins, avant la tenue de l'Assemblée.

Article 12 :
12.1 : La Cour est convoquée en Assemblée intérieure par le Président pour se prononcer sur son Règlement administratif, sur les modalités d'application des Règlements généraux et sur sa discipline.
12.2 : Elle se prononce également sur toute question relative au fonctionnement de la Cour que le Président inscrit à l'ordre du jour.
12.3 : L'Assemblée intérieure est tenue avec la participation des membres du personnel ou leurs représentants ce, en vertu de l'article 16 alinéa 5 des statuts de la Cour, au moins deux fois l'an, en début et en fin d'année judiciaire, aux fins d'arrêter les activités à exécuter ou d'en faire le bilan.
12.4 : Le Président de la Cour, par ordonnance, après délibération de l'Assemblée intérieure, fixe la date du début, ainsi que la durée des vacances judiciaires ; par autre ordonnance, il définit les modalités de fonctionnement de la Cour, ainsi que celles des départs des Membres et du personnel en vacance, pendant cette période.
12.5 : Une audience dite de « rentrée judiciaire » a lieu au terme de la période des vacances judiciaires, au cours de laquelle il est constaté la clôture de l'année achevée et l'ouverture de l'année nouvelle.
12.6 : Après l'audience de rentrée, le Président, par ordonnance, établit les dates des audiences de la Cour siégeant ordinairement en Assemblée plénière, en Assemblée générale consultative ainsi que celles des Assemblées intérieures.
12.7 : Les décisions arrêtées en Assemblée intérieure sont actées et inscrites dans les registres du Greffe ; elles sont annexées aux procès-verbaux de l'Assemblée avec lesquels elles font corps.

Section 2 : Des services du Greffe

Article 13 :
13.1 : Le Greffe de la Cour comprend l'ensemble des services administratifs et financiers, techniques et d'authentification.
13.2 : En vue de constituer la caisse de la Cour pour la prise en charge des avances de frais prévus par le Règlement de procédures et pour la perception des frais, consignations, provisions et dépôts de tous numéraires nécessités par les procédures, il sera institué au greffe de la Cour, une régie d'avances et une régie de recettes dans les conditions prévues par les articles 50 et 60 du Règlement n° 01/2008/CM/UEMOA portant Règlement financier des Organes de l'Union Économique et Monétaire Ouest Africaine.
13.3 : Des fonctionnaires et autres agents attachés à la Cour sont placés sous la responsabilité du Greffier et sous l'autorité du Président, conformément aux articles 25 des Statuts et 12 du Règlement de procédures. Avant d'entrer en fonction, ils prêtent devant le Président, en présence du Greffier, le serment dont la formule est la suivante : « *Je jure d'exercer en toute loyauté,*

discrétion et conscience les fonctions qui me sont confiées par la Cour de Justice de l'Union Économique et Monétaire Ouest Africaine ».
13.4 : Ce serment peut être reçu par écrit si les circonstances l'exigent.

CHAPITRE IV : DES PROCÉDURES

Section 1 : Des actes de procédure

Article 14 :
14.1 : L'original de tout acte de procédure doit être signé par l'agent ou l'avocat de la partie. Est réputé non signé, l'acte qui comporte une signature non manuscrite, ou l'acte signé par ordre ou par substitution.
14.2 : L'agent nommé pour représenter un État ou un Organe dans une affaire pendante devant la Cour, doit joindre au premier acte de procédure déposé au greffe, le document officiel délivré par son mandant, si celui-ci ne l'a pas préalablement notifié à la Cour.
14.3 : L'Avocat constitué en vertu des articles 29 des statuts et 12 du Règlement de procédures doit produire dès le dépôt du premier acte de procédure, sa lettre de constitution et un document attestant qu'il est régulièrement inscrit sur le Tableau de l'ordre d'un Barreau de l'un des États membres.

Article 15 :
15.1 : Tout acte de procédure doit être daté par son auteur, déposé au Greffe et inscrit sur le registre prévu à cet effet ; la date de réception au Greffe est celle qui prévaut pour la computation des délais.
15.2 : Dès son enregistrement au Greffe, le Greffier estampille l'original et, à la demande des parties, les copies, du cachet spécifiant la date de réception de l'acte, la mention de son inscription au registre ainsi que le numéro d'enregistrement affecté.
15.3 : Les annexes des actes de procédures doivent faire l'objet d'un bordereau énumérant les pièces annexées. Les annexes doivent être jointes tant à l'original qu'aux copies certifiées conformes. Lorsque les documents annexés à l'original sont des copies, l'auteur de l'acte doit spécifier dans son bordereau qu'il s'agit de copies et le mentionner en termes apparents sur chaque copie annexée.

Article 16 : Lorsque l'auteur d'un acte de procédure est une personne morale de droit privé, au premier acte qu'il produit, doit être joint les statuts ou un extrait du registre de commerce et du crédit mobilier ou tout document authentique attestant de la preuve de son existence juridique.

Article 17 : L'acte introductif d'instance non conforme aux prescriptions de la présente section fait l'objet de demande de régularisation conformément aux dispositions de l'article 32 des Statuts. À défaut, dès l'expiration du délai, le greffier transmet l'acte non régularisé au Président pour décision sur sa réception en qualité d'acte de procédure.

Section 2 : De la procédure contentieuse

Article 18 :

18.1 : Au stade initial de l'introduction de l'instance, la Cour peut, sans autre formalité, même avant la signification d'une requête au défendeur, par arrêt, mettre fin à l'instance, lorsqu'elle s'estime manifestement incompétente ou que la requête apparaît manifestement irrecevable.
18.2 : Dès réception d'une requête ou d'un compromis d'arbitrage, le greffier, après les formalités d'enregistrement, le transmet au Président.
18.3 : Sauf application des dispositions de l'alinéa 1 ci-avant, le greffier, sous le contrôle du Président, assure les communications aux parties, des requêtes, mémoires, répliques et dupliques, avec à l'appui, les pièces et documents qui les accompagnent.

Article 19 :

19.1 : Le Président ordonne la clôture de la procédure écrite :
• Dès le dépôt de la duplique ;
• À défaut de réponse, à l'expiration du délai fixé pour le dépôt des mémoires en défense, répliques ou dupliques ;
• Lorsque la partie intéressée déclare par écrit, renoncer à son droit de réponse.
19.2 : Dès la clôture de la procédure écrite, le Président désigne le juge rapporteur auquel il peut impartir un délai ; l'ordonnance de nomination est notifiée au juge désigné par les soins du greffier qui lui communique en même temps une copie intégrale du dossier de la procédure.
19.3 : Dans le même temps, le Président instruit le Greffier à l'effet de communiquer au Premier Avocat Général une copie intégrale du dossier pour ses conclusions. Pour une bonne administration de la justice, le Président peut inviter l'Avocat Général à faire diligences.
19.4 : Le juge Rapporteur et l'Avocat général déposent, chacun en ce qui le concerne, au Greffe le rapport ou les conclusions dès qu'ils auront terminé leurs études. En tout état de cause le rapport final est communiqué aux Avocats généraux avant la procédure orale.

Article 20 : Le juge rapporteur, après examen du dossier, propose à la Cour un rapport préalable ou un rapport final.

Article 21 :

21.1 : Le juge rapporteur peut proposer par un rapport préalable soumis à la Cour, toutes mesures d'instruction qu'il estime utiles. Ce rapport préalable expose les problèmes juridiques de l'affaire et au besoin les questions à poser aux parties par écrit ou oralement à l'audience, les demandes de production de preuves à formuler ou en général toute mesure à prendre pour éclairer la Cour.
21.2 : La Cour décide des suites à réserver aux propositions du juge rapporteur, l'Avocat Général entendu.

21.3 : Les mesures d'instruction peuvent être décidées d'office ou à la demande des parties.

Article 22 : Lorsqu'il estime que l'affaire est en état, le juge Rapporteur établit les documents suivants :
1. Un rapport final qui :
• Résume les faits ayant donné lieu au litige,
• Expose la procédure suivie,
• Examine s'il y a lieu, les moyens de forme relatifs aux déchéances, désistement, non-lieu à statuer, forclusion et irrecevabilité,
• Présente et discute les moyens de fond articulés par les parties et autres intervenants,
• Propose une ou éventuellement plusieurs solutions si le doute est possible sur l'issue de l'affaire.
Ledit rapport final, reproduit au moins en autant d'exemplaires qu'il y a de Membres de la Cour est distribué à ces derniers aux fins de préparer la procédure orale.
1 Un projet de décision ou, le cas échéant, plusieurs projets de décision.
2 Des visas rédigés conformément au modèle d'arrêt adopté par la Cour et joint en annexe comportant les qualités, motifs et dispositifs ».

Article 23 :
23.1 : Après examen du dossier par le Juge Rapporteur et par l'Avocat Général, le dossier comprenant le rapport et les conclusions est remis au Président de la Cour par le Greffier, qui le fait circuler entre les juges formant la juridiction de jugement pour étude avant la procédure orale après mise au rôle d'une audience à fixer par le Président de la Cour.
23.2 : Un exemplaire du rapport final et celui des conclusions de l'Avocat Général peuvent être communiqués sur autorisation du Président de la Cour, aux parties et intervenants institutionnels au procès.

Article 24 :
24.1 : À l'audience, le rapporteur donne lecture de son rapport ; il peut se borner à résumer la procédure et les moyens et conclusions des parties sans faire état des solutions qu'il propose.
24.2 : Les parties sont entendues si elles le désirent, en leurs observations orales et répondent aux questions posées par les membres de la Cour.
24.3 : Une fois l'Avocat Général entendu, la Cour est en mesure de rendre sa décision définitive.

Article 25 :
25.1 : Les délibérations de la Cour se font en chambre de conseil hors la présence du Greffier et de l'Avocat Général.
25.2 : Les conclusions adoptées après discussions par la majorité des juges composant la formation de jugement, déterminent la décision de la Cour. Les

votes au cours des délibérations sont émis dans l'ordre inverse de l'ordre établi à l'article 4 du Règlement de procédures.

Section 3 : De la procédure préjudicielle

Article 26 : Lorsque le recours a pour objet un renvoi préjudiciel devant la Cour par le juge national aux fins d'interprétation ou d'appréciation de légalité, celui-ci doit éclairer la Cour pour lui permettre de statuer en toute connaissance de cause en lui envoyant un exemplaire du dossier authentifié et en spécifiant les circonstances de l'affaire, son cadre juridique et la pertinence des questions posées et leur caractère déterminant dans la solution du litige.

Article 27 :
27.1 : La décision de renvoi est notifiée aux parties en litige devant le juge national, aux États, à la Commission et le cas échéant, aux Organes spécialisés de l'Union et au Conseil des Ministres si ce dernier est l'auteur de l'acte visé par le demandeur. L'Union, ses Organes ainsi que les États constituent des parties privilégiées qui sont dispensées de justifier de l'intérêt à agir et sont saisis pour observations dans toutes les procédures ayant pour objet l'interprétation ou l'appréciation de la légalité des actes de l'Union.
27.2 : Les Organes précités, sauf dérogation accordée sur leur demande, disposent d'un délai qui ne saurait être inférieur à deux mois pour faire leurs observations écrites. Ces observations peuvent être présentées par écrit ou oralement à l'audience par le représentant habilité à cet effet.

Article 28 : La Cour, délibérant sur le renvoi préjudiciel, vérifie sa propre compétence et peut, après examen, refuser par ordonnance motivée, de répondre le cas échéant, aux questions posées, notamment les déclarer sans objet, les reformuler ou les interpréter.

Section 4 : De la procédure consultative

Article 29 : La Cour n'est valablement saisie pour consultation que lorsque la demande d'avis ou le projet d'acte émane de l'autorité compétente de l'Organe qui en est l'auteur, pour le représenter dans les rapports avec les tiers ou de son représentant dûment habilité à cet effet.

Article 30 :
30.1 : Lorsqu'elle est saisie d'une demande d'avis d'un Organe de l'Union, la Cour peut la notifier aux autres Organes et aux États membres pour information. Ces derniers peuvent, faire dans un délai fixé par le Président, des observations écrites sur la demande et au besoin, être invités à les expliciter oralement.
30.2 : Lorsque la demande d'avis émane d'un État membre, elle est communiquée aux mêmes fins et dans les mêmes conditions à la Commission et aux autres États membres.

30.3 : Les observations écrites produites dans les délais fixés par le Président sont communiquées pour information à l'auteur de la demande d'avis et aux autres auteurs d'observations.

Article 31 :
31.1 : Après enregistrement de la demande d'avis ou du projet d'acte soumis pour avis à la Cour, celle-ci est communiquée par le Greffier au Président. Celui-ci peut ordonner la notification aux Organes et aux États en vertu des dispositions de l'article 30 ci-dessus aux fins de leurs observations éventuelles.
31.2 : Dès réception des dernières observations dans les délais fixés, et à défaut, au terme desdits délais, le greffier communique le dossier au Président avec, le cas échéant, toutes les observations reçues ainsi que les doubles des notifications effectuées.
Le Président désigne un rapporteur parmi les membres de la Cour ou les auditeurs.

Article 32 :
32.1 : Le rapporteur instruit le dossier et se fait expliquer, s'il le juge nécessaire, par l'Organe qui a saisi la Cour, le sens et la portée exacte du projet ou de la demande d'avis.
32.2 : Il peut constituer un dossier comprenant les instruments juridiques ou tout document de nature à éclairer la Cour.

Article 33 :
33.1 : Au terme de l'examen du dossier, le rapporteur établit un rapport qui devra comprendre :
• Une première partie replaçant le projet ou la demande dans son contexte juridique et, le cas échéant, factuel et notamment en explorer la portée ;
• Une deuxième partie commentée et critique du projet ou de la demande d'avis.
33.2 : La critique doit être faite d'un point de vue juridique et administratif et non sur l'opportunité de la mesure prise ou à prendre. Elle doit porter essentiellement sur la conformité de l'acte soumis à l'environnement juridique de l'Union, sa cohérence interne ou, le cas échéant, sur les difficultés techniques d'application éventuelles.
33.3 : Lorsqu'il s'agit de projet de texte, le rapporteur peut proposer des modifications de rédaction qu'il estime nécessaires.
33.4 : Dès que le rapport est établi, le dossier est inscrit à la prochaine Assemblée générale consultative.

Section 5 : Des formalités relatives aux procédures spéciales et aux voies de recours

Paragraphe 1 : Des exceptions et incidents de procédure

Article 34 :
34.1 : Lorsqu'une demande est introduite en vertu de l'article 77 du Règlement de procédures, le Greffier la communique au Président avant significa-

tion, pour fixation du délai à l'autre partie, pour présenter par écrit, ses moyens et conclusions.
34.2 : Le Greffier notifie à la partie adverse la demande et le délai fixé par le Président. Dès réception des conclusions de celle-ci, ou à défaut, au terme du délai fixé, la demande est communiquée au Président avec à l'appui les conclusions déposées ou un avis du greffier constatant le non dépôt dans le délai, des conclusions.

Paragraphe 2 : Des interventions

Article 35 :
35.1 : En cas de demande d'intervention, il est procédé à son enregistrement au Greffe et à son traitement, conformément aux modalités définies aux articles 14 et 15 du présent règlement.
35.2 : Si le Président admet l'intervention, le Greffier communique à l'intervenant tous les actes de procédure antérieurement signifiés aux parties. Si la demande ne contient pas l'élection de domicile au siège de la Cour, la communication des pièces du dossier est faite par pli postal expédié à l'adresse mentionnée sur la demande d'intervention.

Paragraphe 3 : Des opposition, tierce-opposition et révision

Article 36 :
36.1 : La demande en opposition, tierce-opposition et en révision est reçue et traitée au Greffe suivant les modalités définies pour la réception des requêtes introductives d'instance.
36.2 : Dès réception d'une telle demande, le Greffier la joint au dossier initial qu'il présente au Président et accomplit les formalités de signification.
36.3 : Au terme des échanges de pièces, le Président ordonne la clôture de la procédure conformément aux dispositions de l'article 18 ci-dessus et il est procédé pour la suite, comme indiqué aux articles 19 et suivants.

CHAPITRE V : DE L'ASSISTANCE JUDICIAIRE

Article 37 :
37.1 : La demande d'assistance judiciaire prévue par l'article 65 du Règlement de procédures de la Cour est adressée au Président de la Cour. Elle est déposée au Greffe et comprend :
• Les noms, prénoms, profession et domicile du requérant, ou si celui-ci est une personne morale, ses dénominations, objet et siège ;
Soit la nature du litige et ses références si la Cour est déjà saisie, soit l'exposé sommaire des faits, de l'objet et des motifs, si la Cour n'est pas encore saisie
• Les noms et adresse de l'avocat constitué, ou qu'il souhaite constituer.

37.2 : Le requérant doit joindre à sa demande tous renseignements établissant que le demandeur est dans un impérieux besoin, notamment un certificat de l'autorité compétente, justifiant son indigence.
37.3 : Dès réception de la demande et après les formalités d'enregistrement au Greffe, le Président désigne un rapporteur. Celui-ci peut recueillir tous renseignements, ordonner la production de tous documents, faire procéder à toute audition.
37.4 : Lorsqu'il s'estime suffisamment informé, le rapporteur établit son rapport au vu duquel, la Cour en Assemblée générale, décide.
Toutefois, en cas d'urgence, le Président peut prendre une décision d'admission provisoire et la Cour se réunit à bref délai pour statuer sur l'admission définitive.
L'urgence résulte de la menace de forclusion d'un délai pour intenter l'action ou accomplir l'acte en vue duquel l'assistance judiciaire est demandée.

CHAPITRE VI : DE LA REPRODUCTION DES ACTES DE LA COUR

Article 38 :
38.1 : Les actes de la Cour sont, notamment :
• Les arrêts, ordonnances et avis de la Cour ;
• Les ordonnances du Président ;
• Les procès-verbaux d'audience, d'Assemblée générale ou intérieure ;
• Les règlements, instructions, décisions pris en vertu des règlements généraux applicables à la Cour ;
• Les actes du Greffier établis par application des règlements et instructions de la Cour.
38.2 : Les actes de la Cour sont établis à l'encre indélébile paraphés et signés de la main de leurs auteurs.
38.3 : Sont établis en minutes les arrêts, ordonnances et avis de la Cour, les ordonnances juridictionnelles du Président, les actes du Greffier ainsi que les procès-verbaux d'audience et ceux constatant les délibérations de la Cour. Les autres actes sont établis en brevet ou sous forme de décisions administratives. Les actes de la Cour sont des actes authentiques.
38.4 : Est qualifié minute, l'original de l'acte authentique que conserve le greffier et dont il délivre expéditions, copies et extraits.
38.5 : Est qualifié brevet, l'acte authentique dont l'original est délivré et dont il ne peut être établi ni expéditions, copies ou extraits.

Article 39 : Dans tous les cas où il est nécessaire d'attester l'existence ou la véracité d'un fait, événement ou action qui s'est réalisé à la Cour et qui n'est pas formalisé par un acte ou dont l'acte est en cours de formalisation, le Président et le cas échéant son intérimaire ou le Greffier, établissent chacun en ce qui le concerne des attestations ou certificats qu'ils délivrent, à la demande des justiciables.

Article 40 : La production et la reproduction des actes de la Cour sont faites sans surcharges, ni ratures, ni blanco, ni interlignes ou lacunes susceptibles d'être comblés après signature.

Article 41 :
41.1 : Les erreurs de copies, les omissions et toutes anomalies formelles ou matérielles constatées avant la signature de tout acte, si elles n'entraînent pas la reprise de la saisie de l'acte, sont réparées par le ou les signataires lors de la signature. La réparation ainsi faite est l'objet d'une mention marginale approuvée et paraphée par l'auteur de l'acte.
41.2 : Lorsque les erreurs de plume ou de calcul ou les erreurs matérielles sont constatées dans une minute déjà signée dans un acte de la Cour, elles sont réparées suivant l'article 58 du Règlement de procédures par la Cour.
41.3 : S'il y a lieu à rectification matérielle d'une minute, sur instruction du Président, le Greffier constitue un dossier qu'il communique au 1er Avocat Général en vue de ses conclusions.
41.4 : Trois jours au moins, avant la date prévue pour l'examen dudit dossier par la chambre de conseil, le dossier est retourné par l'Avocat Général au Greffier qui le remet aussitôt au Président.
41.5 : La rectification est opérée par arrêt, qui sera joint à la minute initiale, ainsi qu'une mention rectificative sera portée au pied de celle-ci et de toutes les copies qui seront ultérieurement délivrées.

CHAPITRE VII : DES DÉPENS ET DES FRAIS DE JUSTICE

Article 42 :
42.1 : Les dépens au sens de l'article 60 du Règlement de procédures comprennent notamment :
- Les frais de procédures exposés par la Cour ; notamment les frais de communication des actes et documents de procédure, les frais de transport des dossiers et documents de la Cour au juge national dans le cadre du renvoi préjudiciel, les frais de tout travail de copie et de traduction des actes et documents de procédure, les frais occasionnés par les déplacements des membres et du Greffier dans le cadre des mesures d'instruction ordonnées ;
- Les frais d'exécution forcée des arrêts et décisions de la Cour ;
- Les sommes dues aux témoins et aux experts ;
- Les frais de copies des procès-verbaux et des rapports d'expertise payés par les parties au Greffe, en vertu de l'article 54 du Règlement de procédures ;
- Les frais d'exécution des Commissions rogatoires ;
- Les frais de déplacements et de séjour des parties lorsque la Cour ordonne la comparution personnelle.

42.2 : Sont avancés par la Cour :
- Les frais de procédure exposés par la Cour ;

• Les sommes dues aux témoins et aux experts commis d'office par la Cour ;
• Les frais d'exécution des Commissions rogatoires décidées dans le cadre des mesures d'instruction ordonnées d'office par la Cour ;
• Les frais à la charge de la partie bénéficiaire de l'assistance judiciaire.
42.3 : Les frais de justice autres que ceux avancés par la Cour sont assumés par les parties à charge de réclamer la condamnation de la partie adverse à leur remboursement, ce, en application de l'article 60 du Règlement de procédures.
42.4 : Lorsqu'à la demande d'une partie, la Cour ordonne une Commission rogatoire, la citation d'un témoin ou une expertise, la partie demanderesse verse au greffe une provision garantissant la couverture des frais qui en résulteront, à moins qu'elle ne bénéficie de l'assistance judiciaire.
La décision de la Cour qui ordonne la mesure, statue sur le dépôt de la provision ainsi que sur son montant en vertu de l'article 49 du Règlement de procédures.
42.5 : A défaut du paiement de la provision ordonnée dans le délai fixé par le Président, sauf si la Cour estime nécessaire la mesure sollicitée, la Cour rétracte la mesure et poursuit la procédure.
Si la Cour estime nécessaire la mesure sollicitée, elle ordonne son exécution malgré le défaut de provision et assume les frais en vertu de l'article 44 du Règlement de procédures, sous réserve de les faire supporter par les parties.

Article 43 : Les coûts des actes de la Cour mis à la charge des parties sont fixés conformément au Tableau définissant le tarif des actes de la Cour annexé au présent Règlement.

CHAPITRE VIII : DISPOSITIONS TRANSITOIRES ET FINALES

Article 44 : À titre transitoire, jusqu'à la mise en place de la caisse d'avances de la Cour prévue par les articles 65 du Règlement de procédures et 13.2 de présent Règlement, les avances et les frais de procédures à supporter par la Cour, sont acquittés par la Commission de l'UEMOA, dans les conditions définies de commun accord par le Président de la Cour et celui de la Commission.

Article 45 :
45.1 : Le Président, après consultation de la Cour réunie en Assemblée intérieure, arrête, conformément aux dispositions de l'article 16 des Statuts de la Cour et de l'article 13 du Règlement de procédures, un document intitulé « Instructions Générales relatives au Greffe de la Cour ».
45.2 : Ces instructions auront notamment pour objet de réglementer :
• les jours et heures d'ouverture des services du Greffe ;
• la tenue des dossiers et leur mise à jour ;
• les conditions et modalités de gestion des registres ténus par le Greffe ;
• la conservation et les soins à apporter aux minutes des arrêts, ordonnances et autres décisions de la Cour ;

- le tarif des actes du Greffe et des frais de justice ;
- les publications de la Cour de Justice.

45.3 : Dans les mêmes conditions, le Président arrête les instructions pratiques aux parties.

Article 46 : Le présent Règlement qui abroge et remplace le Règlement n° 01/2010/CJ prendra effet pour compter de sa date de signature et sera publié au *Bulletin Officiel de l'Union.*

Ouagadougou le 21 décembre 2012

Le Greffier Fanvongo SORO	Le Président Ousmane DIAKITÉ

Bibliographie

AGBOZO G., 2010, « Quelques particularités du cadre juridique de protection des droits de l'homme de la Cour de justice de la communauté CEDEAO », *Bulletin d'information de la Cour de justice* n° 3, juin 2009 - janvier 2010, p. 32 et sq.

AGNORO Alassani Sanny, 2008. Regard critique sur l'intégration régionale en Afrique de l'Ouest, université Toulouse 1, thèse.

ALEN A., 2007, « Les relations entre la Cour de justice des Communautés européennes et les Cours constitutionnelles des États membres », in *Liber Amicorum Paul Martens*, Bruxelles, Larcier, p. 667-672.

AMRA D. d', 1994, *L'objet de la fonction juridictionnelle : dire le droit et trancher des litiges*, Paris, LGDJ.

BARAV A., 2004, « Une anomalie préjudicielle », in *Mélanges en hommage à Guy Isaac, 50 ans de droit communautaire*, Toulouse, Presses de l'université des Sciences sociales de Toulouse, 2 tomes, p. 773-801.

BARAV A., 1983, La fonction communautaire du juge national, thèse, Strasbourg.

BARAV A., 2011, *Études sur le renvoi préjudiciel dans le droit de l'Union européenne*, Collection droit de l'Union européenne, Bruxelles, Bruylant.

BASTID S., 1957, *La fonction juridictionnelle dans les relations internationales*, Paris, Les Cours de droit 1956-57.

BELAOUNE-GHERARI S., 1989, *Les organisations régionales africaines*, Paris, La Documentation française, Collection "Analyses et documents".

BENHAMOU A., 1996, « Les mutations du régionalisme dans les pays en développement », *Revue africaine de droit comparé* n° 4, tome 8, p. 871-903.

BERGERES M., C., 1998, *Contentieux communautaire*, 3ème édition, Paris, PUF.

BERNARD E., 2006, « Obligation de renvoi », *Europe*, février 2006, p. 15.

BERR C., 1967, « L'insertion dans le procès français du mécanisme européen des questions préjudicielles », *JCP* 1967, I, n° 2060.

BERRADA S., 2003, Le principe de proportionnalité dans l'ordre juridique communautaire, thèse, Bordeaux IV.

BERRAMDANE A., 2002, *La hiérarchie des droits : Droit interne et droits européen et international*, Paris, L'Harmattan.

BERROD F., 2002, La systématique des voies de droit communautaires, thèse, Strasbourg III.

BILLARD J.N., 2006, *Droit du contentieux communautaire. Système et marché intérieur*, Paris, Ellipses.

BLANCHET D., 2001, « L'usage de la théorie de l'acte clair en droit communautaire : une hypothèse de mise en jeu de la responsabilité de l'État français du fait de la fonction juridictionnelle ? », *RTDE*, *37*, 2, p. 397-438.

BOSCOVITS K., 1999, *Le juge communautaire et l'articulation des compétences normatives entre la Communauté européenne et les États membres*, Bruxelles, Bruylant.

BOTELLA A.S., 2004, « La responsabilité du juge national », *RTDE 40*, 2, p. 283-316.

BOULOUIS J., 1982, « Note sous jugement TGI de Lille en date du 29 juin 1979 », *Recueil Dalloz*, Paris, Sirey, 6 janvier 1982, jurisprudence, p. 9.

BOULOUIS J., 1984, « Nouvelles réflexions propos du caractère "préjudiciel" de la compétence de la Cour de justice des Communautés européennes statuant sur renvoi des juridictions nationales », in *Mélanges offerts à Pierre-Henri Teitgen*, Paris, Pedone, p. 23-31.

BOSCOVITS K., 1999, *Le juge communautaire et l'articulation des compétences normatives entre la Communauté européenne et les États membres*, Bruxelles, Bruylant.

BOULOUIS J., DARMON M., HUGLO J. G. 2001, *Contentieux communautaire*, 2ème édition, Paris, Dalloz, Précis Dalloz.

BOYENGA-BOFALA F., 2000, L'influence du processus d'intégration communautaire sur l'administration française, thèse, Lille 2.

BURGOGUE-LARSEN L., 2009, « Question préjudicielle de constitutionnalité et contrôle de conventionnalité », *RFDA*, p. 787.

BURGOGUE-LARSEN L., 2004, « Prendre les droits communautaires au sérieux ou la force d'attraction de l'expérience européenne en Afrique et en Amérique latine », in *Les dynamiques du droit européen en début de siècle. Études en l'honneur du professeur Jean-Claude Gautron*, Paris, Pedone, p. 563-580.

CAHIER P., 1981, « Les éléments constitutifs de la responsabilité extracontractuelle de la communauté économique européenne », in *Le droit international : unité et diversité. Mélanges offerts à Paul Reuter*, Paris, Pedone, p. 127-152.

CANEDO M., 2000, « L'intérêt à agir dans le recours en annulation en droit communautaire », *RTDE*, p. 451.

CANIVET G., 1992, « Le droit communautaire et l'office du juge national », *Droit et société 20-21*, p. 133-141.

CANIVET G., 2003, « Le droit communautaire et le juge national », in D. SIMON (dir.), *Le droit communautaire et les métamorphoses du droit,* Strasbourg, Presses universitaires de Strasbourg, p. 81.

CANIVET G., HUGLO J.-G., 1996, « L'obligation pour le juge judiciaire national d'appliquer d'office le droit communautaire au regard des arrêts Jeroen van Schijndel et Peterbroeck », *Europe*, avril, Chronique n° 4, p. 1.

CAPOTORTI F., EHLERMANN C.D., FROWEIN J., JACOBS F., JOLIET R., KOOPMANS T., KOVAR R. (eds), 2005, *Du droit international au droit de l'intégration: Liber Amicorum Pierre Pescatore*, Nomos Verlagsgesellschaft, Baden-Baden, 1987 869 p.

CASSIA P., 1999, « Le juge administratif français et la validité des actes communautaires », *RTDE*, p. 409.

CASSIA P., 2002, *L'accès des personnes physiques et morales au juge de la légalité des actes communautaires*, Paris, Dalloz.

CATALANO N., 1965, *Manuel de droit des communautés européennes*, 2ème édition, Toulouse, Dalloz-Sirey.

CEREXHE E., 2001, « L'intégration juridique comme facteur d'intégration régionale », *Revue burkinabé de droit, 39-40*, 4.

CHAPPEZ J., 1972, *La règle de l'épuisement des voies de recours internes*, Paris, Pedone.

CHARPENTIER J., 2002, « Éléments de cohérence entre ordres juridiques distincts », in *Mélanges en l'honneur de Louis Dubouis*, Paris, Dalloz, p. 293.

CHEVALLIER R.M., 1966, « Compétence de la CJCE pour statuer en interprétation du droit communautaire sur renvoi par une juridiction nationale », *Dalloz*, J., p. 373.

CIAUDO A., 2009, *L'irrecevabilité en contentieux administratif français*, Paris, L'Harmattan.

CLERGERIE J.L., 2000, *Le renvoi préjudiciel*, Paris, Ellipses.

COLIN J., 1966, *Le gouvernement des juges dans les communautés européennes*, Paris, LGDJ.

Collectif, 1977, *Régionalisme et universalisme dans le droit international contemporain.* Colloque de la SFDI, Bordeaux (mai 1976), Paris, Pedone, 358 p.

CONSTANTINESCO V., 1991, « Le principe de subsidiarité : un passage obligé vers l'Union européenne ? » in *L'Europe et le droit, Mélanges en hommage au professeur Jean Boulouis*, Paris, Dalloz, p. 35-45.

CORRE D., 2002, Recherches sur les bases juridiques en droit communautaire, thèse, Montesquieu- Bordeaux IV.

COUTRON L., 2007, *La contestation incidente des actes de l'Union européenne*, Collection "Droit de l'Union européenne", Bruxelles, Bruylant.

COUZINET J.F., 1976, « Le renvoi en appréciation de validité devant la Cour de justice des communautés européennes », *RTDE*, p. 648-690.

DEBARD T., 1984, L'action en responsabilité extracontractuelle devant la Cour de justice des communautés européennes, thèse, Lyon.

DIÈYE A., 2007, « La Cour de justice de la communauté CEDEAO et les juridictions des États membres : quelles relations », *Nouvelles annales africaines* n° 01, UCAD, FSJP, p. 185-195.

DIOUF E. A., 2009, *L'Afrique et le droit à la différence dans les négociations commerciales internationales, OMC, APE, Intégration régionale*, Paris, L'Harmattan.

DONNAT F., 2008, *Contentieux communautaire de l'annulation*, Paris, LGDJ, Systèmes Droit.

DOUMBE-BILLE Stéphane, 2009, *Un quart de siècle de protection des droits de l'homme en Afrique*, Bruxelles, Bruylant.

DUBOS O., 2001, *Les juridictions nationales, juges communautaires*, Paris, Dalloz.

DUBOS O., 2004, « Adaptation européenne des législations nationales et système juridique étatique : quelle alchimie ? », *Petites affiches* n° *198*, octobre 2004, p. 6-15.

FALL A. B., 2000, *Le juge, le justiciable et les pouvoirs publics : pour une appréciation concrète de la place du juge dans les systèmes politiques en Afrique*, Bruxelles, Bruylant.

FALL A. B., 2005, *Universalité des droits de l'homme et pluralité juridique en Afrique : analyse d'un paradoxe*, Paris, Dalloz.

FINES F., 1990, *Étude de la responsabilité extracontractuelle de la communauté économique européenne*, Paris, LGDJ.

FINES F., 1997, « Quelle obligation de réparer pour la violation du droit communautaire ? Nouveaux développements jurisprudentiels sur la responsabilité de l'État normateur », *RTD*, 1997-1, p. 69.

FLAVIEN M., MUNOZ R., 2011, *Contentieux de l'Union européenne, 2) Carence et responsabilité* sous la direction de Denys Simon, édition Lamy.

FOFANA OUEDRAOGO R., 2010, « Conflits de juridictions », *in* Actes du colloque international d'évaluation de la jurisprudence CCJA, *Revue de droit uniforme africain* n° 3, 4ème trimestre 2010, p. 71.

FURUKAWA T., 1981, « Le double rôle de la Cour internationale de justice à l'égard des organisations internationales : protection et contrôle », *in* D. BARDONNET (dir.), *Mélanges offerts à Paul Reuter, le droit international : unité et diversité*, Paris, Pedone, p. 293-314.

GASQUET S. de, 2004, « Le citoyen européen face à la justice communautaire », Fondation Robert Schuman, *Synthèse* n° 121, février 2004, https://www.robert-schuman.eu/fr/syntheses/0121-le-citoyen-europeen-face-a-la-justice-communautaire.

GAUTRON J.C., 1974, Le droit directement applicable dans la jurisprudence de la Cour de justice des communautés européennes, *AFDI, 20*, p. 905-923.

GAUTRON J.C., 2006, *Droit européen*, Paris, Dalloz, 12ème édition.

GENEVOIS B., 2004, « Le Conseil constitutionnel et le droit communautaire dérivé (à propos de la décision n° 2004-496 DC du 10 juin 2004) », *RFDA*, p. 651-661.

GHERARI H., 2010, *Relations internationales*, Paris, LGDJ, Systèmes.

GONIDEC P.-F., 1996, *Relations internationales africaines*, Paris, LGDJ, Bibliothèque africaine et malgache.

GUINAND J., 1967, *La règle de l'épuisement des voies de recours internes dans le cadre des systèmes internationaux de protection des droits de l'homme*, Cours présenté lors de la session 1967 du centre d'études et de recherches de droit international et de relations internationales, Académie de droit international de la Haye.

IBRIGA, L.M., 1991, L'évolution des systèmes d'intégration en Afrique occidentale francophone : le cas de la CEAO, université Nancy 2, thèse de doctorat, Travaux universitaires.

IBRIGA L.M., 2001, « Le problème de la compatibilité entre l'UEMOA et la CEDEAO », in *La libéralisation de l'économie dans le cadre de l'intégration régionale, Cahiers du CEEI* n° 3, Ouagadougou, Imprimerie presses Africaines, p. 198-227.

IBRIGA, L.M., 2012, *Le partenariat Europe-Afrique et les intégrations régionales*, Bruxelles, Bruylant, Rencontres africaines.

IBRIGA L.M., sd, La problématique de la juridictionnalisation des processus d'intégration en Afrique de l'Ouest, 30 p.,

ISAAC G., BLANQUET M., 2018, *Droit général de l'Union européenne*, Paris, Sirey, 11ème édition, Collection Université - Droit.

IVANOV Nikolay, 2009, Les transformations du renvoi préjudiciel : contribution à l'étude des mécanismes de l'intégration dans l'Union européenne, université Bordeaux 4, thèse.

JOLIET R., 1981, *Le droit institutionnel des communautés européennes*, Liège, Presses Universitaires de Liège.

KAKOURIS N., 1987, « La relation de l'ordre juridique avec les ordres juridiques des États membres », *Liber Amicorum P. Pescatore*, Nomos Verlag, Baden-Baden, p. 319.

KAMTO M., 1990, *L'OUA, rétrospective et perspective africaine*, Paris, Economica.

KAMTO M., 1998, *Les Cours de justice des communautés, Annuaire africain de droit international*, volume 6.

KANGAMBEGA E.L., COULIBALY A.S., 2012, « La concurrence et les conflits de juridictions des Cours de justice des processus d'intégration en Afrique de l'Ouest », *Cahiers du CEEI, 46,* 3, Ouagadougou, p. 59.

KAPRIELAN J., 2011, « Le renvoi préjudiciel en droit de l'Union : un mécanisme assurant la protection juridictionnelle effective des individus », *Jurisdoctrina* n° 6, p. 75-98. https://old.jurisdoctoria.net/aut6_KAPRIELIAN.html.

KHEITMIR, 1967, « La fonction consultative de la Cour de justice des communautés européennes », *RTD*, p. 553.

KONATE M.I., 2010, « L'OHADA et les autres législations communautaires », *Jurifis info*, revue d'information juridique du cabinet Jurifis Consult, n° 6, janvier/février 2010, 2-7. *www.jurifis.com/wp-content/uploads/2014/06/Rev_Jurifis_Info_N_6.pdf.*

KOUASSI K., 1957, *Organisations internationales africaines*, Paris, Berger-Levrault.

KOUASSI K., 1985, « Une contribution africaine au nouvel ordre économique international : le plan d'action de Lagos pour le développement économique de l'Afrique », *in Mélanges offerts à P.-F. Gonidec. L'État moderne : Horizon 2000. Aspects internes et externes.* Paris, LGDJ, p. 493-509.

KOVAR R., 1995, « La contribution de la Cour de justice à l'édification de l'ordre juridique communautaire », *Cours général de droit communautaire, Recueil des cours de l'académie de droit européen, IV*, p. 115-122

KOVAR R., 1991, « Recours préjudiciel en interprétation et en appréciation de validité. Mise en œuvre du renvoi préjudiciel par les juridictions nationales », *Jurisclasseur*, Europe, fascicule 360, p. 3.

LABAYLE H., 2004, « La Cour de justice des Communautés européennes et la modulation des effets de sa jurisprudence : autres lieux ou autres mœurs ? », *RFDA*, p. 663.

LABOUZ M.F., 2003, *Droit communautaire européen général*, Bruxelles, Bruylant.

LECOURT R., 1976, *L'Europe des juges*, Bruxelles, Bruylant.

LEFEVRE S., 2006, *Les actes communautaires atypiques*, Bruxelles, Bruylant.

LE MIRE P., 1992, « La limitation dans le temps des effets des arrêts de la Cour de justice des Communautés européennes », in *Mélanges René Chapus*, Paris, Montchrestien, p. 373.

LOTARSKI J., MOLINIER J., 2009, *Droit du contentieux européen*, Paris, LGDJ, 2ème édition, Collection "Systèmes de Droit".

MANIN P., 2000, « L'influence du droit international sur la jurisprudence communautaire », in *Droit international et droit communautaire perspectives actuelles*, Société Française pour le Droit international (SFDI), Colloque de Bordeaux, Paris, A. Pedone, p. 153-168.
J.-C. Gautron & L. Girard, (dir.), *Droit international et droit communautaire : perspectives actuelles*, Colloque SFDI de Bordeaux,

MANIN P., 2005, *L'Union européenne : institutions, ordre juridique, contentieux*, Bruxelles, Bruylant, Collection "études internationales".

MARKUS J.P., 2003, *Les juridictions ordinales*, Paris, LGDJ.

MBACKÉ M.M., 1999, *La Cour de justice de l'Union économique et monétaire ouest africaine (UEMOA)*, Dakar, EDJA, Collection droit communautaire africain.

MEGRET C., 1984, « La portée juridique et les effets de droit de la déclaration d'invalidité d'un acte communautaire prononcée par la CJCE dans le cadre de la procédure instituée par l'article 177 CEE », in *Mélanges offerts à Pierre-Henri Teitgen*, Paris, A. Pedone.

MEHDI R., 2003, « La recevabilité des recours formés par les personnes physiques et morales à l'encontre d'un acte de portée générale : l'aggiornamento n'aura pas eu lieu... », *RTDE*, 2003-1, p. 23.

METOU BRUSIL M., 2012, Le rôle du juge dans le contentieux international, *Cahiers de droit international*, Bruxelles, Bruylant.

MAIKASSOUA R.I., 2013, *La Commission africaine des droits de l'homme et des peuples : un organe de contrôle au service de la Charte africaine*, Paris, Karthala.

NAOME C., 2007, *Le renvoi préjudiciel en droit européen : guide pratique*, Bruxelles, Larcier.

N'DO PABOZI B., 2008, L'absence d'épuisement préalable des voies de recours internes devant une juridiction internationale : omission ou renonciation ? *Bulletin d'information de la Cour de justice de la CEDEAO* n° 1 janvier-mars, p. 22.

NIKOLAY I., 2009, *Les transformations du renvoi préjudiciel,* université de Bordeaux, thèse.

OUALI K., 1982, *Intégration africaine : le cas de la CEDEAO*, Paris, Economica.

PÂRIS M.-O., 1974, « Le renvoi préjudiciel en interprétation : lien entre le juge national et le juge communautaire », *RTDE*, p. 268. Repris dans *Le juge de commerce face au droit communautaire de la concurrence*, Bruxelles, Presse de l'Université Saint Louis, 2007, p. 157-168.

PECHEUL A., 2002, *Droit communautaire général*, Paris, Ellipses édition.

PEERBUX-BEAUGENDRE Z., Première consécration expresse du principe de responsabilité de l'État membre pour les jurisprudences de ses Cours suprêmes dans le cadre de l'article 226 CE.

PERTEK J., 2006, *Droit des institutions de l'Union européenne*, Paris, PUF, 2ème édition.

PERTEK J., 2001, *La pratique du renvoi préjudiciel en droit communautaire : coopération entre CJCE et juges nationaux*, Paris, Litec.

PESCATORE P., 2005, *Le droit de l'intégration : émergence d'un phénomène nouveau dans les relations internationales selon l'expérience des communautés européennes*, Collection droit de l'Union européenne, Bruxelles, Bruylant.

PESCATORE P., 1975, *L'ordre juridique des communautés européennes, études des sources du droit communautaire*, Liège, Presses universitaires de Liège 3ème édition.

PESCATORE P., 1972, *Le droit de l'intégration*, Genève, Institut universitaire des Hautes études Internationales.

PLOUVIER L., 1975, *Les décisions de la Cour de justice des Communautés européennes et leurs effets juridiques*, Bruxelles, Bruylant.

RITLENG D., 1998, Le contrôle de la légalité des actes communautaires par la Cour de justice et le Tribunal de première instance des Communautés européennes, université de Strasbourg, thèse.

ROUX J., 2004, « Le droit des relations extérieures : la dynamique des compétences implicites en question », *Études en l'Honneur de Jean-Claude Gautron, Les dynamiques du droit européen en début de siècle*, Paris, A. Pedone, p. 794.

RUNAVOT M.-C., 2010, *La compétence consultative des juridictions internationales : reflet des vicissitudes de la fonction judiciaire internationale*, Paris, LGDJ.

SALL A., 2006, *Les mutations de l'intégration des États de l'Afrique de l'Ouest : une approche institutionnelle*, Paris, l'Harmattan, Études africaines.

SALL A., 2007, « Les systèmes normatifs de la CEDEAO et de l'UEMOA : considérations historiques et critiques », *Nouvelles annales africaines* n° 01-2007, UCAD, FSJP, p. 117.

SALL A., 2013, *L'affaire Hissène Habré : aspects judiciaires nationaux et internationaux*, Paris, L'Harmattan.

SALL A., 2011, *La justice de l'intégration : réflexions sur les institutions judiciaires de la CEDEAO et de l'UEMOA*, Dakar, éditions du CREDILA.

SARR A.Y., 2008, *L'intégration juridique dans l'union économique et monétaire ouest-africaine (UEMOA) et dans l'organisation pour l'harmonisation du droit des affaires en Afrique (OHADA)*, Presses Universitaires d'Aix-Marseille.

SARR B., 2007, « L'implication du juge national dans la mise en œuvre de la règle communautaire », *Nouvelles annales africaines* n° 01-2007, FSJP-UCAD, p. 189.

SAURON J.L., 2004, *Droit et pratique du contentieux communautaire*, Paris, La documentation française, Réflexe Europe.

SCHOCKWEILER F., 1990, « Le régime de la responsabilité extracontractuelle du fait d'actes juridiques dans la communauté européenne », *RTDE*, 26. 1, janvier - mars 1990. p. 27-74.

SEKPON ADOUKONOU P., 1979, *Les théories de l'intégration régionale*, mémoire de DEA, Les Travaux Universitaires.

SIMON D., 2008, *Le système juridique communautaire*, Paris, PUF, 3ième édition.

SIMON D., 1981, *L'interprétation judiciaire des traités des organisations internationales. Morphologie des conventions et fonction juridictionnelle.*, Paris, Pedone.

STIRN B., 2009, « Le Conseil d'État et les juridictions communautaires : un demi-siècle de dialogue des juges », *Gazette du palais* n° *45*, février 2009, p. 3.

SULLIGER D., 1979, L'épuisement des voies de recours internes en droit international et dans la Convention européenne des droits de l'homme, Thèse de licence et de doctorat présentée à la faculté de droit de l'Université de Lausanne.

SY D., 2007, « L'activité de la Cour de Justice de l'UEMOA », *Nouvelles Annales Africaines*, Revue de la faculté des sciences juridiques et politiques de l'Université Cheikh Anta Diop de Dakar, 2007-1, p. 236-238.

TALL S.N., 2007, « La CEDEAO et l'UEMOA : concurrence ou complémentarité ? », *Nouvelles annales africaines* n° 01- 2007, FSJP-UCAD, p. 41.

TATON X., 2010, *Les recours juridictionnel en matière de régulation*, Bruxelles, Larcier.

TATY G., 2010, « Le recours en manquement d'État de l'article 4 du Traité révisé de la CEMAC : analyse critique », *Revue de droit uniforme africain*, n° 1, p. 24.

TCHANTCHOU H., 2009, *La supranationalité judicaire dans le cadre de l'OHADA : étude à la lumière du système des communautés européennes*, Paris, L'Harmattan.

THIAM D., 1972, *Le fédéralisme africain*, Paris, Présence africaine.

VALERIE M., 2012, « Le recours en constatation de manquement », *Rép. Communautaire Dalloz*, septembre 2012 ;

VAN RAEPENBUSCH S., 1998, *Droit institutionnel de l'Union et des Communautés européennes*, 3ème édition, Bruxelles, De Boeck Université.

VILLEMONT M., 2008, « Le renvoi préjudiciel n'est-il qu'un mécanisme de collaboration entre juridictions ? » http://www.monjuriste.com/droit-communautaire/le-renvoi-prejudiciel-nest-il-quun-mecanisme-de-collaboration-entre-juridictions

WAELBROECK D., 1999, « L'exécution des arrêts d'annulation de la Cour de justice des communautés européennes », in *Mélanges Waelbroeck M.*, Bruxelles, Bruylant, p. 695.

WODIE F., 1970, *Les institutions internationales régionales en Afrique occidentale et centrale*, Paris, LGDJ.

ZINZINDOHOUE A., 2010, « L'autorité juridictionnelle des cours internationales à l'égard des cours nationales : le cas de la Cour de Justice de l'UEMOA », in *Rapport du colloque AHJUCAF sur le thème "Internationalisation du droit, internationalisation de la justice"* Ottawa juin 2010.

Index

Tables des matières

Structures éditoriales du groupe L'Harmattan

L'Harmattan Italie
Via degli Artisti, 15
10124 Torino
harmattan.italia@gmail.com

L'Harmattan Hongrie
Kossuth l. u. 14-16.
1053 Budapest
harmattan@harmattan.hu

L'Harmattan Sénégal
10 VDN en face Mermoz
BP 45034 Dakar-Fann
senharmattan@gmail.com

L'Harmattan Cameroun
TSINGA/FECAFOOT
BP 11486 Yaoundé
inkoukam@gmail.com

L'Harmattan Burkina Faso
Achille Somé – tengnule@hotmail.fr

L'Harmattan Guinée
Almamya, rue KA 028 OKB Agency
BP 3470 Conakry
harmattanguinee@yahoo.fr

L'Harmattan RDC
185, avenue Nyangwe
Commune de Lingwala – Kinshasa
matangilamusadila@yahoo.fr

L'Harmattan Congo
67, boulevard Denis-Sassou-N'Guesso
BP 2874 Brazzaville
harmattan.congo@yahoo.fr

L'Harmattan Mali
ACI 2000 - Immeuble Mgr Jean Marie Cisse
Bureau 10
BP 145 Bamako-Mali
mali@harmattan.fr

L'Harmattan Togo
Djidjole – Lomé
Maison Amela
face EPP BATOME
ddamela@aol.com

L'Harmattan Côte d'Ivoire
Résidence Karl – Cité des Arts
Abidjan-Cocody
03 BP 1588 Abidjan
espace_harmattan.ci@hotmail.fr

Nos librairies en France

Librairie internationale
16, rue des Écoles
75005 Paris
librairie.internationale@harmattan.fr
01 40 46 79 11
www.librairieharmattan.com

Librairie des savoirs
21, rue des Écoles
75005 Paris
librairie.sh@harmattan.fr
01 46 34 13 71
www.librairieharmattansh.com

Librairie Le Lucernaire
53, rue Notre-Dame-des-Champs
75006 Paris
librairie@lucernaire.fr
01 42 22 67 13

www.ingramcontent.com/pod-product-compliance
Lightning Source LLC
LaVergne TN
LVHW011133061026
849535LV00003B/473
* 9 7 8 2 3 4 3 2 1 8 6 6 3 *